ATEÍSMO CRISTÃO

Dados Internacionais de Catalogação na Publicação (CIP)
(Câmara Brasileira do Livro, SP, Brasil)

Žižek, Slavoj

Ateísmo cristão : como ser um verdadeiro materialista / Slavoj Žižek ; tradução Fábio Creder. – Petrópolis, RJ : Vozes, 2025.

Título original: Christian atheism.

ISBN 978-85-326-7145-5

1. Ateísmo 2. Ateísmo – História 3. Filosofia 4. Materialismo I. Título.

25-261094 CDD-239.7

Índices para catálogo sistemático:
1. Ateísmo e cristianismo : Teoria da religião 239.7

Aline Graziele Benitez – Bibliotecária – CRB-1/3129

Slavoj Žižek

ATEÍSMO CRISTÃO

Como ser um verdadeiro materialista

Tradução de Fábio Creder

EDITORA VOZES

Petrópolis

Tradução do original em inglês intitulado
Christian Atheism – How to be a real materialist

Direitos de publicação em língua portuguesa – Brasil:
2025, Editora Vozes Ltda.
Rua Frei Luís, 100
25689-900 Petrópolis, RJ
www.vozes.com.br
Brasil

Diagramação: Guilherme Ayres
Revisão gráfica: Fernanda Guerriero Antunes
Capa: Rafael Machado

ISBN 978-85-326-7145-5 (Brasil)
ISBN 978-1-3504-0931-6 (Reino Unido)

Este livro foi composto e impresso pela Editora Vozes Ltda.

SUMÁRIO

INTRODUÇÃO
POR QUE O VERDADEIRO ATEÍSMO TEM DE SER INDIRETO?

Não sou apenas politicamente ativo, mas muitas vezes também percebido como politicamente radioativo. A ideia de que a teologia política necessariamente sustenta uma política emancipatória radical certamente contribuirá para essa percepção.

A premissa básica dos ateus hoje é que o materialismo é uma visão que pode ser consistentemente exposta e defendida em si mesma, numa linha positiva de argumentação sem referências ao seu oposto (crenças religiosas). Mas e se exatamente o oposto for verdadeiro? E se, se quisermos ser verdadeiros ateus, tivermos de começar com um edifício religioso e miná-lo de dentro? Dizer que Deus é enganador, mau, estúpido, desmorto... é muito mais radical do que afirmar diretamente que Deus não existe: se apenas postularmos que Deus não existe, abriremos o caminho para a sua sobrevivência *de fato* como uma ideia (um ideal) que deveria regular nossas vidas. Em suma, abrimos caminho para a suspensão moral do religioso. Aqui se deve ser muito preciso: o que se deve rejeitar incondicionalmente é a visão kantiana da religião como uma mera narrativização (apresentação nos termos da nossa realidade sensual ordinária) da pureza da lei moral. Nessa visão, a religião é para a maioria comum que não é capaz de apreender a Lei moral suprassensível nos seus próprios termos. Aquilo em que se deve insistir, contra essa visão, é que a religião não pode, de forma alguma, ser reduzida a essa dimensão, não apenas no sentido de que contém uma visão ontológica da realidade (como criada por Deus[es], regulada por uma providência divina etc.), ou no sentido de uma intensa experiência religiosa e/ou mística que vai muito além da moralidade, mas também no sentido imanente. Basta lembrar quantas vezes, no Antigo Testamento, Deus parece injusto, cruel e até frívolo (desde o Livro de Jó até a cena da imposição da circuncisão)[1]. Será que o próprio cristianismo não é único dentre as religiões devido ao fato de não poder ser acessado diretamente, mas apenas através de outra religião (o judaísmo)? A sua escritura sagrada – a Bíblia – tem duas partes, o Antigo e o Novo Testamento, de modo que é preciso passar pela primeira para chegar à segunda.

Em 1965, Theodor Adorno e Arnold Gehlen realizaram um grande debate (*Streitgespraech*, como o chamam) na TV pública alemã[2]; embora o tema circulasse em torno da tensão entre instituições e liberdade, o verdadeiro foco do debate foi: será que a verdade é, em princípio, acessível a todos ou apenas aos selecionados? O paradoxo interessante foi que, embora os escritos de Adorno sejam quase ilegíveis para aqueles que não são versados na dialética hegeliana, ele defendeu a acessibilidade universal da verdade, ao passo que Gehlen (cujos escritos são muito mais fáceis de acompanhar) afirma que a verdade é acessível apenas aos poucos privilegiados, uma vez que é demasiado perigosa e perturbadora para a multidão de pessoas comuns. Se o problema for formulado nesses termos gerais, estou do lado de Adorno: a verdade é em princípio acessível a todos, mas exige um grande esforço do qual

1. Esse é o problema com o qual Jürgen Habermas lida em seus dois grossos volumes *Auch eine Geschichte der Philosophie* (Frankfurt: Suhrkamp, 2019), que oferecem uma genealogia histórica detalhada do pensamento pós-metafísico a partir da perspectiva da relação entre fé e conhecimento: a origem da (sua própria) posição universalista e processualista reside no caminho em que a reflexão teológica era indispensável, razão pela qual o discurso religioso ainda pode fornecer uma contribuição válida num contexto secular. O livro foi criticado pelo seu eurocentrismo, porquanto se concentra na tradição judaico-cristã; embora eu não veja essa característica como uma limitação, considero a minha posição simultaneamente mais ateia e mais religiosa do que a de Habermas: Habermas parece descrever precisamente a passagem da crença religiosa real para a sua sobrevivência como uma ideia (1) que deveria regular nossas vidas.

2. ADORNO, T.W.; GEHLEN, A. Ist die Soziologie eine Wissenschaft vom Menschen? *YouTube*. Disponível em: https://www.youtube.com/watch?v=pmL2eztve2Y. Acesso em: 28 jan. 2025.

muitos não são capazes. No entanto, gostaria de defender uma tese muito mais precisa. Num sentido abstrato de "conhecimento objetivo" científico, o nosso conhecimento é obviamente limitado – para a grande maioria de nós é impossível compreender a física quântica e a matemática superior. Mas, o que é acessível a todos nós, é o movimento elementar da nossa experiência de falta (nosso universo imperfeito, o limite do nosso conhecimento) para o redobramento dessa falta, ou seja, a sua localização no próprio Outro, que se torna um Outro inconsistente "barrado". A noção de Deus de Hegel fornece o caso exemplar desse redobramento: a lacuna que nos separa, humanos pecadores finitos e frágeis, de Deus, é imanente ao próprio Deus, ela separa Deus de si mesmo, tornando-o inconsistente e imperfeito, inscrevendo um antagonismo no seu próprio cerne. Esse redobramento da falta, essa "ontologização" da nossa limitação epistemológica, está no núcleo do saber absoluto de Hegel, assinala o momento em que o Iluminismo é levado ao seu fim.

Todos os capítulos são intervenções num debate em curso. Em (1) proponho a minha própria solução para o diálogo entre Lorenzo Chiesa e Adrian Johnston sobre psicanálise e ateísmo; em (2) respondo aos meus críticos budistas que afirmam que deixo escapar a proximidade entre Lacan e o budismo; em (3) trato de interpretações filosóficas conflitantes da mecânica quântica; em (4) dialogo com Alenka Zupančič sobre Antígona, o sagrado e o obsceno, contra a leitura humanista do ato de Antígona como uma demanda por inclusão de todas as minorias marginalizadas na universalidade humana; em (5) tento dissipar alguns mal-entendidos que confundem os reais efeitos social e subjetivo da inteligência artificial; e por último, mas não menos importante, em (6), promovo a minha tese sobre a necessidade da teologia na política radical contra a defesa padrão da política materialista de emancipação. A despeito desse caráter dialógico, o livro segue uma linha muito precisa: da determinação básica do meu ateísmo cristão, passando pelo delineamento da diferença entre o meu ateísmo e o agnosticismo budista, afirmando o profundo ateísmo da física quântica, uma exploração do triângulo de divino, sagrado e obsceno, e uma crítica materialista da leitura espiritual anticristã da inteligência artificial, até uma explicação de por que uma política emancipatória não funciona sem uma dimensão teológica (ou, mais precisamente, teosófica)[3].

Então, deixe-me fornecer uma descrição clara e condensada das premissas básicas deste livro. Tento reunir três temas recorrentes do meu trabalho que, esta é a minha hipótese, vêm a ser três aspectos do mesmo núcleo: o cerne ateu do cristianismo; as implicações ontológicas da mecânica quântica; e a paralaxe transcendental/ontológica.

- O que torna o cristianismo único é como ele supera a lacuna que separa os humanos de Deus: não por meio de os humanos se elevarem a Deus através de atividade piedosa e meditação e assim abandonarem suas vidas pecaminosas, mas por meio da transposição dessa lacuna que os separa de Deus no próprio Deus. O que morre na cruz não é um representante terreno ou mensageiro de Deus, mas, como Hegel o coloca, o próprio Deus do além, de modo que o Cristo morto retorna como Espírito Santo, que nada mais é do que a comunidade igualitária dos crentes (como Paulo o coloca, para os cristãos, não existem mulheres e homens, nem gregos e judeus, estão todos unidos em Cristo). Essa comunidade é livre no sentido radical de estar abandonada a si mesma, sem nenhum po-

3. Nas últimas décadas, tratei do tema do ateísmo cristão em três livros que propõem uma leitura materialista do cristianismo: *The fragile absolute* (Londres: Verso Books, 2000) [*O absoluto frágil*: ou por que vale a pena lutar pelo legado cristão? (São Paulo: Boitempo, 2015)], *On belief* (Londres: Routledge, 2001), *The puppet and the dwarf* (Cambridge: MIT Press, 2003), bem como em *The monstrosity of Christ* (um diálogo com John Millbank, Cambridge: MIT Press, 2011) [*A monstruosidade de Cristo*. (São Paulo: Três Estrelas, 2014)]. Esses quatro livros formam um quarteto no qual uma certa linha de pensamento é encerrada; com *Ateísmo cristão*, faço um novo começo e mudo para um foco diferente (a ligação entre a paralaxe transcendental e a incompletude ontológica da realidade), razão pela qual ignoro o primeiro quarteto.

der superior transcendente garantindo o seu destino. É nesse sentido que Deus nos dá liberdade – apagando-se da cena.

• As implicações ontológicas da mecânica quântica apontam – não para um deus enganador, como pensava Einstein, mas – para um deus que é ele mesmo enganado. "Deus" representa aqui o grande Outro, (para Einstein) a ordem harmoniosa das leis da natureza que são eternas e imutáveis, não permitindo nenhuma exceção, parte da realidade objetiva que existe independentemente de nós (observadores humanos). O insight básico da mecânica quântica é, pelo contrário, que existe um domínio (cujo status é disputado) de ondas quânticas em que o acaso é irredutível, no qual acontecem coisas que podem ser aniquiladas retroativamente etc. – em suma, um domínio que escapa ao controle do (divino) grande Outro (a informação viaja mais rápido do que a luz etc.). Quando esse insight foi combinado com a ideia de que as oscilações quânticas colapsam na nossa realidade comum apenas quando um observador as percebe e/ou mede, isso é geralmente lido como um argumento contra o materialismo, contra a visão de que a realidade existe lá fora, independentemente de nós – alguns até mesmo propõem Deus como o observador último que constitui a realidade. A minha tese, no entanto, é que Einstein estava certo ao designar o grande Outro das leis naturais como "divino" – um materialismo verdadeiramente radical não reduz a realidade ao que percebemos como o nosso mundo externo cotidiano, ele permite um domínio que viola as leis naturais.

• O maior corte na história da filosofia acontece com a revolução transcendental de Kant. Até Kant, a filosofia (não importa quão cética) lidava com a dimensão ontológica no sentido simples da natureza da realidade: o que conta como realidade, será que podemos conhecê-la, como será que essa realidade é estruturada, será que é apenas material ou também, até mesmo principalmente, espiritual etc.? Com Kant, a realidade não é simplesmente dada, esperando para ser descoberta por nós, ela é "constituída transcendentalmente" pela estrutura de categorias através das quais a apreendemos. Depois de Kant, essa dimensão transcendental é historicizada: cada época tem a sua própria maneira de perceber a realidade e de agir nela. Por exemplo, a ciência moderna surgiu quando a realidade foi percebida como o espaço da existência material externa regulada pelas suas leis, e a realidade foi assim estritamente separada do nosso sentimento subjetivo e das projeções de sentido. Paralaxe significa aqui que as duas abordagens são irredutíveis uma à outra e simultaneamente implicam-se mutuamente: podemos investigar a realidade como um objeto e explicar sua evolução, até o surgimento da vida humana na Terra, mas, ao fazê-lo, já abordamos a realidade de uma certa maneira (através da teoria evolucionária e seus conceitos) que não pode ser deduzida de seu objeto, mas é sempre-já pressuposta (pressupomos que a natureza é regulada por ligações causais complexas etc.).

O livro reúne esses três tópicos num projeto de "ateísmo cristão": o espaço para a experiência do "divino" é a lacuna que separa para sempre o transcendental da abordagem objetiva-realista, mas essa dimensão "divina" refere-se à experiência de negatividade radical (o que os místicos e Hegel chamavam de "noite do mundo") que impede qualquer teologia focada numa figura positiva de Deus, mesmo que essa figura de Deus seja radicalmente secularizada no naturalismo científico moderno. No cristianismo, essa lacuna registra a ausência de Deus (a sua "morte") que fundamenta o Espírito Santo. E, por último, mas não menos importante, a dimensão da negatividade radical também mantém aberto o espaço para toda política emancipatória que se leve a sério, ou seja, que vá além da continuidade do progresso histórico e introduza um corte radical que mude as próprias medidas de progresso.

A AUTODESTRUIÇÃO DO OCIDENTE

Mas, como aprendemos com Hegel, os momentos de um processo dialético podem ser contados como três ou como quatro – e o quarto momento que falta aqui é a política, claro. (A dimensão política não se limita ao capítulo final, ela permeia o livro inteiro como uma tendência, aparecendo mesmo nas suas partes mais filosóficas.) Isso nos leva de volta à minha radioatividade política – para retomá-la, deixe-me começar pela afirmação de Jean-Claude Milner[4] de que o que chamamos de "Ocidente" é hoje uma confederação sob a hegemonia dos Estados Unidos; os Estados Unidos reinam sobre nós também intelectualmente, mas aqui "é preciso aceitar um paradoxo: a dominação norte-americana no domínio intelectual se expressa nos discursos de dissidência e protesto e não nos discursos de ordem". Uma universidade global nos ensina

> a recusar, parcial ou inteiramente, o funcionamento econômico, político e ideológico da ordem ocidental. A desigualdade desempenha o papel de um axioma, do qual deriva toda crítica definitiva. Dependendo das várias situações, privilegiar-se-á esta ou aquela forma específica de desigualdade geral: a opressão colonial, a apropriação cultural, a primazia da cultura branca, o patriarcado, os conflitos de gênero e assim por diante.

Remi Adekoya salienta que a investigação revelou um fato estranho: quando foi perguntado aos eleitores qual valor eles mais apreciam, no Ocidente desenvolvido a grande maioria escolheu a igualdade, enquanto na África Subsaariana a grande maioria ignorou amplamente a igualdade e colocou em primeiro lugar a riqueza (independentemente de como foi adquirida, mesmo que tenha sido através de corrupção). Esse resultado faz sentido: o Ocidente desenvolvido pode se dar ao luxo de priorizar a igualdade (no nível da autopercepção ideológica), ao passo que a principal preocupação dentre a maioria pobre na África Subsaariana é como sobreviver e abandonar uma pobreza devastadora[5]. Há um outro paradoxo operando aqui: essa luta contra a

---

4. Todas as citações de Milner são de seu artigo "On some paradoxes of social analysis" (*Crisis & Critique*, 10,1 (2023), p. 243-245).

5. Cf. o excelente livro de Remi Adekoya, *It's not about whiteness, it's about wealth* (Londres: Constable, 2023). Dentre os estudos negros que proble-

desigualdade é autodestrutiva na medida em que mina os seus próprios alicerces e, portanto, é incapaz de se apresentar como um projeto para uma mudança global positiva:

> Precisamente porque a herança cultural do Ocidente não pode se libertar das desigualdades que tornaram a sua existência possível, considera-se que os próprios denunciantes da desigualdade do passado se beneficiaram de uma ou outra desigualdade anteriormente não reconhecida... todos os movimentos revolucionários e as próprias noções de revolução estão agora sujeitos a suspeita, simplesmente porque pertencem à longa linhagem de homens brancos mortos.

É crucial notar que a nova direita e a esquerda *woke* compartilham essa postura autodestrutiva. No final de maio de 2023, o distrito escolar de Davis, ao norte de Salt Lake City, removeu a Bíblia do ensino fundamental, mantendo-a no ensino médio, depois que um comitê revisou a escritura em resposta à queixa do Utah Parents United, datada de 11 de dezembro de 2022, que disse: "Você sem dúvida descobrirá que a Bíblia (de acordo com a lei estadual) 'não tem valores sérios para menores' porque é pornográfica pela nossa nova definição"[6]. Será esse apenas um caso de mórmons contra cristãos? Não: em 2 de junho de 2023, foi apresentada uma queixa sobre a escritura distintiva da fé predominante em Utah, A Igreja de Jesus Cristo dos Santos dos Últimos Dias: o porta-voz do distrito, Chris Williams, confirmou que alguém apresentou um pedido de revisão do Livro de Mórmon. Qual opção político-ideológica está por trás dessa demanda? Será que é a esquerda *woke* (exercendo uma vingança

---

matizam os estereótipos *woke*, o livro de Adekoya é um dos raros que fundamenta corretamente os "preconceitos racistas" nas diferenças de riqueza (chamando a atenção para as diferentes noções de "corrupção" no Ocidente alegadamente "igualitário" e na África), e alerta contra a ambiguidade da "feminização" do poder no Ocidente desenvolvido (que também pode servir para tornar invisíveis novas formas de colonização).

6. BBC NEWS. *Utah primary schools ban Bible for 'vulgarity and violence'*. Disponível em: https://www.bbc.com/news/world-us-canada-65794363. Acesso em 17 jan. 2025.

irônica contra os direitistas que proíbem cursos e livros sobre a história dos Estados Unidos, Black Lives Matter, LGBT+ etc.), ou é a própria direita radicalizada que (bastante consequentemente) aplicou os seus critérios de valores familiares aos seus próprios textos fundadores? No fim das contas, não importa – o que devemos notar é antes o fato de que a mesma lógica de proibir (ou reescrever, pelo menos) textos clássicos se apoderou tanto da nova direita como da esquerda *woke*, confirmando a suspeita justificada de que, apesar da sua forte animosidade ideológica, elas muitas vezes procedem formalmente da mesma forma. Enquanto a esquerda *woke* destrói sistematicamente os seus próprios alicerces (a tradição emancipatória europeia), a direita finalmente reuniu coragem para questionar a obscenidade da sua própria tradição. Num ato de cruel ironia, a tradição democrática ocidental, que normalmente se elogia por incluir autocrítica (a democracia tem falhas, mas também inclui o esforço para superar as suas falhas...), agora levou essa postura autocrítica ao extremo – a "igualdade" é uma máscara do seu oposto etc., de modo que tudo o que resta é a tendência à autodestruição.

Mas há uma diferença entre o discurso antiocidental ocidental e o discurso antiocidental vindo de fora: "enquanto um discurso antiocidental é implementado dentro do Ocidente (e o Ocidente se orgulha disso), um outro discurso antiocidental é mantido fora do Ocidente. Exceto que o primeiro considera a desigualdade uma falha, da qual não se tem o direito moral de tirar vantagem; o segundo, pelo contrário, vê na desigualdade uma virtude, desde que essa esteja orientada a favor de alguém. Por conseguinte, os proponentes do segundo discurso antiocidental veem o primeiro como uma indicação da decadência do inimigo. Eles não escondem o seu desprezo".

E o seu desprezo é plenamente justificado: o resultado do discurso antiocidental ocidental é o que se poderia esperar: quanto mais os esquerdistas liberais ocidentais investigam a sua própria culpa, mais são acusados pelos fundamentalistas muçulmanos de serem hipócritas que tentam esconder o seu ódio ao islamismo. Tal paradigma reproduz perfeitamente o paradoxo do superego: quanto mais obedecemos ao que a agência pseudomoral demanda de nós, mais culpados somos: é como se quanto mais tolerarmos o islamismo, mais forte será a sua pressão sobre nós. Pode-se ter a certeza de que o mesmo se aplica ao afluxo de refugiados: quanto mais a Europa Ocidental estiver aberta a eles, mais será provocada a se sentir culpada por não ter conseguido aceitar ainda mais deles – por definição, nunca poderá aceitar o suficiente deles. Quanto mais tolerância se demonstra em relação aos modos de vida não ocidentais, mais se será provocado a sentir culpa por não praticar tolerância suficiente.

A resposta radical *woke* a isso é: os críticos não ocidentais estão certos, a auto-humilhação ocidental é falsa, os críticos não ocidentais estão certos em insistir que tudo o que o Ocidente lhes concede, "não é isso", nós mantemos nossa estrutura superior e esperamos que se integrem – mas por que deveriam? O problema, claro, é que o que os críticos não ocidentais esperam, para colocá-lo de maneira brutal e direta, é que o Ocidente renuncie ao seu modo de vida. A alternativa aqui é: será que, como o resultado da postura crítica antiocidental ocidental, o Ocidente conseguirá se autodestruir (social e economicamente) enquanto civilização, ou conseguirá combinar ideologia autodestrutiva com superioridade econômica?

Milner tem razão: não há nenhum grande paradoxo no fato de o modo crítico autodepreciativo ser a melhor postura ideológica para garantir que não haverá nenhuma ameaça revolucionária à ordem existente. No entanto, deve-se complementar a sua afirmação com uma renovação da (falsa, mesmo assim real) posição revolucionária da nova direita populista: a sua retórica inteira é baseada na afirmação "revolucionária" de que as novas elites (grandes corporações, elites acadêmicas e culturais, serviços governamentais) devem ser destruídas, com violência, se necessário. Nos termos de Varoufakis, ela propõe uma guerra de classes contra os nossos novos senhores feudais – o pior pesadelo é aqui a possibilidade de um pacto entre a direita populista ocidental e os autoritários antiocidentais.

Nas minhas observações críticas sobre o MeToo como ideologia, refiro-me a Tarana Burke, uma mulher negra que criou a campanha MeToo há mais de uma década; ela observou numa nota crítica recente que, nos anos desde o início do movimento, desenvolveu uma obsessão inabalável pelos perpetradores – um circo cíclico de acusações, culpabilidade e indiscrições: "Estamos trabalhando diligentemente para que a narrativa popular sobre o MeToo mude do que ela é. Temos que mudar a narrativa de que é uma guerra de gênero, que é antimasculina, que é homens contra mulheres, que é apenas para um certo tipo de pessoa – que é para mulheres brancas, cisgênero, heterossexuais, famosas"[7]. Em suma, deveríamos lutar para reorientar o MeToo para o sofrimento cotidiano de milhões de mulheres trabalhadoras e donas de casa comuns...

Nesse ponto, alguns críticos acusaram-me de defender uma simples mudança do assédio no nosso comportamento e na nossa linguagem para problemas socioeconômicos "reais", apontando (corretamente) que a textura espessa do comportamento e das maneiras de falar é o próprio meio da reprodução da ideologia, além de que o que conta como "problemas reais" nunca é uma questão de insight direto, mas é sempre definido pela rede simbólica, ou seja, é o resultado de uma luta pela hegemonia. Considero, portanto, a censura acima mencionada contra mim uma piada de mau gosto: eu insisto o tempo todo na textura das regras não escritas como o meio no qual o racismo e o sexismo se reproduzem. Para colocá-lo em termos mais teóricos, a grande implicação das teorias "estruturalistas" (de Lévi-Strauss

---

7. Cf. THE CUT. *Tarana Burke: Me Too movement founder says movement has lost its way*. Disponível em: https://www.thecut.com/2018/10/tarana-burke-me-too-founder-movement-has-lost-its-way.html. Acesso em: 17 jan. 2025.

e Althusser até Lacan) é que a superestrutura ideológica tem a sua própria infraestrutura, a sua própria rede (inconsciente) de regras e práticas que sustentam o seu funcionamento. Contudo, será que essas minhas posições "problemáticas" (para alguns) indicam que, ao longo das últimas décadas, eu mudei de posição? Um crítico meu insistiu recentemente no "contraste entre a (minha) escrita nessa época (1997, quando ele tinha bem mais de 40 anos) e a (minha) transição mais recente para uma figura pós-esquerda" – ele começa citando com aprovação uma passagem do meu *The plague of fantasies* [a praga das fantasias] e então adicionando o seu comentário:

> Se atitudes racistas se tornassem aceitáveis para o discurso ideológico-político dominante, isso alteraria radicalmente o equilíbrio de toda a hegemonia ideológica... Hoje, face à emergência de novos racismos e sexismos, a estratégia deveria ser tornar tais enunciados indizíveis, de modo que qualquer pessoa que se baseie neles se desqualifique automaticamente (como, no nosso universo, aqueles que se referem com aprovação ao fascismo). Não se deve, de forma alguma, discutir "quantas pessoas realmente morreram em Auschwitz", quais são "os aspectos positivos da escravatura", "a necessidade de reduzir os direitos coletivos dos trabalhadores", e assim por diante; a posição aqui deveria ser descaradamente "dogmática" e "terrorista"; essa não é uma questão para "discussão aberta, racional e democrática"[8].
>
> Muito bem colocado. Assim como, por exemplo, ninguém deve se envolver em conversas sobre se as mulheres trans são "realmente" mulheres. Na verdade, Žižek, com bem mais de 40 anos, afirma que "a medida da 'regressão' ideológico-política é a medida em que tais proposições se tornam aceitáveis no discurso público". Será que ele, portanto, veria o seu eu mais velho como um sintoma de tal regressão?[9].

O meu contraponto aqui é óbvio: será que realmente podemos incluir demandas *woke* e trans na série de conquistas progressistas, de modo que as mudanças na nossa linguagem coti-

---

8. ŽIŽEK, S. *The plague of fantasies*. Londres: Verso, 1997, p. 38.

9. CARRIGAN, M. *What would the young Slavoj Žižek think of the old Slavoj Žižek?* Disponível em: https://www.thecut.com/2018/10/tarana-burke-me-too-founder-movement-has-lost-its-way.html. Acesso em: 17 jan. 2025.

diana (a primazia de "elu" etc.) sejam apenas o próximo passo na longa luta contra o sexismo? A minha resposta é um retumbante NÃO: as mudanças defendidas e impostas pelas ideologias trans e *woke* são elas mesmas amplamente "regressivas", são tentativas da ideologia reinante de se apropriar (e aliviar a pressão crítica) de novos movimentos de protesto. Há, portanto, um elemento de verdade no bem conhecido diagnóstico direitista de que a Europa apresenta hoje um caso único de autodestruição deliberada – está obcecada pelo medo de afirmar a sua identidade, atormentada por uma responsabilidade infinita pela maioria dos horrores no mundo, desfrutando plenamente da sua autoculpabilização, comportando-se como se fosse o seu maior dever aceitar todos os que querem emigrar para ela, reagindo ao ódio à Europa por parte de muitos imigrantes com a alegação de que é a própria Europa a culpada desse ódio porque não está preparada para integrá-los totalmente... Há, claro, alguma verdade em tudo isso; no entanto, a tendência à autodestruição é obviamente o anverso do fato de a Europa já não ser capaz de permanecer fiel à sua maior conquista, o projeto esquerdista de emancipação global – é como se tudo o que restasse fosse autocrítica, sem nenhum projeto positivo para fundamentá-la. Portanto, é fácil ver o que nos espera no final dessa linha de raciocínio: uma guinada autorreflexiva por meio da qual *a própria emancipação será denunciada como um projeto eurocêntrico*[10].

No que diz respeito à escravatura, deve-se notar que ela existiu ao longo da história humana "civilizada" na Europa, na Ásia, na África e nas Américas, e que continua a existir em novas formas – as nações ocidentais brancas que escravizam os negros não são a sua forma mais massiva. O que se deve acrescentar,

10. Isso já me aconteceu na Índia há mais de uma década: num debate público, elogiei Ambedkar, um crítico de Gandhi, pelo seu igualitarismo e rejeição do sistema de castas, e disseram-me que o sistema de castas é uma parte fundamental da tradição indiana que escapa à noção igualitária ocidental de emancipação.

contudo, é que as nações da Europa Ocidental (que hoje são vistas como os principais agentes de escravização – quando ouvimos a palavra "escravatura", a nossa primeira associação é "sim, brancos possuindo escravizados negros") foram as únicas que gradualmente impuseram a *proibição* legal da escravatura. Para resumir, a escravatura é universal, o que caracteriza o Ocidente é que ele acionou o movimento para proibi-la – o exato oposto da percepção comum.

O título de um ensaio sobre a minha obra – "Pluralismo pacifista versus verdade militante: o cristianismo ao serviço da revolução"[11] – traduz perfeitamente o cerne da minha postura cristã *antiwoke*: em contraste com o conhecimento que se baseia numa postura "objetiva" imparcial do seu portador, a verdade nunca é neutra, ela é por definição militante, subjetivamente engajada. Isso não implica, de forma alguma, qualquer tipo de dogmatismo – o verdadeiro dogmatismo é corporificado numa visão "objetiva" equilibrada, não importa quão relativizada e historicamente condicionada essa visão pretenda ser. Quando luto pela emancipação, a Verdade pela qual estou lutando é absoluta, embora seja obviamente a Verdade de uma situação histórica específica. Aqui, o verdadeiro espírito do cristianismo deve ser oposto à ideologia *woke*: apesar de aparentemente promover uma diversidade tolerante, a ideologia *woke* é, no seu modo de funcionamento, extremamente excludente, ao passo que o compromisso cristão não só admite abertamente o seu viés subjetivo, mas faz dele uma condição da sua Verdade. E a minha aposta é clara aqui: apenas a postura daquilo a que me refiro como ateísmo cristão pode salvar o legado ocidental da sua autodestruição e ao mesmo tempo manter a sua força autocrítica.

---

11. VENTIS, H. Pacifist pluralism versus militant truth: Christianity at the Service of Revolution in the Work of Slavoj Žižek. In: MITRALEXIS, S.; SKLIRIS, D. (org.). *Slavoj Žižek and Christianity*. Londres: Routledge, 2019.

ANTISSEMITISMO E INTERSECCIONALIDADE

Isso leva-nos a uma outra característica radioativa minha: a minha crítica a certas críticas ao antissemitismo que também mitigam a força crítica do universalismo emancipatório: elas aviltam a dimensão universal do judaísmo precisamente quando nos incitam a reconhecer o seu status único de antissemitismo. No dia 14 de maio de 2023, a conferência anual da Associação Judaica Europeia (EJA, na sigla em inglês) aconteceu no Porto, Portugal. Ela aprovou uma moção

> pedindo que o antissemitismo seja separado de outras formas de ódio e exortando outros grupos judaicos a rejeitarem a "interseccionalidade", um arcabouço teórico que separa grupos em "oprimidos" e "privilegiados". "O antissemitismo é único e deve ser tratado enquanto tal", de acordo com a moção, que observa que ao contrário de outros ódios, é "sancionado pelo Estado em muitos países", "acobertado pelas Nações Unidas" e negado como sendo racismo por outros grupos alvo de ódio[12].

A chave para essas afirmações é fornecida pela suposta ligação entre três noções: o caráter único do antissemitismo, a interseccionalidade, a oposição entre os oprimidos e os privilegiados. Por que a interseccionalidade é rejeitada como "um arcabouço teórico que separa grupos em 'oprimidos' e 'privilegiados'", e por que isso é problemático do ponto de vista judaico? A interseccionalidade é uma noção muito útil na teoria social e na análise prática: ao lidar com um grupo oprimido, descobrimos que ele pode ser oprimido (ou privilegiado) em múltiplos níveis de intersecção – vamos citar descaradamente uma definição da Wikipédia (porque, convenhamos, é a definição que a maioria das pessoas usará!):

> *Interseccionalidade* é um arcabouço analítico para compreender como as várias identidades sociais e políticas de uma pessoa se combinam para criar diferentes modos de discriminação e

12. JNS. *Rising antisemitism focus at European Jewish Association conference*. Disponível em: https://ejassociation.eu/eja/rising-antisemitism-focus-at-european-jewish-association-conference/. Acesso em: 17 jan. 2025.

> privilégio. A interseccionalidade identifica múltiplos fatores de vantagem e desvantagem. Exemplos desses fatores incluem gênero, casta, sexo, raça, etnia, classe, religião, educação, riqueza, deficiência, peso, idade e aparência física. Essas identidades sociais que se cruzam e se sobrepõem podem ser ao mesmo tempo empoderadoras e opressoras[13].

Consideremos uma lésbica negra de baixa renda: ela está em uma tripla desvantagem em quase qualquer parte do mundo. Além disso, nunca estamos lidando apenas com uma combinação mecânica desses fatores de (des)vantagem. A figura antissemita do "judeu" combina características de religião, etnia, sexualidade, educação, riqueza e aparência física. Ser estigmatizado como "judeu" implica a atribuição de uma série de outras características (eles sabem como especular com dinheiro, seguem dogmaticamente as suas regras religiosas, são preguiçosos e gostam de explorar os outros, não se lavam o suficiente...). O resultado da análise interseccional é que todos os indivíduos experimentam formas únicas de opressão ou privilégio graças à constituição das suas identidades. Por que, então, aqueles que insistem na singularidade do antissemitismo rejeitam a interseccionalidade?

A opressão enfrentada pelos judeus nos países ocidentais desenvolvidos hoje em dia é um pouco mais ambígua, porque a percepção é que os judeus ocupam posições de privilégio (economicamente, culturalmente, politicamente), e a associação dos judeus com riqueza e cultura ("Hollywood é judaica") na imaginação pública é em si uma fonte de tropos antissemitas clássicos. A EJA teme que essa combinação de opressão e privilégios faça do antissemitismo apenas mais uma forma de ódio racial, não só comparável a outras, mas ainda menos sopesada quando comparada com outros modos de opressão. Quando aplicamos uma lente interseccional, o ódio ao "judeu" torna-se apenas mais um caso menor na taxonomia mais ampla dos ódios. Será que esse medo é justificado?

---

13. Intersectionality. *Wikipedia*, 2025. Disponível em: https://en.wikipedia.org/wiki/Intersectionality. Acesso em: 17 jan. 2025.

A EJA tem razão ao insistir que há algo de excepcional no antissemitismo. Não é como outros racismos: o seu objetivo não é subordinar os judeus, mas sim exterminá-los, porque eles não são vistos como estrangeiros inferiores, mas como os nossos senhores secretos. O Holocausto não é o mesmo que a destruição de civilizações na história do colonialismo, é um fenômeno único de aniquilação industrialmente organizada. Mas é a própria combinação de "oprimidos" e "privilegiados" que fornece a chave para a compreensão do antissemitismo, pelo menos na sua forma moderna. Sob o fascismo, "o judeu" serviu como o intruso externo que poderia ser culpado por corrupção, desordem e exploração. Projetar o conflito entre os "oprimidos" e os "privilegiados" num bode expiatório pode desviar a atenção das pessoas do fato de tais lutas serem, de fato, intrínsecas à sua própria ordem política e econômica. O fato de muitos judeus serem "privilegiados" (no sentido de sua riqueza, educação e influência política) é, portanto, *o próprio recurso* do antissemitismo: serem vistos como privilegiados os torna alvo de ódio social.

Os problemas surgem quando se tenta usar o status excepcional do antissemitismo para apoiar um padrão duplo, ou para proibir qualquer análise crítica dos privilégios que os judeus, em média, desfrutam. O título de um diálogo sobre antissemitismo e BDS [Boicote, Desinvestimento, Sanções] no *Der Spiegel* é: "Wer Antisemit ist, bestimmt der Jude und nicht der potenzielle Antisemit"[14] ("É o judeu que determina quem é antissemita, e não o potencial antissemita). OK, mas será então que o mesmo não deveria valer para os palestinos na Cisjordânia, que deveriam determinar quem está roubando as suas terras e os privando de direitos elementares? Será que o apartheid não é sancionado

14. SPIEGEL. Michael Wolffsohn und Michael Naumann im Streitgespräch: Wer Antisemit ist, bestimmt der Jude. Disponível em: https://www.spiegel.de/politik/deutschland/michael-wolffsohn-und-michael-naumann-im-streitgespraech-wer-antisemit-ist-bestimmt-der-jude-a-00000000-0002-0001-0000-000174544040. Acesso em: 17 jan. 2025.

também em Israel? Isso é o que a moção da Associação Judaica Europeia se recusa a realizar.

Mais do que isso, a postura da EJA se apoia no seu próprio arcabouço interseccional. Qualquer análise das posições privilegiadas detidas por alguns judeus é imediatamente denunciada como antissemita, e mesmo as críticas ao capitalismo são rejeitadas pelos mesmos motivos, devido à associação entre "judeidade" e "capitalistas ricos". A boa e velha tese marxista de que o antissemitismo é uma versão distorcida e primitiva do anticapitalismo é assim invertida: o anticapitalismo é uma máscara do antissemitismo. Mas se a implicação é que o judaísmo é ao mesmo tempo excepcional e inextricavelmente vinculado ao capitalismo, será que não ficamos apenas com um antigo tropo antissemita? Será que não provocamos diretamente os pobres e oprimidos a culparem os judeus pelos seus infortúnios? Deve-se, portanto, rejeitar a posição da EJA não por causa de alguma necessidade obscena de "equilíbrio" entre diferentes formas de racismo, mas em nome da própria luta contra o antissemitismo.

Contudo, a terrível situação em Israel também pode nos dar um motivo para termos esperança. Algo mudou drasticamente no próprio Israel e no exterior, mesmo nos Estados Unidos, o Estado mais pró-Israel: mesmo as pessoas que até agora estavam dispostas a tolerar tudo o que Israel faz, estão agora o atacando abertamente, e está aumentando a consciência de que as coisas não podem continuar da maneira como estavam até agora. Israel apresentou-se como a única democracia liberal cercada por regimes árabes autoritários e fundamentalistas, mas o que está fazendo agora é tornar-se cada vez mais semelhante ao pior dos regimes árabes duros. O próximo passo já está no horizonte: o que a linha dura israelense quer é transformar em cidadãos de segunda classe os seus próprios judeus reformistas secularizados...

É assim que se deve entender o lema de que só uma catástrofe pode nos salvar: talvez a guinada autoritária em Israel desencadeie uma forte contraonda que o derrotará. No caso de Israel, isso significa que apenas a solidariedade publicamente afirmada das três religiões do livro (judaísmo, cristianismo e islamismo) pode salvar o núcleo emancipatório do judaísmo – no nível espiritual, a maior vítima do sionismo agressivo será os próprios judeus. O que o ateísmo cristão torna possível aqui não é a superação das religiões existentes – pelo contrário, abre o espaço para um vínculo espiritual que permite a cada uma delas florescer livremente. Aqui o ateísmo desempenha um papel fundamental: o espaço comum no qual diferentes religiões podem prosperar não é uma espiritualidade geral vaga, mas um ateísmo que torne sem sentido a luta entre religiões particulares.

A IMPORTÂNCIA DE VER TODOS OS SEIS PÉS

Isso nos leva de volta à interseccionalidade, dessa vez à interseccionalidade das próprias religiões – há uma piada (não muito) vulgar que transmite perfeitamente a sua mensagem. A piada começa com uma esposa e seu amante na cama; de repente, eles ouvem o marido chegando inesperadamente em casa e subindo as escadas, muito bêbado. O amante entra em pânico, mas a esposa o acalma: "Meu marido está tão bêbado que nem vai notar que tem outro homem na cama, então apenas fique onde está!" E, como ela prevê, o marido, mal conseguindo andar, simplesmente cai na cama. Mais ou menos uma hora depois, ele abre os olhos e diz à esposa: "Querida, será que estou tão bêbado que nem consigo contar o que vejo? Parece-me que tem seis pernas na nossa cama!" A esposa diz suavemente: "Não se preocupe! Apenas levante-se, caminhe até a porta em frente à cama e olhe bem!" O marido faz isso e exclama: "Tem razão, só tem quatro pernas! Então eu posso voltar e dormir calmamente..."

Essa piada pode ser vulgar, mas ainda assim envolve uma interessante estrutura formal homóloga à piada de Jacques Lacan "Tenho três irmãos, Paul, Robert e eu". Quando totalmente bêbado, o marido se incluiu na série, contando a si mesmo como um de seus irmãos; depois de conseguir adotar um olhar externo minimamente sóbrio, viu que só tem dois irmãos (ou seja, excluiu-se da série). O que esperaríamos é que alguém visse toda a situação claramente quando a observasse de fora, a uma distância segura, ao passo que quando se está imerso numa situação se fica cego para a sua dimensão fundamental, para o seu horizonte que a delimita; na nossa piada, no entanto, é a posição externa que o cega, ao passo que você vê a verdade ao ser apanhado nela (aliás, o mesmo vale para a psicanálise e o marxismo).

Mais precisamente, o marido não apenas se exclui a si mesmo: a sua exclusão (ficar à porta fora da cama) leva à inclusão errada, faz com que ele confunda as pernas do amante com as suas próprias pernas: ele conta as pernas do amante na cama como se fossem as suas, então volta satisfeito para a cama, e a lição que aprende é muito cruel: ele tolera que a sua esposa faça amor com um outro homem como seu próprio ato... A ironia, claro, é que, no seu estado mais sóbrio, o marido age como um idiota ao se excluir da série: uma versão inesperada de *in vino veritas*. A verdade libidinal de tais situações é que, mesmo quando apenas o casal sexual está na cama, há seis pernas (as duas pernas adicionais representam a presença de uma terceira agência) – a função lacaniana do "mais-Um" é sempre operativa. Aqui deveríamos evocar o tridente impossível (também conhecido como diapasão do diabo ou diapasão impossível), o desenho de um objeto impossível (figura indecifrável), uma espécie de ilusão de ótica: parece ter três pontas cilíndricas em uma extremidade que então misteriosamente se transforma em duas pontas retangulares na outra extremidade[15]:

15. Undecidable Monument – Impossible trident. *Wikipedia*, 2025. Disponível em: https://en.wikipedia.org/wiki/Undecidable_Monument_–_Impossible_trident. Acesso em: 4 mar. 2025.

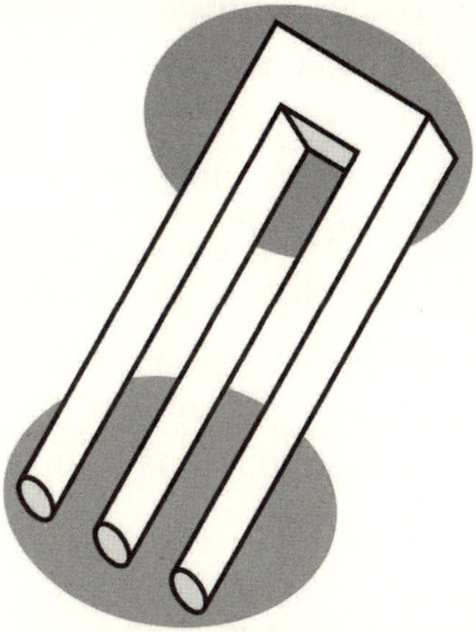

Figura 1.1

No nosso caso do marido bêbado, quando ele está na cama (domínio azul) e olha para baixo, vê três pares de pernas; mas, quando sai (para o domínio verde) e olha para a cama, vê dois pares de pernas... Não devemos ter medo de ir até o fim (obsceno) nessa direção e imaginar a mesma cena com a "virgem" Maria e seu marido José. Enquanto José está numa bebedeira, Maria se diverte na cama deles com (a pessoa que atua como) o Espírito Santo; José volta para casa mais cedo e rasteja até a cama; quando acorda um pouco mais tarde, vê seis pés na cama, e então a mesma história da nossa piada continua – olhando a cama da porta, ele vê apenas dois pares de pés e confunde o par do Espírito Santo com o seu...

Será que algo assim não acontece quando apoiamos a Ucrânia, mas ignoramos a luta pela justiça na própria Ucrânia? Fechamos os olhos para a forma como a luta ucraniana é monopolizada pela camarilha predominante de oligarcas, de modo que não deveríamos ficar surpresos se a Ucrânia do pós-guerra for semelhante à oligarquia corrompida do pré-guerra, colonizada por grandes corporações ocidentais que controlam as melhores terras e recursos naturais – em suma, sofremos na terrível guerra, mas estamos cegos para o fato de os nossos ganhos serem apropriados pelos nossos inimigos, exatamente como o marido bêbado que tolera a sua mulher fazer amor com um outro homem como se fosse o seu próprio ato. Como evitar cair nessa armadilha? De 20 a 22 de junho de 2023, houve uma série de reuniões em Londres coordenadas pela associação *"Europe, a Patient"*, uma iniciativa pan-europeia e interpartidária, com o objetivo de "proteger as comunidades ucranianas da exploração depois do que já passaram nessa guerra". O Rev. Rowan Williams, o Rabino Wittenberg e ONGs ucranianas apelaram por uma recuperação verde, justa e liderada pelos cidadãos:

> O desafio para a Ucrânia e todos os nossos parceiros internacionais é evitar a criação de uma nova geração de oligarcas no processo de reconstrução pós-guerra... O povo ucraniano sofreu por demasiado tempo nas mãos da indústria dos combustíveis fósseis, que ainda está financiando a máquina de guerra russa[16].

Iniciativas como essa são hoje mais necessárias do que nunca porque unem o apoio à defesa ucraniana com preocupações ecológicas e a luta pela justiça social. Longe de ser megalomaníaca, essa combinação de objetivos é a única opção realista: só poderemos apoiar a Ucrânia se lutarmos contra uma indústria de combustíveis fósseis que depende do petróleo russo e se lutarmos simultaneamente pela justiça social. A combinação de diferentes lutas é imposta pelas próprias circunstâncias. A destruição da barragem de Kherson no início de junho (com aldeias inundadas e minas flutuando na água) juntou guerra e destruição ecológica: a destruição do ambiente foi conscientemente usada como estratégia militar. Em si, isso não foi algo novo: já na guerra do Vietnam, o exército dos Estados Unidos pulverizava grandes áreas florestais com gases venenosos que desfolhavam as árvores (a fim de evitar que as unidades vietcongues se escondessem na folhagem). O que torna a destruição da barragem de Kherson pior é o

16. Cf. o site europeapacient.com.

fato de ter acontecido numa época em que todas as partes defendem da boca para fora a proteção do meio ambiente – somos forçados a fazer isso porque a ameaça ao nosso meio ambiente é sentida cada vez mais nas nossas vidas cotidianas. Na primeira semana de junho de 2023, Nova York foi apanhada numa fumaça marrom (causado por incêndios florestais no Canadá), com as pessoas aconselhadas a permanecerem em casa e a usarem máscaras se tivessem de sair de casa – nada de novo para grande parte do chamado Terceiro Mundo:

> A Índia, a Nigéria, a Indonésia, as Filipinas, o Paquistão, o Afeganistão, a Papua Nova Guiné, o Sudão, o Níger, o Burkina Faso, o Mali e a América Central enfrentam risco extremo. Acontecimentos climáticos, como inundações massivas e ciclones intensificados e furacões continuarão a atingir países como Moçambique, Zimbabué, Haiti e Myanmar. Muitas pessoas terão de se mudar ou morrerão. À medida que os impactos do nosso consumo se fazem sentir a milhares de quilômetros de distância e as pessoas chegam às nossas fronteiras desesperadas em busca de refúgio de uma crise para cuja causa elas não desempenharam quase nenhum papel – uma crise que pode envolver inundações e secas reais – as mesmas forças políticas anunciam, sem nenhum traço de ironia, que estamos sendo "inundados" ou "sugados até secar" por refugiados, e milhões de pessoas atendem ao seu chamado a se manifestam para fechar as nossas fronteiras[17].

Então, por que é que os países ocidentais, ao mesmo tempo que fingem se importar com esses problemas, continuam a cancelar medidas concebidas para limitar o colapso climático? (Vamos apenas mencionar dois casos dos Estados Unidos: "os legisladores no Texas estão travando uma guerra contra as energias renováveis, enquanto um projeto de lei no Ohio enumera as políticas climáticas como uma 'crença ou política controversa' na qual as universidades estão proibidas de 'inculcar' os seus

---

17. SMITH, J. The hard right and climate catastrophe are intimately linked. *MSN*, 2025. Disponível em: https://www.msn.com/en-us/news/world/the-hard-right-and-climate-catastrophe-are-intimately-linked/ar-BB1llBUf. Acesso em: 4 mar. 2025. Temos aqui um belo caso de deslocamento metafórico: a inundação como resultado do aquecimento global é reprimida e substituída pela "inundação" de imigrantes.

estudantes"[18].) Afirmar que "as políticas de direita-dura e de extrema-direita são o muro defensivo erguido pelos oligarcas para protegerem os seus interesses econômicos"[19] é demasiado simples: ignorar toda a extensão da ameaça ao nosso meio ambiente não se limita apenas à extrema direita e/ou às grandes corporações, inclui teorias da conspiração esquerdistas. Os teóricos da conspiração gostam de brincar com cenários históricos alternativos: e se... (os Estados Unidos não se juntassem ao Reino Unido e atacassem a Alemanha na Segunda Guerra Mundial; os Estados Unidos não atacassem e ocupassem o Iraque; o Ocidente não apoiasse a Ucrânia na sua luta contra a agressão russa)? Esses cenários não são sonhos emancipatórios sobre revoluções fracassadas, mas, pelo contrário, sonhos profundamente reacionários de fazer um compromisso com regimes autoritários brutais e assim manter a paz.

Para entender a oposição "pacifista" à máquina militar da Otan, deveríamos regressar à situação do início da Segunda Guerra Mundial, quando uma posição semelhante de direita e de esquerda se opunha à entrada dos Estados Unidos na guerra. As razões listadas eram estranhamente semelhantes às razões dos "pacifistas" de hoje: por que razão deveriam os Estados Unidos se envolver numa guerra distante que não lhes diz respeito?; a discreta simpatia da direita pela Alemanha (não menos discretamente apoiada pela Alemanha); devido ao pacto Ribbentrop-Molotov, os esquerdistas opuseram-se à guerra até o ataque alemão à União Soviética; a oferta de paz da Alemanha ao Reino Unido no Verão de 1940, que foi considerada por muitos como muito generosa; a preocupação de que a entrada dos Estados Unidos na guerra serviria o vasto complexo industrial-militar. Esse raciocínio contém um grão de verdade, como todas as boas mentiras: é verdade que os Estados Unidos

18. Ibid.

19. Ibid.

só saíram da grande depressão no decurso da Segunda Guerra Mundial; há sinais de que a Alemanha sinceramente quis a paz com a Grã-Bretanha em 1940 (lembre-se da surpreendente fuga de Rudolf Hess para a Inglaterra nessa altura para apelar pela paz com a Alemanha).

A versão mais elaborada dessa linha de pensamento foi dada em 2009 por Patrick J. Buchanan que argumenta que, se Churchill tivesse aceitado a oferta de paz de Hitler em 1940, a gravidade do Holocausto teria sido bastante reduzida. (A crítica – muitas vezes plenamente justificada – a Churchill também é partilhada pela esquerda: os dois recentes críticos radicais a Churchill são David Irving, o direitista com simpatias pela Alemanha nazista, e Tariq Ali, um esquerdista radical...). Endossando o conceito de traição ocidental, Buchanan acusa Churchill e Roosevelt de entregarem o Leste Europeu à União Soviética na Conferência de Teerã e na Conferência de Yalta. Tal como Churchill levou o Império Britânico à ruína ao causar duas vezes guerras desnecessárias com a Alemanha, Bush levou os Estados Unidos à ruína ao seguir o exemplo de Churchill ao envolver os Estados Unidos numa guerra desnecessária no Iraque, e distribuiu garantias a dezenas de nações nas quais os Estados Unidos não têm quaisquer interesses vitais, o que colocou o seu país numa posição com recursos insuficientes para cumprir as suas promessas[20]. O que frequentemente ouvimos hoje é uma nova variação desse tema de Buchanan: a desintegração da União Soviética e a subsequente decadência econômica dos Estados pós-soviéticos foi vivida como um novo Tratado de Versalhes e deu origem ao facilmente previsível desejo de vingança. Exatamente como Hitler em 1940, Putin ofereceu repetidamente a paz à Ucrânia; nos primeiros anos do seu reinado, ele até propôs que a Rússia se juntasse à Otan... Por mais sedutora que essa linha de raciocínio possa parecer (para

---

20. Cf. Churchill, Hitler and the unnecessary war. *Wikipedia*, 2025. Disponível em: https://en.wikipedia.org/wiki/Churchill,_Hitler,_and_the_Unnecessary_War. Acesso em: 4 mar. 2025.

alguns, pelo menos), deveria ser rejeitada exatamente da mesma maneira que o fascismo tem de ser combatido.

O problema é que hoje a ideologia hegemônica não impede somente a combinação de lutas urgentemente necessárias (ver todos os seis pés, nos termos da nossa piada); como acabamos de ver, ela impõe mesmo a sua própria combinação falsa sob o disfarce de novas teorias da conspiração compartilhadas pela direita populista e por partes da esquerda. Essa nova aliança direita/esquerda denuncia o ecopânico e a "política verde" como um estratagema das grandes corporações para impor novas limitações aos trabalhadores comuns; rejeita ajudar a Ucrânia, uma vez que a ajuda militar serve o complexo industrial-militar da Otan; denunciou as medidas anticovid como instrumentos de disciplinar a população... Num caso exemplar de negação, a maior ameaça que enfrentamos hoje (incluindo os relatos de vestígios de aterrisagens de alienígenas) é rejeitada como uma manobra do grande capital corporativo em conjunto com os aparelhos estatais. A mensagem de tal negação é, obviamente, abertamente otimista, ela nos dá esperança: o retorno à velha normalidade é fácil, não temos de lutar contra os novos perigos, tudo o que temos de fazer é rejeitar as ameaças, ou seja, continuar a agir como se não existissem. A proliferação de tais negações é a principal razão do triste fato de vivermos numa era de "recessão democrática":

> O autoritarismo está em ascensão apesar da previsão liberal de que a expansão do livre mercado resultaria em mais democracia – isso porque o capitalismo sempre defenderá as hierarquias sociais contra a ameaça de igualdade econômica[21].

É preciso complicar ainda mais essa afirmação: a ameaça à democracia provém também da falsa resistência populista

---

21. JOHNS, E. No, Capitalism Isn't Democratic. *MSN*, 2025. Disponível em: https://www.msn.com/en-us/money/markets/capitalism-s-attack-on-time-nature/ar-AA1s2tZi. Acesso em: 4 mar. 2025.

ao capitalismo corporativo. É por isso que a saída dessa situação não reside apenas em agarrar-se desesperadamente à democracia liberal multipartidária – o que é necessário são novas formas de construir um amplo consenso social e de estabelecer uma ligação mais ativa entre partidos políticos e sociedade civil. A oposição entre a democracia liberal e os novos populistas não é a verdadeira; no entanto, isso não implica de forma alguma que o campo Trump-Putin seja melhor do que a democracia liberal (no mesmo sentido que é errado ter simpatia por Hitler porque a democracia liberal e o fascismo não são os verdadeiros opostos). Deveríamos mobilizar aqui a distância que separa a tática da estratégia: estrategicamente, a democracia liberal é a nossa arqui-inimiga, mas no nível tático, deveríamos lutar com a democracia liberal contra os novos populistas – da mesma forma que os comunistas lutaram com as democracias "imperialistas" ocidentais contra o fascismo na Segunda Guerra Mundial, sabendo muito bem que o imperialismo é o seu arqui-inimigo*.

Será que não nos afastamos do nosso ponto de partida, a noção de ateísmo cristão, e nos perdemos numa mistura de comentários políticos? Não, porque esses comentários demonstram precisamente como o ateísmo cristão funciona como prática política. Raffaele Nogaro (um padre de Roma que tinha 98 anos em 2022) afirmou que Jesus é o "Novo Homem" que ama a todos sem distinção de pessoa, qualquer que seja a sua cultura, a cor da sua pele, a sua religião ou a profundidade do seu ateísmo – a todos é feita por Jesus a mesma pergunta: "Quem vocês dizem que eu sou?"[22]. Note que para Nogaro, Cristo não é uma figura de autoridade dizendo às pessoas o que elas são: ele está lhes perguntando o que elas estão dizendo que Ele é. E não se deve interpretar isso como um truque retórico barato no sentido de "Eu sei quem eu sou, o filho de Deus, só quero verificar se você

22. Comunicação pessoal.

sabe disso". Cristo está consciente de que, de alguma forma, a sua própria existência está em jogo não só no que e como as pessoas estão falando dele, mas sobretudo na forma como agem (ou não agem) em sociedade. Cada um de nós tem de dar uma resposta à pergunta de Jesus a partir da sua profundidade existencial, e então atuar essa resposta.

1
DEIXE QUE UMA RELIGIÃO SE ESGOTE

QUEM NÃO CONSEGUE LIDAR COM A VERDADE?

Às vezes, até mesmo o lixo de maior sucesso de bilheteria oferece uma lição útil. *O mensageiro* de Kevin Costner (de outro modo um triste fracasso) centra-se na necessidade estrutural de uma mentira ideológica como a condição para reconstituir o vínculo social – a premissa do filme é que a única maneira de recriar os Estados Unidos após a catástrofe global é fingir que o Governo Federal *ainda* existe, agindo COMO SE existisse, de modo que as pessoas comecem a acreditar nele e a se comportar de acordo, e a Mentira se torne Verdade (o herói põe em marcha a reconstituição dos Estados Unidos ao começar a entregar correspondência como se agisse em nome do sistema postal dos Estados Unidos). Isso nos leva à temporalidade paradoxal da verdade.

A maioria de nós conhece bem o momento culminante de *Questão de Honra* (Rob Reiner, 1992), quando Tom Cruise se dirige a Jack Nicholson com "Eu quero a verdade!", e Nicholson grita de volta: "Você não consegue lidar com a verdade!" Essa resposta é mais ambígua do que pode parecer: não deve ser interpretada como uma simples afirmação de que a maioria de nós é demasiado fraca para lidar com a realidade brutal das coisas. Temos, portanto, de nos livrar da metáfora do Real como o núcleo duro da realidade (a maneira como as coisas "realmente são em si mesmas"), acessível a nós apenas através de múltiplas lentes de como simbolizamos a realidade, de como a construímos através das nossas fantasias e vieses cognitivos. Na oposição entre realidade ("fatos concretos") e fantasias (ilusões, construções simbólicas), o Real está do lado das ilusões e fantasias: o

Real, claro, por definição resiste à simbolização plena, mas é ao mesmo tempo um excesso gerado pelo próprio processo de simbolização. Sem simbolização não existe Real, existe apenas a mera estupidez do que existe. Outro exemplo (talvez o definitivo): se alguém perguntasse a uma testemunha sobre a verdade do Holocausto, e a testemunha respondesse "Você não consegue lidar com a verdade!", isso não deveria ser entendido como uma simples afirmação de que a maioria de nós não é capaz de processar o horror do Holocausto. Em um nível mais profundo, aqueles que não foram capazes de lidar com a verdade foram os próprios perpetradores nazistas: eles não foram capazes de lidar com a verdade de que a sua sociedade é atravessada por um antagonismo abrangente, e, para evitar esse insight, envolveram-se na pulverização assassina que tinha como alvo os judeus, como se matar os judeus fosse restabelecer um corpo social harmonioso. O que, no entanto, complica ainda mais as coisas é que a "verdade" evocada por Nicholson não é simplesmente a realidade de como estão as coisas, mas um fato mais preciso de que o nosso poder (não apenas o militar) tem de seguir regras e práticas ilegais não escritas (o "Code Red" no filme) para sustentar o seu sistema jurídico – essa é a verdade com a qual os liberais brandos não são capazes de lidar. Tal noção de verdade envolve uma estrutura temporal paradoxal:

> Tradicionalmente, a verdade parece ter-se apresentado como *uma ideia reguladora de um estado de acordo direto*. No entanto, essa aspiração à direitura foi então compensada com o adiamento infinito da sua realização. Talvez esteja na hora de reverter essa fórmula e, portanto, de conceber a verdade no quadro da falta de direitura, e então deixar que aconteça plenamente no aqui e agora. Uma mera mudança de perspectiva nos permite detectar uma "vida de verdade" inteiramente diferente. Em vez de conceitualizar "verdade" como perpetuamente *se aproximando* de um certo estado idealizado de plena satisfação, preferimos desviar a nossa atenção para os exemplos de verdade *que realmente emergem* dentro de uma realidade histórica particular, seja incitando eventos de grande magnitude e irreversível temporalidade, seja produzindo nós e excessos inextricáveis

> e incontroversos na vida cotidiana, ou produzindo excedentes inesperados nos acasos e falhas do discurso. A verdade parece impossível e ao mesmo tempo inevitável; ela confere a si mesma a aparência de escapar ao nosso alcance, mas depois surge abruptamente, até mesmo acidentalmente, e nos envolve na sua vinculação discursiva, nos seus efeitos compulsórios e inevitáveis, na sua força política e exigência histórica, e talvez na sua necessidade lógica[23].

A verdade é, portanto, como a *jouissance* (Jacques-Alain Miller certa vez se referiu à verdade como uma irmã mais nova da *jouissance*): impossível e inevitável ao mesmo tempo. A pior coisa que se pode fazer em relação à verdade é concebê-la como algo – um X desconhecido – de que nos aproximamos gradativamente num processo infinito de aproximação, sem nunca o alcançar. Não há lugar aqui para qualquer tipo de poesia da falta, de como, em última análise, sempre perdemos a verdade final – não é isso que Lacan quer dizer quando afirma, no início de "Televisão", que a verdade só pode ser dita pela metade: "Eu sempre falo a verdade. Não toda a verdade, porque não há como dizer tudo. Dizer tudo é literalmente impossível: as palavras falham. No entanto, é através dessa mesma impossibilidade que a verdade apreende o real"[24]. Nós reprimimos a verdade, ela nos escapa, mas está sempre já aqui nos seus efeitos, como meio dita – digamos, como um sintoma que mina a estrutura hegemônica do nosso espaço simbólico. Não só é impossível dizer toda a verdade, como é ainda mais impossível mentir completamente: a verdade sempre nos alcança nas fendas e nos deslocamentos das nossas mentiras[25].

---

23. Jure Simoniti, comunicação pessoal.

24. LACAN, J. Television: A Challenge to the Psychoanalytic Establishment. *Monoskop*, 2025. Disponível em: https://monoskop.org/images/f/f2/Lacan_Jacques_Television_A_Challenge_to_the_Psychoanalytic_Establishment.pdf. Acesso em: 4 mar. 2025.

25. Um caso da chamada "gripe espanhola" mostra como a verdade pode ser revelada por uma mentira. Matou cerca de 20 milhões de pessoas no fim da Primeira Guerra Mundial, mas o seu nome é equívoco: devido à censura, apenas os jornais espanhóis a noticiaram (a Espanha foi neutra durante a Primeira Guerra Mundial), embora ela não tenha afetado a Espanha. No

Segundo Bertolt Brecht, se perseguirmos diretamente a felicidade, a felicidade nos escapa, ao passo que nos alcança assim que paramos de persegui-la ("Sim, corra atrás da felicidade/ Mas não corra demais/ Pois em toda corrida atrás da felicidade/ A felicidade está correndo atrás"). Será que o mesmo não acontece com a verdade? Se corrermos demais atrás da verdade, a verdade ficará para trás, ignorada. Será que podemos dizer o mesmo sobre Deus? Será que Deus é uma mentira, um produto da nossa fantasia coletiva, que dá origem não à sua existência real, mas a uma ordem social real baseada nos seus ensinamentos e comandos, uma ordem real na qual as instituições e os hábitos são religiosamente fundamentados? Não é tão simples assim: nas sociedades seculares modernas nas quais Deus é proclamado morto, ele retorna como um fantasma repudiado que sobrevive à própria morte – como?

God Is Undead [Deus está desmorto][26], o livro definitivo sobre a relação ambígua entre a psicanálise lacaniana e o ateísmo, é um debate substancial entre Adrian Johnston (que defende o materialismo dialético) e Lorenzo Chiesa (que insiste que o ceticismo agnóstico é a única postura consistente do verdadeiro ateísmo)[27]. Concordo com Chiesa que a afirmação direta da multiplicidade ontológica indiferente, do não-Uno que precede qualquer identidade, é insuficiente – Johnston parece mover-se nessa direção, razão pela qual o seu "materialismo transcendental" contorna com demasiada facilidade a dimensão transcendental e se aproxima perigosamente da simples ontologia materialista. No entanto, ao contrário de Chiesa, penso que as

entanto, se se sabe desse fato, obtém-se a verdade sobre as condições da censura na sociedade da época: embora milhões de pessoas devam ter falado sobre ela, ela foi "cancelada" do espaço público.

26. Cito o manuscrito generosamente disponibilizado a mim pelos autores.

27. Eu já elaborei como me relaciono com o materialismo transcendental de Johnston no meu livro *Freedom*; portanto, concentrar-me-ei aqui no ateísmo agnóstico de Chiesa.

oscilações que caracterizam a relação entre o Uno e o não-Uno não deixam nenhum espaço aberto para um possível resultado religioso: o que as oscilações sinalizam é uma lacuna irredutível, uma fenda, no edifício ontológico da realidade mesma. Essa fenda não é a fenda entre as nossas múltiplas simbolizações da realidade e essa realidade "em si mesma", ela está localizada no próprio cerne da realidade mesma. E o espaço da teosofia está localizado na lacuna que torna a dimensão transcendental irredutível à ontologia – *vulgari eloquentia*, nunca poderemos explicar plenamente o nosso horizonte transcendental nos termos da ontologia universal, uma vez que toda visão ontológica da totalidade da realidade cai sob o escopo do transcendental, e é isso que torna todas as ontologias gerais, desde a de Spinoza até a de Deleuze, em última análise, insustentáveis.

A oscilação na qual Chiesa se concentra pode ser reduzida à tensão entre o enunciado e o (processo de sua) enunciação: quando afirmamos o irredutível não-Uno como a verdade última do ser, a nossa própria posição de enunciação funciona como a de um Uno capaz de apreender toda a realidade na sua verdade, e vice-versa, quando tentamos falar sobre o Uno como a realidade divina suprema, a nossa posição de enunciação torna-se necessariamente inconsistente, apanhada em contradições. Na filosofia, essa tensão aparece como a tensão entre a realidade que enfrentamos e o horizonte transcendental através do qual percebemos a realidade – o exemplo supremo: podemos argumentar de forma convincente e demonstrar que não existe livre-arbítrio, que a liberdade é uma "ilusão do usuário", mas a nossa própria prática de argumentar implica que agimos como livres, tentando convencer os outros a aceitarem livremente os nossos argumentos. Portanto, mesmo que saibamos que não somos livres, agimos como se fôssemos livres. Contudo, a passagem reflexiva do conteúdo enunciado de volta ao nosso processo de enunciação não deve ser tomada como um passo da ilusão para a verdade: sim, agimos e argumentamos como se fôssemos livres, mas a ciência cognitiva pode explicar como essa ilusão de liberdade surgiu. É uma megaconquista da ciência moderna suspender o nosso envolvimento subjetivo e concentrar-se na "realidade objetiva": resultados científicos não devem ser julgados por "a quem servem" ou por referência à economia subjetiva daqueles que os elaboram. Quando Lacan diz que a ciência foraclui o sujeito, esse não é um julgamento negativo apontando que a ciência perde alguma coisa, mas um gesto que sustenta o próprio espaço da ciência moderna. Em suma, o conteúdo científico não pode ser "deduzido transcendentalmente" da atividade subjetiva (o que Fichte tentou fazer), a oscilação entre os dois é irredutível. É por isso que o que Chiesa chama de oscilação irredutível é aquilo a que me refiro como a paralaxe ontológica irredutível[28].

SUBJETIVIDADE NO AFROPESSIMISMO

Onde entra a Teosofia aqui? Ela permite-nos desafiar a visão padrão segundo a qual a "realidade objetiva" existe lá fora, um objeto transcendente do qual nos aproximamos gradualmente. O que experimentamos como "realidade objetiva" está sempre já constituído transcendentalmente, de modo que apenas tocamos o Real além ou aquém da realidade quando experimentamos "a noite do mundo", ou seja, quando a realidade se dissolve e a única coisa que permanece é o abismo da subjetividade. Pode parecer que, quando falamos sobre o vazio ontológico da subjetividade "inumana", estamos lidando com uma categoria ontológica-transcendental sem nenhuma implicação política direta: projetos e escolhas políticas são decisões e identificações ônticas que acontecem dentro de um horizonte ontológico dado anteci-

---

28. A oscilação imanente à obra de Hegel é aquela entre suas obras criativas (*Fenomenologia*, *Lógica*) e seus manuais universitários (*Enciclopédia*, *Filosofia do Direito*) escritos como um relatório sobre conhecimento já adquirido. No entanto, seria rápido demais ler essa oscilação como aquela entre o pensamento criativo mais verdadeiro e autêntico e a recapitulação "dogmática" de um dogma.

padamente... No entanto, há momentos de ação política radical nos quais a dimensão ontológica enquanto tal está em jogo; em teoria, a política é elevada a esse nível no chamado afropessimismo. Frank B. Wilderson III[29] elaborou a versão mais convincente do afropessimismo ao colocar questões que o humanismo liberal predominante evita: "colocado de maneira simples, abdicamos do poder de colocar a questão – e o poder de colocar a questão é o maior poder de todos" (IX). A questão é: o humanismo se apresenta como universal, abrangente, mas essa universalidade já está fundamentada numa exclusão. Não é apenas que o humanismo imponha um padrão ocidental de ser humano que reduz os Outros subalternos a um nível inferior de humanidade; o humanismo se baseia na exclusão de um grande grupo de humanos (negros) como não humanos, fora da esfera hierárquica da humanidade, enquanto os asiáticos e os latinos são "humanos menores" que podem demandar uma humanidade plena. (O jovem Gandhi jogou esse jogo: quando protestou contra o apartheid na África do Sul, não exigiu igualdade legal entre brancos e negros, apenas quis que a grande minoria indiana obtivesse os mesmos direitos que os brancos.) Aliás, deve-se levantar aqui outra questão que é muito relevante no nosso mundo multicêntrico com a posição mais forte da Ásia: será que os negros são não humanos apenas do ponto de vista dos brancos europeus? E quanto aos asiáticos – o que são os negros para eles? Também não humanos?

Deve-se reconhecer "a afirmação ontológica dos afropessimistas de que a negritude é aquilo que torna possível para posições brancas e não brancas (isto é, asiáticos e latinos) existirem e, simultaneamente, contestarem a existência. Enquanto tal, a negritude (escravidão) não apenas está fora do terreno do branco (o senhor), mas também está fora do terreno do subalterno" (65-6). É por isso que a negritude (escravidão), na sua dimensão ontológica básica, permanece intocada pelos discursos

29. WILDERSON, F.B. *Red, White, and Black*. Durham: Duke University Press, 2010.

humanistas liberais que enaltecem e lutam pelo "acesso à institucionalidade", pela "meritocracia", pelo "multiculturalismo" e pela "diversidade" – discursos que proliferam exponencialmente nas paisagens política, acadêmica e cinematográfica" (30-31). Esses discursos apenas proveem falsos álibis para a dimensão assassina na qual o humanismo está fundado:

> Era a liberdade de expressão ou o movimento antiguerra; havia, por exemplo, os movimentos das mulheres, dos gays, antinucleares, ambientais e pelos direitos dos imigrantes como linhas de fuga da ética absoluta da vermelhidão e da negritude. Era capaz de reformar (reorganizar) um mundo antiético e ainda dormir à noite (30).

Até mesmo a noção marxista de proletários se baseia no "abraço devastador da capacidade humana – aquilo que falta ao escravizado" (9). Um proletário é privado de atualizar as suas capacidades, mas como sujeito humano ele as TEM, ao passo que "um negro é a própria antítese de um sujeito humano" (9): "o escravizado não é um trabalhador, mas um anti-humano, uma posição contra a qual a humanidade estabelece, mantém e renova a sua coerência, a sua integridade corporal" (11). É por isso que "o trabalho forçado não é constitutivo da escravidão" (14) – ser um escravizado é uma categoria propriamente ontológica: "a escravidão para os brancos foi e é experiencial e para os negros é e foi ontológica" (16). Um trabalhador explorado experimenta o que perdeu enquanto um negro não tem nada a perder, ou, como James Baldwin o coloca a propósito da sua relação com Norman Mailer: "Há uma diferença entre Norman e eu porque penso que ele ainda imagine que tem algo a salvar, ao passo que nunca tive nada a perder" (12). Então

> o Terceiro Mundo pode lutar contra a dominação e pela devolução das terras dos povos colonizados, pois são pessoas com uma narrativa de reparação, ao passo que os escravizados só podem lutar contra a escravatura – o por-alguma-outra-coisa só pode ser teorizado, quando muito, no processo e no final da violência necessária contra o colono/senhor, não antes (66).

Fanon tira a consequência definitiva desse estado de coisas: para o escravizado, a única cura, a única maneira de alcançar a liberdade, é "o fim do mundo (humano)" tal como existe agora. Alenka Zupančič[30] liga essa postura subjetiva única do afropessimismo à fórmula básica do desejo histérico de Lacan ("'Eu lhe peço' – o quê? – 'para recusar' – o quê? – 'o que eu lhe ofereço' – por quê? – 'porque não é isso'".):

> "Quando aos negros é dado esse ou aquele 'direito' e insistem que 'não é isso', não é simplesmente porque mais direitos poderiam e deveriam ser concedidos, ou porque eles nunca estão satisfeitos, e não entendem que tudo isso se trata de um interminável progresso em direção à plena igualdade... Não. Se você ler os autores do afropessimismo, eles replicarão a isso: você não entendeu absolutamente nada; não é que queiramos mais direitos ou direitos diferentes, *queremos ser*, e não é esse o caso; nosso ser está excluído do mundo tal como ele é, independentemente do seu progresso em termos de direitos e correção política. Isso é o que Wilderson chama de 'morte ontológica'. O que eles estão dizendo é: 'Você tem toda razão, o que quer que você nos dê, não é, e nunca será, *isso*, porque não é por meio de concessões progressistas que você pode nos dar o que foi excluído no exato momento da constituição do 'mundo moderno', nomeadamente o nosso ser (social). A base na qual você se posiciona quando nos concede esses direitos é constituída pela exclusão do nosso ser. Essa é a nossa verdade, a verdade que testemunhamos ao 'nunca estarmos satisfeitos'".

E essa, exatamente, também deveria ser a reação das vítimas do racismo e/ou do sexismo ao processo interminável da esquerda liberal pseudorradical que lhes oferece cada vez mais concessões: vamos reescrever textos clássicos para torná-los aceitáveis para as sensibilidades PC de hoje (lembremos o que está acontecendo com as reimpressões de contos de fadas clássicos, romances de Agatha Christie etc.), vamos purificar a nossa linguagem cotidiana de modo que "elu" se torne o pronome para todos aqueles que não querem ser explicitamente chamados de "ele" ou "ela", vamos destruir os monumentos a todas as figuras

30. ZUPANČIČ, A. *Desire* (manuscrito).

do passado que disseram ou fizeram algo que hoje é considerado problemático etc. A resposta dos oprimidos deveria ser: "Desculpe, mas *não é isso*, você está me bombardeando com tais ofertas apenas para manter a sua posição social básica de superioridade!" Então, quando Lacan propõe a sua fórmula de provocação histérica ("'Eu lhe peço' – o quê? – 'para recusar' – o quê? – 'o que eu lhe ofereço' – por quê? – 'porque não é isso'".), deveríamos ir até o fim aqui e encenar a passagem de dar/ter para ser: um histérico não apenas rejeita infinitamente o que o Outro lhe oferece porque "não é isso" (o que ele/ela realmente quer); ele/ela finalmente percebe que o "isso" é o próprio Outro. A mensagem é, portanto: "VOCÊ não é isso!", você não está em condições de me dar aquilo de que eu realmente preciso ou o que quero. Note-se uma reversão específica presente na fórmula de Lacan: não sou eu, a vítima que demanda algo de (uma figura do) grande Outro, que se queixa a ele: "Eu recuso o que você está me oferecendo porque não é isso!", como os afropessimistas afirmam na cena imaginada por Zupančič; é o próprio Outro que me pede para recusar a sua oferta porque "não é isso"... Será que não chegamos aqui a uma versão extrema da oferta destinada a ser rejeitada, uma forma de polidez nas nossas vidas cotidianas? Quando convido meu pobre amigo para um jantar caro, fica claro para nós dois que pagarei a conta; no entanto, pelo menos no meu país, espera-se que o meu amigo insista, durante um curto período de tempo, em pagar a conta (e depois, como esperado, ele concede que eu a pague)... Então, será que o meu amigo não está me dizendo: "Peço-lhe que recuse a minha oferta para pagar a conta porque não é isso!", ou seja, porque apenas fiz a minha oferta como um gesto formal para demonstrar a minha amizade?

Será que a fórmula da histeria de Lacan "Demando que você rejeite o que eu lhe ofereço porque não é AQUILO" não pode ser lida também como uma fórmula para um governo/poder autêntico? A mensagem de tal poder para os seus súditos não é "nós lhe damos o que você quer/precisa", mas sim "nós lhe damos o que podemos, mas sabemos bem que isso não é AQUILO". Imagine que, em plena pandemia de Covid, uma mensagem de um governo tivesse sido: "Estamos fazendo tudo o que podemos, organizamos todas as medidas, vacinação, confinamentos..., mas isso não é AQUILO!" (E o mesmo se aplica ao aquecimento global, à guerra na Ucrânia, à imigração etc.). Infelizmente, há também uma leitura mais cínica dessa fórmula: nós lhe damos todos os direitos etc., mas não é ISSO – por baixo disso tudo, há o fato do nosso poder bruto, podemos fazer o que quisermos, nós não lhe servimos realmente... Essa lacuna é constitutiva de todo poder, o que significa que um poder histericizado é impossível, o poder tem de fingir/agir como se fosse efetivamente pleno poder.

Então, e se dermos um passo adiante e aplicarmos isso à figura última do grande Outro, ao próprio Deus? E se a mensagem final de Cristo, a mensagem do seu sacrifício, for: "Peço a vocês (que acreditam em mim) que recusem o que eu lhes ofereço (o meu sacrifício na cruz) porque não é isso"? E se for nesse sentido que o sacrifício de Cristo é um sacrifício para acabar com os sacrifícios? Encena a falta de sentido de um sacrifício e, assim, nos liberta para a nossa liberdade. Em outras palavras, Cristo não é um mediador entre Deus e o homem que provoca a sua reconciliação: o seu cadáver é antes um monstruoso monumento congelado à falta de qualquer agente transcendente que salvaguarde o nosso destino. Colocado de outra forma: Cristo não age por nós, redimindo-nos dos nossos pecados, ele é antes *interpassivo*: no seu sofrimento passivo, ele dá corpo ao fato de que "não existe um grande Outro", que algo está terrivelmente desconjuntado em nosso mundo.

Nesse sentido básico, a histeria, uma postura histérica, não é apenas uma categoria psicológica que designa um distúrbio psíquico específico: a "conversão" histérica dá corpo à Verdade (no sentido mais enfático do termo) do grande Outro social, à exclusão, à falta, à inconsistência em que se baseia. É por isso que histéricos "não sabem o que querem": o horizonte do que se pode querer (ou seja, a demanda do grande Outro) é determinado pelas coordenadas desse grande Outro, e o desejo "sinaliza o desequilíbrio que sustenta a ordem do ser, e visa – além de todos os objetos – abalar essa ordem, provocar uma mudança na ordem do ser". A histeria, portanto, não é subjetiva apenas no sentido preciso da "conversão" subjetiva de uma desordem no próprio grande Outro. E Zupančič vai até o fim na sua despsicologização da histeria como um ato político coletivo: na sua interpretação inovadora dos contínuos protestos iranianos contra o regime desencadeados pela morte de uma jovem curda, ela lê os envenenamentos de milhares de meninas em escolas como um fenômeno de histeria em massa que torna os atos das meninas um autêntico ato revolucionário. A ironia é que, depois de todas as explicações padrão sobre os envenenamentos terem falhado (ataques de vingança por parte de grupos fundamentalistas que não querem que as meninas frequentem a escola; ações secretas do próprio governo para dissuadir as meninas que possam aderir, ou já tenham aderido, aos protestos; potências estrangeiras que tentam manchar a imagem do poder islâmico governante...), e depois de nenhum vestígio de produto químico perigoso ter sido encontrado até agora, "chegou-se à hipótese (na imprensa ocidental, bem como em alguns círculos governamentais iranianos) de que isso poderia ser um caso de 'histeria em massa'. E daí a conclusão de que os incidentes não devem, portanto, ser levados demasiado a sério; é apenas uma 'doença psicológica', então não tem nada de mais" – no entanto,

> o que deveríamos rejeitar categoricamente é a conclusão de que, portanto, "não tem nada de mais". Pois se fosse verdade, não significaria de forma alguma que não tem nada de mais. Não desculparia ninguém, mas sim culparia ainda mais as autoridades e o regime, e apresentaria mais um caso de *protesto em massa*, de corpos físicos que se convertem em corpos políticos que protestam. Se eu estivesse na pele do regime iraniano, ficaria muito assustado com essa opção, porque significaria que a manifestação corporal ("conversão") da *desordem estatal* também continua dessa forma.

A desordem é, portanto, "ontológica", e deveríamos levar aqui o termo "ontologia" muito a sério, não apenas como um exagero retórico: de volta ao afropessimismo, ser negro não é uma questão de ter, mas de ser. Ser negro envolve uma espécie de *epoche*, de suspensão de todas as capacidades – meu senhor pode me fazer trabalhar e usar aquilo em que sou bom, mas o trabalho não é uma expressão das minhas capacidades subjetivas, eu sou uma máquina que funciona... A guinada hegeliana a ser feita aqui é, claro, que o vazio que permanece depois que um escravizado é desumanizado é a subjetividade na sua forma mais pura, privada de todo o seu conteúdo substancial. Esse ser-privado-de-liberdade constitutivo abre ao escravizado a perspectiva de uma liberdade muito mais radical: se "os escravizados só podem lutar contra a escravidão – o para-alguma-outra-coisa só pode ser teorizado, quando muito, no processo ", isso significa que, no processo de lutar contra a escravidão, eles devem inventar livremente o que se tornarão, ou seja, eles não vão apenas se tornar o que realmente são, realizar seus potenciais, os quais foram frustrados em sua realidade. É nessa linha que deveríamos reler a introdução às lições de Hegel sobre a filosofia da história, na qual ele (in)famosamente descarta os negros (na África) como fora da história: a história humana propriamente dita começa com a China, a África

> não é parte histórica do mundo; não tem movimento ou desenvolvimento para exibir. O que entendemos propriamente pela África é o espírito não desenvolvido a-histórico, ainda envolvido nas condições da mera natureza, e que teve de ser apresentado aqui apenas como no limiar da História do Mundo. Tendo eliminado esse elemento introdutório, encontramo-nos pela primeira vez no verdadeiro teatro da História.[31]

História significa trabalho coletivo, mediação e alienação: o produto de um trabalhador lhe é tirado, ele/ela não consegue re-

---

31. HEGEL, G.W.F. *Hegel's Philosophy of History*. Marxists, 2025. Disponível em: https://www.marxists.org/reference/archive/hegel/works/hp/hpconten.htm. Acesso em: 4 mar. 2025.

conhecer-se nele, é necessária uma revolução para que os trabalhadores se reapropriem dos seus produtos. No entanto, mesmo se/quando trabalham para o seu senhor, os escravizados negros não realizam um trabalho no qual se expressam, eles ficam fora da mediação através do trabalho que é a história... Mas e se invertermos a conclusão de Hegel e postularmos que, precisamente como "desumanos", os negros são sujeitos cuja subjetividade ainda não está ofuscada pela imundície da personalidade humana? Ou, para ser ainda mais incisivo, e se, no seu tratamento da África Negra, Hegel não fosse aqui suficientemente hegeliano, exatamente da mesma forma como não foi suficientemente hegeliano no seu tratamento da sexualidade?

Longe de prover a fundação natural da vida humana, a sexualidade é o próprio terreno onde os humanos se separam da natureza: a ideia de perversão sexual ou de uma paixão sexual mortal é totalmente estranha ao universo animal. Uma frase do conto de Roberto Bolaño – "Naquela tarde fizemos amor para esconder a pura alegria de nos vermos novamente"[32] – diz mais do que longos tratados sobre o que Lacan pretendia com o seu *il n'y a pas de rapport sexuel*. Deve-se evitar aqui a armadilha de espiritualizar ou dessexualizar "a pura alegria de nos vermos novamente": essa "pura alegria" é o gozo no seu estado insuportavelmente mais forte, e é por isso que somos compelidos a evitá-lo. É preciso, portanto, reverter a noção pseudo-"freudiana" de que "fazê-lo" é o foco do gozo e que ver um ao outro é apenas um prazer de saber que em breve "o faremos": é o ato sexual que é por definição uma fuga-para-a-atividade da mera presença inativa do outro. Em outras palavras, uma vez que o ato sexual completo é impossível, a única maneira de torná-lo presente é na forma do seu oposto, como uma completa inatividade.

32. BOLAÑO, R. *Last evenings on Earth*. Nova York: New Directions, 2006, p. 102. Devo essa referência a Maria Aristodemou.

Aqui, o próprio Hegel comete uma falha no que diz respeito aos seus próprios padrões: ele apenas revela como, no processo da cultura, a substância natural da sexualidade é cultivada, suprassumida e mediada – nós, humanos, já não fazemos amor apenas para procriação, nós nos envolvemos num complexo processo de sedução e casamento por meio do qual a sexualidade se torna uma expressão do vínculo espiritual entre um homem e uma mulher etc. No entanto, o que Hegel deixa escapar é como, ao adentrarmos a condição humana, a sexualidade não é apenas transformada/civilizada, mas, muito mais radicalmente, *modificada na sua própria substância*: já não se trata da pulsão instintiva a reproduzir, mas de uma pulsão que é frustrada quanto ao seu objetivo natural (reprodução) e, assim, explode numa paixão infinita, propriamente metafísica. O devir-cultural da sexualidade não é, portanto, o devir-cultural da natureza, mas a tentativa de domesticar um excesso propriamente antinatural da paixão sexual metafísica. Esse excesso de negatividade discernível no sexo e próprio da ralé é a dimensão mesma da "indisciplina" identificada por Kant como a liberdade violenta por causa da qual o homem, em contraste com os animais, precisa de um mestre. Portanto, não é apenas que a sexualidade seja a substância animal que é então "suprassumida" em modos e rituais civilizados, enobrecida, disciplinada etc. – o próprio excesso da sexualidade que ameaça explodir as restrições "civilizadas", a sexualidade como paixão incondicional, é o resultado da cultura. Nos termos do *Tristão* de Wagner: a civilização não é apenas o universo do Dia, rituais e honras que nos unem, mas a própria Noite, a paixão infinita na qual os dois amantes querem dissolver a sua existência cotidiana comum – os animais não conhecem tal paixão... E se for a mesma coisa com os negros? E se estiverem excluídos da história humana porque representam o próprio corte da natureza que é excluído pela "humanidade" no sentido comum?

Agora abordamos uma questão muito delicada. Antes da sua colonização e escravização, os negros na África certamente viviam em comunidades lideradas por figuras senhoriais – eles não aprenderam o que é um senhor apenas através da escravização. Então, por que a escravidão foi para eles uma experiência tão devastadora? Não se tratava simplesmente de a sua escravização ter sido mais brutal e opressiva: a dominação branca não fazia parte do seu modo de vida tradicional, ela os desenraizou totalmente. É por isso que devemos arriscar a seguinte hipótese: eles não conseguirão simplesmente passar da dominação branca para outro tipo de senhor mais "autêntico" – eles se encontram numa posição única na qual precisarão se transformar radicalmente para se tornarem prontos para um novo tipo de senhor, e isso só pode ser feito por uma figura que atue como um psicanalista.

Mas será que isso pode ser feito? Pode parecer que a resposta é não, uma vez que não existe nenhum tratamento psicanalítico coletivo: tal tratamento está centrado na singularidade de um indivíduo. No entanto, a experiência mostra que também é possível que uma pessoa promova uma solidariedade grupal ocupando a posição de analista. Um caso raro disso é a série de TV em curso *Ted Lasso*, uma série americana esportiva de comédia dramática (a primeira temporada é de 2020) desenvolvida por Jason Sudeikis, Bill Lawrence, Brendan Hunt e Joe Kelly. Sudeikis interpreta Ted, um técnico de futebol universitário americano que é contratado para treinar um time de futebol inglês com a intenção secreta do dono do time de que a sua inexperiência no futebol o leve ao fracasso. No entanto, "a sua liderança simples e otimista revela-se inesperadamente bem-sucedida" – como causa do seu sucesso, a entrada da Wikipédia refere-se ainda ao "charme, personalidade e humor de Ted", concluindo que, embora ele seja "frequentemente ridicularizado pelo seu otimismo simples e inexperiência com o esporte, ele gradualmente conquista as pessoas por meio da sua abordagem gentil e compassiva ao treinamento"[33]. No entanto, a

33. Cf. Ted Lasso. *Wikipedia*, 2025. Disponível em: https://en.wikipedia.org/wiki/Ted_Lasso. Acesso em: 4 mar. 2025.

inexperiência de Ted com o futebol é insignificante porque, como ele deixa muito bem claro, o seu objetivo não é o sucesso do time na competição, mas apenas permitir que os jogadores superem conflitos mesquinhos e estabeleçam uma solidariedade de grupo. E todas as designações citadas são não apenas superficiais, mas totalmente erradas. Ted também pode ser rude e verbalmente brutal, quando isso é necessário para confrontar um jogador com a hipocrisia ou a inconsistência da sua posição subjetiva. Ele aceita com indiferença todos os gestos de animosidade que a maioria dos jogadores demonstram em relação a ele no início (referindo-se a ele como um "bobalhão" etc.), porque ele os lê corretamente como sinais de uma transferência negativa para ele. A sua aparente "ingenuidade" (tomando as censuras literalmente, perdendo a sua dimensão metafórica) faz parte de uma estratégia bem planejada para levar os jogadores à verdade da sua posição subjetiva. Podemos adivinhar que no final Ted não se tornará um mestre aceito pela equipe – ele apenas se retirará após criar um espaço social no qual um mestre poderá funcionar adequadamente. É aí que reside a intervenção do analista: ser um mediador evanescente que é bem-sucedido quando o seu papel de mediador é obliterado e esquecido. (Freud sabia disso: quando encontrou o homem dos ratos – seu paciente obsessivo – décadas depois do seu tratamento bem-sucedido, o homem dos ratos totalmente curado nem sequer se lembrava do encontro que endireitou a sua vida.) E, novamente, a minha hipótese é que os negros também necessitam de tal figura de mediador evanescente para inventar um novo tipo de mestre.

SERÁ QUE DEUS ACREDITA EM SI MESMO?

Então, onde entra a religião aqui? Para entender como a religião funciona politicamente, e especialmente para entender os diferentes modos de seu funcionamento, o par psicanalítico de neurose e perversão é indispensável – não para reduzir a religião a apenas mais uma forma de distúrbios psíquicos, mas para identificar mecanismos universais que encontram uma expressão clara em práticas religiosas. A religião é uma causa pela qual um verdadeiro crente está disposto a sacrificar tudo, inclusive a própria vida, e a psicanálise permite-nos discernir o mecanismo neurótico que sustenta essa disposição para o autossacrifício: os sintomas neuróticos são "equivalentes a (auto)sacrifícios altruístas"[34], razão pela qual, como Johnston o coloca, "os neuróticos tornam-se verdadeiramente ateus quando a análise lhes permite deixar, consciente e inconscientemente, de se fazerem sofrer em nome da proteção de certos Outros significativos nas suas histórias de vida de ignorância e/ou impotência". Então não me sacrifico pelo Deus onipotente, sacrifico-me para ofuscar a impotência de Deus. Deve-se notar o teor antifeuerbachiano dessa ideia: ao investir em "Deus", não apenas projetamos em "Deus" os potenciais supremos dos seres humanos dos quais somos privados na nossa vida real; "Deus" é uma formação fantasmática que preenche uma lacuna constitutiva do ser humano.

E quanto à perversão? No décimo sexto seminário, Lacan observa que "o perverso é aquele que se consagra a tapar o buraco (*boucher le trou*) no Outro... ele está, até certo ponto, do lado da existência do Outro. Ele é um defensor da fé". Em que então reside a diferença entre o perverso e o histérico que escolhe sofrer em nome de proteger certos Outros significativos nas suas histórias de vida? Ambos não tapam o buraco no Outro? A diferença é que o histérico faz isso com *o seu próprio* sofrimento sacrificial, enquanto o perverso faz isso com o sofrimento do *outro* (da sua vítima). Em ambos os casos, o sofrimento está no lado do sujeito: na histeria, o sujeito histérico sofre uma dor sacrificial autoimposta, enquanto na perversão, o agente (perverso) reduz-se a um objeto-instrumento que subjetiva a sua vítima através do sofrimento dessa. (Aliás, o próprio Lacan chega perigosamente perto de uma

34. CAUSSE, J.-D. *Lacan et le christianisme*. Paris: Campagne Prem, 2018, p. 162.

posição perversa quando diz que "podemos prescindir de [Deus], desde que [O] usemos"[35]. Essa afirmação está aberta a duas leituras opostas: uma perversamente cínica e uma outra autenticamente ética. Pode significar: sabemos que Deus não existe, mas nós o "usamos" manipulativamente como um espectro que permite a nossa coexistência pacífica. Ou pode significar: plenamente conscientes da inexistência de Deus, endossamos esse espectro como uma Causa à qual dedicamos a nossa vida.)

Os fundamentalistas cristãos se sobressaem hoje mais do que a esquerda na manipulação do mais-gozar – recordemos apenas como a Igreja Episcopal do Calvário (West 20th e Park Avenue South, Manhattan) anunciou uma reunião com o título "Goze o seu perdão":

> Em Cristo, Deus tomou sobre si toda a sua vergonha, desconexão e quebrantamento e, em vez disso, *lhe deu a alegria da sua própria vida*. Essa é a história de Jesus em poucas palavras. Mas, e a nossa resposta? Deus nos deu esse dom para que possamos gozá-lo. "Goze o seu perdão" é um convite a celebrar e se deleitar na liberdade do seu amor, amando e servindo ao nosso próximo com alegria e ação de graças. (...) As nossas dívidas estão pagas e podemos livremente deleitar-nos na misericórdia de Deus todos os dias das nossas vidas.[36]

A obscenidade dessa linha de raciocínio é impressionante – o que poderia significar o comando de gozar o nosso perdão? Obviamente, não apenas gozar os prazeres da vida sem ônus, mas o próprio fato de sermos perdoados, ou seja, de que, num ato supremo de interpassividade, Cristo sofreu por nós. O mais-gozar que obtemos é que podemos gozar a nossa vida pecaminosa sem pagar o preço por isso – e como quer que tentemos interpretar isso, *gozamos o próprio sofrimento de Cristo*! Mas será que as nossas dívidas já estão realmente pagas? Para um cristão, é claro

---

35. LACAN, J. *The Seminar of Jacques Lacan*. Livro XXIII. Paris: Seuil, 2006, p. 116.

36. *Enjoy your forgiveness*. Nova York: HarperCollins, 2025 [Devo essa referência a Martti Paloheimo].

que não: se tomarmos essa declaração literalmente, então a noção de inferno se torna sem sentido. A morte sacrificial de Cristo apenas nos dá uma chance e, em certo sentido, nos torna ainda mais endividados para com Cristo por cancelar a nossa dívida, ou seja, por pagar o preço pelos nossos pecados.

A diferença entre neurose e perversão também nos permite traçar uma clara distinção entre o desmentido neurótico e o perverso, que são ambos operativos nos discursos religiosos: o desmentido neurótico tem a estrutura simples de "Eu sei bem, mas mesmo assim..." (eu o desminto por meio da suspensão da eficiência simbólica do meu conhecimento), ao passo que no desmentido perverso, o próprio conhecimento é o fetiche que me permite desmentir o conhecimento ("Eu sei bem disso, e é por isso que ajo da maneira como ajo..."). Nos termos da castração simbólica (uma vez que o desmentido é, em última instância, o desmentido da castração), essa posição perversa significa: "Sei bem que sou castrado, então posso ignorá-lo, porque estou numa posição segura de conhecimento". Zupančič elabora essa distinção no que diz respeito à forma diferente como a *jouissance* funciona em cada versão. A neurose funciona como "a maneira como um sujeito tenta – *secretamente, sem que o Outro o saiba/veja* – reter algo do gozo, escondê-lo do Outro, em suma, guardá-lo para si. No entanto, essa pequena parte do gozo é tudo o que o sujeito pode suportar sem cair na ansiedade (desencadeada pela possibilidade de um gozo pleno e ilimitado). É precisamente por isso que a 'queda' do Outro é para o sujeito tudo menos libertadora": a queda do Outro significa a queda do limite de gozo que o mantém nos confins do que é ainda suportável. A perversão, em ambas as suas versões, também evita a ansiedade desencadeada pela sobreproximidade psicótica do gozo: no sadismo, eu me coloco como o instrumento do gozo do Outro, ao passo que no masoquismo, eu sou o objeto do gozo do Outro (que é estritamente regulado pelo contrato masoquista).

No entanto, isso não significa que o desmentido neurótico padrão não esteja totalmente operativo hoje. O antigo exemplo padrão é aqui a posição israelense média de "Eu sei muito bem que Deus não existe, mas mesmo assim… (ele nos deu a terra de Israel)"; mas uma nova forma de desmentido ocorreu na guerra ucraniana e no próprio Israel depois de o governo de extrema direita ter assumido o poder. Os falsos "pacificadores" que demonstram "compreensão" pelo ataque da Rússia à Ucrânia não se baseiam menos na lógica do *"je sais bien, mais quand meme…"*: "Condeno totalmente a agressão brutal da Rússia a um Estado independente, mas… (A Rússia foi provocada pela Ucrânia; nessa guerra, a Rússia, no entanto, defende um mundo multicêntrico contra a hegemonia do Ocidente; a guerra serve o complexo militar da Otan)". Mesmo o argumento de que temos aí uma guerra por procuração entre a Rússia e a Otan, pela qual os ucranianos estão pagando o preço, é falso: para os ucranianos essa é uma guerra de sobrevivência na qual estão totalmente envolvidos, então o que devem fazer? Fazer um acordo e sacrificar-se a fim de não serem contaminados pela Otan? Em Israel, depois de um palestino ter matado dois colonos na Cisjordânia, uma multidão de colonos entrou na cidade palestina de Hawara (com 7400 habitantes) e iniciou um violento tumulto, queimando carros e casas, com um morto e muitos feridos. A reação do governo israelense foi que isso não deveria ser feito por uma multidão civil, mas sim pelas forças armadas israelenses: o Ministro das Finanças de Israel, Bezalel Smotrich, pediu ao Estado para "apagar" Hawara: "Acho que a aldeia de Hawara precisa de ser apagada. Acho que o Estado de Israel precisa fazê-lo. Deus não permita que pessoas comuns o façam"[37]. Será que estamos conscientes da obscenidade desse chamado? Até agora, Israel destruiu a casa da família de um

37. GOLDMAN, P.; KHAN, A. J. Israel should 'erase' Palestinian village, minister says after settler rampage. *NBC News*, 2023. Disponível em: https://www.nbcnews.com/news/world/israel-finance-minister-bezalel-smotrich-hawara-erased-west-bank-rcna72871. Acesso em: 4 mar. 2025.

palestino acusado de terrorismo – agora avança até "apagar" a cidade inteira...

Mas a condenação desse evento escandaloso pelos liberais ocidentais ainda tem uma forma de desmentido: o que devemos notar é a forma falsa de "surpresa" ("o que Israel planeja fazer agora é inaceitável"). Será que foi realmente uma surpresa? Para os palestinos, o que aconteceu em Hawara não é único, mas apenas o culminar do assédio permanente aos palestinos da Cisjordânia: durante anos, os colonos da Cisjordânia envenenaram fontes de água, queimaram oliveiras pertencentes a palestinos e envolveram-se em ataques pessoais contra eles. O desmentido aqui é: "OK, Israel tolerou algo inaceitável, mas... (não devemos usar esse evento para apoiar o antissemitismo)". E o que se segue é, como esperado, que toda condenação clara de Israel seja proclamada antissemita. Também não nos deveria surpreender que a mesma regressão a uma "justiça" abertamente bárbara se espalhe por todo o mundo, da Rússia aos Estados Unidos. Em 2 de março de 2023, um congressista republicano do Tennessee, Paul Sherrell, disse (quando o Comitê de Justiça Criminal da Câmara do estado estava debatendo um projeto de lei para acrescentar o pelotão de fuzilamento aos métodos de execução existentes, injeção letal e eletrocussão) que os enforcamentos públicos (em suma, linchamentos) deveriam ser acrescentados a essa lista. A razão? "Para os crimes mais cruéis e hediondos, uma sociedade justa exige uma pena de morte à altura"[38]. (Aliás, o Tennessee também é o primeiro estado americano restringir performances públicas de drags[39].)

---

38. SMITH, J. Tennessee Republican calls for lynching-style hangings in state executions. *MSN*, 2025. Disponível em: https://www.msn.com/en-us/news/us/tennessee-republican-calls-for-lynching-style-hangings-in-state-executions/ar-BB1lpEQW. Acesso em: 4 mar. 2025.

39. Cf. ALFONSECA, K. Public drag performances restricted in Tennessee. *ABC News,* 2023. Disponível em: https://abcnews.go.com/US/public-drag-performances-restricted-tennessee/story?id=97605266. Acesso em: 4 mar. 2025.

Então, esclareçamos melhor os diferentes modos de desmentido. Octave Mannoni relata um conhecido acidente da vida de Casanova[40]: para seduzir uma camponesa primitiva, Casanova faz numa campina perto de casa um enorme círculo de folhas de papel enfeitadas com sinais cabalísticos e o declara mágico, protegendo de perigos como uma tempestade violenta. Ele tem plena consciência de que está ludibriando e de que não acredita em magia. Mas, após concluir o círculo, uma tempestade inesperada e violenta irrompe e, em um momento de pânico, ele rapidamente entra no círculo em busca de proteção. Como Zupančič formula esse paradoxo: "Não acredito na fórmula mágica, mas ainda posso recorrer a ela quando necessário". A fórmula mágica é "apropriada" como uma ferramenta que posso usar quando necessário, embora geralmente não acredite nela. Será que a nossa vida cotidiana e política não está repleta de casos assim? Digamos, eu não acredito em aprender sobre o meu futuro lendo as linhas da palma da minha mão, mas mesmo assim tenho medo de fazê-lo – posso aprender algo que não quero saber... Ou, quando uma catástrofe real está iminente, repito alguma fórmula mágica "só por precaução"... Tal apropriação é perversa, em oposição à crença religiosa "normal" que apenas realiza uma suprassunção simbólica: eu sei que não existe nenhum Deus sentado em algum lugar lá em cima como um homem velho, mas "num sentido mais profundo" há uma verdade espiritual em tal visão[41].

Como verdadeiros materialistas, deveríamos dar aqui um passo crucial e transpor a (des)crença *para Deus mesmo*: não é suficiente lidar com as complexidades e os desmentidos da nossa crença em Deus, é preciso perguntar *se Deus mesmo acredita em Deus*. Devemos aqui aplicar descaradamente ao próprio Deus a

40. Cf. MANNONI, O. I know very well, but all the same. *Warwick*, 2025. Disponível em: https://warwick.ac.uk/fac/arts/modernlanguages/applying/undergraduate/crossschool/ln305/biblio/mannoni_i_know_very_well.pdf. Acesso em: 4 mar. 2025.

41. ZUPANČIČ, A. Perverzni obrat utajitve. *Problemi*, n. 7-8, 2022, Liubliana.

conhecida afirmação de Lacan de que um louco não é apenas um mendigo que pensa que é um rei, mas também um rei que pensa que é um rei: um deus que pensa que é Deus é também o louco supremo. Na sessão de 21 de maio de 1974 do seu Seminário XXI (*Os não-tolos erram*), Lacan afirma que "Deus não acredita em Deus", e imediatamente explicita as implicações dessa afirmação ao equiparar "Deus não acredita em Deus" e "Há algo (do) inconsciente (*y a d'l'inconscient*)". A mudança que temos de realizar aqui é, portanto, passar da nossa dúvida acerca de Deus para Deus duvidando do seu próprio estatuto divino, não acreditando em si mesmo enquanto Deus. Mas onde está localizada a sua descrença? Será que Deus duvida conscientemente da sua própria divindade? Isso significaria que afirmamos um Deus substancial e inconsciente, cuja existência é demasiado profunda até mesmo para a sua própria consciência. Então, deveríamos antes afirmar o oposto: Deus não pode conscientemente duvidar de si mesmo, ele tem de acreditar que é Deus, é inconscientemente que ele não acredita em si mesmo (ou, mais precisamente, que ele sabe que não é um Deus). Johnston prossegue demasiado rápido na sua rejeição da "variedade reflexiva e autotransparente de tradições filosóficas e teológicas" no que diz respeito à crença:

> A partir dessas perspectivas tradicionais familiares, o conhecimento é inerentemente autorreflexivo e autoconsciente. Quando alguém sabe, sabe que sabe. Quando alguém pensa, pensa que pensa. Além disso, quando alguém acredita, acredita que acredita. Numa avaliação lacaniana, o que é realmente revolucionário acerca da pretensa "revolução copernicana" de Freud é a sua postulação do inconsciente como atividade mental irreflexiva. Alguém é dominado pelo inconsciente ao saber sem saber que sabe, ao pensar sem pensar que pensa e ao acreditar sem acreditar que acredita. A negação de Lacan de que Deus acredita em Deus, com suas associações à irreflexividade característica do inconsciente freudiano, é outra versão de "Deus é inconsciente" (ou seja, a "verdadeira fórmula do ateísmo" lacaniana).

Mas se Deus é inconsciente também a/para si mesmo, isso significa que ele (conscientemente) acredita em si mesmo e que é a sua não crença em si mesmo que é inconsciente – então a reflexividade está no próprio Inconsciente, é precisamente o que escapa à consciência. É somente a partir desse insight que podemos responder à grande questão levantada por Johnston:

> Será que o ateísmo está condenado a permanecer eternamente, em termos hegelianos, uma determinada negação do cristianismo – e, portanto, permanentemente dependente ou parasitário daquilo que nega? Será que se pode passar da suprassunção (como *Aufhebung*) da religião a finalmente negá-la completamente? Será o monoteísmo judaico-cristão a escada descartável de uma condição de possibilidade totalmente histórica para o ateísmo? Ou será uma necessidade lógica indispensável para tornar possíveis todos os ateísmos futuros?

Para mim, a resposta para essa pergunta é um sonoro SIM: o ateísmo não pode subsistir por si só, é necessário um desvio através da religião – não só a religião enquanto tal, mas especificamente o cristianismo é indispensável. O "a" em "ateísmo" não deve, portanto, ser lido como apenas um marcador de negação, mas também no sentido do *objeto a* lacaniano, como apontando para um excesso no objeto que é mais do que esse objeto mesmo – "ateísmo" não significa apenas "Deus não existe", mas também "há algo em Deus mais do que o próprio Deus", e é esse excesso que designa o verdadeiro materialismo. Se jogarmos fora a escada, perderemos a coisa mesma a que chegamos através dessa escada.

É por isso que, ao contrário de Freud, para quem a religiosidade é um sintoma curável, para Lacan é um *sinthome* incurável. Chiesa resume a posição de Freud sobre a morte de Deus: "para Freud, se o Pai da horda está morto, então nada mais é permitido, pois ele se transformou em Deus; no entanto, se Deus está morto, então tudo é potencialmente permitido, pelo menos na direção da autoaniquilação coletiva da espécie". Deveríamos complicar a constelação aqui: o Deus que proíbe tudo NÃO é o Deus do real (paralelo ao Pai primordial), mas, precisamente, o deus morto simbólico. Quando Deus é proclamado morto, ele retorna em toda uma série de formas pseudoateias nas quais a própria permissividade é ultrarregulada – basta lembrar como o politicamente correto impõe numerosas proibições e regulamentos para garantir a nossa liberdade sexual... Em cada estação ferroviária italiana encontra-se um quadro anunciando: *"Vietato attraversare i binari!"* ("É proibido atravessar os trilhos/duplos/!"). Por razões óbvias, prefiro muito mais uma tradução literal: "É proibido atravessar os binários!" – não é isso que a ética heterossexual tradicional nos injunge? "Não transgrida a ordem binária da diferença sexual (normal)!" O que estamos recebendo hoje, com a nossa ideologia antibinária, é a injunção oposta – "é proibido não transgredir os confins da sexualidade binária!" – o que é muito pior do que a tradicional.

Eis um caso extremo. Há relatos de que os livros *Ladybird* estão agora usando "leitores sensíveis" para sinalizar passagens em contos de fadas como "Branca de Neve" e "Cinderela". O tropo de "apaixonar-se à primeira vista" foi proclamado problemático porque "apresenta a beleza como um privilégio em vez de conhecer potenciais parceiros através do seu caráter. A preocupação então é que os leitores infantis pensem que a beleza por si só seja o que deveria tornar alguém desejável"[42]. Essa proposta não é apenas ridícula, é também simplesmente errada no que diz respeito à noção de apaixonar-se: implica a ideia de que também podemos nos apaixonar por alguém que consideramos pouco atraente, mas cujo caráter interior admiramos – como se o amor sexual (e estamos falando sobre isso aqui) não fosse um desejo irresistível de contato corporal íntimo.

Ou será que estamos nos aproximando de uma nova era na qual o desejo corporal terá de ser adiado, tornando-se aceitável apenas quando fundamentado no conhecimento de um caráter?

---

42. SIMPSON, G. Snow White and Cinderella under attack from woke sensitivity readers. *Express*, 2023. Disponível em: https://www.express.co.uk/entertainment/books/1742652/Snow-White-Cinderella-Ladybird-books-fairy-tales-sensitivity-readers. Acesso em: 4 mar. 2025.

Então, e se invertermos o procedimento *Ladybird*? E se eu disser que, num colóquio, fiquei fascinado pela argumentação precisa e pelo envolvimento ético de uma jovem professora; então, quando terminou a sessão do colóquio, tivemos uma conversa privada, ela me convidou para um drink em seu quarto... e depois de uma noite de amor apaixonado, pensei com satisfação: "À primeira vista me apaixonei pelo seu caráter, mas quando passei a noite com ela, descobri uma paixão muito mais profunda que eclipsou toda a bobagem intelectual!" ... (Algo assim nunca aconteceu comigo, é claro!) Ou, vamos arriscar um passo adiante nesse debate suspeito sobre sexo e caráter (lembre-se que *Sexo e Caráter* é o título do clássico de 1903, antifeminista e antissemita, de Otto Weininger): "À primeira vista achei o seu caráter falso e repulsivo, mas quando passei a noite com ela, descobri uma paixão muito mais profunda que eclipsou totalmente as fraquezas do seu caráter!"

O ESPÍRITO SANTO COMO MODELO DE COMUNIDADE EMANCIPATÓRIA

Como podemos então efetivamente superar a religião através e no cristianismo? A minha tese é que tal gesto ateu já está contido na noção cristã de Espírito Santo. Chiesa escreve: "O cristianismo transforma tal oscilação estrutural num dogma estático, isto é, a nítida separação entre a abjeção do nosso mundo e a perfeição do mundo vindouro que o terá redimido". No entanto, e se lermos o retorno de Cristo como algo que já acontece no Espírito Santo, a comunidade de crentes que existe neste mundo abjeto terreno? Não há oscilação aqui, o Espírito Santo é um evento que simplesmente muda a constelação inteira, e Chiesa prossegue rápido demais ao proclamar cada versão do grande Outro transcendental uma teologia (diluída, secularizada). Pode-se muito bem propor uma noção do grande Outro transcendental como o espaço simbólico no qual somos lançados e que é, enquanto tal, o horizonte da nossa limitação e finitude – a teologia só entra quando essa textura simbólica puramente virtual é "reificada" numa Entidade suprema.

Há uma cena final bastante comovente em *Alyosha's Love*, um filme soviético de 1960 dirigido por Georgi Shchukin e Semyon Tumanov. Um destacamento de geólogos exploradores está trabalhando na região das estepes, e entre eles está Alyoshka, um rapaz jovem e tímido que, inábil e bagunceiro na vida cotidiana, torna-se objeto de piadas e brincadeiras, as quais nem sempre são inofensivas. Ele se apaixona por Zinka, que mora com o avô em um cruzamento perdido na estepe: uma vez por dia ela sai para acionar um interruptor ferroviário, e uma vez por dia ele vai até lá só para dar uma rápida olhada nela, mas ela simplesmente o ignora. Suas idas diárias ao cruzamento dão um novo impulso às piadas cruéis de seus colegas. Quando Alyosha descobre que Zinka se mudará para outra parte do país, ele se desespera e se senta sozinho na sua tenda. No entanto, Zinka, que decidiu ficar ali por ele, aproxima-se sozinha do acampamento; quando os colegas de Alyosha que estão trabalhando nas colinas próximas percebem Zinka vindo até ele, todos param de trabalhar e olham para ela respeitosamente... O grupo obviamente representa o grande Outro, uma testemunha passiva que reconhece a força do amor do casal – mas será que isso significa que deveríamos descartar essa cena como um momento de mistificação teológica? Não será antes que o grupo que observa o encontro do casal equivale a uma figura do Espírito Santo, uma comunidade baseada em nenhum ponto de referência transcendente?

Mas será que esse tema do Espírito Santo não é um remanescente arcaico totalmente em desacordo com o universo da ciência moderna? Um olhar mais atento ao uso dos resultados científicos esbate imediatamente essa clara oposição: a ciência é massivamente utilizada para reimaginar a sua própria dessacralização da realidade. Chiesa enfatiza e desenvolve mais a observação de Lacan de que o papel dos dispositivos sexuais é restabelecer a relação sexual: a ciência se envolve na "fabricação de *ousia* falsificada como *ersatz* homólogo", por meio da qual a impossibilidade da relação sexual é suplementada por produtos que prometem tornar possível uma relação sexual mais intensa e desprovida de seu impasse constitutivo:

> Os dispositivos fetichizados devoram vorazmente o nosso desejo com a promessa de gozo excedente, se não absoluto (hoje em dia, paradigmaticamente, sob a forma de robôs sexuais, sexo virtual, *designer babies* [bebês geneticamente modificados], para não mencionar a aparente disponibilidade de identidades sexuais igualmente intermináveis e descartáveis). (...) o fato de, por exemplo, passarmos a tratar "um automóvel como uma esposa falsa" de forma mais geral indica como o discurso da ciência, entrelaçado com o do capitalismo, restaura e multiplica em série a aparência da relação sexual. Dessa forma, a ciência perde a marca daquilo que caracteriza a sua ruptura com os saberes anteriores, nomeadamente, o seu afastamento da dependência desses últimos do mito da complementaridade entre os sexos (seja o da díade ocidental matéria e forma, seja o do par oriental yin e yang), que é em última análise responsável por qualquer visão harmônica do mundo como um todo.

O paradoxo é, portanto, que os dispositivos da ciência moderna são usados para ressuscitar a fantasia básica das religiões tradicionais (pré-cristãs), o seu esforço para imaginar o real sob a forma de cultos da fertilidade: "o polo não-Uno da oscilação da hipótese de Deus é transformado em outro Uno, a Deusa, que sustenta e cimenta a aparência do dois-como-um". Tal cristianismo que regride ao dois-como-Um é implicitamente antissemita: ele contorna o judaísmo e une o cristianismo com o paganismo. É assim que devemos também explicar a passagem das religiões pagãs ao judaísmo: é a passagem da *jouissance* religiosa para o *desejo* de Deus. Com Yahweh, Deus como Aquele que é privado da sua contraparte feminina não pode mais gozar a cópula divina e se torna um deus que deseja (o que perdeu) – ou, como Chiesa o coloca em termos precisos:

> Yahweh é um Uno-todo-só, e, portanto, real, precisamente no sentido de que ele tenta em vão preencher a lacuna de uma Deusa

> desaparecida por meio de uma aliança com seu povo, que continua a traí-lo, mas não sem retornar a ele. Com o mesmo movimento, a sua participação no gozo divino dá lugar ao desejo inescrutável de Deus – o próprio desejo da Lei – cuja ignorância ciumenta e feroz gira em torno da sua perda de um conhecimento sexual mítico.

Deve-se notar aqui que um trecho homólogo acontece na passagem do hinduísmo para o budismo: embora o budismo original seja ateu (ou agnóstico, pelo menos), seu problema já não é a *jouissance*, mas o desejo, como se livrar do feitiço do desejo – em contraste com o judaísmo, é claro, em que é o enigma do desejo de Deus, do que ele quer de nós em sua feroz ignorância. Alguns intérpretes de Lacan veem nisso a vantagem do judaísmo: é a única religião verdadeiramente não pagã, a religião que deixa aberto o abismo do desejo divino, a fenda no grande Outro, enquanto o cristianismo encobre esse abismo, tranquilizando-nos de que sabemos o que Deus quer – Deus quer a nossa redenção porque ele nos ama. Voltamos assim à imaginação de Deus: em vez da dualidade dos princípios cósmicos masculino e feminino, temos a dualidade sexualizada de Deus o Pai e a Igreja como a sua noiva:

> o nosso ser devastado pela linguagem como a ausência da relação sexual, e é assim reduzido ao polo não-Uno. No entanto, essa situação mesma, epitomada pela morte do Logos *tout-court*, funciona apenas como um prelúdio necessário para a História Providencial de um Uno transcendente. O amor de Deus sempre já levou em conta a abjeção e finalmente a resolverá messianicamente através da revelação universal e salvífica de si mesmo como um Uno-Todo-Ser.

Na minha opinião, porém, a morte cristã de Deus não pode ser reduzida a um "prelúdio necessário à História Providencial de um Uno transcendente": como Hegel o coloca, o que morre na cruz não é o representante terreno de Deus (substituto), mas o Deus do além de si mesmo, então o que acontece após a crucificação não é um retorno do Uno transcendente, mas o surgimento do Espírito Santo, que é a comunidade de crentes sem qualquer apoio na transcendência. É por isso que Lacan disse que "o Espírito Santo é uma noção infinitamente menos estúpida do que a do sujeito suposto saber"[43] – porque o Espírito Santo não precisa depender de um sujeito suposto saber: ele pode funcionar como a comunidade imanente (a *Gemeinde* protestante) que já é o que os seus membros estão procurando ou aquilo a que se dedicam. Em outras palavras, lido dessa forma, o Espírito Santo é uma categoria ateia, a noção de uma comunidade emancipatória sem apoio no grande Outro. Enquanto tal, o Espírito Santo encarnado numa *Gemeinde* protestante é exatamente o oposto da comunidade ortodoxa: é uma comunidade de crentes lançada no abismo da liberdade, sem qualquer apoio substancial em qualquer divindade feminizada. Será então uma *Gemeinde* implicitamente antifeminista? Pelo contrário, deveríamos denunciar a celebração da substância eternamente-feminina como uma fantasia masculina que reduziu as mulheres reais a uma matéria à espera de ser inseminada pelo Logos masculino. O feminismo moderno só é pensável no espaço cartesiano que rompe com qualquer ontologia sexualizada.

O QUE É UM VERDADEIRO MATERIALISMO?

O que se deveria defender é, portanto, o procedimento materialista da autodestruição imanente de um edifício religioso – a afirmação de que Deus é mau ou estúpido é não só muito mais perturbadora do que a afirmação de Peter Singer de que as pessoas comuns são más, como também é muito mais perturbadora do que a afirmação de que Deus não existe, uma vez que destrói a partir de dentro a própria noção de divindade. Para deixar esse procedimento claro, vamos tomar um exemplo de um domínio

43. LACAN, J. *Le Séminaire de Jacques Lacan*, Livre XV, sessão de 21 de fevereiro de 1968. No Subject – Encyclopedia of Psychoanalysis – Encyclopedia of Lacanian Psychoanalysis, 2025. Disponível em: https://nosubject.com/images/5/52/Seminaire_17.pdf. Acesso em: 4 mar. 2025.

diferente. A música *The Night They Drove Old Dixie Down* [A noite em que derrubaram o velho Dixie] (a versão mais conhecida é a de Joan Baez) é uma narrativa em primeira pessoa que relata as dificuldades econômicas e sociais vividas pelo protagonista, um pobre sulista branco, durante o último ano da Guerra Civil Americana; não glorifica a escravidão, a Confederação ou Robert E. Lee, e sim conta a história de um sulista pobre e não escravista que tenta dar sentido à perda do seu irmão e do seu sustento[44]. Enquanto tal – como uma tentativa de tornar a experiência de um homem branco pobre simpatizante da causa do Sul, mas consternado com o horror do seu sofrimento pelos interesses dos ricos proprietários de escravizados – é muito mais eficaz no desmantelamento dessa causa do que uma crítica abolicionista direta, exatamente da mesma forma que endossar uma religião, mas depois demonstrar como o seu Deus é mau/estúpido, é muito mais eficaz do que uma crítica ateísta direta.

Em *O juízo final* (1991, escrito e dirigido por Michael Tolkin), Mimi Rogers interpreta Sharon, uma jovem de Los Angeles que trabalha durante o dia como telefonista, repetindo interminavelmente as mesmas perguntas em um pequeno cubículo entre dezenas de outras, enquanto à noite participa de orgias de *swing*[45]. Entediada e insatisfeita por levar uma vida tão vazia, Sharon torna-se membro de uma seita que prega que o fim dos tempos e o Arrebatamento são iminentes; transformando-se numa crente apaixonada, ela começa a praticar um estilo de vida novo e piedoso, se casa com Randy, um dos seus antigos parceiros de swing, e tem uma filha, Mary, com ele. Seis anos mais tarde, quando Randy, agora também um cristão devoto, é morto a tiros por um louco, essa catástrofe sem sentido torna ela e sua filha ainda mais

---

44. The Night They Drove Old Dixie Down. *Wikipedia*, 2025. Disponível em: https://en.wikipedia.org/wiki/The_Night_They_Drove_Old_Dixie_Down. Acesso em: 4 mar. 2025.

45. Retomo aqui minha leitura do filme do capítulo 8 do meu livro *Disparities*. Londres: Bloomsbury Press, 2016.

convencidas de que o Arrebatamento está logo se aproximando. Sharon acredita que Deus lhe disse para ir com Mary para um acampamento num deserto próximo e esperar aí até que as duas sejam levadas para o céu, onde se unirão a Randy. Foster, um patrulheiro bem-intencionado e descrente, cuida delas durante a sua longa espera, quando ficam sem comida. Mary fica impaciente e propõe à mãe que simplesmente se matem a fim de irem para o céu e se juntarem a Randy imediatamente. Depois de algumas semanas, Sharon também perde a paciência, decide fazer o indizível e segue o conselho de Mary para parar de sofrer; no entanto, depois de atirar em Mary, ela é incapaz de tirar a própria vida, sabendo que suicidas não são autorizados a entrar no céu. Ela confessa o seu ato a Foster, que a prende e a leva para uma prisão local...

Até esse ponto, a história segue linhas "realistas", e pode-se facilmente imaginar um possível final "ateu": amargurada e solitária, privada de sua fé, Sharon percebe o horror do que cometeu, e talvez seja salva pelo bom policial. Aqui, no entanto, os eventos tomam um rumo totalmente inesperado: na cela, o Arrebatamento acontece, literalmente, com toda a ingenuidade, inclusive péssimos efeitos especiais. Primeiro, no meio da noite, Mary aparece com dois anjos, e então, de manhã cedo, enquanto Sharon está sentada em sua cela, um forte toque de trombeta é ouvido por toda parte e anuncia uma série de eventos sobrenaturais – barras da prisão caem, paredes de concreto desmoronam etc. Escapando da cadeia, Sharon e Foster dirigem-se para o deserto, onde os sinais do Arrebatamento se multiplicam, desde tempestades de poeira até os cavaleiros do apocalipse correndo atrás e ao redor do carro. Em seguida, Sharon e Foster são ambos "arrebatados", transportados para uma paisagem semelhante a um purgatório, onde Mary se aproxima deles do céu e implora a Sharon para aceitar Deus, para declarar que ela ama Deus – apenas fazendo isso ela será capaz de se juntar a Mary e Randy no céu. Foster, embora até então ateu, rapidamente aproveita a oportunidade, diz que ama a Deus e é autorizado a entrar no céu, mas Sharon se recusa, dizendo que não pode declarar seu amor por um deus que agiu tão cruelmente para com a sua família sem nenhum motivo. Quando Mary lhe pergunta se ela sabe por quanto tempo ficará confinada ao purgatório, condenada a estar aí sozinha, Sharon responde: "Para sempre".

A resistência de Sharon a Deus, a sua recusa a declarar o seu amor por ele, é, portanto, um autêntico ato ético. Eu estaria totalmente errado em dizer que ela rejeita o *falso* deus e que, numa versão autenticamente cristã do filme, o verdadeiro Cristo deveria aparecer no final, proclamando-a uma verdadeira crente precisamente porque ela se recusou a declarar que ama o falso deus. A verdadeira tentação a ser resistida é, portanto, declarar o nosso amor por um deus que não o merece, *mesmo que ele seja real*. Para um materialista vulgar, tudo isso não pode deixar de parecer um experimento mental vazio; no entanto, para um verdadeiro materialista, é somente dessa forma que realmente renunciamos a Deus – renunciando-o não apenas na medida em que ele não existe realmente, mas mesmo que seja real. Em suma, a verdadeira fórmula do ateísmo não é "Deus não existe", mas "Deus não só não existe como também é estúpido, indiferente e talvez completamente mau" – se não destruirmos a própria ficção de Deus a partir de dentro, é fácil para essa ficção prolongar o seu domínio sobre nós sob a forma do desmentido ("Eu sei que Deus não existe, mas ele é, no entanto, uma ilusão nobre e edificante"). A afirmação programática de Lacan, no *Seminário X*, de que "o ateu, como combatente, como revolucionário, não é aquele que nega Deus em sua função de onipotência, mas aquele que se afirma como não *servindo* a nenhum deus"[46] ajusta-se perfeitamente a esse gesto final da heroína em *O juízo final*: mesmo quando confronta diretamente a dimensão divina, ela se recusa a servi-lo. Se, no momento final do filme, Sharon se virasse, teria visto Cristo ao seu lado.

---

46. LACAN, J. *The Seminar of Jacques Lacan*. Book X: Anxiety. Cambridge: Polity Press, 2016, p. 309.

DO AGNOSTICISMO À PURA DIFERENÇA

Essa posição subjetiva de Sharon mina radicalmente a ontoteologia que "persiste em dar origem a uma dialética mais ou menos *fechada* do *trou*/buraco e do *Tout*/Todo, de como o real do simbólico é imaginariamente subsumido sob um *Ser* suposto saber (o próprio sistema do filósofo), que, no entanto, *não* consegue *fechar* completamente o buraco". Em suma, a ontologia filosófica moderna invariavelmente recai numa *Weltanschauung*, literalmente, "uma visão do mundo como supostamente visto de *fora* dele". Deixe-me conferir a essas linhas uma guinada autocrítica: quando, no meu maior esforço especulativo, eu brinco com a ideia da tríade de ondas quânticas/realidade ordinária/ordem simbólica como a matriz básica e abrangente de "tudo o que existe" (com o colapso da função de onda como a "negação" do domínio fluido das ondas quânticas, isto é, como a emergência da nossa realidade ordinária, e depois a ordem simbólica como uma espécie de negação da negação, o "retorno" do que está reprimido com o colapso da função de onda), será que não estou muito perto de defender uma " visão de mundo"? Minha contra-afirmação é que há uma grande exceção a essa noção (e prática) da filosofia como "uma visão do mundo enquanto supostamente visto de *fora* dele", e essa exceção é o que Hegel chama de "Saber Absoluto": o Saber Absoluto emerge quando o sujeito percebe que não há nenhum Fora no qual possa se basear, que tudo o que resta é comparar o nosso saber consigo mesmo, de modo que, no final, não haja nenhum Resultado final, mas apenas o processo incessantemente repetido de cada forma de conhecimento dissolvendo-se a si mesma. Chiesa ignora essa solução, razão pela qual atribui erroneamente a Lacan a posição do relativismo historicista – segundo Chiesa, Lacan "insinua" (palavra forte de Chiesa) que "a verdade da incompletude só pode ser dita pela metade, *mas* o não-Uno realmente é tudo o que existe, o problema é simplesmente que não o podemos *dizer*":

> tal confiança cega numa não-Unidade ontológica última, supostamente ofuscada pela finitude da nossa condição lógico-linguística, apenas reforça o ateísmo fraco através do próprio esforço

para neutralizá-lo. Se, além do muro da linguagem e das fabricações ilusórias do Uno que origina, o não-Uno é *tudo* o que existe, então isso, *a fortiori*, requer o Deus enganador, aquele que agora está sendo especificado como não apenas nos enganando, mas também, *extra*linguisticamente, a totalidade da Criação – como ainda vista a partir de uma perspectiva *intra*linguística (de Lacan).

O impulso básico da argumentação de Chiesa é preciso: a posição que ele rejeita é a de opor ingenuamente as nossas perspectivas sobre a realidade-em-si à realidade (não-Una) lá fora, além dos nossos muros de linguagem. Chiesa aponta corretamente que a posição de enunciação de tal afirmação isenta-se da realidade, como se o locutor pudesse elevar-se ao Uno que pode comparar a realidade com as nossas visões limitadas dela. Isso significa que o falante regride a uma ontologia geral, uma visão todo-abrangente da realidade. Então, quando Chiesa escreve que "a promulgação e endosso do não-Uno como *conclusivo* dá origem ao Uno (não--Uno), o Ser da falta de ser, o Sentido último de 'não há sentido último'", ele aponta, assim, corretamente, a tensão entre o enunciado e a sua enunciação que implicitamente mina esse endosso: ao dizer que "tudo o que existe é um não-Uno", o falante exime-se da totalidade do Todo, ou seja, ele se coloca como o Uno que pode encapsular toda a realidade em uma única visão. Mas será que isso implica necessariamente uma posição cética? Será que o fato de não termos acesso à ontologia geral além dos nossos horizontes transcendentais historicamente-especificados realmente nos obriga a deixar aberta a possibilidade de o não-Uno não ser "tudo o que existe", de poder existir uma entidade transcendente divina acima/além dele? É também por isso que considero problemática a afirmação de Chiesa de que "o que a ciência deveria antes considerar seriamente como física moderna é a *hipótese* de que 'o real não é tudo', ou melhor, de que *o real não-todo não é ele mesmo necessariamente tudo o que existe – embora possa muito bem sê-lo"* – problemática porque, para Lacan, "não-todo" significa precisamente uma multiplicidade que, uma vez que não pode ser totalizada, não permite nenhuma exceção: "não-todo" significa que, uma vez que nunca é tudo, não lhe há exceção. Em outras palavras, Chiesa regride aqui à noção de senso comum do real "nem tudo" como "nem tudo o que existe" – ele regride à noção kantiana de um possível desconhecido Em-si além da esfera de fenômenos do ateísmo cético.

Minha solução hegeliana é aqui, novamente, uma mudança da dúvida/incerteza epistemológica para o nível ontológico: a "dúvida" está localizada na própria realidade, no sentido de que não há "conhecimento no real", de que a realidade ignora (parcialmente) as suas próprias leis e não sabe como se comportar – há uma fenda na realidade que a torna não-totalizável, "não-toda", mas tudo o que projetamos para além dessa lacuna é a nossa formação fantasmática. A única maneira de evitar o ceticismo agnóstico é transpor essa lacuna para a própria realidade: a lacuna de que estamos falando não é a lacuna que separa a realidade-em-si das nossas abordagens a ela, mas uma impossibilidade que se abre no coração da própria realidade. Deixe-me citar aqui novamente a conhecida passagem do "Prefácio" à sua *Fenomenologia do Espírito*, em que Hegel fornece a fórmula mais elementar do que significa conceber a Substância também como Sujeito:

> A disparidade que existe na consciência entre o eu e a substância que é seu objeto é a distinção entre eles, o *negativo* em geral. Isso pode ser considerado como o *defeito* de ambos, embora seja a sua alma, ou aquilo que os move. É por isso que alguns dos antigos concebiam o *vazio* como o princípio do movimento, pois viam corretamente o princípio do movimento como o *negativo*, embora ainda não compreendessem que o negativo é o si mesmo. Ora, embora esse negativo apareça inicialmente como uma disparidade entre o eu e o seu objeto, é apenas uma disparidade da substância consigo mesma. Portanto, o que parece acontecer fora dela, como uma atividade dirigida contra ela, é na verdade obra sua, e a substância demonstra ser essencialmente sujeito[47].

Devemos ser muito precisos aqui: isso não implica de forma alguma que não haja nada além dos fenômenos acessíveis a nós – é claro que há uma infinidade de entidades e proces-

47. HEGEL, G.W.F. *Phenomenology of Spirit*. Oxford: Oxford University Press 1977, p. 21.

sos que ainda não descobrimos, mas eles não são "transcendentes" no sentido de um Em-si além da esfera fenomenal. A nossa afirmação é que quando descobrirmos novos aspectos da realidade, inclusive vidas alienígenas, não cruzaremos a fronteira da impossibilidade que constitui a nossa realidade. Não descobriremos Deus nem nada dessa ordem porque tais figuras são *a priori*, constitutivamente, ou (como Hegel o teria colocado) em sua própria noção, formações fantasmáticas destinadas a preencher uma lacuna – como Hegel o colocou há muito tempo, "por trás da chamada cortina, que é suposta esconder o que é interior, não há nada para ser visto a menos que nós mesmos vamos atrás dela"[48]. Então sim, a nossa incerteza epistemológica é irredutível, mas o que quer que nos espere "lá fora" NÃO é nada que se assemelhe às nossas figuras de "Deus" – para levar esse ponto ao extremo, mesmo que eventualmente encontremos algo cujas características nos pareçam "divinas", isso NÃO será o que chamamos de "Deus". Dito de outra forma, para Chiesa, a diferença permanece diferencial (no sentido de que pressupõe (e depende de) sua oposição a algum (Deus)Uno, mesmo que esse seja impossível/barrado/inexistente), ao passo que do meu ponto de vista hegelo-lacaniano, *a diferença "pura" precede o que ela diferencia*. O que aparece como "Deus" é uma forma reificada/substancializada da lacuna/rachadura que torna as nossas realidades não-todo. Não há nada além dessa lacuna, toda figura do "além" já é um ofuscamento da lacuna.

A insistência de Chiesa no agnosticismo baseia-se, em última análise, na sua dúvida quanto à possibilidade da nossa plena auto-objetivação científica. Embora partilhe essa dúvida, dou-lhe uma interpretação diferente: o fracasso da auto-objetivação plena não implica agnosticismo, mas sim uma fissura ontológica na própria realidade. O que deveria nos interessar aqui é a ligação entre processos puramente bioquímicos (atacar nossos cérebros com substâncias chamadas "psicodélicas") e

48. Ibid., p. 103.

a mais elevada experiência "interior" espiritual, estranhamente próxima do que Lacan designou como "destituição subjetiva", a desintegração da fantasia fundamental que sustenta o nosso ego – podemos causar bioquimicamente a morte do nosso ego. As pessoas que fazem isso estão por geralmente atacando sua depressão, esperando se reinventarem completamente – ou, como Rorick o coloca: "A morte do ego pode ser muito humilhante e muito importante para algumas pessoas, há algumas pessoas que precisam ter seus egos mortos; mas, ao mesmo tempo, é algo assustador de se atravessar". Ele teve amigos que experimentaram a morte do ego e nunca mais voltaram ao uso de drogas – eles só precisavam das drogas como uma ferramenta poderosa para a mudança subjetiva[49]. É muito fácil tentar distinguir essa "morte do ego" bioquímica da "autêntica" mudança subjetiva causada pelo trabalho simbólico. Mas há um limite para esse procedimento bioquímico: ele apenas apaga bruscamente a rede simbólica na qual o sujeito se apoia, sem "elaborá-la" e a faz implodir de dentro, ou seja, sem fazer o sujeito confrontar seus antagonismos, seus pontos de impossibilidade – um belo paradoxo de como uma intervenção direta no Real biogenético serve como uma maneira de evitar confrontar o Real imanente à própria ordem simbólica.

E isso vale mesmo para eventos traumáticos como o Holocausto: qualquer descrição prosaica dos horrores do Holocausto não consegue traduzir o seu trauma, e é por isso que Adorno estava errado com a sua famosa afirmação de que depois de Auschwitz a poesia já não é possível: é a prosa que já não é possível, uma vez que só a poesia pode dar conta do recado. A poesia é a inscrição da impossibilidade numa linguagem: quando não podemos dizer algo diretamente e mesmo assim insistimos em fazê-lo, somos inevitavelmente apanhados em repetições, adiamentos, indiretas, cortes surpreendentes etc. Deveríamos

49. JONAS, N. Why more people are seeking out "ego death" via psychedelic drugs. *Salon.com*, 22 out. 2022. Disponível em: https://www.salon.com/2022/10/22/why-more-people-are-seeking-out-ego-death-via-psychedelic/. Acesso em: 1º mar. 2025.

sempre ter em mente que a "beleza" da poesia clássica (rimas simétricas etc.) vem em segundo lugar, que é uma forma de compensar a falha ou impossibilidade básica.

Deixemos esse ponto um pouco mais claro com a referência a *The Prisoner* (a nova versão de 2009, como minissérie em seis partes, do filme original) que começa com um jovem não identificado acordando em um deserto e se encontrando no meio de uma perseguição enquanto guardas misteriosos encalçam um homem idoso por um desfiladeiro. O velho morre logo depois, mas não antes de passar uma mensagem ao jovem: "Diga-lhes que saí". O jovem chega a uma comunidade enigmática cujos moradores lhe informam que se chama simplesmente "A Vila". Todas as pessoas que ele encontra são conhecidas apenas por um número (ele fica sabendo que o seu número é o 6), e ele descobre que elas não têm nenhum conhecimento ou memória do mundo exterior; o líder da Vila é referido como (número) 2. Enquanto a vida prossegue na Vila, ocasionalmente saltamos para a verdadeira Nova York, onde o Sr. Curtis, o número 2 do mundo real, apresenta Michael (o 6 do mundo real) à sua esposa, Helen, que, assim como na Vila, está presa numa espécie de sonho acordado. O Sr. Curtis explica que a Vila é uma forma de terapia usada para ajudar as pessoas que Summakor (a organização chefiada por ele) identificou, embora os "pacientes" possam não ter concordado com o seu procedimento. Ela existe dentro da mente de Helen que "descobriu" a Vila (um sonho presente em todas as pessoas num nível de consciência mais profundo do que o inconsciente usual) e foi a sua primeira habitante. Michael foi atraído para a Vila porque trabalhava muito bem em Summakor, encontrando pessoas que precisavam de "ajuda". (Um detalhe interessante aqui é que 11-12 é revelado ser o único residente da Vila que não existe no mundo real.) Na Vila, 6 (Michael) se apaixona por 313 (Sara) e deseja ajudar Sara e os aldeões; ele substitui Curtis como o chefe da Summakor. A número 313, tendo se tornado consciente do seu self do mundo real, torna-se a nova sonhadora, libertando Helen para retornar ao mundo real, enquanto o número 6 decide permanecer na vila para sempre como o novo número 2 e começa a planejar como "fazer A Vila da maneira certa". A número 313, a nova sonhadora irresponsiva, derrama uma lágrima[50].

O aspecto mais fascinante dessa história é que, cada vez mais, poços sem fundo aparecem em partes da Vila; eles não penetram profundamente na terra, apenas se abrem para um vazio. Não será essa uma metáfora perfeita de como a nossa realidade (socioideológica) está estruturada? Ela só persiste se for sustentada por um sonho (fantasia) consistente – quando o sonho é perturbado, a realidade também começa a se desintegrar. Esse buraco na realidade (no qual as palavras não a conseguem descrever adequadamente) é o domínio próprio da poesia: a poesia ofusca o buraco, tornando-o palpável e simultaneamente tolerável.

Figura 1.2

50. Também há ecos de *The prisoner* em WILDE, O. *Não se preocupe, querida*. [Filme]. Estados Unidos: Warner Bros. Pictures, 2022.

2
POR QUE LACAN NÃO É BUDISTA?

HINAYANA, MAHAYANA, TERAVADA

Como o tema deste livro é religião, a primeira coisa a notar é que o ensinamento de Buda é pragmático, focado em aliviar o sofrimento – em questões de religião Buda era agnóstico, não interessado em qualquer realidade espiritual superior: tudo o que existe é o fluxo não-substancial interconectado de fenômenos sob os quais não existe nenhum fundamento divino substancial e profundo, mas apenas o Vazio. Mas é interessante notar que o budismo, que originalmente dispensou todos os rituais institucionais e se concentrou apenas na iluminação do indivíduo e no fim do sofrimento, independentemente de todas as estruturas dogmáticas e institucionais, acabou por se apegar à mais mecânica e firmemente arraigada estrutura hierárquica institucional, e simultaneamente num mundo concebido como cheio de entidades espirituais. No budismo teravada, não existe um Deus criador onipotente do tipo encontrado no judaísmo, no Islã e no cristianismo: os deuses existem como vários tipos de seres espirituais, mas com poderes limitados...

A questão é, obviamente: como o budismo chegou a esse ponto? Teria sido uma leitura totalmente não hegeliana do budismo se descartássemos esse movimento como uma simples regressão: se existe um axioma hegeliano, é que a falha tem de ser localizada no início mesmo do movimento inteiro. O que, então, já está errado com o ponto de partida, a versão hinayana do budismo? A sua falha é precisamente aquela à qual a versão Mahayana reage, a sua reversão simétrica: ao lutar pela minha própria Iluminação, regredi ao egoísmo na minha própria tentativa de apagar as restrições do meu Self. Consequentemente, não se deve zombar das características "supersticiosas" do budismo tibetano – o passo em direção à espiritualização e ritualização plenas –, mas tomar consciência de como esse passo OPERA, "entrega os bens": confiar numa roda de oração – ou, mais genericamente, na eficiência do ritual – não é também um meio para alcançar a "atenção vazia", para esvaziar a mente e repousar em paz? Então, de certa forma, o budismo tibetano É totalmente fiel à orientação pragmática de Buda (ignore as sutilezas teológicas, concentre-se apenas em como ajudar as pessoas): às vezes, seguir um ritual cego e mergulhar na divisão teológico-dogmática É pragmaticamente a maneira mais eficiente de alcançar o objetivo da paz interior. Essa lógica é também a dos utilitaristas inteligentes que estão bem conscientes de que os atos morais não podem ser diretamente fundamentados em considerações utilitárias ("Farei isso porque, a longo prazo, é a melhor estratégia para trazer mais felicidade e prazer para mim também..."); mas a conclusão que tiram é que a moralidade "absolutista" kantiana ("cumpra o seu dever pelo dever") pode e deve ser defendida precisamente em bases utilitárias – é também aquela que funciona melhor na vida real.

Mas será que estou correto nessa leitura do budismo? Nas últimas décadas, abundaram críticas à minha leitura do budismo – mesmo aqueles que, de outra forma, simpatizam com a minha abordagem geral afirmam que não percebo o essencial quando viso ao budismo. Representativo dos meus críticos é *"Nagarjuna and ecophilosophy"* [Nagarjuna e ecofilosofia], de Adrian J. Ivakhiv[51] que também se baseia em "On Being None With Nature: Nagarjuna

---

51. Cf. IVAKHIV, A. J. Nagarjuna, ecophilosophy, & the practice of liberation. *Immanence*, 14 nov. 2009. Disponível em: https://blog.uvm.edu/aivakhiv/2009/11/14/nagarjuna-ecophilosophy-the-practice-of-liberation/. Acesso em: 1º mar. 2025. Cf. tb. IVAKHIV, A. J. Nagarjuna, ecophilosophy, pt. 2. *Immanence*, 14 nov. 2009. Disponível em: https://blog.uvm.edu/aivakhiv/2009/11/14/nagarjuna-ecophilosophy-pt-2/. Acesso em: 1º mar. 2025.

and the Ecology of Emptiness"[52] [Sobre não ser ninguém com a natureza: Nagarjuna e a ecologia do vazio], de John Clark. O ponto de partida de Ivakhiv é o conceito budista central de "originação dependente": toda identidade é uma posição relacional-processual, o que significa que, digamos, a existência de uma árvore como um objeto unitário, em oposição a uma coleção de células, é convencional: "Remover suas propriedades não deixa nenhum portador central para trás". Em outras palavras, "a coisa que chamamos de 'árvore' é, como dizem os budistas, vazia de autoexistência inerente; a sua essência nada mais é do que as propriedades e condições do seu manifestar-se"[53]. Isso vai contra o argumento de Graham Harman (e de outros) de que existe em qualquer objeto algo mais do que as suas propriedades, relações e condições. Para o budismo, não sobra nada (nenhuma coisa). "Mas isso não quer dizer que haja, de fato, *nada*... Há o fluxo processual-relacional do que Clark chama de 'natureza naturante', o contínuo vir a existir e desaparecer dos bocados experienciais do mundo, os quais são todos bastante reais"[54]. O que isso implica é que o projeto "negativo" e "desconstrutivo" pelo qual Nagarjuna é mais conhecido "anda de mãos dadas com um projeto afirmativo, 'baseado na realidade' do tipo que, na filosofia continental contemporânea, é mais bem representada por Deleuze" – ou, para citar Clark:

> Para o budismo, o caminho negativo da destruição da ilusão está inseparavelmente ligado ao caminho positivo de uma resposta aberta, desperta e compassiva a uma realidade viva e não objetificável, a "natureza que não é natureza".

---

52. Cf. CLARK, J. On being none with nature: Nagarjuna and the ecology of emptiness. *Academia.edu*, 2025. Disponível em: https://www.academia.edu/2546870/On_Being_None_With_Nature_Nagarjuna_and_the_Ecology_of_Emptiness. Acesso em: 1º mar. 2025.

53. IVAKHIV, A. J. Nagarjuna, ecophilosophy, & the practice of liberation. Op. cit.

54. Ibid.

Isso leva-nos ao que considero ser o desafio central do budismo: como é que nós, humanos, somos apanhados em "um mundo onírico de objetos e egos ilusórios e enganosamente permanentes, e uma busca fútil para defender o ego e dominar a realidade"? Será suficiente dizer que essa é uma "situação humana fundamental", isto é, uma invariante trans-histórica? Clark faz aqui um movimento surpreendente numa direção marxista:

> Onde a maioria das análises (inclusive a maioria das análises budistas) da consciência egocêntrica e da fuga egóica do trauma da falta param abruptamente é ao deixarem de investigar as raízes sociais e históricas desses fenômenos. Devemos entender que o ego não é apenas um construto psicológico e epistemológico, *mas também histórico*. Suas raízes encontram-se no desenvolvimento da sociedade agrária em grande escala e do trabalho regimentado, na ascensão do Estado e do antigo despotismo, no surgimento da classe econômica e dos valores aquisitivos, no triunfo do patriarcado e da mentalidade guerreira – em suma, na evolução do antigo sistema de dominação social e no domínio da natureza. Para colocá-lo em termos budistas, o nosso verdadeiro fardo cármico, tanto pessoal como coletivamente, é a nossa profunda historicidade e a nossa profunda materialidade[55].

Mas a questão permanece: até onde podemos ir nessa direção da historicidade? Estariam os indivíduos nas sociedades pré-classistas vivendo numa "realidade viva e não objetificável, a 'natureza que não é natureza'", e deveria a possível sociedade pós-capitalista também ser concebida como uma libertação da "roda do desejo"? Outra questão esconde-se por baixo dessa: "Por que a destruição da ilusão deveria levar à compaixão e não ao cinismo, como muitas vezes parece acontecer na vida cotidiana, ou ao conservadorismo social, como aconteceu no caso do ceticismo humeano e de outras formas de ceticismo filosófico?"[56]. Penso que, apesar de todas as tentativas desesperadas de

---

55. CLARK, J. On being none with nature: Nagarjuna and the ecology of emptiness. Op. cit., p. 28.

56. IVAKHIV, A. J. Nagarjuna, ecophilosophy, & the practice of liberation. Op. cit.

demonstrar que o caminho para a iluminação budista passa pela modéstia e pela compaixão, a única resposta honesta é a de D.T. Suzuki: o zen é uma técnica de meditação compatível com qualquer orientação política, liberalismo, fascismo, comunismo…

Isso nos traz de volta à crítica budista ao meu trabalho. Para Ivakhiv, esse é o ponto em que o budismo encontra a psicanálise: "A diferença fundamental entre Freud/Lacan/Žižek/*et al.* e Nagarjuna é que os primeiros pressupõem que essa [ascensão do ego dominador] é inevitável – o melhor que podemos fazer é chegar a um acordo com o processo do ego (etc.) e tentar não nos deixarmos levar pelas peças delirantes que ele prega em nós"[57]. É por isso que a minha obra ignora totalmente "o potencial real de efetivamente ler o budismo ocidental não apenas à luz de Lacan, mas dos ensinamentos do Buda e sua linhagem"[58]. Esse "potencial real" é, claro, a afirmação do fluxo da vida positiva – Ivakhiv o apresenta por meio de uma longa citação de D. T. Suzuki:

> D. T. Suzuki, que Žižek provavelmente nunca leu[59], um zen-budista treinado, além de professor de filosofia budista e escritor e falante de um inglês deliciosamente fluente, ecoa Vajjiya quando escreve sobre o zen como vida, como "afirmação absoluta": "vivemos em afirmação e não em negação, pois a vida é a própria afirmação; e essa afirmação não deve ser aquela acompanhada ou condicionada por uma negação, tal afirmação é relativa e de forma alguma absoluta. Com tal afirmação, a vida perde a sua originalidade criativa e se torna um processo mecânico que tritura adiante nada além de carne e ossos sem alma. Para ser livre, a vida deve ser uma afirmação absoluta… O zen não significa uma mera fuga do aprisionamento intelectual, que às vezes termina em pura devassidão. Há algo no zen que nos li-

57. Ibid.

58. CLARK, J. Zizek's Western Buddhism (Redux). *And now for something completely different*, 2025. Disponível em: https://wordpress.com/2025/03/01/zizeks-western-buddhism-redux. Acesso em: 1º mar. 2025

59. Aliás, eu li Suzuki, não só na minha juventude (quando ele era uma referência fundamental do movimento hippie), mas também mais tarde, quando soube que, na década de 1930 e no início da década de 1940, ele apoiava totalmente a guerra japonesa contra a China e elaborou como um treinamento Zen pode tornar os indivíduos soldados muito melhores.

berta das condições e ao mesmo tempo nos confere um certo ponto de apoio firme... O zen abomina repetição ou imitação de qualquer tipo, pois isso mata. Pela mesma razão, o zen nunca explica, mas apenas afirma. A vida é um fato e nenhuma explicação é necessária ou pertinente. Explicar é pedir desculpas e por que deveríamos nos desculpar por viver? Viver – isso não é suficiente? Vivamos então, afirmemos. Aqui reside o zen em toda a sua pureza e em toda a sua nudez" (*Uma introdução ao zen-budismo*)[60].

A leitura "lacaniana" de Ivakhiv (suplementada por uma crítica a Lacan) é óbvia aqui: longe de defender uma renúncia aos nossos desejos, Buda "está sugerindo que permanecer fiel ao nosso desejo produzirá a satisfação desse (e de todo) desejo, enquanto Lacan está menos interessado no que significaria satisfazer o nosso desejo, se for o caso, uma vez que o tenhamos identificado adequadamente". Como é possível? Ivakhiv introduz aqui a diferença sexual: ele interpreta (o que Lacan chama de) a impossibilidade da relação sexual como a impossibilidade de atingir o objetivo do sujeito fálico masculino que é engolir/dominar a realidade inteira; desse ponto de vista fálico, o budismo

> aparece como um espectro fantasmático no Ocidente, onde a *jouissance* masculina é predominante. O budismo ao mesmo tempo promete e ameaça com a Outra, sombria e feminina *jouissance*. O budismo só é concebível naquilo que Žižek poderia chamar de matriz ideológica ocidental, como testemunho do seu próprio fracasso em ser concebido. A crítica de Žižek ao budismo ocidental, portanto, tem muito menos a ver com os ensinamentos do Buda do que ele fez parecer, e significativamente mais a ver com a *jouissance* feminina e mística, como sugere, a qual parece estar além e, por essa razão, ser ameaçadora para Žižek[61].

Três coisas têm de ser adicionadas aqui. Primeiro, para Lacan, ter um falo não significa ser capaz de dominar a realidade. Há uma bela frase vulgar em sérvio que capta perfeitamente o que Lacan denota pelo seu *"Che vuoi?"*, "O que você quer?", uma

---

60. IVAKHIV, A. J. Nagarjuna, ecophilosophy, & the practice of liberation. Op. cit.

61. Ibid.

referência à opacidade do desejo do outro. A frase é *"Koji kurac te jebe?"* ("Que pica está fodendo você?"). O significado cotidiano dessa expressão é algo como: "Por que você está me irritando? Por que você insiste em me incomodar? De que se trata tudo isso? O que você realmente quer de mim? A ideia é que o outro que está me incomodando não está plenamente consciente do que o está impelindo, como é claramente indicado em uma outra versão dessa frase formulada como uma afirmação positiva, uma espécie de provérbio ou sabedoria: *"Uvek ima neki kurac koji te jebe"* ("Há sempre uma pica fodendo você"). Aliás, esse exemplo também deixa claro porque, para Lacan, o falo é o significante da castração: eu não estou fodendo outros com a minha pica, eu mesmo estou sempre sob a pressão de uma "pica" que não controlo e que permanece obscura para mim.

É por isso que não é suficiente concentrar-nos na conclusão de Lacan de que um rei continua a ser um rei, independentemente de todos os esforços para transformar o seu poder absoluto em um poder aparentemente mais constitucional[62]. Temos de ser mais precisos aqui: Lacan também disse que não apenas um mendigo que pensa que é um rei é um tolo, mas um rei que pensa que é um rei também é um tolo. Isso significa que a autoridade do rei envolve sempre e por definição a sua castração simbólica: um rei que não é tolo tem consciência de que é rei porque os seus súditos o tratam como rei, porque a sua autoridade lhe é conferida através de rituais e objetos simbólicos como o cetro real e a coroa. Então, mesmo numa monarquia absoluta, o rei é "castrado", a fonte da sua autoridade lhe é externa. Em segundo lugar, longe de a *jouissance* feminina ser algo ameaçador para mim, algo que tento manter à distância, a *jouissance* feminina não está "além" do corte traumático da diferença sexual, mas

62. Cf. LACAN, J. *The seminar of Jacques Lacan, book II*: the ego in Freud's theory and in the technique of psychoanalysis. Nova York: Norton, 1991. p. 48.

é um de seus aspectos: emerge como o outro lado do domínio fálico. Mesmo as abelhas (a grande maioria das quais são "operárias" dessexualizadas com seus órgãos reprodutivos vestigiais) permanecem bem dentro da reprodução sexual:

> Apenas a abelha rainha e os zangões possuem um sistema reprodutivo totalmente desenvolvido. As abelhas operárias apresentam sistema reprodutivo atrófico. Sete dias após a incubação, a abelha rainha voa para fora da colmeia, onde os zangões se reúnem, e geralmente acasala com 8 a 12 zangões em pleno ar durante a tarde – amor verdadeiro à tarde, como diz o título de um filme. Durante o acasalamento, os órgãos genitais do zangão são revertidos e saem de seu corpo, e com os músculos abdominais se contraindo, ele ejacula. Então os seus órgãos genitais são cortados do seu corpo pela rainha, o que causa a sua morte, e o zangão seguinte entra... A rainha armazena todos os espermatozoides na espermateca e sua glândula excreta nutrientes para a sobrevivência de quase 7.000.000 de espermatozoides, que são suficientes para o resto da sua vida. Durante a postura, a abelha rainha escolhe se irá fecundar cada ovo que passa pelo seu oviduto; ela põe dois tipos de ovos, fecundados e não fecundados. Os não fecundados se transformam em zangões, enquanto os fecundados se transformam em indivíduos do sexo feminino – essa determinação é chamada de determinação de gênero. Posteriormente, os indivíduos do sexo feminino podem tornar-se rainhas ou operárias, dependendo de sua nutrição durante a fase larval – essa determinação é chamada de determinação de casta[63].

Se lermos essa descrição do nosso ponto de vista humano, será que não representa uma estranha sociedade matriarcal de castas? Todo o trabalho é feito por abelhas apropriadamente chamadas de operárias: elas são fêmeas, com seus órgãos reprodutivos permanecendo subdesenvolvidos, de modo que não são sexualizadas, mas literalmente transexuais. A relação sexual (impregnação) entre uma abelha rainha e os zangões acontece apenas uma vez na vida: após a relação sexual, os zangões morrem enquanto a rainha reúne esperma suficientes para durar por toda a sua vida. Então, se a rainha é uma ela e o zangão é um ele,

---

63. HONEYMELL. Reproduction of honeybees. *Honeymell.com*, 2025. Disponível em: https://www.honeymell.com/en/bees/reproduction-of-honey-bees/. Acesso em: 1º mar. 2025.

o que são as operárias? Para usar a maneira de falar não binária de hoje, será que não são exatamente *elu*? As abelhas, portanto, formam a única sociedade conhecida na qual a grande maioria são "elu" (subdivididos em guardas, aqueles que recolhem pólen etc.), enquanto o pior destino aguarda os zangões masculinos.

A própria formulação "*jouissance* mística, feminina" é enganosa: como Lacan aponta, o misticismo não é exclusivamente feminino, além de sua versão feminina (Santa Teresa) também temos a sua versão masculina (João da Cruz). Em terceiro lugar, a equiparação da iluminação budista com a afirmação da *jouissance* feminina e/ou com o misticismo é totalmente infundada: o budismo NÃO é simplesmente uma versão do misticismo – Chiesa caracteriza de forma convincente o budismo como "um *misticismo invertido*":

> Ao contrário dos politeísmos orientais e da sua ênfase no gozo, o budismo é, portanto, nesse sentido, uma religião do desejo, mas organiza o desejo de uma forma que é muito diferente daquela do judeu-cristianismo. Mais precisamente, o budismo provoca um curto-circuito em "todas as variações do desejo" (como polidesejo, poderíamos acrescentar), que nele aparecem "de uma forma muito encarnada", com a "apreensão última do caráter radicalmente ilusório de todo desejo"[64].

A fórmula do budismo seria, portanto: não o místico "um com o mundo" (minha imersão no divino Uno que propicia pleno gozo), mas o "nenhum com o mundo": eu identifico o vazio da minha (in)existência, o nada do meu Self, com o vazio da própria realidade que carece de qualquer (id)entidade substancial. Enquanto o misticismo visa à imersão completa do sujeito na *jouissance* divina, o budismo centra-se no desejo como a causa última do nosso sofrimento: o desejo é inconsistente, nunca pode ser realizado, plenamente satisfeito, porque

---

64. CHIESA, L.; JOHNSTON, A. *God is undead*: psychoanalysis between agnosticism and atheism. Manuscrito, 2025. As citações dentro da citação são de *The Seminar of Jacques Lacan. Book X: Anxiety* (Cambridge: Polity, 2016, p. 226).

a sua natureza é inconsistente – uma vez que o seu objeto é ilusório, a falsa aparência de um vazio, o momento da realização do desejo é o momento da sua derrota. O budismo tira a consequência radical desse insight: a única maneira de evitar o sofrimento é sair (ganhar distância) da "roda do desejo", evitar o apego a qualquer objeto de desejo, o que significa aceitar (não apenas como uma afirmação teórica, mas também como uma posição existencial) que os desejos são ilusórios porque todos os objetos (de desejo e em geral) são aparências flutuantes não substanciais. Tal desapego existencial é a única maneira de alcançarmos a paz.

ECONOMIA BUDISTA

No entanto, desde o início, o budismo não foi apenas um ensinamento espiritual: também forneceu orientações sobre como organizar a vida social e econômica. Nas últimas décadas, esse conceito foi desenvolvido sistematicamente em numerosos livros e ensaios sobre economia budista. Os seus partidários gostam de salientar que não estão propondo um plano utópico para uma sociedade perfeita: apenas formulam conselhos pragmáticos sobre como melhorar qualquer sistema socioeconômico existente. No entanto, é claro que a economia budista é principalmente dirigida contra o individualismo ocidental, o consumismo e a tendência ao crescimento permanente.

O ponto de partida da economia budista é o primeiro grande insight de Buda: há sofrimento no mundo, então o nosso foco não deve estar em cada vez mais prazeres que alegadamente trazem felicidade, mas em diminuir a dor e o sofrimento. Pode parecer que essa premissa conduz a um distanciamento radical da realidade material externa, da infame "roda do desejo": uma vez que o desejo pelos objetos sensuais está sempre condenado ao fracasso, uma vez que termina em insatisfação, a única saída verdadeira é o nirvana, uma renúncia radical aos compromissos mundanos. No entanto, o budismo salienta que mesmo aqueles que alcançam o nirvana permanecem seres vivos no nosso mundo material, então a tarefa é manter uma distância espiritual interior da nossa vida material, ou seja, aceitar (como uma experiência espiritual viva, não apenas como uma postura intelectual abstrata) que a realidade externa tem uma verdade substancial, que é um pandemônio de aparências fugazes interconectadas. Esse pandemônio inclui a nós próprios: não somos Selves distantes da realidade, fazemos parte do seu fluxo incessante, e a origem do sofrimento é a nossa ignorância, a nossa cegueira para esse fato.

Como os partidários da economia budista repetem incansavelmente, o budismo não defende a renúncia ascética aos prazeres mundanos, mas a medida adequada entre riqueza e pobreza, entre individualismo e espírito comunitário: a riqueza é boa se servir ao nosso bem-estar coletivo. A noção budista da medida certa, de "apenas a quantidade certa", não se refere apenas a indivíduos: ela visa não prejudicar a si mesma ou a outros, segundo a qual outros não são apenas outros seres humanos, mas tudo o que vive. Em contraste com o individualismo ocidental, o budismo defende uma abordagem holística: o meu bem-estar depende do bem-estar de todos os outros à minha volta, mas também do intercâmbio equilibrado com a natureza. Não é de admirar, então, que a economia budista defenda um desejo restringido/limitado, um desejo controlado pelo espírito, desprovido de sua natureza excessiva: baseia-se na distinção entre desejos verdadeiros e desejos falsos. Desejos falsos são desejos de prazer alcançados através da consumação de objetos sensuais ou através da sua posse, e são por definição insaciáveis, nunca completamente satisfeitos, sempre lutando por mim. Desejos verdadeiros são desejos de bem-estar e, para chegar ao bem-estar, uma mente racional tem de regular e conter os desejos sensuais. Chegamos assim à oposição entre os desejos sensuais ilimitados e o desejo espiritual de bem-estar:

> O consumo pode satisfazer desejos sensuais, mas o seu verdadeiro propósito é proporcionar bem-estar. Por exemplo, o nosso corpo depende de comida para se nutrir. O consumo de comida é, portanto, um requisito para o bem-estar. Para a maioria das pessoas, no entanto, comer comida também é um meio de experimentar prazer. Se ao consumir comida alguém recebe a experiência de um sabor delicioso, diz-se que alguém satisfez os seus desejos[65].

Do meu ponto de vista lacaniano, é aqui que surgem os problemas: o que o budismo visa é um desejo privado do excesso que o torna um desejo humano, um gozo privado do seu excedente constitutivo. Quando comemos, quase nunca o fazemos apenas para o nosso bem-estar espiritual a longo prazo, nós o fazemos pelo prazer de comer, e é esse prazer, e não a sua subordinação a algum objetivo superior, que nos torna humanos. Lembremos aqui o exemplo da amamentação de Lacan: uma criança suga o seio para obter alimento (leite), mas o ato repetido de sugar logo se transforma na verdadeira fonte de prazer, de modo que a criança é empurrada para tal além da satisfação de suas necessidades. O mesmo se aplica ainda mais obviamente ao sexo: quase nunca praticamos sexo para cumprir o seu objetivo natural (procriação), mas pelo prazer que ele proporciona – tornamo-nos humanos exatamente quando o sexo abandona o seu objetivo "natural" de procriação e se transforma num fim em si mesmo. E é totalmente errado caracterizar essa mudança como um abandono a desejos sensuais ilimitados: o sexo intenso como um fim em si mesmo, separado do seu objetivo natural, é provavelmente a nossa experiência metafísica mais elementar: o nosso prazer sensual é "transubstanciado" em uma experiência de outra dimensão, uma dimensão além da realidade física direta.

Deveríamos, portanto, inverter a oposição entre os falsos desejos ilimitados que só trazem sofrimento e o autêntico de-

---

65. URBAN DHARMA. Buddhist economics. *Urban Dharma*, 2025. Disponível em: https://www.urbandharma.org/udharma3/buddhisteconomics.pdf. Acesso em: 1º mar. 2025.

sejo espiritual de bem-estar: os desejos sensuais são em si moderados, restritos aos seus objetivos diretos, eles só se tornam infinitos e autodestrutivos quando são infectados por uma dimensão espiritual. Não será isto, no entanto, uma forma de Mal? Talvez, mas, como F. W. J. Schelling já sabia, apenas a espiritualidade é autodestrutiva em seu anseio pelo infinito, e é por isso que o Mal é muito mais espiritual do que a nossa realidade sensual. Em outras palavras, a raiz do Mal não é o nosso egoísmo, mas, ao contrário, uma espiritualidade autodestrutiva e pervertida que também pode levar-nos a sacrificar as nossas vidas. Essa dimensão está ausente na economia budista, razão pela qual o seu objetivo declarado da justa medida, quando se o tenta praticar, tende a terminar em alguma forma de fascismo (nem sempre) brando. (Lembre-se de que o fascismo também se apresenta como o meio termo entre os dois extremos do individualismo capitalista e do coletivismo comunista.) Os casos habitualmente mencionados são a Malásia, a Tailândia, Mianmar, o Sri Lanka, o Japão e até mesmo a China, mas a principal referência é o Butão, onde

> O Rei Jigme Singye Wangchuck e o seu governo promoveram o conceito de "felicidade nacional bruta" (FNB) desde 1972, com base em valores espirituais budistas, como um contraponto a avaliar o desenvolvimento de uma nação pelo produto interno bruto (PIB). Isso representa um compromisso com a construção de uma economia que serviria à cultura do Butão baseada em valores espirituais budistas, em vez de no desenvolvimento material, tal como ser avaliada apenas pelo PIB[66].

Parece bom, se não fosse por um evento que de alguma forma estraga a imagem:

> Muitas vezes desconsiderado em toda a atenção recebida pelo muito elogiado programa de "Felicidade Nacional Bruta" do pequeno reino Himalaio do Butão, é que a versão de felicidade do governo inclui estar livre de quaisquer minorias étnicas indesejáveis. Mais de 100.000 nepaleses étnicos – uma minoria hindu

66. Buddhist economics. *Wikipedia*, 2025. Disponível em: https://en.wikipedia.org/wiki/Buddhist_economics. Acesso em: 1º mar. 2025.

> no Butão durante séculos – foram forçados a sair do Butão no início da década de 1990 por autoridades que queriam impor a cultura budista dominante no país[67].

Esse é o preço que teremos de pagar se ignorarmos os paradoxos do desejo desenvolvidos por Freud e Lacan.

POR QUE O BODHISATTVA É UMA FARSA

A questão-chave que surge aqui é, obviamente: de onde vem o desejo? Como somos apanhados na sua ilusão? O desejo não pode ser explicado nos termos da oposição entre objetos particulares reificados e o vazio debaixo deles, de modo que surge quando nos apegamos excessivamente a objetos particulares. O objeto-causa do desejo (o que Lacan chama de *objeto a*) não é um objeto empírico, é um elemento virtual que perturba o circuito natural harmonioso descrito e celebrado pelos meus críticos budistas. Então, a visão defendida pelos meus críticos, de um desejo purificado do seu excesso, é para Lacan totalmente ilusória: o desejo é em si um excesso "patológico", uma desestabilização de qualquer ordem natural equilibrada. Suzuki parece sugerir que o que torna um desejo mortificante é a sua "intelectualização", a sua submissão a categorias racionais que reificam a experiência de vida fluida da realidade num mundo de objetos substanciais fixos. No entanto, o desejo é, na sua forma mais básica, não um efeito de aprisionamento intelectual mecânico, mas um "desvio" inscrito na própria vida. Em outras palavras, se subtrairmos o desejo da vida, não teremos uma vida mais equilibrada, e sim perderemos a própria vida. Dito de forma sucinta: o budismo celebra a saída da "roda do desejo", enquanto Lacan celebra a própria queda do sujeito nessa "roda": "não ceder do próprio desejo" significa um envolvimento subjetivo radical num desejo louco que desequilibra a realidade inteira.

---

67. FOREIGN POLICY. Ethnic cleansing in the kingdom of happiness. *Foreign Policy,* 2025. Disponível em: https://foreignpolicy.com/2025/03/01/ethnic-cleansing-in-the-kingdom-of-happiness. Acesso em: 1º mar. 2025.

Ou, dito de ainda outra maneira, o budismo aceita a visão comum de que o propósito da vida é a felicidade (para citar o Dalai Lama, "o propósito das nossas vidas é ser feliz"), apenas define esse termo de forma diferente – aqui estão algumas declarações do Dalai Lama que deixam clara essa diferença: "A felicidade não é algo pronto. Ela vem das suas próprias ações". / "Quando sentimos amor e bondade para com os outros, isso não apenas faz com que os outros se sintam amados e cuidados, mas também nos ajuda a desenvolver felicidade e paz interiores". / "Não precisamos de mais dinheiro, não precisamos de maior sucesso ou fama, não precisamos do corpo perfeito ou mesmo do companheiro perfeito. Neste exato momento, temos uma mente, que é todo o equipamento básico que precisamos para alcançar a felicidade completa". / "A felicidade humana e a satisfação humana vêm, em última análise, de dentro de si mesmo"[68]. Seguindo Freud, Lacan, pelo contrário, afirma a pulsão de morte como o componente básico de nossas vidas libidinais que opera além do princípio do prazer: o que Lacan chama de gozo (*jouissance*) surge de uma autossabotagem do prazer, é um gozo no próprio desprazer.

Uma visão lacaniana está muito mais próxima do Dr. House que, em um dos episódios da série, ao tentar diagnosticar um paciente com seu grupo e um de seus colaboradores menciona que o paciente irradia felicidade, imediatamente acrescenta "felicidade" a uma lista dos sintomas da doença do paciente a serem explicados e abolidos. O sentimento de felicidade é um sintoma perigoso, não algo pelo qual devemos nos esforçar. E deve-se acrescentar aqui que o mesmo se aplica ao que também é considerado o sentimento parental mais espontâneo: o imenso amor pelo próprio filho pequeno. As crianças pequenas são o horror encarnado: es-

68. JURD-GIBBENS, C. Inspirational quotes about happiness from Dalai Lama. *Lifehack*, 05 ago. 2015. Disponível em: https://www.lifehack.org/297414/inspirational-quotes-about-happiness-from-dalai-lama. Acesso em: 1º mar. 2025.

túpidas, irritantes, cheiram mal, perturbam o nosso sono... então o sentimento de amor por elas é um caso claro do que é chamado de "síndrome de Estocolmo": um mecanismo de enfrentamento para uma situação de cativeiro ou abuso, quando as pessoas desenvolvem sentimentos positivos em relação aos seus captores ou agressores ao longo do tempo. Não é esse o mecanismo exato de como lidamos com crianças pequenas?

Então, o que dizer da desesperada tentativa lacanobudista de ler o que o budismo chama de nirvana como basicamente a mesma posição sinalizada pela "travessia da fantasia" de Lacan? Não podemos simplesmente descartá-la como um grande mal-entendido de Lacan porque há um grão de verdade nela: o desejo é metonímico – todo objeto empírico positivo que desejamos é uma armadilha (no sentido de que, se o obtivermos, o nosso desejo não será totalmente satisfeito, mas desapontado, experimentaremos um "*ce n'est pas ça*" – isso não é *aquilo* que realmente desejávamos), então abandonemos nosso apego a objetos particulares e simplesmente persistamos surfando de um objeto a outro. Em outras palavras, uma verdadeira traição ao nosso desejo é precisamente o nosso completo apego a um objeto particular como o seu verdadeiro objeto – se renunciarmos a isso, se mantivermos uma distância em relação a todo objeto, alcançaremos a paz, seremos fiéis ao nosso desejo, isto é, ao vazio em seu coração, que não pode ser abolido por nenhum objeto... Mas essa lógica acaba falhando: para Lacan, o desejo em sua "pureza" (considerado sem um objeto empírico de desejo) não pode ser transformado em uma integração pacífica numa multiplicidade mutável e não-substancial de nossa realidade porque o desejo é, enquanto tal, um gesto de ruptura do equilíbrio da realidade. Se subtrairmos objetos particulares, obteremos o gesto de ruptura, de perturbação do equilíbrio, enquanto tal. O que qualquer objeto empírico particular de desejo ofusca não é o equilíbrio de um vazio, mas esse gesto negativo enquanto tal: qualquer objeto particular particulariza essa ruptura enquanto tal, transformando-a num desejo por algo que existe positivamente enquanto um objeto particular... Mas onde está aqui a dimensão da intersubjetividade? Em seu *"Relational Dharma"*, Jeannine A. Davies implanta um "modelo libertador de intersubjetividade" – o seu ponto de partida é o objetivo básico de se praticar o darma, que é

> discernir a distinção entre as realidades convencional e última através da experiência direta. Um exemplo simples da distinção entre realidade convencional e realidade última é a diferença entre o conceito de água e a sensação física da água. Suas características mais salientes são a umidade e as temperaturas fria, morna ou quente. À medida que a consciência discrimina entre o conceito de água e as sensações físicas da água, ocorre uma penetração perspicaz na natureza da ideação conceitual. Os conceitos são então vistos como abstrações dentro da consciência, camadas mentais nascidas de um condicionamento prévio[69].

Davies, é claro, tem de admitir que a prática da meditação é focada principalmente em métodos solitários e introspectivos, em que estágios de insight se desdobram dentro de um clima de extrema reclusão mental e isolamento interpessoal – seu objetivo é demonstrar como o darma também pode ser alcançado através de uma nova prática de interação social. A fim de embasar essa alegação, ela tem de se envolver na oposição entre as duas orientações principais do budismo, a mahayana e a teravada: a teravada se concentra em alcançar o darma por meio da prática individual de introspecção, enquanto a mahayana enfatiza o darma alcançado pela interação social. Digamos, quando um indivíduo é afligido por um trauma que ameaça destruir seu equilíbrio psíquico e sua capacidade de interagir com os outros, a mahayana pratica a abordagem do darma relacional que

> medeia e sintoniza em um ambiente de união empática, nutrindo uma atmosfera que ameniza a ansiedade e facilita a geração

69. DAVIES, J. A. Relational dharma: a modern paradigm of transformation – a liberating model of intersubjectivity. *DocsLib*, 2014. Disponível em: https://docslib.org/doc/4822356/relational-dharma-a-modern-paradigm-of-transformation-a-liberating-model-of-intersubjectivity. Acesso em: 1º mar. 2025.

> de confiança e segurança para fluir no intermédio. Esse processo permite a possibilidade de transformar "filtros" negativos ou que diminuem a vida em associações que ampliam e aprofundam a identidade. Nessa experiência, é relaxada a aparência de algo "estranho", "que não faz parte" ou é "demasiado", de modo que o senso do que constitui uma "pessoa inteira" naturalmente se amplia e evolui, e surge um entendimento mais profundo de si mesmo e da relação entre si e os outros[70].

Nessa abordagem, alcança-se "a liberdade interior para sentir o sofrimento do outro como inseparável do seu próprio, e a compaixão para procurar aliviá-lo, respeitando assim a liberdade dos outros como inseparável da sua própria liberdade", uma liberdade para "perdoar os outros por suas transgressões. A fim de que se possa perdoar, deve ser desenvolvida a capacidade de 'recuar' e reconhecer as condições que deram origem às próprias ações, em vez de reagir a partir de um estado de personalização dessas ações. À medida que a consciência das relações causais que levaram esse indivíduo a ser ferido e a agir de formas prejudiciais se torna reconhecida, a objetividade relacional emerge e a compaixão se torna possível"[71]. Tal posição abre um caminho para que se possa revolucionar pacificamente o nosso mundo assolado pela violência e pela ação não sustentável: nossa

> compreensão do engajamento consciente da interrelação pode ser uma das mais importantes em termos das suas implicações espirituais, sociais e políticas. Somente quando vemos com maior clareza a causalidade íntima de como "nós", cidadãos do Todo, afetamos a totalidade é que encontramos a inspiração para assumir a responsabilidade pessoal pela nossa presença e ajustar a nossa ressonância fisiológica, emocional e física dentro do Todo[72].

O sofrimento e os obstáculos à liberdade não desaparecem simplesmente, não são simplesmente abandonados; de uma forma quase hegeliana, eles são reexperimentados como veículos

---

70. Ibid.
71. Ibid.
72. Ibid.

para o crescimento e a liberdade. Eles são privados da sua identidade substancial e colocados no seu contexto relacional no qual surgem e desaparecem em codependência, ressoando no Todo.

Outra diferença entre o teravada e o mahayana diz respeito à acessibilidade do nirvana que torna o sujeito um bodhisattva: no teravada, encontrar alguém que já seja um Buda é necessário para verdadeiramente tornar alguém um bodhisattva – qualquer outra resolução para atingir o estado de Buda pode facilmente ser esquecida ou abandonada durante o longo tempo que temos pela frente. O teravada, portanto, sustentava que o caminho do bodhisattva era apenas para um raro conjunto de indivíduos e tinha de ser transmitido através de uma linhagem exclusiva, em contraste com os mahayanistas que universalizaram o *bodhisattvayana* como um caminho que está aberto a todos e é ensinado para todos os seres seguirem.

Para manter essa universalidade, a tradição mahayana tem de introduzir uma distinção entre duas noções diferentes da relação de um bodhisattva com o nirvana. O objetivo básico é tornar-se *arhat* ("aquele que é digno"), uma pessoa aperfeiçoada, alguém que obteve insights sobre a verdadeira natureza da existência e alcançou o nirvana (iluminação espiritual): o *arhat*, tendo se libertado das amarras do desejo, não renascerá. Embora o estado de um *arhat* seja considerado na tradição teravada como o objetivo apropriado de um budista, a mahayana lhe acrescenta um nível ainda mais elevado,

> uma espécie de estado não-dual em que não se está limitado ao samsara nem ao nirvana. Um ser que tenha alcançado esse tipo de nirvana não está impedido de se manifestar nos reinos samsáricos, e, no entanto, permanece totalmente desapegado das contaminações encontradas nesses reinos (e, portanto, pode ajudar os outros)[73].

73. Bodhisattva. *Wikipedia*, 2025. Disponível em: https://en.wikipedia.org/wiki/Bodhisattva. Acesso em: 1º mar. 2025.

Obtemos assim a distinção entre dois tipos de *nirvāṇa*: o *nirvāṇa* de um *arhat* e um tipo superior de *nirvāṇa* chamado *apratiṣṭhita* (não-permanência), que permite a um Buda permanecer engajado nos reinos samsáricos sem ser afetado por eles. No entanto, a noção mahayana predominante de bodhisattva admite silenciosamente que chegar a tal estado não-dual é praticamente impossível, de modo que ele sacrifica heroicamente o seu próprio darma e adia o seu despertar até que todos os seres vivos sejam libertados – os bodhisattvas fazem o seguinte voto: "Eu não entrarei no nirvana final antes de todos os seres terem sido libertados" ou "Devo conduzir todos os seres à Libertação. Ficarei aqui até o fim, mesmo que seja pelo bem de uma única alma viva".

O bodhisattva que quer alcançar o estado de Buda pelo bem de todos os seres é mais amoroso e compassivo do que o *sravaka* (que deseja apenas acabar com o seu próprio sofrimento): ele pratica o caminho para o bem dos outros (*par-ārtha*), enquanto os *sravakas* o fazem para o seu próprio bem (*sv-ārtha*). Considero essa distinção entre *par-ārtha* e *sv-ārtha* potencialmente muito perigosa: embora o mahayana pareça mais "democrático", permitindo arhat todos alcancem o darma, será que a sua noção de bodhisattva que se recusa a entrar no nirvana não esconde uma nova forma de elitismo: uns poucos selecionados que permanecem presos na nossa realidade comum (na roda do desejo), legitimam a sua posição privilegiada especial pelo fato de que poderiam ter alcançado o nirvana, mas o adiaram para ajudar todos os outros a alcançá-lo. Num sentido radical, o nirvana torna-se assim impossível: se o alcanço, ajo como um egoísta, preocupando-me apenas com o meu próprio bem; se ajo para o bem dos outros, adio a minha entrada no nirvana... Considero essa posição privilegiada perigosa porque permanece presa num dualismo que o budismo autêntico promete deixar para trás: o reino do nirvana torna-se um Além que nos esforçamos por alcançar. O perigo reside no fato de essa posição se basear no que se poderia chamar de silogismo básico do autossacrifício: quero que todos os seres vivos superem o seu sofrimento e alcancem o bem supremo; para fazê-lo, tenho de sacrificar a minha própria felicidade e aceitar o sofrimento – só assim a minha própria vida tem sentido...

Mais uma vez, o perigo é que aqui ocorra necessariamente um curto-circuito: tomo automaticamente o meu próprio sofrimento como uma prova de que estou trabalhando pelo bem dos outros, de modo que eu possa responder a quem quer que me critique: "Você não vê o meu sofrimento? Quem é você para me criticar quando eu me sacrifico por você?" Nesse ponto, felicidade e sacrifício já não se opõem, mas coincidem plenamente: *o que me traz "felicidade" (no sentido de satisfação libidinal) é a própria dor do meu sacrifício que eu (erroneamente) interpreto como uma prova de que a minha vida tem um significado mais profundo*. É por isso que o único nirvana autêntico significa que eu permaneço totalmente neste mundo e só me relaciono com ele de maneira diferente: o nirvana "não permanente" é o ÚNICO nirvana pleno e verdadeiro. Então, onde até mesmo esse nirvana autêntico falha?

Para vê-lo, temos de nos voltar para o estatuto da intersubjetividade no budismo: o budismo ignora a intersubjetividade radical do desejo, o fato de o desejo ser sempre reflexivo (um desejo de desejo, um desejo de ser desejado), e que o objeto faltante primordial do desejo sou eu mesmo, o enigma do que sou para os meus outros. Do ponto de vista freudiano, esse é também o problema da luta politicamente correta contra o assédio: ela pressupõe que todo indivíduo tem o seu próprio desejo único e "verdadeiro", que é então reprimido ou oprimido devido à compulsão ideológica (sobretudo patriarcal) e outras formas de dominação social, de modo que, se nos livrarmos dessa opressão, seremos capazes gozar plenamente ao seguirmos o nosso verdadeiro desejo. Segundo Lacan (e já Freud), no entanto, nosso desejo é irredutivelmente (constitutivamente) "alienado", mediado pelo desejo do Outro em todos os três significados do termo: eu desejo ser desejado pelo Outro; o meu desejo (mesmo na sua forma mais transgressiva) é estruturado pelo grande Outro, as coordenadas simbólicas do meu universo; o enigma que propele o meu desejo é o enigma do Outro impenetrável (O que eu sou para os outros? Como eles me percebem?). É por isso que não faz sentido procurar o meu próprio "verdadeiro" desejo: como Lacan o coloca, o meu desejo é o desejo do Outro.

O que isso significa é que, como Hegel viu claramente, a dominação dos outros e a violência contra eles é um momento-chave do doloroso processo de reconhecimento intersubjetivo. Essa violência não é uma expressão do meu autointeresse egoísta, mas baseia-se num "mal" pelo qual estou disposto a pôr em risco o meu próprio bem-estar e até mesmo a minha vida. O darma relacional não é suficiente para explicar esse "mal", uma vez que essa dimensão do "mal" é constitutiva de como experimento um Outro: como um abismo impenetrável que não pode ser dissolvido numa rede fluida de aparências. Na sua forma mais básica, o "mal" não tem nada a ver com os meus interesses egoístas: é mais espiritual do que o simples interesse próprio – a noção budista de samsara ("a roda do desejo") ignora esse aspecto espiritual do "mal".

É aqui que a passagem já citada sobre a "diferença fundamental entre Freud/Lacan/Žižek/*et al.* e Nagarjuna" – "os primeiros pressupõem que essa [ascensão do ego dominador] é inevitável – o melhor que podemos fazer é chegar a um acordo com o processo do ego (etc.) e tentar não nos deixarmos levar pelas peças delirantes que ele prega em nós"[74] – se equivoca totalmente: o budismo descreve como podemos gradualmente nos livrar da posição egoísta de dominação sobre os outros e de sermos escravizados pelos nossos desejos que causam sofrimento; o nosso objetivo é alcançar o darma no qual o nosso ego se dissolve no fluxo das aparências e perde a sua identidade substancial.

---

74. IVAKHIV, A. J. Nagarjuna, ecophilosophy, & the practice of liberation. Op. cit.

Dentro desse espaço, Freud e Lacan só podem aparecer como indo até a metade do caminho: eles veem claramente a natureza autodestrutiva do Ego dominante, mas ignoram que existe um domínio além do ego e dos seus paradoxos, o domínio da paz interior e da felicidade, de modo que o seu alcance último é descrever os paradoxos do ego. Para Freud e Lacan, ao contrário, não há nada além dos antagonismos da nossa realidade, nada além de uma lacuna de impossibilidade que a frustra desde dentro: tudo o que percebemos como seu Além, nós o projetamos ali. O que isso significa não é que o que os budistas descrevem como nirvana ou darma seja uma ilusão ou uma farsa: é uma experiência profunda de destituição subjetiva, mas ainda assim funciona como a ofuscação de uma experiência mais radical de uma lacuna a partir da qual a nossa realidade surge.

Uma vez que o darma é via de regra descrito como a maior liberdade acessível a nós, deve-se salientar que, para qualquer pessoa que conheça um pouco sobre Hegel, a oposição radical entre a noção de liberdade do budismo e a de Hegel não pode deixar de chamar a atenção: para o budismo, somos verdadeiramente livres quando nos libertamos das categorias racionais que cortam em pedaços e assim mortificam o puro fluxo não substancial da realidade, enquanto para Hegel, a forma básica de liberdade é precisamente o poder infinito de abstração que pertence ao nosso Entendimento (não a Razão), o poder de interromper o fluxo suave da realidade e de cortar mecanicamente a realidade em seus pedaços. A própria ideia de que existe algo (o núcleo do conteúdo substancial da coisa analisada) que escapa ao Entendimento, um Além transracional fora do seu alcance, é a ilusão fundamental do Entendimento. Em outras palavras, tudo o que temos de fazer para passar do Entendimento à Razão é *subtrair* do Entendimento a sua ilusão constitutiva – o Entendimento não é demasiado abstrato/violento, é, pelo contrário, como Hegel o coloca a propósito de Kant, *demasiado brando para com as coisas*, temeroso de localizar seu movimento violento de despedaçar as coisas nas coisas mesmas. De certa forma, é epistemologia versus ontologia: a ilusão do Entendimento é que o seu próprio poder analítico (o poder de fazer "um acidente enquanto tal – o que está vinculado e mantido por outra coisa e é real apenas por estar conectado com ela – obter uma existência própria, ganhar liberdade e independência por conta própria") é apenas uma "abstração", algo externo à "verdadeira realidade" que persiste aí fora intacta em sua plenitude inacessível. Em outras palavras, é a visão crítica padrão do Entendimento e do seu poder de abstração (que é apenas um exercício intelectual impotente a que falta a riqueza da realidade) que contém a ilusão central do Entendimento. Dito ainda de outra forma, o erro do Entendimento é perceber a sua própria atividade negativa (de separar, despedaçar coisas) apenas no seu aspecto negativo, ignorando o seu aspecto "positivo" (produtivo) – a Razão é o próprio Entendimento no seu aspecto produtivo.

O contra-argumento comum está aqui: mas será que para Hegel essa abstração mortificante não é apenas um momento negativo seguido por uma mediação nocional por meio da qual retornamos a uma forma superior de unidade orgânica? Sim, mas essa unidade orgânica superior não retorna de forma alguma à realidade da experiência direta: nela, qualquer referência à experiência direta é obliterada, movemo-nos inteiramente dentro da automediação nocional. Em termos formais abstratos, para Hegel, a primeira negação nega o que é dado, algum conteúdo positivo, mas essa negação permanece dentro do horizonte desse conteúdo, enquanto na "negação da negação" esse mesmo horizonte é negado, mudamos o próprio campo no qual nos movemos. Um exemplo da cultura popular: a negação da vida (de estar vivo) é a morte, mas a sua negação é a desmortalidade, quando nos tornamos "mortos-vivos", fora do espaço da oposição entre vida e morte.

Isso não significa que Hegel não permita algo que ecoe a prática da meditação que (dentro do budismo teravada) "tem focado principalmente em métodos solitários e introspectivos, em que estágios de insight se desdobram dentro de um clima de extrema reclusão mental e isolamento interpessoal". No entanto, embora no budismo, através de tal prática, a mente "experimente uma espécie de corrente de paz tranquila", para Hegel a introspecção nos confronta com um espaço terrível no qual flutuam aparições medonhas de objetos parciais – eis a sua mais famosa e frequentemente citada passagem dessa "noite do mundo":

> O ser humano é essa noite, esse nada vazio que contém tudo em sua simplicidade – uma riqueza inesgotável de muitas representações, imagens, das quais nenhuma lhe pertence – ou que não estão presentes. Essa noite, o interior da natureza, que existe aqui – puro self – em representações fantasmagóricas, é noite ao seu redor, na qual aqui dispara uma cabeça ensanguentada – ali uma outra aparição branca e medonha, de repente aqui diante dela, e simplesmente desaparece. Avistamos essa noite quando olhamos os seres humanos nos olhos – numa noite que se torna horrível[75].

Não devemos ser cegados pelo poder poético dessa descrição, mas lê-la precisamente – será que não existe um estranho eco entre essa passagem e a descrição de Hegel do poder negativo do Entendimento que é capaz de abstrair uma entidade (um processo, uma propriedade) do seu contexto substancial e tratá-la como se tivesse uma existência própria? "Que um acidente enquanto tal, separado do que o circunscreve, daquilo a que está vinculado e é real apenas no seu contexto com outros, alcance uma existência própria e uma liberdade separada – esse é o tremendo poder do negativo"[76]. É, portanto, como se, no cenário medonho da "noite do mundo", encontrássemos algo como *o poder*

---

75. HEGEL, G. W. F. Jenaer realphilosophie. In: *Frühe politische systeme*. Frankfurt: Ullstein, 1974. p. 204. Tradução citada de VERENE, D. P. *Hegel's recollection*. Albany: Suny, 1985.

76. HEGEL, G.W.F. *Phenomenology of spirit*. Oxford: Oxford University Press, 1977, p. 19.

do Entendimento em seu estado natural, o espírito sob a forma de um *protoespírito* – esta, talvez, seja a definição mais precisa de horror: quando um estado superior de desenvolvimento se inscreve violentamente no estado inferior, no seu fundamento/pressuposto, em que não pode deixar de aparecer como uma confusão monstruosa, uma desintegração da ordem, uma terrível combinação antinatural de elementos naturais. E a lição última de Hegel é aprender a "demorar-se com o negativo", a não dissolver as suas tensões insuportáveis em qualquer tipo de fluxo positivo natural de aparências.

A principal oposição que atravessa o recente renascimento dos estudos de Hegel é aquela entre a abordagem kantiana e a aristotélica. Os "kantianos" (Pippin, Brandom) leem a *Lógica* de Hegel como um *a priori* transcendental radicalizado para toda inteligibilidade possível do universo, enquanto os "aristotélicos" insistem que a dimensão transcendental (que funciona apenas na medida em que é corporificada em um ser vivo autoconsciente) está fundamentada na vida e dela emerge. Na sua leitura aristotélica antikantiana de Hegel, Karen Ng[77] argumenta que "a autoconsciência tem o seu fundamento na categoria da vida, sem a qual as categorias da razão, do espírito e da autoconsciência careceriam de conteúdo, de uma relação determinada com o mundo". Na sua *Crítica do Juízo*, Kant tentou preencher a lacuna entre a consciência e a matéria através da categoria de vida que implica a intencionalidade como seu princípio imanente. "No entanto, na imagem de Kant, a intencionalidade é meramente um princípio 'regulativo' em vez de 'constitutivo' – um princípio que o juízo 'autonomamente' exige de si mesmo para a investigação científica, mas que não confere 'autonomamente' à natureza como um princípio genuinamente constitutivo dos objetos da experiência". Ng argumenta que "essa distinção não se sustenta realmente sob escrutínio", que o próprio caráter "como se" dos

77. NG, K. *Hegel's concept of life*. Oxford: Oxford University Press, 2020.

juízos regulativos parece comprometer com "o pensamento de que a natureza é intencionalmente constituída de tal forma que as explicações teleológicas sejam satisfatórias. E é precisamente aqui que Hegel procurará resgatar Kant de si mesmo, mostrando que a intencionalidade não é apenas um princípio regulativo com validade meramente subjetiva, mas um princípio com real fundamento na objetividade". Portanto, a vida é um "contexto no qual sujeitos, objetos e sua relação vêm a ter algum sentido"[78]. A minha posição aqui é uma terceira: a oposição entre a vida orgânica e a razão não é totalmente inclusiva, para passar da vida orgânica à razão (o domínio do discurso), um outro nível intervém, que não é nem a vida nem a racionalidade, mas uma erupção "irracional" de absoluta negatividade que os místicos chamavam de monstruosa "noite do mundo", da qual – como acabamos de ver – Hegel estava completamente ciente.

Na medida em que essa "noite do mundo" representa o vazio da subjetividade (o sujeito barrado, $), minha crítica, no entanto, tem razão em aproximar a posição feminina da mística "noite do mundo". Algumas feministas protestam: "Não me diga o que uma mulher é, baseando-se inteiramente no que ela não é!"[79] Mas isso é precisamente o que deveria ser feito, uma vez que a posição subjetiva básica de uma mulher é a pura negatividade, o poder do NÃO, razão pela qual Lacan diz que "a mulher não existe". Então, não são as mulheres que são homens deficientes

78. SUTHER, J. Back to life? The persistence of Hegel's idealism (a response to Karen Ng, Hegel's concept of life: self-consciousness, freedom, logic). *boundary* 2, 23 set. 2020. Disponível em: https://www.boundary2.org/2020/09/jensen-suther-back-to-life-the-persistence-of-hegels-idealism-a-response-to-karen-ng-hegels-concept-of-life-self-consciousness-freedom-logic/. Acesso em: 1º mar. 2025.

79. GRAY, J. Don't tell me what a woman is, based entirely on what she is not. *The Independent*. Disponível em: https://www.independent.co.uk/voices/dont-tell-me-what-a-woman-is-based-entirely-on-what-she-is-not. Acesso em: 10 fev. 2025.

(caídos), os homens são mulheres que "caíram" numa determinada identidade positiva.

Essa "queda" é o que Althusser descreve como interpelação ideológica. Muitos intérpretes e críticos da teoria da interpelação de Althusser já apontaram a circularidade do processo de interpelação: sim, a ideologia interpela um indivíduo em sujeito; no entanto, para que o indivíduo se reconheça na interpelação, ele já deve estar aberto ao chamado interpelativo, ou seja, em hegelês, já deve ser um sujeito "em si". O que isso significa é que estamos lidando com uma causação mútua (sutilmente assimétrica): tanto o sujeito quanto o grande Outro, o agente da interpelação, emergem através do processo de interpelação. Essa estrutura convoluta é aquela do que Hegel chamou de "recuo absoluto": o efeito-sujeito causa retroativamente a sua Causa. Recordemos um caso político: os comunistas são motivados pela sua Causa partilhada, mas essa Causa existe (é eficiente) apenas através da atividade dos seus partidários... Será, no entanto, que isso é tudo o que podemos dizer sobre a circularidade da interpelação? Lacan dá um passo abaixo e inclui nesse processo o momento do fracasso – sua fórmula sucinta é: X é interpelado em uma identidade significativa, ou seja, subordinado a um significante-mestre, essa subordinação falha, uma parte do (que se tornará) sujeito resiste à interpelação, permanece fora do seu escopo, e o sujeito propriamente dito É esse resto. Lembre-se do caso padrão da declaração de amor: tento expressar a minha atitude interior ao meu amado, mas acabo fracassando e, através desse fracasso, o meu amor é confirmado como autêntico. (Se me expresso perfeitamente na minha declaração, não é amor, mas uma expressão mecânica plana.) Então, o paradoxo circular aqui é que o sujeito é o fracasso da operação para se tornar sujeito: o obstáculo é uma condição positiva. Circularidade significa que o resto (do fracasso) de uma operação causa retroativamente essa operação: não há nenhum sujeito antes do processo de interpelação/subjetivização simbólica que tenta se expressar nele, esse sujeito só emerge retroativamente através do fracasso da sua tentativa.

Encontramos uma circularidade semelhante (embora não a mesma) também no processo da ideologia. Não basta dizer que a ideologia apresenta um construto social artificial como um fato biológico ou social – recordemos o caso clássico de Judith Butler: a identidade sexual não é um fato natural ou um fato baseado em algumas leis eternas (patriarcais ou divinas), é o resultado de um processo simbólico complexo, que é basicamente contingente e historicamente limitado. Deve-se acrescentar a afirmação oposta: na nossa era pós-moderna, a ideologia também pode funcionar como uma relativização historicista de algo que tem raízes mais profundas – por exemplo, a ideologia capitalista apresenta a exploração e a corrupção como um fato secundário contingente, não como algo que pertence à própria noção de capitalismo. Em outras palavras, a ideologia não só eleva algo contingente a uma necessidade, mas também descarta como desvio contingente algo que pertence à necessidade constitutiva de um determinado espaço.

CONTRA O SACRIFÍCIO

Essa negatividade radical nos traz de volta ao tema do sacrifício. Vimos que tipo de sacrifício a noção de bodhisattva implica – permanece firmemente dentro da estrutura do sacrifício tradicional: escolho permanecer no vale das lágrimas, adiando a minha iluminação plena a fim de trabalhar pela eliminação global do sofrimento. A própria iluminação budista implica um sacrifício autorreflexivo paradoxal: ao me esvaziar de desejos fúteis cuja busca sempre me decepciona, eu de certa forma sacrifico o próprio sacrifício, percebo que o que eu sacrifico é em si sem valor. (É também assim que a ambiguidade de assumir a posição de bodhisattva pode ser entendida: sacrificar/adiar a minha entrada no nirvana traz-me de volta ao espaço do mais-gozar, sou autorizado a me envolver completamente numa luta apaixonada... O truque é que encubro a minha reentrada no domínio do envolvimento apaixonado com a falsa legitimação de que estou apenas me submetendo ao elevado ideal de ajudar os outros.) Então, a noção de sacrifício e suas ambiguidades definitivamente merecem um olhar mais atento.

O tema de *Batem à Porta* (2023), de M. Night Shyamalan, é como o fim do mundo é evitado por um sacrifício nos últimos segundos – eis o enredo básico[80]. Wen, de sete anos, está de férias com seus pais, Eric e Andrew, em sua cabana remota na zona rural da Pensilvânia. Quatro estranhos misteriosos – Sabrina, Adriane e Redmond, liderados por Leonard – invadem a cabana e amarram toda a família. Eles afirmam que não têm nenhuma intenção de prejudicar a família – foram compelidos por visões e por um poder desconhecido a encontrar a família. O grupo prevê um apocalipse próximo em que os oceanos subirão, uma praga descerá, o céu cairá e, finalmente, uma escuridão sem fim cobrirá a terra – isso só pode ser evitado se a família matar um dos seus como um sacrifício. Eric e Andrew acreditam que o grupo está mentindo e que o ataque está enraizado no ódio e no delírio. Quando a família se recusa a escolher, os visitantes sacrificam um deles (Redmond) espancando-o até a morte. A TV relata mega tsunamis devastadores, que Leonard diz ser o início do apocalipse. Após sacrificar todos os três companheiros, ele diz aos três sobreviventes que terão apenas alguns minutos para decidir antes que seja tarde demais, e então corta a própria garganta. Após sua morte, os céus escurecem e relâmpagos causam incêndios e mais aviões caem. Eric agora acredita que os eventos são reais; não querendo que Wen cresça num mundo destruído, ele se oferece como o sacrifício – sente que foram escolhidos para sacrificar sua família porque o seu amor era puro. Andrew relutantemente atira em Eric antes que raios coloquem fogo na

80. Descaradamente copiado da Wikipédia.

cabana. Andrew e Wen encontram o caminhão dos visitantes com pertences que em sua maioria corroboram suas histórias; eles dirigem até um restaurante lotado próximo, onde assistem notícias confirmando que os desastres haviam diminuído.

Embora a noção de que o sacrifício por amor de um indivíduo escolhido possa salvar a humanidade dê origem a associações cristológicas, é difícil imaginar um filme mais anticristão. Dentre filmes recentes, um sacrifício semelhante é o tema de *O Sacrifício do Cervo Sagrado* (2017), de Yorgos Lanthimos. Martin, de dezesseis anos, diz ao respeitado Dr. Steven Murphy que, devido ao fracasso de Steven na cirurgia do pai de Martin, que resultou na sua morte, a família de Steven morrerá de uma doença misteriosa, a menos que o próprio Steven escolha alguém para matar. A família começa a sentir sintomas estranhos (paralisia, falta de apetite, sangramento nos olhos), não importa o que Steven faça, até amarrar Martin em seu porão e espancá-lo com violência. Então, Steven gira em círculo com um chapéu sobre os olhos e atira aleatoriamente e mata o seu filho Bob. Na cena final, vemos a família Murphy sem Bob em um restaurante; Martin entra, olha para eles sem o caçula e, satisfeito, sai da lanchonete. O próprio Lanthimos referiu a história do seu filme à tragédia tardia de Eurípides, *Ifigênia em Aulis*, na qual Agamenon sacrifica a sua filha a fim de pacificar a deusa Ártemis e trazer bons ventos aos navios gregos a caminho de Tróia. Tal procedimento obedece à clara lógica de sacrificar algo precioso para evitar uma catástrofe muito maior; uma de suas formas tardias é encontrada nos julgamentos-espetáculo stalinistas: ao confessarem sua culpa, assumindo a responsabilidade pelos problemas e fracassos do sistema soviético, os acusados prestaram um grande serviço ao Partido, salvando-o, mantendo a sua pureza – os problemas da vida cotidiana não eram responsabilidade do Partido... O mesmo esforço de resgate do Outro sustenta a culpa do neurótico: o neurótico se culpa, assume o fracasso a fim de manter a fantasia de um pai ideal.

Isso, no entanto, é precisamente o que *não* acontece na morte de Cristo: o seu sacrifício não ofusca a falta do Outro (Deus-Pai) – pelo contrário, *evidencia essa falta*, a inexistência do grande Outro. Foi já Hegel quem escreveu que o que morre na cruz é o próprio Deus do Além: em vez de nós sacrificarmos a ou por Deus, Deus sacrifica a si mesmo e morre – a mensagem desse paradoxo só pode ser que *não há ninguém a/por quem sacrificar*[81].

Em outras palavras, como disse René Girard, o sacrifício de Cristo é o ato destinado a romper/acabar com a própria lógica do sacrifício. Em contraste com isso, o sacrifício em *Batem à Porta* permanece no nível dos sintomas neuróticos que são "equivalentes a (auto)sacrifícios que sustentam o Outro"[82] e, como Johnston o coloca, "os neuróticos se tornam verdadeiramente ateus quando a análise lhes permite deixarem, consciente e inconscientemente, de se fazer sofrer em nome de proteger da ignorância e/ou da impotência certos Outros significativos em suas histórias de vida".

O problema básico dos dois últimos filmes de Tarkovsky, *Nostalgia* e *O Sacrifício*, é o problema de como, através de que provação ou sacrifício, é possível hoje atingir a inocência da crença pura. O herói de *O Sacrifício*, Alexander, vive com sua grande família em uma cabana remota no interior da Suécia (outra versão da *dacha* russa que obceca os heróis de Tarkovsky). As comemorações do seu aniversário são marcadas pela terrível notícia de que aviões a jato voando baixo sinalizaram o início de uma guerra nuclear entre as superpotências. Em seu desespero, Alexander se volta em oração a Deus, oferecendo-lhe tudo o que lhe é mais

81. É por isso que a ideia de que Jesus era um monge budista ignora totalmente a lógica do sacrifício cristão – Cf. BBC. Jesus was a Buddhist monk. *YouTube*, 2011. Disponível em: https://www.youtube.com/watch?v=l5rn-5ZL9eWQ. Acesso em: 1º mar. 2025.

82. CAUSSE, J.-D. *Lacan et le christianisme*. Paris: Campagne Prem, 2018, p. 162.

precioso para que a guerra não tivesse nem sequer acontecido; em um gesto sacrificial, ele queima a sua amada cabana (a cabana também queima no final de *O Sacrifício*). A guerra é "desfeita" e Alexander é levado para um asilo de lunáticos... Em *Nostalgia*, esse ato puro e absurdo que devolve o sentido à nossa vida terrestre, é realizado pelo mesmo ator (Erland Josephson) que, como o velho tolo Domenico, se queima publicamente.

A esse sacrifício deve-se conferir todo o peso de um ato compulsivo obsessivo-neurótico: se eu realizar o gesto sacrificial adequado, A Catástrofe não ocorrerá ou será desfeita – o conhecido gesto compulsivo de "Se eu não fizer isso (pular duas vezes sobre aquela pedra, cruzar as mãos dessa maneira etc. etc.) algo ruim ocorrerá". Tarkovsky está bem ciente de que um sacrifício, a fim de que funcione, deve ser de certa forma desprovido de sentido, um gesto de dispêndio ou ritual "irracional" e inútil (como atravessar a piscina vazia com uma vela acesa ou queimar a própria casa) – a ideia é que apenas tal gesto de simplesmente "fazê-lo" espontaneamente, um gesto não abrangido por qualquer consideração racional, pode restaurar a fé imediata que nos libertará e nos curará do mal-estar espiritual moderno. O sujeito tarkovskiano aqui literalmente oferece a sua própria castração (renúncia à razão e à dominação, redução voluntária à "idiotia" infantil, submissão a um ritual sem sentido) como o instrumento para resgatar o grande Outro: é como se apenas realizando um ato que seja totalmente insensato e "irracional" o sujeito pudesse salvar o Sentido global mais profundo do universo enquanto tal[83].

O que eleva Tarkovsky acima do obscurantismo religioso barato é o fato de ele privar esse ato sacrificial de qualquer "grandeza" patética e solene, encarando-o como um ato malfeito e ridículo (em *Nostalgia*, Domenico tem dificuldade em acender o fogo que o matará, e os transeuntes ignoram o seu corpo em chamas;

83. Condenso aqui minha leitura de Tarkovsky de "Thing from inner space" (*Angelaki*, 4,3, 1999).

O Sacrifício termina com um balé cômico de homens da enfermaria correndo atrás do herói para levá-lo ao asilo – a cena é filmada como uma brincadeira infantil de pique-pega). Seria demasiado simples ler esse aspecto ridículo e desastrado do sacrifício como uma indicação de como ele tem de parecer como tal para as pessoas comuns, imersas nas suas situações e incapazes de apreciar a trágica grandeza do ato. Tarkovsky, cujos filmes costumam ser totalmente desprovidos de humor e piadas, reserva a zombaria e a sátira precisamente para as cenas que retratam o gesto mais sagrado do sacrifício supremo (já a famosa cena da crucificação em *Andrei Roublev* é filmada desta forma: transposta para o inverno da zona rural russa, com maus atores a interpretando com um páthos ridículo, com lágrimas escorrendo).

Tal sacrifício autêntico funciona como um gesto de total autorrenúncia: "na autorrenúncia entende-se que não se é capaz de nada"[84]. Em termos teológicos, essa renúncia testemunha o fosso total que separa o homem de Deus: a única maneira de afirmar o próprio compromisso com o incondicional Sentido da Vida é relacionar TODA a nossa vida, a nossa existência inteira, com a transcendência absoluta do divino, e como não existe uma medida comum entre a nossa vida e o divino, a renúncia sacrificial não pode fazer parte de uma troca com Deus – sacrificamos tudo (a totalidade da nossa vida) *por nada*: "A contradição que prende [o entendimento] é que um homem é obrigado a fazer o maior sacrifício possível, a dedicar a sua vida inteira como um sacrifício – e por quê? Na verdade, não há nenhum porquê"[85]. O que isso significa é que não há nenhuma garantia de que o nosso sacrifício será recompensado, de que irá restituir o Sentido à nossa vida – é preciso dar um salto de fé que, aos olhos de um observador externo, não pode deixar de parecer um ato

84. KIERKEGAARD, S. *Works of love*. Londres: Harper Books, 1962, p. 355.
85. KIERKEGAARD, S. *Training in Christianity*. Princeton: Princeton University Press 1972, p. 121.

de loucura (como a disposição de Abraão a matar Isaque): "À primeira vista, o entendimento verifica que isso é uma loucura. O entendimento pergunta: o que eu ganho com isso? A resposta é: nada"[86]. O sentido último do sacrifício é, portanto, *o sacrifício do próprio sentido*.

Batem à Porta pode parecer fornecer uma complexidade semelhante, mas não é assim: o que acontece são, como esperado, apenas dúvidas constantes de todos os participantes, prisioneiros e intrusos, sobre a realidade da perspectiva catastrófica que os mobiliza. Uma verdadeira complexidade envolveria uma estranha inversão: a própria família aterrorizada acredita secretamente na ameaça, e os quatro intrusos "fundamentalistas" duvidam das suas próprias visões que os trouxeram até ali – só dessa forma poderíamos abordar as ambiguidades da crença hoje.

O estratagema do sacrifício é, portanto, privar a morte de sua falta de sentido. Ao saber da morte de um embaixador turco, Talleyrand teria dito: "Pergunto-me o que é que ele *quis dizer* com isso?" (Mais comumente, essa citação é atribuída a Metternich, que supostamente a enunciou após a morte de Talleyrand em 1838)[87]. Será que a lógica por trás dessa observação não se ajusta perfeitamente ao stalinismo, no qual cada evento, não importa quão contingente ou "natural" pareça, tem de ter um significado político oculto? A morte é certamente um evento que não provê nenhum significado oculto.

A ESCOLHA DEFINITIVA

A única verdadeira oposição ética radical é aquela entre o budismo e a (formulação de Lacan da) ética psicanalítica. Ambos

86. KIERKEGAARD, S. *Journals and papers*. Bloomington: Indiana University Press 1970, entry 1608.

87. Cf. Charles Maurice de Talleyrand-Périgord. *Wikipedia*, 2025. Disponível em: https://en.wikipedia.org/wiki/Charles_Maurice_de_Talleyrand-Périgord. Acesso em: 10 fev. 2025.

não são anticientíficos: aceitam que as conquistas científicas não podem ser reintegradas na nossa experiência cotidiana. Thomas Metzinger[88] afirma que não podemos deixar de nos experimentar como "selves", ou seja, nos é impossível imaginar fenomenologicamente uma experiência desprovida de self: pode-se saber (no sentido puramente epistêmico do conhecimento objetivo) que não existe um Self substancial (isso é o que Metzinger desenvolve em sua teoria PSM [*phenomenal self-model* – modelo do self fenomenal] da subjetividade), mas "*você* não pode acreditar nisso":

> A SMT [*self-model theory of subjectivity* – teoria da subjetividade do modelo do self] é uma teoria da qual *você não pode ser convencido*, em princípio. ... Esse fato é a verdadeira essência e o núcleo mais profundo do que *realmente* queremos dizer quando falamos sobre o "quebra-cabeça" – ou às vezes até mesmo sobre o "mistério" – da consciência. ... Se a história atual for verdadeira, não há como ser intuitivamente verdadeira[89].

No entanto, Metzinger vai um passo além aqui: há uma ressalva que ele permite, a Iluminação Budista na qual o Self assume diretamente-experimentalmente o seu próprio não-ser, ou seja, reconhece a si mesmo como um "self simulado", uma ficção representacional. Tal situação na qual o sonho fenomenal se torna *lúcido para si mesmo* "corresponde diretamente a uma noção filosófica clássica, bem desenvolvida na filosofia asiática há pelo menos 2.500 anos, nomeadamente a concepção budista de 'iluminação'"[90]. Tal consciência iluminada já não é autoconsciência: já não sou eu quem experimento a mim mesmo como o agente dos meus pensamentos, a "minha" consciência é a consciência direta de um sistema desprovido de self, um conhecimento desprovido de self. Em suma, *existe* efetivamente uma ligação, ou pelo menos uma espécie de ponto assintótico de coincidência, entre a posição radical das ciências do cérebro e a ideia budista

88. Cf. METZINGER, T. *Being no one*: the self-model theory of subjectivity. Cambridge: The MIT Press, 2003.

89. Ibid., p. 627.

90. Ibid., p. 566.

de *anatman*, da inexistência do Self: a posição subjetiva budista do "anatman" é a única posição subjetiva que realmente assume o resultado do cognitivismo (nenhum Self), e que (em certas versões, pelo menos) é totalmente compatível com o naturalismo científico radical.

Mas é aqui que vemos claramente como, embora Lacan defina o sujeito freudiano como o sujeito da ciência moderna, essa proximidade apenas torna a lacuna mais palpável. No budismo, você é ensinado a sacrificar o desejo a fim de alcançar a paz interior da Iluminação, na qual o sacrifício cancela a si mesmo. Para Lacan, o verdadeiro sacrifício é o próprio desejo: o desejo é uma intrusão que faz descarrilhar o ritmo de nossa vida, nos obriga a abdicar dos prazeres e confortos cotidianos pela disciplina e pelo trabalho árduo na busca do objeto de nosso desejo, seja amor, uma causa política, ciência... ou, como Neil Gaiman o coloca numa passagem memorável:

> Você já esteve apaixonado? Horrível, não é? Isso o torna tão vulnerável. Abre o seu peito e o seu coração e significa que alguém pode entrar em você e bagunçá-lo. Você constrói todas essas defesas, constrói toda uma armadura, para que nada o possa machucar, então uma pessoa estúpida, não diferente de qualquer outra pessoa estúpida, vagueia pela sua vida estúpida... Você lhe dá um pedaço de você. Ela não o pediu. Ela fez algo idiota um dia, como beijá-lo ou sorrir para você, e então sua vida já não é sua. O amor faz reféns. Ele entra em você. Ele o devora e o deixa chorando na escuridão, uma frase tão simples como "talvez devêssemos ser apenas amigos" se transforma num caco de vidro entrando no seu coração. Machuca. Não só na imaginação. Não só na mente. É um machucado na alma, uma dor real que entra em você e o despedaça. Eu odeio o amor[91].

Existe uma cura contra esse horror do amor intenso – chama-se casamento. Uma piada (não muito) vulgar fornece uma ideia de um casamento verdadeiramente feliz. Tarde da noite, esposa e marido estão deitados na cama; a esposa tenta ador-

91. GAIMAN, N. Quotes by Neil Gaiman. *ThinkExist*. Disponível em: http://thinkexist.com/quotes/neilgaiman. Acesso em: 10 fev. 2025.

mecer, enquanto o marido lê um livro. A cada dois minutos, ele estende a mão para a esposa e suavemente esfrega o dedo nos seus lábios vaginais. Após isso continuar por meia hora, a esposa explode: "Estou tentando adormecer! Se você quer fazer sexo, faça rápido, não brinque comigo desse jeito!" O marido responde: "Desculpe, não se trata de sexo. Estou apenas lendo um livro e a cada dois minutos preciso molhar o dedo para virar uma nova página..."[92] Isso nos leva a Pascal: a verdadeira fórmula pascaliana do casamento não é "Você não ama seu parceiro? Então case-se com ele, passe pelo ritual da vida compartilhada e o amor surgirá por si mesmo!"; é, pelo contrário: "Você está apaixonado demais por alguém? Então se case, ritualize a sua relação amorosa, a fim de se curar do excessivo apego apaixonado, para substituí-lo pelo enfadonho costume cotidiano..." O casamento é, portanto, um meio de renormalização que nos cura da violência do apaixonamento. E, aliás, será que muitos intelectuais esquerdistas "radicais" não estão fazendo algo semelhante ao marido infeliz? Com medo de se aproximarem da realidade da luta política real, eles apenas a tocam fugazmente para molhar o dedo e continuam lendo e escrevendo livros acadêmicos (que criticam os reais lutadores)...

E será que o budismo não faz algo semelhante? Ensina-nos como livrar-nos dessa dor da alma, ao passo que a psicanálise nos obriga a abraçá-la plenamente, uma vez que, como Lacan o coloca, a Lei moral mais elevada é a Lei do desejo. Para esclare-

92. Tais piadas que inesperadamente assumem um caráter assexual são muito mais eficazes do que as habituais piadas "sujas" – eis outro caso. No meio de um inverno gelado, uma bela jovem recém-viúva bate desesperadamente na porta de uma cabana solitária onde um velho mora sozinho. Ele a deixa entrar depois que ela explica que o seu carro quebrou nas proximidades. Ela pede um chá quente, que ele lhe dá. Então ela pede algumas roupas quentes e secas, que ela também recebe. Por fim, ela lhe diz: "Você sabe o que meu falecido marido fez comigo nessa situação? Nós dois nos despimos e nos deitamos juntos, para que eu me aquecesse bem..." O velho explode de volta: "Agora você pede demais! Fiz tudo o que você me pediu, mas não estou disposto a ir ao túmulo do seu marido, desenterrar o corpo dele, aquecê-lo e trazê-lo para você!"

cer ainda mais essa diferença, "Dalai Lama" do Rammstein indica o caminho. A canção é vagamente baseada em "Der Erlkönig" ("O Rei dos Elfos") de Goethe, um poema que conta a história de um pai e um filho cavalgando quando o vento começa a hipnotizar a criança e eventualmente a criança morre. A criança da música está em um voo com o pai; como no poema, os viajantes são ameaçados por um espírito misterioso que "convida" a criança a se juntar a ele (embora apenas a criança possa ouvir o convite do espírito). Porém, no poema, o pai alarmado cavalga em busca de ajuda, segurando a criança nos braços, apenas para descobrir que o seu filho está morto; na canção do Rammstein, é o próprio pai quem provoca a morte da criança... O que tudo isso tem a ver com o Dalai Lama? Não apenas a música zomba do medo de voar do Dalai Lama, mas a letra demonstra uma ligação mais íntima com o cerne do ensinamento budista. O medo de voar do Dalai Lama é estranhamente ecoado na figura do Senhor: "O homem não pertence ao ar, então o Senhor no céu chama seus filhos no vento" para causar uma forte turbulência que matará a criança. Mas como? Não apenas derrubando o avião, mas assombrando diretamente a alma da criança: "Um coro goteja das nuvens / engatinha para dentro da orelhinha / Vem aqui, fica aqui / Somos bons para você / Somos irmãos para você". A voz do Diabo não é um grito brutal, mas um sussurro suave e amoroso.

Essa ambiguidade é crucial: a ameaça externa crua é redobrada por um coro de vozes sedutoras ouvidas apenas pela criança. A criança luta contra a tentação de se render a essas vozes, mas o pai, segurando-a com tanta força para protegê-la, não percebe a falta de ar da criança e "empurra a alma para fora da criança". (Observe o final ambíguo da canção: a letra nunca diz que o avião realmente caiu, apenas que houve uma forte turbulência.) O pai (que obviamente representa o Dalai Lama) quer proteger a criança da ameaça da realidade externa (a turbulência), mas na sua própria proteção excessiva ele mata o filho. Há aqui uma identidade mais profunda entre o Dalai Lama e o "rei de todos os ventos". A implicação óbvia é que a proteção budista contra a dor e o sofrimento nos mortifica, nos exclui da vida. Então, para citar uma conhecida paráfrase irônica das primeiras linhas do hino da RDA, a mensagem do "Dalai Lama" é efetivamente "Einverstanden mit Ruinen / Und in Zukunft abgebrannt" ("De acordo com as ruínas / e no futuro incendiado")[93].

No entanto, "Dalai Lama" confere um toque adicional a essa sabedoria pessimista padrão – o refrão central da canção é:"Weiter, weiter ins Verderben / Wir müssen leben bis wir sterben" ("Avante, avante na ruína / Temos de viver até morrer"). Isso é o que Freud chamou de "pulsão de morte" na sua forma mais pura, não a morte mesma, mas o fato de termos de VIVER até morrer, esse arrastar sem fim da vida, essa compulsão sem fim a repetir. O refrão é o que na França chamam de *lapalissade* (uma sabedoria tautológica vazia como "um minuto antes de morrer, Monsieur la Palice ainda estava vivo"). Mas o Rammstein reverte a sabedoria óbvia "não importa quanto tempo você viva, no final você morrerá", substituindo-a por "até morrer, você tem de viver". O que faz com que a versão do Rammstein não seja uma tautologia vazia é a dimensão ética: antes de morrermos não estamos apenas (obviamente) vivos, nós TEMOS de viver. Para nós, humanos, a vida é uma decisão, uma obrigação ativa – podemos perder a vontade de viver.

Para compreendê-lo, precisamos da psicanálise – precisamos dela não apenas para dar conta das (falsamente) chamadas "irracionalidades" da economia libidinal contemporânea: como já vimos, apenas uma leitura da dialética de Hegel através da psicanálise nos permite conectar cristianismo ateu, (nossa leitura da) física quântica e a paralaxe transcendental/ontológica. Mas por que a psicanálise é necessária para fazê-lo? Deixe-me fazer

93. PUENTE, R. Einverstanden mit Ruinen (Agree With Ruins). *Paperblog*, 11 dez. 2012. Disponível em: https://de.paperblog.com/einverstanden-mit-ruinen-472883/. Acesso em: 10 fev. 2025.

aqui algo impossível: tentarei apresentar da forma mais sucinta possível a minha posição ontológica básica que, reduzida ao seu mínimo, equivale a uma versão específica de antiontologia[94].

A minha resposta à grande questão "Por que existe algo e não nada?" é: *porque algo é um nada falhado* (parafraseando a afirmação de Mladen Dolar de que o ser é um não-ser falhado). Então, em certo sentido, há apenas nada e não algo – mas, como aprendemos com a mecânica quântica, esse nada ou vazio não é totalmente vazio, ele está cheio de oscilações de ondas, e para que algo surja do nada, o "nada" deveria ser de alguma forma bloqueado, barrado, impedido de encontrar a paz no seu absoluto estado-zero. Então de onde será que vem essa barreira? A minha conjectura especulativa é que não se trata de algo misterioso, é outra forma do próprio Nada – o puro absolutamente nada, não o nada cheio de oscilações de ondas virtuais. (Encontramos aqui um estranho eco da noção da Cabala de que, antes de criar o mundo (nossa realidade), numa espécie de autocontração radical, Deus teve de criar o próprio nada como o espaço para uma nova realidade.) A realidade, portanto, emerge como uma "incontinência do vazio" (título de um dos meus livros, tirado de Samuel Becket), ela surge porque uma barreira impede o vazio de repousar em si mesmo. A palavra "incontinência" é aqui bem escolhida: a realidade é um excremento do vazio divino, e os próprios humanos, o (para nós e até agora, pelo menos) ápice da criação, como Lutero o coloca, caíram do ânus de Deus.

Aqui a minha posição hegelo-lacaniana e a do budismo se aproximam muito – com um detalhe que muda tudo. No budismo, o solo absoluto do qual tudo surge (e nele volta a dissolver-se) é o Vazio, o abismo do descanso interno – os humanos deveriam tender a se juntarem a ele a fim de se livrarem do desejo e do

94. Retomo aqui uma linha de pensamento desenvolvida detalhadamente em meus livros filosóficos, especialmente *Less than nothing* e *Sex and the failed absolute*.

sofrimento que advém da queda dele. (O budismo nunca explica adequadamente como é que a ilusão de *maya* – estar preso no *samsara*, a roda do desejo – e a luta por objetos materiais emergem em primeiro lugar). A meu ver, porém, a barreira (ou, em termos teológicos, a Queda) vem primeiro, ela (logicamente) precede aquilo de onde se presume que caia: na sua forma mais básica, a "realidade" é uma barreira, uma impossibilidade, nada atrás da barreira e, como acabamos de ver, até mesmo esse vazio atrás da barreira está dividido, cindido em si mesmo. O ponto não é que o budismo exclua a dinâmica do movimento: como já vimos, o Vazio como a realidade última é o meio no qual o fluxo processual-relacional, o contínuo surgimento e desaparecimento dos pedaços experienciais do mundo, os quais são todos bastante reais, acontece. O que o Vazio exclui é apenas a ideia de que esse fluxo é sustentado por alguma realidade substancial "mais profunda" que não pode ser resolvida nas suas relações com outras. A paz pela qual nos esforçamos no budismo nada mais é do que a paz da completa imersão nesse fluxo de aparências – ou, como Badiou, o Vazio no qual as multiplicidades prosperam.

Então, aquilo de que o budismo tenta se livrar é a fixação em qualquer identidade substancial que esteja isenta do fluxo relacional e perturbe o seu equilíbrio harmonioso – mas de onde vem a tentação a fazer isso? A visão hegelo-lacaniana inverte toda a perspectiva: o fluxo relacional não flui apenas no meio de um Vazio, ele é suscitado por uma barra irredutível, por um impedimento que nós, presos em sua roda, tentamos substituir por alguma entidade substancial. O fato primordial é o de uma "contradição" absoluta, e é por isso que Lacan chama Hegel de "a mais sublime das histéricas" (título de mais um dos meus livros): a reversão elementar num processo dialético é o deslocamento da barreira da nossa subjetividade (nós, humanos mortais, não podemos compreender toda a realidade) para o Real que já está barrado em si mesmo – como no cristianismo, em que a distância que separa um humano de Deus é transposta para o próprio

Deus (Deus não acredita em si mesmo). No passo seguinte, é claro, essa autodiferença em Deus será transposta para a autodiferença no homem: "Deus" é um nome para o fato de o homem não ser totalmente (não divino, mas) *humano* – seja qual for o ser humano que encontremos, "ele/ela não é isso". É por isso que um verdadeiro materialismo não afirma simplesmente que Deus é um produto dos humanos, da sua imaginação: "Deus" nomeia o fato de o homem não ser totalmente homem, de existir uma dimensão inumana no seu âmago.

No universo quântico, encontramos uma circularidade semelhante: deveríamos rejeitar a noção de oscilações de onda como um fluxo produtivo cujo efeito é a realidade singular ordinária que surge quando uma oscilação de onda colapsa, mas também a visão oposta das oscilações de onda como uma espécie de eco virtual que envolve objetos reais (visão de David Bohm). Embora as oscilações das ondas, em certo sentido, "produzam" objetos, elas simultaneamente vêm em segundo lugar, já estão estruturadas em torno de um vazio e tendem a colapsar em uma única realidade para preencher esse vazio. A paralaxe ontológica também apresenta uma estrutura circular semelhante. Tentamos chegar à realidade tal como ela realmente é em si mesma, e o transcendental é o "restante indivisível" que relativiza cada estrutura da realidade: cada cognição está enraizada em uma certa estrutura transcendental que não pode ser deduzida da cognição ontológica, uma vez que essa cognição sempre depende de um horizonte transcendental.

Como será que isso pode funcionar? Como já vimos, só funciona se pressupusermos uma certa circularidade (ou causalidade retroativa) para a qual usei o termo hegeliano "recuo absoluto" (no meu livro com o mesmo título). O modelo básico é aqui fornecido pela máxima de Lacan de que a repressão e o retorno do reprimido são a mesma coisa – não há nenhum conteúdo reprimido positivo precedendo a repressão, nenhum Inconsciente profundo esperando para ser libertado. Encontramos aqui a circularidade típica do universo simbólico: o que é reprimido é criado retroativamente pelo reprimido. Embora num espaço teórico totalmente diferente do de Lacan, Michel Foucault viu isso claramente: a tese básica da sua *História da Sexualidade*[95] é que o processo de simbolização, de regulação submissa, gera aquilo que ele "reprime" e regula, ou seja, o próprio discurso médico-pedagógico de disciplinar a sexualidade produz o excesso que ele tenta domar ("sexo"), um processo que começou já na antiguidade tardia, quando as descrições detalhadas dos cristãos de todas as possíveis tentações sexuais geravam retroativamente aquilo contra o que lutavam. A proliferação de prazeres é, portanto, o anverso do poder que os regula: o próprio poder gera resistência a si mesmo, ou seja, o excesso que nunca pode controlar – as reações de um corpo sexualizado à sua sujeição a normas disciplinares são imprevisíveis.

Essa circularidade se baseia na inversão reflexiva que caracterizou o desejo: uma repressão do desejo se transforma inevitavelmente num desejo de repressão, ou seja, a própria repressão é investida libidinalmente. Não é apenas que a opressão regulativa produz o que ela regula (no sentido paulino de que a proibição dá origem ao desejo de violá-la) – muito mais radicalmente, a proibição de algum desejo ou prática sexual necessariamente se transforma no desejo de proibição, ou seja, a proibição do gozo torna-se uma fonte de mais-gozar. É por isso que Freud teve de introduzir a categoria de repressão primordial (*Ur-Verdraengung*), um gesto que tem de ser pressuposto e que constitui o próprio espaço da repressão, o espaço no qual algo pode ser reprimido.

Lacan é mais específico aqui e dá um passo adiante: o que é primordialmente reprimido é o significante binário (S2), a contraparte do Significante-Mestre (S1). É estranho ler acusações

95. Cf. FOUCAULT, M. *The history of sexuality*. Vol. I. Harmondsworth: Penguin, 1981.

de que Lacan permanece preso a uma lógica "binária" de diferença sexual: será que ele não purificou a psicanálise dos últimos vestígios da dualidade de princípios "masculino" e "feminino" que subjaz a toda a tradição pré-moderna desde o *yin-yang* em diante? Aqui, então, encontramos o primeiro paradoxo: Lacan não fez o que se esperaria de um psicanalista lendo filosofia, ele não "sexualizou" a filosofia – pelo contrário, ele DE-sexualizou a filosofia que foi, até ele (mais amplamente até Descartes ou, pelo menos, até Kant), secretamente sexualizada. A falta do significante binário significa precisamente que (como Mladen Dolar o coloca[96]) embora haja mais de um sexo, há menos de dois: a identidade de uma mulher não pode ser fixada num significante, e toda a tradição do patriarcado em que as mulheres são oprimidas reside precisamente nas repetidas tentativas de construir o significante binário ausente que complementaria o Significante-Mestre masculino, ou seja, impor às mulheres uma identidade simbólica fixa que determine o seu funcionamento sociopsíquico ("ser uma mulher verdadeira significa sentir e agir como..."). Essas tentativas falham na medida em que tentam erradicar o próprio núcleo histérico da subjetividade (feminina) que reside na resistência à identidade simbólica imposta pelo grande Outro (a questão histérica primordial é "Por que sou o que você está dizendo que sou?"). Quando algumas transfeministas insistem na assimetria das identidades sexuais masculina e feminina, alegando que a identidade feminina está de alguma forma mais próxima da flexibilidade LGBT+ do que da masculinidade, estão, portanto, defendendo um ponto válido: para Lacan, embora haja mais de um sexo, não há simplesmente dois sexos. Esse "mais" é o espaço fluido que resiste à identificação, e o objetivo básico da ideologia patriarcal é domesticá-lo/corrigi-lo, impor-lhe uma identidade firme, determinar "o que uma mulher realmente é" (o que significa: como ela *deveria* ser e agir).

96. Conversa privada.

Quando Lady Macbeth duvida de o seu marido estar pronto para cometer o ato que ela o pressiona a fazer (matar o rei Duncan e tomar o seu lugar), já que ele parece assombrado por dúvidas morais, sua raiva explode: "Vinde, espíritos / Que tendeis a pensamentos mortais, assexue-me aqui, / E enchei-me da cabeça aos pés / Da mais severa crueldade!" (*Macbeth*, Ato I, cena 5, 40-43) "Assexuar" obviamente significa aqui sair dos clichês femininos de bondade e compaixão – mas isso de forma alguma equivale a abandonar uma postura feminina: uma mulher cruel e calculista também é um dos clichês sobre a mulher. A principal coisa a notar aqui é que, de uma forma semelhante (mas não simétrica), o mesmo se aplica aos homens – cada sexo é "assexuado" à sua maneira. A razão é que "feminino" e "masculino" não representam um conjunto fixo de propriedades: ambos nomeiam um certo impasse que só pode ser articulado numa série de características inconsistentes e até mesmo autocontraditórias.

A diferença sexual surge dessa mesma dessexualização, ela representa as duas formas de organizar o desequilíbrio constitutivo da repressão primordial[97]. Na primeira versão, o significante binário, a contraparte simétrica de S1, é "primordialmente reprimido", e é a fim de complementar o vazio dessa repressão que surge a cadeia de S2, ou seja, o fato original é o par de S1 e o Vazio no lugar da sua contraparte, e a cadeia de S2 é secundária; na segunda versão, no relato da emergência de S1 como o "termo enigmático", o significante vazio, o fato primordial é, ao contrário, S_2, a cadeia significante em sua incompletude, e é a fim de preencher o vazio dessa incompletude que S_1 intervém. Como as duas versões devem ser coordenadas? Será que o fato último é o círculo vicioso da sua mútua implicação? E se, mais uma vez, essas duas versões apontarem para a lógica das "fórmulas de sexuação" de Lacan? Ao contrário das nossas expec-

97. Condenso aqui a linha de argumentação do Capítulo 11 do meu *Less than nothing* (Londres: Verso Books, 2012).

tativas, é a primeira versão – a multidão emerge a fim de preencher a falta do significante binário – que é "feminina", ou seja, que explica a explosão da multidão inconsistente do não-Todo feminino, e é a segunda versão que é "masculina", ou seja, que explica como uma multidão é totalizada num Todo através da exceção que preenche o seu vazio. No entanto, a simetria entre as duas versões não é completa: como no caso das antinomias da razão pura de Kant, em que as antinomias matemáticas precedem logicamente as antinomias dinâmicas, a versão "feminina" (a multiplicidade preenche a falta do significante binário) vem primeiro, ela explica a própria emergência da multiplicidade, da série não totalizável cuja falta é então preenchida pelo Significante-Mestre, o significante da falta do significante. Ambas as versões se opõem claramente à noção de que "tudo começa" com a multiplicidade de multiplicidades que "é" o vazio (como Badiou propõe): para Hegel e Lacan, o vazio não é o meio neutro de multiplicidades, mas o Uno impossível/barrado, o Uno que nada é senão a sua própria impossibilidade.

Essa estrutura circular também nos permite conceitualizar as duas formas opostas de lidar com a dualidade de um universal e seus momentos particulares. Podemos conceber a universalidade como o Uno barrado, o vazio da sua própria impossibilidade, e as identidades particulares como tentativas de resolver essa impossibilidade – para Hegel, por exemplo, "Estado" é uma noção autocontraditória, não pode nunca defender eficazmente os interesses dos seus grupos particulares, e formas particulares de Estado são tentativas de resolver a impossibilidade universal, de encontrar uma identidade viável que de alguma forma funcionasse e ofuscasse a impossibilidade/antagonismo subjacente. Ou, no sentido oposto, podemos desenvolver como surge uma universalidade através de uma exceção em relação a multiplicidades particulares, uma exceção que as totaliza. Na análise das mercadorias de Marx, o dinheiro é tal universalidade: uma exceção (não tem valor de uso) que, enquanto tal, dá corpo ao valor como a característica universal de todas as mercadorias. (Lacan fez algo estritamente homólogo com seu conceito do significante fálico como o significante sem significado.)

A universalidade, portanto, surge da impossibilidade de uma coisa particular ser plenamente ela mesma (em hegelês, adequar-se à sua noção). Ernesto Laclau desenvolveu esse aspecto detalhadamente na sua noção de luta por hegemonia: a transformação permanente implícita na noção de luta permanente pela hegemonia não é uma continuação direta do fato de que tudo na natureza e na realidade em geral está permanentemente mudando; a dialética do processo hegemônico descrita por Laclau (em que a universalidade é simultaneamente impossível e necessária/inevitável) introduz uma tensão entre particularidade e universalidade na qual a universalidade é "para-si", postulada enquanto tal, e não apenas o meio abstrato de elementos particulares. Por que falamos de direitos humanos universais? Precisamente porque existem grandes grupos de pessoas que não conseguem realizar o seu potencial dentro do papel específico que lhes é conferido pela ordem hegemônica existente. O feminismo surge quando as mulheres experimentam que a sua situação social não lhes permite realizar o seu potencial (ao que a resposta conservadora é, claro, que as mulheres devem aprender a identificar-se plenamente com o papel social e o lugar que lhes é atribuído, e que o seu esforço em romper com isso e exigir mais expressa uma insatisfação histérica causada pela propaganda ideológica externa).

Somente no espaço simbólico cada particularidade postula a sua própria universalidade, de modo que a luta hegemônica não é a luta entre particularidades, mas a luta das próprias universalidades. E para que isso aconteça, uma barra tem que afetar a própria universalidade, uma barra que a torne impossível e que dessa forma abra o espaço da luta hegemônica, a luta por qual das múltiplas particularidades assumirá o papel hegemônico. Mas aqui, novamente, intervém uma divisão. Tomemos uma ordem de hierarquia social bem estruturada: no seu topo temos um Significante-Mestre, um ponto privilegiado que garante a estabilidade da ordem inteira, e a tarefa de uma análise crítica é demonstrar como a universalidade sustentada pelo Significate-Mestre secretamente privilegia um conteúdo particular (digamos, a nossa noção de "direitos humanos universais" privilegia uma série de características que caracterizam o individualismo liberal ocidental) – essa interpretação particular torna a universalidade falsa. Será que existe, então, uma verdadeira universalidade? Marx já deu uma resposta: nas nossas sociedades de classes, são aqueles que estão na base, aqueles que não têm um lugar adequado na hierarquia social, que defendem a verdadeira universalidade. Os proletários são uma classe universal porque são uma não-classe entre as classes, uma classe sem identidade social estável. É por isso que, para Marx, um proletário é um ser humano "enquanto tal".

Mas será que tudo isso não fica confinado ao espaço simbólico, à "lógica do significante"? Será que podemos transpô-lo para o Real pré-simbólico? É aqui que a física quântica, tema do próximo capítulo, entra no jogo.

3
SOBRE SUPERPOSIÇÕES E ACOISAS

A ligação entre o grande vencedor do Oscar de 2023, *Tudo em todo o lugar ao mesmo tempo*, e a física quântica foi frequentemente notada; no entanto, a versão *Tudo em todo o lugar* é muito menos radical do que a noção científica da superposição de estados[98]. Na teoria quântica, uma versão de múltiplas superposições "colapsa" na nossa realidade comum, mas não há nenhum Destino ou vitória do melhor nisso: o colapso acontece de uma maneira irredutivelmente contingente – há colapsos que são (do nosso ponto de vista) melhores ou piores, até catastróficos, mas tudo depende do puro acaso[99]. Dizer "tudo bem escolher uma coisa e ser feliz com essa coisa" – a mensagem do filme – é falso porque não somos nós que escolhemos uma coisa: ninguém faz a escolha, ela simplesmente acontece. (Em contraste com essa contingência radical do colapso, o mundo quântico de superposições implícito em *Tudo em todo o lugar* é bohmiano: na interpretação de David Bohm da mecânica quântica, existe uma realidade substancial – digamos, de uma partícula – e as superposições são apenas ondas piloto que a cercam, flutuando em torno dela…) A consciência de que outras versões poderiam ter acontecido deveria nos mobilizar para uma luta, e não nos acalmar numa satisfação resignada. Isso, exatamente, foi o que aconteceu com *Casablanca* e a peça na qual o filme se baseia – não muitas pessoas sabem que *Casablanca*, o

---

98. Minha gratidão a Robinson Erhardt, que leu este capítulo e sugeriu muitas mudanças para melhorá-lo.

99. Estou bem ciente de que algumas interpretações da mecânica quântica (como a interpretação dos Muitos Mundos) não precisam da noção de colapso da função de onda. Neste capítulo estou preocupado principalmente com interpretações que retêm o colapso da função de onda e não são determinísticas, uma vez que considero a noção de colapso da onda a contribuição crucial da física quântica para uma nova ontologia.

principal candidato ao título de filme "absoluto" de Hollywood, é baseado na peça *Everybody Comes to Rick's* [Todo mundo vem ao café de Rick] de Murray Burnett e Joan Alison (escrita em 1940; a Warner Brothers comprou os direitos, de modo que a peça foi encenada apenas em 1991).

Podemos comparar a peça e o filme como as duas versões sobrepostas da mesma história básica – aqui estão as principais diferenças[100]. Os quatro personagens principais (Rick, Rinaldo/Renault, Lois/Ilsa e Laszlo) são os mais alterados. Rick, um homem casado na peça que havia traído a esposa, uma advogada com tendência a sentir pena de si mesma, torna-se no filme o solitário cínico, durão e reservado. O mulherengo imoral Rinaldo se torna o provocador, sofisticado e levemente sarcástico Renault. Na peça, os alemães querem dinheiro de Laszlo: eles afirmam que Laszlo ganhou US$ 7 milhões com os escritos antinazistas que publicou na Europa antes de fugir – se Laszlo entregar o dinheiro ao Terceiro Reich, ele conseguirá deixar Casablanca. Além disso, Laszlo e Lois não são casados, mas apenas amantes (ambos casados com outra pessoa). Laszlo não é um herói antifascista, mas completamente cínico: ele envia Lois para Rick sabendo que ela dormirá com ele pelos salvo-condutos (e eles efetivamente dormem juntos, em contraste com o filme que é ambíguo nesse ponto). A Lois da peça é a que mais mudou: ela é uma vagabunda americana de meia-idade sem senso de lealdade, muito menos de dever, embora no final esteja pronta para se sacrificar não por uma causa, mas por amor. No final, Laszlo e Lois escapam em segurança como no filme, mas o destino de Rick é trágico. Lois declara que está trocando Laszlo por Rick, e ele aparentemente alista ela e Rinaldo num plano para capturar Laszlo, o preço sendo o salvo-conduto do casal para fora de Casablanca. Assim que estão livres, Rick trai Rinaldo, entrega os salvo-condutos a Laszlo e obriga Lois a ir com ele, dizendo a ela: "Sempre teremos Paris". Rick então se rende a Rinaldo

100. Presumo que todos conheçam a história de *Casablanca*.

e Strasser, provavelmente para ser enviado para um campo de prisioneiros e para a morte[101].

A primeira coisa a notar é que, no final, não é (como no filme) Rinaldo (Renault) que surpreendentemente se revela um bom rapaz (atirando em Strasser), mas o próprio Rick que sacrifica tudo. Então não há nenhum "início de uma bela amizade": não só Rinaldo permanece corrompido, mas o tom geral da peça é o de uma realidade comum depressiva e desesperada de oportunismo e corrupção, sem lugar para grandes gestos de patriotismo e luta política heroica – há apenas um ato heroico no final. É claro que tal visão era inaceitável para Hollywood depois de Pearl Harbor. Mas o que nos interessa aqui é que na peça obtemos uma representação muito mais realista da situação (estou bem consciente dos riscos envolvidos na utilização do termo "realismo"), com todas as ambiguidades e tensões não resolvidas que permeiam a nossa realidade cotidiana, e o filme transpõe a história para um clima melodramático heroico que condiz com o momento histórico da luta antifascista. Em contraste com *Tudo em todo o lugar*, a sobreposição da peça e do filme é irredutível, nenhuma versão tem prioridade ontológica – não devemos reduzir a peça a uma prequela sem importância do resultado final, um grande filme. O próprio filme aparece sob uma luz nova (e mais verdadeira) se o assistirmos no contexto da peça. Então estamos aqui muito mais próximos do espírito da teoria quântica... Mas será que temos o direito de nos referirmos à mecânica quântica dessa maneira?

COMO A PRÓPRIA REALIDADE PODE ESTAR ERRADA?

Quando um filósofo lida com a física quântica, a primeira tentação a evitar é a de elevar os seus resultados *prima facie* paradoxais a uma visão de mundo universal, uma fórmula que

101. Cf. FOREMAN, R. 'Everybody comes to Rick's'. *Rick On Theatre*, 2025. Disponível em: https://rickontheatre.wordpress.com/2025/03/01/everybody-comes-to-ricks/. Acesso em: 1º mar. 2025.

se aplica a todos os domínios possíveis – o próprio Niels Bohr ocasionalmente caiu nessa armadilha e argumentou que a sua noção de complementaridade tem ampla aplicabilidade: da Cabala (complementaridade entre o amor de Deus e a justiça de Deus), entre a vida e a física, entre a energia e a causalidade, entre o conhecimento e sabedoria... Será que ele não se aproximou assim de uma espécie de metafísica universal que contém toda a realidade, em claro contraste com a sua repetida insistência de que a mecânica quântica é apenas uma forma de descrever a realidade, sem quaisquer implicações ontológicas?

Mais próximo do espírito do nosso tempo, deve-se também rejeitar a historicização cultural das superposições e complementaridades na física quântica, percebendo-as como uma das manifestações da virada da ideologia predominante por volta de 1900 (o reverso do materialismo mecanicista-determinista com suas noções "ingênuas" de "realidade objetiva"; a ideia de que, nos novos avanços científicos, "a matéria está desaparecendo"; a passagem do realismo ao modernismo nas artes com a ênfase nas múltiplas perspectivas subjetivas; a dúvida geral do racionalismo e do progresso social): a teoria da relatividade e a mecânica quântica são conquistas científicas supremas que não podem ser reduzidas a ou explicadas nos termos das circunstâncias sociais e ideológicas que lhes deram origem. Sim, a mecânica quântica surgiu numa constelação histórica específica, mas isso não relativiza a sua verdade – como já Marx o colocou, certas categorias (o seu exemplo é a noção universal de trabalho) que são válidas para todos os tempos só podem aparecer enquanto tais, na sua universalidade, na sociedade capitalista moderna na qual o trabalho se torna universal na própria situação social experimentada (os trabalhadores estão conscientes de que podem passar de um tipo de trabalho para outro desde que sejam pagos por isso com dinheiro, o equivalente universal de todos os valores). No capitalismo, eu me experimento como um ser humano que, por razões contingentes, está envolvido numa ou noutra atividade para sobreviver. Sou um ser universal também para mim mesmo.

Um pouco mais pertinente, embora ainda problemático, é localizar a mecânica quântica na mudança entre aparência e realidade que aconteceu ao mesmo tempo. A lacuna que separa o nível quântico da nossa realidade ordinária percebida NÃO é uma lacuna entre a dura realidade última e uma alucinação inevitável, mas ilusória, de nível superior. Pelo contrário, é o nível quântico que é "alucinado", ainda não plenamente constituído ontologicamente, flutuante e ambíguo, e é a mudança para o nível "superior" das aparências (nossa realidade percebida) que o torna uma realidade dura. É aí que reside o embaraçoso paradoxo encontrado pelas ciências "duras" do século XX: na física quântica (entre outras), a "aparência" (percepção) de uma partícula determina a sua realidade – a própria emergência da "realidade dura" a partir da flutuação quântica através do colapso da função de onda é o resultado de uma observação, isto é, da intervenção da consciência[102]. Essa premissa da superioridade ontológica das aparências é difícil de aceitar – uma dificuldade que não concerne apenas ao mau uso ideológico ou à interpretação filosófica de uma ciência: é uma dificuldade que assombra a própria ciência.

Como fica claro a partir desse último exemplo, abordo a mecânica quântica do ponto de vista da luta entre o materialismo e o espiritualismo idealista ou francamente religioso. Ao longo do século XX, a mecânica quântica foi celebrada como a prova definitiva de que a própria ciência moderna está abandonando o ma-

102. Estou bem ciente de que apenas certas interpretações da mecânica quântica (principalmente aquelas ligadas à ortodoxia de Copenhague) interpretam "observador" como consciência, e que muitos cientistas tentam explicar o colapso de uma função de onda sem um observador: eles afirmam que os observadores não desempenham nenhum papel, e a medição pode ser mais bem entendida como uma intervenção mecânica, em vez de uma ideia de observação com maior carga metafísica. (A decoerência é frequentemente mencionada aqui, embora haja controvérsia sobre se ela realmente resolve o problema da medição.) A minha opinião é que não se pode traduzir a observação num processo objetivo, de modo que o enigma permanece.

terialismo mecânico determinista e admitiu que está lidando com entidades não materiais, além de que a noção da nossa realidade que ocorre através da observação se abre para a negação subjetivista da realidade objetiva (será que a primazia das aparências não implica um observador para quem as coisas aparecem?). Mesmo alguns físicos quânticos afirmaram que a única maneira de explicar todo o nosso universo é pressupor um observador externo global (ou seja, Deus). Oponho-me totalmente não só a essa solução teológica direta, mas também à posição "realista" tradicional que não menos secretamente se baseia numa dimensão divina (como Einstein declarou explicitamente) – é apenas (o que considero) uma leitura correta da física quântica que abre o caminho para um materialismo consequente (mesmo que, desde uma leitura tradicional, isso possa parecer um estranho materialismo sem matéria).

É nessa dificuldade que nos concentraremos, tomando como ponto de partida *Einstein's Unfinished Revolution* [A revolução inacabada de Einstein], de Lee Smolin, um livro maravilhosamente caracterizado por George Dyson como "a melhor explicação até agora daquilo que ainda não foi explicado" (citado na capa do livro)[103]. Smolin não fornece uma nova Teoria de Tudo; depois de trazer à tona as limitações da mecânica quântica, ele formula com muita cautela uma série de conjecturas sobre como será "o que está além do quantum". Para ir até o fim, o ponto de partida de Smolin – a mecânica quântica é a teoria mais bem-sucedida já formulada, o único problema é que ela está errada – deveria ser complementado com: e se a solução não for dar um grande passo em direção a algum universo desconhecido de variáveis ocultas que forneceriam uma visão e uma explicação completas da realidade? E se os impasses da mecânica quântica apontarem para o estranho fato de que, medida pelos padrões da nossa realidade, a "realidade" de que fala a mecânica quântica está, em certo sentido, *em si mesma "errada"*?

103. Cf. SMOLIN, L. *A revolução inacabada de Einstein*. Londres: Penguin, 2019.

Em *que* sentido, exatamente? No sentido de que o universo de ondas quânticas descrito pela ciência é incompatível com a nossa noção intuitiva de realidade: a ciência concerne apenas a quantidades mensuráveis, não pode dar uma imagem intuitiva do que se passa nas escalas atômicas. Então será que a complementaridade não é uma noção refletida em si mesma? Não é apenas a complementaridade de qualidades que medimos (digamos, partículas e ondas, ou posição e momentum), mas também a complementaridade do observado e do observador, dos fenômenos quânticos e da realidade ordinária na qual todas as medições acontecem[104]. É por isso que considero problemática a afirmação de Smolin de que, "por mais estranho que o mundo quântico possa ser, ele não precisa ameaçar a crença de ninguém no realismo de senso comum" (205) – o mínimo que se pode acrescentar é que o "realismo de senso comum" implica uma crença numa realidade substancial de coisas que não podem ser resolvidas em ou reduzidas a uma rede de relações, além de que o espaço é um aspecto irredutível da nossa noção de senso comum de realidade, em contraste com a ideia do próprio Smolin de que

> para estender a mecânica quântica a uma teoria de todo o universo, temos de escolher entre espaço e tempo. Apenas um pode ser fundamental. Se insistirmos em ser realistas acerca do espaço, então o tempo e a causalidade são ilusões, emergentes apenas ao nível de uma aproximação grosseira da verdadeira descrição atemporal. Ou podemos optar por sermos realistas acerca do tempo e da causalidade. Então, tal como Rovelli, temos de acreditar que o espaço é uma ilusão (204)[105].

---

104. Na mecânica quântica, complementaridade significa que os objetos têm certos pares de propriedades complementares (como posição e momentum) que não podem ser observadas ou medidas simultaneamente. Um exemplo desse par é posição e momentum. Segundo Niels Bohr (que introduziu essa noção), a realização de um experimento para medir uma quantidade de um par exclui a possibilidade de medir a outra, mas entender a ambos os experimentos é necessário para caracterizar o objeto em estudo.

105. Mas será essa realmente a posição de Rovelli? E quanto à sua ideia – trataremos disso mais tarde – de que "o tempo é um efeito da nossa negligência em relação aos microestados físicos das coisas? Tempo é informação

A mecânica quântica levanta assim imanentemente uma questão ontológica fundamental: qual é o estatuto do seu objeto? Se não faz parte da nossa realidade espaciotemporal, será que faz parte de uma outra realidade ou é apenas uma ficção teórica? Mas deveríamos também inverter a questão: será que aquilo a que chamamos filosofia ainda é capaz de explicar aquilo com que a mecânica quântica está lidando?[106]

TEOREMA DE BELL

Logo no início do seu best-seller *O Grande Projeto*, Stephen Hawking proclama triunfalmente que "a filosofia está morta"[107]. Com os últimos avanços na física quântica e na cosmologia, a chamada metafísica experimental atinge o seu apogeu: questões metafísicas sobre as origens do universo etc., que até agora eram tema de especulações filosóficas, podem agora ser respondidas através da ciência experimental e, portanto, testadas empiricamente... Olhando mais de perto, é claro, logo descobrimos que ainda não chegamos aí – quase, mas ainda não. Além disso, teria sido fácil rejeitar essas afirmações e demonstrar a pertinência contínua da filosofia para o próprio Hawking (sem mencionar o fato de que o seu próprio livro definitivamente não é ciência, mas a sua generalização popular muito problemática): Hawking baseia-se numa série de pressupostos metodológicos e ontológicos que ele toma como certos.

Mas não devemos, no entanto, ignorar as implicações filosóficas da mecânica quântica; mesmo quando a mecânica quântica

---

que não temos. / O tempo é a nossa ignorância" (ROVELLI, C. *Reality is not what it seems*. Londres: Penguin, 2017, p. 222-223).

106. Como hegeliano, devo observar aqui que, embora, na sua filosofia tardia da natureza, Hegel dê prioridade ao espaço sobre o tempo (o tempo emerge da negação autorrelacionada do espaço), na sua anterior filosofia de Jena a posição de Hegel é mais ambígua.

107. HAWKING, S.; MLODINOW, L. *The grand design*. Nova York: Bantam, 2010, p. 5.

parece entregar-se a especulações selvagens, as suas afirmações obtêm confirmação empírica. O Prêmio Nobel de Física de 2022 foi concedido a Alain Aspect, John F. Clauser e Anton Zeilinger por descobrirem a maneira como partículas invisíveis, como fótons ou minúsculos pedaços de matéria, podem estar ligadas ou "emaranhadas" umas com as outras, mesmo quando estão separadas por grandes distâncias. Clauser disse:

> A maioria das pessoas presumiria que a natureza é feita de coisas distribuídas no espaço e no tempo, e isso parece não ser o caso. ... O emaranhamento quântico tem a ver com pegar esses dois fótons e depois medir um aqui e saber imediatamente algo sobre o outro ali, e se temos essa propriedade de emaranhamento entre os dois fótons, podemos estabelecer uma informação comum entre dois diferentes observadores desses objetos quânticos. E isso nos permite fazer coisas como comunicação secreta, de formas que não eram possíveis antes.

A questão óbvia que se coloca aqui é: será que poderia haver uma descrição mais completa do mundo, com a mecânica quântica reduzida a apenas uma de suas partes? Por exemplo, poderiam as partículas transportar informações ocultas sobre o que mostrarão como o resultado de um experimento, de modo que as medições exibam as propriedades que existem exatamente onde as medições são conduzidas? Bell descobriu que existe um tipo de experimento que pode determinar se o mundo é puramente mecânico quântico ou se poderia haver outra descrição com variáveis ocultas[108]. Se o seu experimento é repetido muitas vezes, todas as teorias com variáveis ocultas mostram uma correlação entre os resultados que deve ser inferior ou, no máximo, igual a um valor específico – isso é chamado de desigualdade de

108. Na mecânica quântica, as teorias de variáveis ocultas referem-se a propostas de fornecer explicações de fenômenos quânticos por meio da introdução de entidades hipotéticas (possivelmente inobserváveis). O caso mais conhecido é o de Einstein, segundo o qual, sendo o universo um todo determinístico, a indeterminação quântica significa que a mecânica quântica é uma teoria incompleta – ignora características ainda desconhecidas que explicariam a realidade em termos totalmente determinísticos.

Bell. Contudo, a mecânica quântica viola essa desigualdade: ela prevê valores mais elevados para a correlação entre os resultados do que é possível através de variáveis ocultas.

As implicações desses experimentos não são apenas práticas (elas apontam para a troca direta de informações a longas distâncias), mas também filosóficas. Hoje, a onda de críticas dirigidas contra a ortodoxia de Copenhagen está aumentando – a maioria dos físicos quânticos já não a endossa, as formulações de Bohr são rejeitadas como uma teoria que proíbe qualquer teoria, como variações do tema "Cale a boca e calcule!"[109]. Por exemplo, o retorno de Sabine Hossenfelder ao realismo se opõe claramente ao idealismo de Hegel: há uma caótica espessura ("feiura") da realidade que não pode ser gerada por meio de "belas" articulações formais (lógicas, matemáticas). Mas embora a exigência de confrontar a grande questão "metafísica" sobre a realidade que sustenta os fenômenos quânticos seja totalmente legítima, não se deve "domesticar" tão facilmente os paradoxos básicos apresentados pelas medições quânticas: não é só uma espécie de realismo refutada por elas, isto é, não temos só de abandonar a noção de que uma teoria simplesmente registra o que se passa na realidade "objetiva" independente. A dimensão propriamente hegeliana da eliminação das variáveis ocultas reside no fato de essa eliminação fazer algo que parece impossível para o senso comum: ela propõe um procedimento para demonstrar racional e experimentalmente não a presença de algo por trás das aparências fenomenais, mas a sua ausência, o fato de que não há nada por trás. A inacessibilidade da profundidade oculta não é apenas epistemológica, pode ser provado que faz parte da própria realidade – aí reside a inversão básica do processo dialético hegeliano, por isso precisamos formular uma versão filosófica do teorema de Bell. Os críticos de Bohr o acusam de proibir

109. Para um relato simples, mas conciso sobre essa onda crítica, cf. BECKER, A. *What is real?* Londres: John Murray, 2018.

irracionalmente quaisquer especulações sobre que tipo de realidade existe por trás dos fenômenos que medimos e traduzimos em fórmulas matemáticas – mas e se, uma vez que a questão ontológica persiste, devêssemos transpor o limite que nos proíbe de apreender a realidade-em-si nessa própria realidade, concebendo essa realidade como algo "barrado", atravessado por uma impossibilidade irredutível?

Os testes experimentais da desigualdade de Bell forneceram assim o primeiro caso claro do que é normalmente chamado de "metafísica experimental": o resultado – a rejeição não apenas da crítica das variáveis ocultas da mecânica quântica, mas também da sua "ortodoxa" interpretação de Copenhagen – tem implicações ontológicas cruciais sobre a natureza do tempo e do espaço e sobre a interconectividade geral da realidade. Bohr era um teimoso realista da vida cotidiana: nunca se cansava de repetir que só a nossa realidade existe e que tudo o que acontece nos experimentos de física quântica faz parte da nossa realidade comum (os aparelhos que usamos para experimentos fazem parte dessa realidade, os resultados de experimentos são números que aparecem numa tela) – nunca vemos oscilações de onda ou outras entidades quânticas, o edifício inteiro da mecânica quântica é apenas um construto matemático que usamos para explicar a conexão entre fenômenos que observamos em nossa realidade, não aponta para outra esfera da realidade além ou aquém da nossa realidade comum. O paradoxo é que, embora os experimentos que confirmaram a hipótese de Bell (uma ligação entre partículas mais rápidas do que a velocidade da luz) tenham sido consideradas uma vitória de Bohr contra a insistência de Einstein nas variáveis ocultas, elas renovaram o debate sobre o estatuto ontológico dos fenômenos quânticos. Num espírito anti-Bohr, Bell falou de *"beables"* em oposição a "observáveis": a realidade não é uma confusão caótica à espera de observadores de modo que possa "colapsar" em objetos observáveis, é algo que deve ser analisado da maneira como é em si. A ligação entre duas partículas que as conecta mais rápido do que a luz significa que, em um certo nível de realidade, a dimensão tempo/espaço funciona de uma forma que é fundamentalmente diferente do tempo/espaço da nossa realidade: ou a informação pode se mover mais rápido do que a luz ou há um outro nível de espaço onde o que nos parece distante está próximo de nós. Devemos ter o cuidado de notar aqui que os resultados dos experimentos que testaram o teorema de Bell não excluem variáveis ocultas enquanto tais, apenas excluem variáveis ocultas *locais*, ou seja, variáveis ocultas que operam dentro do nosso espaço-tempo em que a maior velocidade é a velocidade de luz. Então a questão permanece: como é que duas partículas correlacionadas se conectam além do nosso espaço-tempo, uma vez que parece que um sinal passa entre elas mais rapidamente do que a velocidade da luz? A teoria da onda piloto de David Bohm, que tenta explicar isso, implica precisamente essas variáveis ocultas não-locais.

Na mecânica quântica, a definição contrafactual (CFD, na sigla em inglês) é a capacidade de falar "de forma significativa" sobre a definição dos resultados de medições que não foram realizadas (ou seja, a capacidade de presumir a existência de objetos, e propriedades de objetos, mesmo quando não tenham sido medidos). O termo "definição contrafactual" é usado em discussões de cálculos físicos, especialmente aqueles relacionados ao emaranhamento quântico e às desigualdades de Bell. Em tais discussões, "significativamente" significa a capacidade de tratar esses resultados não medidos em pé de igualdade com os resultados medidos em cálculos estatísticos[110]. Até onde vamos aqui? A violação de Bell demonstra uma ausência, não uma presença. Será então que o emaranhamento não implica uma espécie de definição contrafactual? Se um elemento sobe, sabemos sem medição que o outro desce? Becker cita David Deutsch, que

110. Cf. Counterfactual definiteness. *Wikipedia*, 2025. Disponível em: https://en.wikipedia.org/wiki/Counterfactual_definiteness. Acesso em: 1º mar. 2025.

apresentou o melhor argumento para a interpretação dos muitos mundos da mecânica quântica:

> A interpretação (muitos mundos) de Everett explica bem como o comportamento do computador (quântico) decorre do fato de ele ter delegado subtarefas a cópias de si mesmo em outros universos. Quando o computador (quântico) consegue realizar (quase instantaneamente) computações que os melhores computadores não quânticos levariam dias para realizar, como as interpretações convencionais explicariam a presença da resposta correta? *Onde ela foi computada?* (253).

A tarefa é definir esse lugar "onde foi computada" não como outra realidade como a nossa, mas como um outro lugar virtual-mas-efetivo. O teorema de Bell mostra um caminho para isso com as suas três características principais: contextualidade, imperfeição e definição contrafactual. Na mecânica quântica, contextualidade é a dependência do resultado de um observável do contexto experimental, ou seja, da interação sistema-aparelho, o que significa que *a ordem na qual as medições são feitas é importante*, ou, para evocar o exemplo padrão de uma conversa entre Anna e Beth: "as respostas que Anna dá dependem de quais perguntas Beth escolheu perguntar" (55):

> "A contextualidade ocorre em situações nas quais nosso sistema é descrito por pelo menos três propriedades, que podemos chamar de A, B e C. A é compatível com B e C, então A pode ser medida simultaneamente com B ou C. Mas B e C não são compatíveis uma com a outra, então só podemos medir uma de cada vez." Então podemos medir A e B ou podemos medir A e C, e o paradoxo é que "as respostas para A dependem de se escolhemos medir B ou C juntamente com A. A conclusão é que a natureza é contextual" (56).

Probabilisticamente, a complementaridade significa que a distribuição conjunta de probabilidades não existe: é preciso operar com probabilidades contextuais. As desigualdades de Bell são interpretadas como os testes estatísticos de contextualidade e, portanto, de incompatibilidade. Para probabilidades dependentes do contexto, essas desigualdades podem ser violadas[111]. No entanto, qual é o estatuto ontológico de tais probabilidades dependentes do contexto? Não está claro que não possam ser independentes ou, como Smolin o coloca, que "qualquer sistema ao qual a mecânica quântica se aplique deva ser um subsistema de um sistema maior" (26) – por quê? Porque (para Bohr) não cobre a realidade ordinária na qual medimos os fenômenos quânticos: os observadores e os sistemas de medição não fazem parte do sistema que está sendo estudado, e a mecânica quântica não pode cobrir a lacuna que separa os dois[112]. Smolin tenta imaginar uma solução aqui dando um passo "além do quântico". Para designar os elementos básicos do universo, Smolin propõe um neologismo *"nads"* (as *"monads"* [mônadas] de Leibniz menos "mo"), no espírito do neologismo *"den"* de Demócrito (ele subtrai a negação "me" de *"meden"*, o termo para nada) – nesse sentido, *nads* também são, de certa forma, algo que é menos do que nada. Ao contrário (da leitura padrão dos) átomos de Demócrito, as *nads* de Smolin não são entidades substanciais, mas uma rede de relações. Originalmente, essas interações ocorrem apenas no tempo, não limitadas pela velocidade da luz – esse limite surge apenas com o aparecimento do espaço-tempo. Como, então, o espaço surge de eventos temporais sem espaço e seu entrelaçamento?

> "O espaço surge como uma descrição grosseira e aproximada da rede de relações entre eventos", e as não-localidades quânticas são "remanescentes das relações sem espaço inerentes ao estágio primordial, antes do espaço emergir" (236).

O principal argumento de Smolin para a teoria da decoerência é uma falta de clones: objetos grandes são únicos, não têm clones,

111. Cf. KHRENNIKOV, A. Contextuality, complementarity, signaling, and Bell tests. *Entropy*, 2022, 24, 1380. Disponível em: https://doi.org/10.3390/e24101380. Acesso em: 1º mar. 2025.

112. Mais uma vez, estou bem ciente de que cobrir essa lacuna faz parte do propósito da interpretação dos muitos mundos, uma vez que o observador e o sistema de medição são interpretados como parte do sistema – mas penso que o preço a pagar por essa solução é demasiado alto.

então provocam um colapso numa realidade singular – sistemas macroscópicos que não têm cópias em nenhum lugar do mundo não obedecem à mecânica quântica. Mas toda a realidade não pode ser "suprassumida" em nosso espaço-tempo, então "a física quântica surge de interações não locais que sobram quando o espaço emerge" (240) – nos meus termos, os fenômenos quânticos testemunham o fato de que o próprio Deus (o grande Outro) é enganado, que algumas coisas escapam ao seu alcance. É claro que não estou, de maneira alguma, qualificado para fazer um julgamento aqui, uma vez que esse tópico é muito complexo: como será que a decoerência se relaciona com o colapso da função de onda numa medição? Será que são a mesma coisa? Obviamente não diretamente, uma vez que da forma como Smolin descreve a decoerência, ela acontece "objetivamente". Além disso, como a observação difere das "visões" que caracterizam cada *nad*? Será que essas visões não são um modo mais básico de observação? Isso nos traz de volta ao principal problema ontológico da mecânica quântica evitado por Bohr: como explicar a cisão entre fenômenos observados/medidos (ondas quânticas) e todo o complexo maquinário de observação (não apenas os observadores, mas também os instrumentos que usamos para fazer as medições) que está firmemente localizado em nossa realidade? A primeira coisa a fazer é tomar nota do fato de que

> toda forma de traçar uma fronteira cinde o mundo em duas partes incompletas. Não há visão do universo como um todo, como se de fora dele. Não existe um estado quântico do universo como um todo. Se a teoria quântica relacional tivesse um slogan, seria "Muitos pontos de vista parciais definem um único universo" (197).

Carlo Rovelli confere a essa mecânica quântica relacional um toque específico:

> a realidade consiste na sequência de eventos por meio dos quais um sistema de um lado do limite pode obter informações sobre a parte do mundo do outro lado. ... Essa realidade depende de uma escolha de limite, porque o que é um evento definido – algo

> que definitivamente aconteceu para um observador – pode ser parte de uma superposição para outro (198).

A propósito do gato de Schrödinger, a nossa observação decide se o gato na caixa está vivo ou morto, mas também podemos postular o próprio gato como o observador do sinal do detector etc.: "se não faz sentido para nós existirmos em uma superposição, certamente também não o faz para o gato" (53). Tal visão também nos permite rejeitar a teoria de Everett dos universos múltiplos: implica que podemos ocupar uma posição divina a partir da qual podemos postular que a infinidade de ramos realmente existe: "Mas não somos divinos, somos observadores vivendo dentro do universo, fazemos parte do mundo que a função de onda descreve. Então essa descrição externa não tem nenhuma relevância para nós ou para as observações que fazemos" (165). Note-se, novamente, a menção de Deus nesse ponto crucial. Aqui, no entanto, deve-se acrescentar que uma visão do universo das funções de onda nas quais os *nads* interagem através da "visualização" uns dos outros ("visualização" no sentido abstrato de ligações limitadas que conectam um *nad* ao seu ambiente), e na qual lacunas entre observadores e observados emergem continuamente, não nos permite postular a realidade relacional como uma realidade abrangente dentro da qual emergem lacunas: tem de haver um vazio, uma limitação além da qual não haja nada, na própria realidade das ondas – a própria realidade é não-todo, "feminina". Não simplesmente sem limite, mas com um limite vazio que o torna não-todo. "Masculina" é a lacuna da decoerência, com a exceção do observador. A teologia fornece aqui uma falsa solução: a realidade pode ser concebida como Todo através de Deus como observador universal.

Esse paradoxo nos permite explicar por que o teorema de Bell é tão revolucionário: como Becker salientou, ele implica uma passagem da perfeição para a imperfeição: "O golpe de brilhantismo de Bell foi considerar a imperfeição, em vez da perfeição"

(151). É por ISSO que o teorema de Bell é "a mais profunda descoberta da ciência" (141): ele fornece uma fórmula (do resultado esperado se não houver nenhuma interconexão mais rápida do que a luz) *a fim de refutá-la*. As imperfeições geralmente servem para demonstrar que outras variáveis (ocultas) devem estar em ação – no caso do teorema de Bell, elas servem ao fim oposto: provam que não há nada POR TRÁS.

UM DEUS ENGANADO

No debate entre teologia e ateísmo encontramos um problema semelhante: o argumento habitual dos teóricos religiosos é que é possível (fingir) explicar a realidade sem referência a Deus, ou seja, que Deus é uma hipótese da qual não precisamos (como notoriamente Laplace respondeu a Napoleão), mas não é possível provar que algo não existe. Contudo, um verdadeiro materialista faz exatamente isso, e é por isso que tem de passar pela religião. Para tornar esse ponto mais claro, vamos dar uma olhada mais de perto em Napoleão e Laplace – quando Napoleão visitou Laplace, ele lhe perguntou: "Eles me disseram que você escreveu esse grande livro sobre o sistema do universo, e nunca sequer mencionou o seu Criador". Laplace respondeu: "Senhor, eu não precisei dessa hipótese". Comentaristas religiosos afirmam que essa resposta é "constantemente mal utilizada para reforçar o ateísmo":

> É claro que Deus não apareceu na descrição matemática de Laplace de como as coisas funcionam, assim como o Sr. Ford não apareceria numa descrição científica das leis da combustão interna. Mas o que isso prova? Que Henry Ford não existiu? Claramente não. Nem tal argumento prova que Deus não existe. Austin Farrer comenta o incidente de Laplace da seguinte forma: "Visto que Deus não é uma regra incorporada na ação das forças, tampouco um bloco de força, nenhuma frase sobre Deus pode desempenhar um papel na física ou na astronomia. Podemos perdoar Laplace – ele estava respondendo a um amador de acordo com a sua ignorância, para não dizer um tolo de acordo com a sua loucura. Considerado uma observação séria, seu co-

mentário dificilmente poderia ter sido mais enganoso. Laplace e seus colegas não aprenderam a prescindir da teologia; eles simplesmente aprenderam a cuidar da própria vida"[113].

O lado religioso destaca aqui um ponto válido: o fato de a explicação científica natural do universo não precisar evocar Deus é verdadeiro, uma vez que é basicamente tautológica: no espaço do determinismo natural (mesmo que admita uma contingência irredutível), não há lugar para entidades como Deus, livre-arbítrio etc. Mas isso não prova que Deus não existe: Deus pode ainda ser concebido como uma causa transcendente de todo o cosmos. Então, aqui uma referência a Bell se torna crucial: a genialidade de Bell reside na maneira como ele conseguiu demonstrar que algo (variáveis ocultas) NÃO existe, e um verdadeiro materialista ateu deveria fazer o mesmo quanto a Deus: não apenas provar que não precisamos de Deus para explicar a realidade, mas provar que Deus não pode existir.

O problema é que a maioria dos praticantes da mecânica quântica evitou esse caminho. Becker afirma que "toda interpretação tem seus críticos (embora os proponentes de basicamente todas as interpretações não-Copenhagen geralmente concordem que Copenhague é a pior de todas)" (287). Concordo, mas minha reação a isso é uma variação da famosa piada de Churchill sobre a democracia (que ele pegou de outra pessoa): "a democracia é a pior forma de governo – exceto todas as outras que foram tentadas". Sim, a ortodoxia de Copenhagen é a pior que se possa imaginar – não é de todo um argumento, apenas uma proibição total de levantar a própria questão ontológica do estatuto dos fenômenos quânticos. Contudo, todas as outras – solipsismo do observador, variáveis ocultas, realismo de Bohm, interpretação dos muitos mundos – são piores porque preenchem a lacuna ontológica mantida aberta pela interpretação de Copenhagen. Então, em

113. NAVE, R. Laplace. *HyperPhysics*, Georgia State University, 2025. Disponível em: http://hyperphysics.phy-astr.gsu.edu/hbase/electric/laplace.html. Acesso em: 1º mar. 2025.

vez de preencher essa lacuna propondo a sua explicação positiva, deveríamos apenas deslocá-la, colocá-la no próprio âmago da realidade mesma. Se o boato de que Bohr era um ávido leitor de Kant for verdadeiro, deveríamos realizar aqui um movimento de Kant para Hegel: Bohr limita a realidade ao que Kant chama de espaço de constituição transcendental para sempre separado do Em-si, e Hegel nos desafia a transpor essa separação no Em-si – ou, como se diz na teoria quântica, e se a imperfeição implicada pela complementaridade "for uma característica e não um bug" (89)?

Dito ainda de outra forma, o teorema de Bell "é significativo não pelo que é, mas pelo que a sua *negação* implica: uma violação do teorema de Bell no experimento é uma prova de que a mecânica quântica *não pode* ser descrita por variáveis ocultas e, portanto, pela mecânica clássica"[114]. Eis uma descrição simples do experimento que tirei de Paul Mainwood:

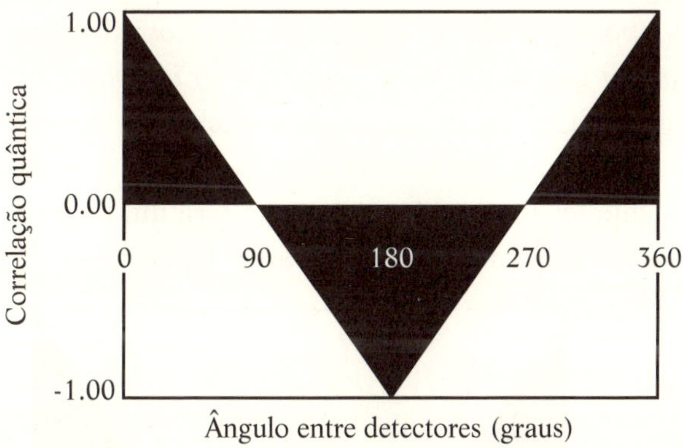

Figura 3.1

Vou permitir que os meus dois elétrons se comuniquem o quanto eu quiser antes de serem emitidos pela fonte. Agora eles

114. QUORA. *What does Bell's inequality mean, in layman's terms?* Disponível em: https://www.quora.com/What-does-Bells-inequality-mean-in-laymans-terms. Acesso em: 10 fev. 2025.

são emitidos pela fonte e voam separados, cada um para o seu próprio detector. Vou configurar as coisas de modo a proibi-los de qualquer comunicação quando estiverem em voo. Também permitirei aos meus operadores de detectores uma escolha livre quanto aos ângulos que escolhem para definir os seus detectores e proibirei toda comunicação entre eles. *Quanta correlação pode haver entre as leituras de spin ("positiva" e "negativa") que obtenho dos dois detectores?* A resposta à pergunta depende da definição relativa dos ângulos dos dois detectores. Vamos começar com o caso em que os dois detectores estão definidos no mesmo ângulo um ao outro. Para o caso em que os dois detectores medem na mesma direção, eis um plano fácil que lhe pode oferecer uma correlação completa de 100%. Mas agora, e se os detectores não estiverem definidos no mesmo ângulo? Por exemplo, se colocarmos os ângulos dos detectores em 90 graus um ao outro e usarmos as mesmas regras, é fácil ver que obteremos correlação zero: na metade das vezes, os demônios em cada um dos dois elétrons gritarão a mesma palavra, e metade das vezes gritarão palavras opostas... Mas o que acontece se *os "demônios" não souberem em que ângulos os detectores serão colocados?* Contanto que não haja comunicação entre os elétrons durante o voo, e desde que os ângulos dos detectores sejam definidos de forma independente, então qualquer esquema terá um limite no valor de correlação que é mostrado pelas áreas verdes aqui

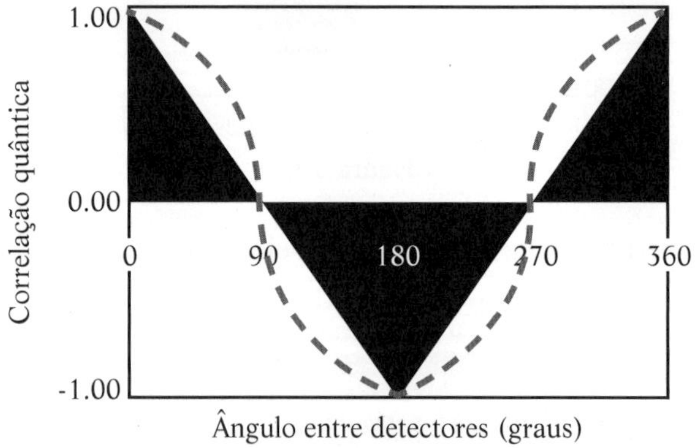

Figura 3.2

Mas e se você chegar à mecânica quântica e definir exatamente essa definição com dois elétrons reais que estão emaranhados um com o outro? A mecânica quântica prevê que esses dois elétrons darão *mais* correlação em suas medições de spin do que esse limite – eis a linha quântica em vermelho.

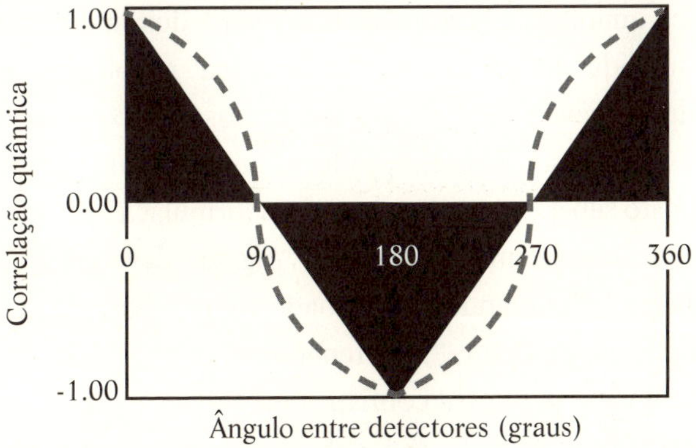

Figura 3.3

Isso nos dá o teorema de Bell: "nenhum modelo local (= sem comunicação entre os elétrons/detectores), realista (= qualquer tipo de maquinário ou coisa demoníaca que contenha atribuições de estado ou distribuições de probabilidade para resultados de medição) pode reproduzir as predições da mecânica quântica – há correlação demais predita pela mecânica quântica para qualquer esquema local, realista funcionar"[115].

Aliás, numa explicação popular desse experimento, a situação imaginada frequentemente usada é a de Bob e Alice, dois jogadores de roleta interagindo num conjunto complexo de duas roletas triplas. De uma posição superdeterminista, podemos, naturalmente, questionar o estatuto das decisões "contingentes" de Alice e Bob: será que elas são realmente contingentes, ou mesmo livres? Será que não são também partes da realidade determinis-

115. QUORA. *Quantum Mechanics*: What is an explanation of Bell's Theorem in plain language? Disponível em: https://www.quora.com/Quantum-Mechanics-What-is-an-explanation-of-Bells-Theorem-in-plain-language. Acesso em: 10 fev. 2024.

ta na qual intervêm? Além disso, a comparação com a trapaça nas cartas de Alice e Bob conota diferença sexual (mulher versus homem), mas o termo "trapaça" aponta na direção certa de como a realidade quântica "trapaceia" as leis da nossa realidade.

Agora podemos voltar à nossa questão básica do materialismo e da física quântica: a física quântica é verdadeiramente materialista na medida em que permite tal "trapaça" ontológica. Em sua defesa das variáveis ocultas que são necessárias para explicar as medições quânticas, Einstein produziu uma fórmula pura do "sujeito suposto saber" ao prover uma clara formulação do que Lacan chamou de "conhecimento no real": "Alguém deve saber, o fóton deve saber..."[116]. Quando questionado sobre a base da sua posição realista, ele explicou: "Não tenho melhor expressão do que o termo 'religioso' para essa confiança no caráter racional da realidade e no fato de ser acessível, pelo menos em alguma medida, à razão humana". Mas é precisamente esse "conhecimento no real" que é destruído na física quântica: os fenômenos quânticos testemunham o fato de que a natureza "não sabe" como agir, que as suas leis não são totalmente inclusivas. Anton Zeilinger menciona que há uma piada que tem circulado entre os físicos quânticos há décadas: como Deus era preguiçoso demais para determinar completamente a realidade, deixando partes dela ontologicamente incompletas, ele fica repetidamente irritado com os experimentos quânticos: "Os humanos estão novamente fazendo aquele experimento quântico que provará que não terminei meu trabalho de

116. Será que a limitação de tal "conhecimento no real" não é claramente discernível nas confusões causadas pelo aquecimento global? Muitas vezes temos altas temperaturas já em fevereiro, e então outra onda de frio ocorre no final de março ou abril. A natureza (cujo "conhecimento" diz-lhe que o tempo quente vem com a primavera) "interpreta mal" o quente fevereiro como o início da primavera e começa a florescer, mas a nova onda de frio então destrói a floração prematura e perturba todo o ciclo reprodutivo.

criação, então tenho que trabalhar mais rapidamente para preencher as lacunas da incompletude!"[117].

Bohr é citado como tendo dito: "Não existe mundo quântico. Existe apenas uma descrição física quântica abstrata. É errado pensar que a tarefa da física é descobrir como a natureza *é*. A física concerne ao que podemos *dizer* sobre a natureza"[118]. Essa declaração vagamente positivista foi ecoada por Heisenberg: "[Temos] de lembrar que o que observamos não é a natureza em si, mas a natureza exposta ao nosso método de questionamento". (Não é de admirar que Heisenberg, como alemão, formule uma versão mais próxima da hermenêutica.) Bell propõe aqui uma terceira via: o universo de ondas quânticas não é apenas a nossa descrição da realidade, ele revela uma nova realidade que obedece a leis diferentes daquela da nossa realidade espaciotemporal ordinária com tempo linear e espaço tridimensional. Em suma, a ligação entre as duas partículas correlacionadas aparece como uma "ação assustadora à distância" apenas se nos ativermos à noção padrão de espaço, de distância espacial – e se introduzirmos a noção de espaços heterogêneos? É por isso que tropeçamos aqui (de novo) numa tentação espiritualista: e se a ligação não-local for um vínculo espiritual simultâneo-atemporal de tudo, uma indicação de uma realidade diferente da nossa materialidade espaciotemporal? Mais uma vez, essa é a pseudossolução que deveríamos rejeitar incondicionalmente: sim, os fótons em si mesmos não têm massa, por isso não se movem no tempo ou no espaço, tudo acontece entre eles instantaneamente – mas esse outro espaço desprovido de matéria, no entanto, permanece real. Se procurarmos algum tipo de dimensão espiritual, ela está presente em Einstein e não em

---

117. Veja sua entrevista em SRF KULTUR. So sieht Quantenphysiker Anton Zeilinger die Welt. Sternstunde Religion, *YouTube*, 2025. Disponível em: https://www.youtube.com/watch?v=example. Acesso em: 1º mar. 2025.

118. BOHR, N. It is wrong to think that the task of physics... *BrainyQuote*, 2025. Disponível em: https://www.brainyquote.com/quotes/niels_bohr_133936. Acesso em: 1º mar. 2025.

Bohr: o fato de Einstein (que não acreditava em um deus pessoal) falar de Deus ao evocar as leis universais da natureza confirma que Deus é a figura última do grande Outro, e que Descartes estava certo quando afirmou que apenas um deus não enganador pode sustentar o nosso conhecimento acerca da realidade:

> A fim de que a ciência (conhecimento verdadeiro) sobre o mundo externo, bem como sobre nós mesmos como *res extensae*, ou seja, como portadores de propriedades sensíveis, se constitua, é necessário pressupor/demonstrar a existência de um deus que não esteja nos enganando, que criou verdades eternas e, como Descartes o coloca, as plantou como sementes em nossas almas. Esse deus não é um deus da religião, mas um deus dos filósofos e dos cientistas (para seguir a diferenciação de Pascal entre o "Deus de Abraão, Isaac e Jacó" e o "Deus dos filósofos e dos cientistas"). Um humano pode se tornar um sujeito do conhecimento que domina o mundo, mas apenas como um depositário das verdades do Outro[119].

Mas, como Lacan apontou, a passagem da dúvida universal, passando pela certeza, até o *cogito ergo sum* (como uma *res cogitans*) não é tão suave quanto a dedução de Descartes sugere. A ansiedade surge quando a minha confiança na realidade cotidiana se quebra, quando vejo que não posso confiar em nenhuma figura do grande Outro, que o grande Outro não está simplesmente enganando, mas é ele mesmo enganado, inconsistente. A visão paranoica de um *genie malin*, um deus enganador que é uma reação fantasiosa à verdadeira ansiedade: restabelece o grande Outro que controla as coisas, embora na forma maligna – a grande mudança acontece aqui, minha crença em um grande Outro que controla as coisas é restaurada. Então vem o terceiro momento, a prova de que Deus não pode ser um enganador trapaceiro, mas deve ser verdadeiro. Então a primeira forma de certeza não é simplesmente a certeza de que existo mesmo que todos os objetos dos meus pensamentos sejam alucinações; é

---

119. ZUPANČIČ, A. *Let them rot – Antigone's parallax*. Nova York: Fordham University Press, 2023. p. 57.

a certeza negativa de que não posso confiar em nada nem em ninguém. Essa certeza

> é o oposto da certeza do ser, poderia antes ser formulada desta forma: eu sei (que o Outro é inconsistente, que pode me enganar e que, por essa razão, meu conhecimento não provê uma base sólida), *portanto eu não sou*. Estamos lidando com a certeza do não-ser.

Mesmo antes de Deus entrar, há uma mudança sutil de "duvido de tudo" para "quando duvido, penso, sei disso, então eu sou": no ponto alto da ansiedade, quando tenho certeza do meu não-ser, sou um puro vazio de sujeito ($), porque sou (como sujeito, $) apenas na medida em que o Outro é inconsistente. "Eu não sou" significa que sou um sujeito barrado – quando digo "(sei que) sou", já não sou um sujeito, eu me transponho para o domínio da realidade objetiva em que sou uma dentre as coisas existentes que são o objeto da ciência. É por isso que Lacan pode afirmar simultaneamente que o sujeito da ciência moderna é o sujeito cartesiano *e* que a ciência moderna foraclui o sujeito. A ciência moderna está fundamentada na dúvida radical cartesiana que estilhaça o nosso mundo da vida cotidiana, mina o nosso "ser-no-mundo", a nossa confiança na realidade – em outras palavras, a ciência moderna está fundamentada na experiência da pura subjetividade sem substância, um vazio de não-ser. Contudo, no seu funcionamento, a ciência moderna foraclui essa dimensão e simplesmente ignora a sua posição de enunciação, reduzindo o seu discurso a falar de uma realidade externa em relação à qual mantemos uma distância segura – "sujeito como nada" torna-se "não sujeito", a ciência deveria seja objetiva. Pode-se mobilizar aqui a diferença entre os dois termos alemães, *Zweifel* e *Verzweiflung*, já usados por Hegel. *Zweifel* significa uma simples dúvida: desde a segurança da minha posição subjetiva, duvido de coisas fora do meu espaço. *Verzweiflung* significa que a minha posição subjetiva também está ameaçada: implica desespero subjetivo.

Então, o que tudo isso tem a ver com a física quântica? A física quântica provoca ansiedade, incerteza ontológica, a sua implicação é que o próprio grande Outro está enganado, que há uma falta/inconsistência no grande Outro. O sujeito não está aqui foracluído, excluído como na ciência objetiva, ele retorna como o "observador" que faz medições e, portanto, causa o colapso das ondas quânticas em objetos da nossa realidade "normal". No entanto, esse "observador" não é o sujeito puro, mas já um agente como parte da realidade externa "normal". Consequentemente, a interpretação de Copenhagen defendida por Bohr e outros ofusca a dimensão mais radical, o "escândalo ontológico", da física quântica, por meio de sua redução a "a maneira como falamos", sem implicações ontológicas. Bohr não era muito cético (acerca da realidade externa), muito pelo contrário, ao restringir a ciência a "a maneira como falamos" sobre os fenômenos da nossa realidade ordinária (que é a única realidade que existe), ele protegeu essa realidade de todas as dúvidas e incertezas.

A interpretação dos muitos mundos resolve o problema do colapso de uma função de onda de uma maneira diferente, propondo um modelo sem colapso: uma função de onda não colapsa em uma realidade, a decoerência dá origem a múltiplas realidades, ou seja, todas as opções sobrepostas são atualizadas de acordo com a equação de Schrödinger que rege a função de onda de um sistema mecânico quântico. Dado um conjunto de condições iniciais conhecidas, a equação de Schrödinger fornece a evolução ao longo do tempo de uma função de onda, a caracterização mecânica quântica de um sistema físico isolado[120]. Muitos mundos são todos reais, embora cada um com uma probabilidade diferente – mas se a probabilidade de uma variante for

120. Schrödinger equation. *Wikipedia, The Free Encyclopedia*. Disponível em: https://en.wikipedia.org/wiki/Schr%C3%B6dinger_equation. Acesso em: 04 mar. 2025.

de apenas 1%, não é menos real do que, digamos, aquele com 90% de probabilidade. A lacuna ontológica entre as ondas quânticas e a nossa realidade ordinária, portanto, desaparece: existem apenas ondas quânticas com todas as suas versões sobrepostas atualizadas. Baseado nesse insight, Sean Carroll postulou que, desde uma visão objetiva (impossível), poderíamos oferecer uma descrição determinística completa da realidade – o problema é apenas que *não saberíamos a qual dos múltiplos mundos pertencemos*, ou seja, onde nós (observadores) estamos localizados nessa multidão de mundos[121].

Não é esse o problema do *cogito* cartesiano? O sujeito reduzido a um puro observador não tem lugar na realidade externa mecanicamente determinada, e existe como sujeito somente se não tiver lugar. Lacan sabia disso quando escreveu que a ciência moderna está baseada na foraclusão do sujeito – e será que o mesmo também não se aplica a como o capitalismo e a predestinação se implicam mutuamente? O capitalismo, um sistema que empurra os indivíduos para uma atividade incessante, está teologicamente fundamentado na noção protestante de predestinação, que afirma que a nossa perda ou salvação são decididas de antemão, e são independentes da nossa atividade. Como pode ser assim, não seria muito mais lógico afirmar que a predestinação nos prescreve a inatividade? Tudo já está decidido de antemão, então relaxe e goze, por que se preocupar… A questão é que *não sabemos como nossas vidas estão predestinadas, e isso nos empurra para uma atividade incessante.*

Mas e se nós – como hegelianos – seguirmos aqui o seu axioma básico: é crucial compreender o Absoluto não apenas como substância, mas também como sujeito? E se fizermos aqui a passagem da dimensão epistemológica para a dimensão ontológica? E se essa limitação (a impossibilidade de nos situarmos no quadro

121. Devo essa ideia a Sean Carroll, que a implantou em um debate comigo gravado em 21 de julho de 2023 no Apple Podcast de Robinson Erhard.

completo da realidade) não for apenas epistemológica, mas também ontológica? Em outras palavras, e se a noção de "visão total" objetiva não só implicar uma posição epistemológica impossível (de um sujeito onisciente), mas também for ontologicamente falsa? E se essa impossibilidade de incluir o sujeito na visão total da realidade for o sintoma de uma impossibilidade que é imanente à própria realidade? Essa impossibilidade significa que a realidade é em si mesma não-todo, inconsistente, com lacunas, e é esse buraco na realidade mesma, e não apenas no nosso conhecimento dela, que torna necessários os colapsos da função de onda[122]. Essa impossibilidade também mantém uma contingência irredutível, a localizando na própria estrutura básica da realidade.

Mas será adequado dizer que, na interpretação dos muitos mundos, não há colapso? Não será antes que existe um número infinito de colapsos múltiplos, uma vez que todas as possibilidades numa função de onda são atualizadas? Embora a premissa principal aqui seja a de que não existe uma realidade ordinária, apenas funções de onda, não será que o que obtemos são múltiplas realidades ordinárias sem contato umas com as outras? Em outras palavras, será antes que a interpretação dos muitos mundos não oblitera as funções de onda na sua especificidade ontológica, como diferentes da nossa realidade ordinária? Em vez de funções de onda com suas sobreposições de possibilidades, obtemos realidades múltiplas – um preço a pagar por reafirmar o determinismo completo[123].

---

122. Além disso, na visão de muitos mundos, não há interação entre mundos diferentes, eles existem sem contatos mútuos (em contraste com as sobreposições simbólicas). Será esse o fato definitivo ou será possível pensar que a realidade na qual vivemos está de alguma forma inerentemente ligada às suas variantes sobrepostas?

123. A situação lembra vagamente a substância de Spinoza com um número infinito de atributos dos quais nós (humanos) conhecemos apenas dois, extensão e pensamento – não sabemos absolutamente nada sobre outros atributos, eles não desempenham nenhum papel no nosso entendimento da realidade, apenas temos que os pressupor por razões puramente lógicas.

Como já vimos, Einstein recusou o aspecto casual da teoria quântica, dizendo a famosa frase a Niels Bohr: "Deus não joga dados com o universo". O outro dito favorito de Einstein – que o Senhor é sutil, mas não malicioso – está relacionado com a mesma convicção de racionalidade: "A natureza esconde o seu segredo por causa da sua essencial altivez, mas não por meio de ardil". Não basta contrariar essa afirmação de Einstein com a afirmação oposta de que Deus de fato nos engana – isso ainda deixa ilesa a figura de Deus como um agente que nos manipula, mas sabe o que está fazendo, a sua própria integridade permanece intacta. Deveríamos aplicar ao próprio Deus a frase de 1João 1,8: "Se dissermos que não temos pecado, enganamo-nos a nós mesmos, e a verdade não está em nós". Deus engana a si mesmo, e é por isso que há pecado nele e a verdade não está nele. Mas mesmo essa figura de um deus autoenganador não é suficiente: Deus é enganado não simplesmente por si mesmo, mas por algo que é "em si mesmo mais do que si mesmo" – como devemos entender essa afirmação maluca? Em primeiro lugar, deveríamos conceber Deus aqui como a figura última do grande Outro, o espaço simbólico que registra tudo o que existe e, assim, lhe confere existência simbólica; então, deveríamos levar em conta a lição da física quântica: as partículas aparecem e desaparecem antes de serem registradas pelo grande Outro, flutuando numa esfera fora do que Deus percebe.

Aqui devemos rejeitar a afirmação de Chiesa de que o que Lacan também expressa, a "hipótese de Deus" como "'há algo do Uno' (*il y a de l'Un*) e 'existe um' (*il existe un*)"[124]: *"y a de l'Un"* (mencionado em *Mais, ainda*), não é uma figura de Deus, mas os Unos pré-simbólicos como "sintomas" cujo estatuto é o de uma partícula que emerge do vazio da Coisa e desaparece/

124. Citado da contribuição de Lorenzo Chiesa CHIESA, L.; JOHNSTON, A. *God is undead*: psychoanalysis for unbelievers. Nova York: Bloomsbury Academic, 2018.

desintegra antes que a sua existência seja registrada pelo grande Outro. Miller está certo ao apontar que "'há algo como um Uno' é a contrapartida de 'não há algo como a relação sexual'"[125]: "não há relação sexual" uma vez que estejamos ocupados pelo grande Outro, apanhados na rede simbólica, mas Unos como sintomas são precisamente remanescentes de algo que *a priori* escapa ao alcance de Deus. Elaboremos mais aqui o paralelo com a mecânica quântica. Imagine que você tenha de pegar um voo no dia x para receber uma fortuna no dia seguinte, mas não tem dinheiro para comprar a passagem; mas então você descobre que o sistema de contabilidade da companhia aérea é tal que, se você transferir o pagamento da passagem dentro de 24 horas após a chegada ao seu destino, ninguém jamais saberá que ela não foi paga antes da partida. De maneira homóloga,

> a energia que uma partícula tem pode flutuar descontroladamente enquanto essa flutuação ocorra numa escala de tempo suficientemente curta. Então, assim como o sistema de contabilidade da companhia aérea "permite" que você "pegue emprestado" o dinheiro para uma passagem de avião, desde que você o devolva com rapidez suficiente, a mecânica quântica permite que uma partícula "pegue emprestada" energia, desde que possa renunciar a ela dentro de um prazo determinado pelo princípio da incerteza de Heisenberg. ... Mas a mecânica quântica nos obriga a levar a analogia um passo importante adiante. Imagine alguém que seja um tomador compulsivo de empréstimos e vá de um amigo a outro pedindo dinheiro. ... Pede emprestado e devolve, pede emprestado e devolve – repetidamente, com intensidade inabalável, ele toma dinheiro apenas para devolvê-lo em pouco tempo. ...um vai e vem frenético semelhante de energia e momentum está ocorrendo perpetuamente no universo da distância microscópica e dos intervalos de tempo[126].

É assim que, mesmo numa região vazia do espaço, uma partícula emerge do Nada, "pegando emprestada" a sua energia do futuro e pagando por ela (com a sua aniquilação) antes que o

125. Cf. MILLER, J.-A. *Yad'lun! 2011*. Disponível em: https://www.youtube.com/watch?v=KWgPziYb1Aw. Acesso em: 04 mar. 2025.

126. GREENE, B. *The elegant universe*. Nova York: Norton 1999. p. 116-119.

sistema perceba esse empréstimo. A rede inteira pode funcionar assim, num ritmo de empréstimo e de aniquilação, uma tomando emprestada da outra, deslocando a dívida para a outra, adiando o pagamento da dívida – é realmente como o domínio da subpartícula jogando jogos de Wall Street com os futuros. Sempre decorre um tempo mínimo entre um evento quântico e o seu registro, e essa demora mínima abre espaço para uma espécie de trapaça ontológica com partículas virtuais (um elétron pode criar um próton e, assim, violar o princípio da energia constante, desde que ele o reabsorva rapidamente o bastante, ou seja, antes que o seu entorno "tome nota" da discrepância). É ASSIM que o próprio Deus – a figura última do grande Outro – pode ser enganado; por um enxame de "unos" que escapa ao seu alcance. É assim que se deve ler a noção de "semideus" introduzida por Chiesa: Deus que não é plenamente o demiurgo de tudo o que existe, Deus a quem escapa toda uma camada de coisas, ou, como Lacan o coloca: "não é tanto uma questão de saber se ele não é um enganador, mas, o que Descartes não menciona, se ele não está enganado"[127]. Chiesa é aqui muito lacônico: enganado não é o mesmo que descrente em si mesmo, implica um descentramento muito mais forte de Deus.

Um outro paradoxo (para o nosso senso comum) dessa noção de "tomar emprestado" energia do futuro e pagar por ela (com a sua aniquilação) antes que o sistema perceba esse empréstimo, é que parece envolver o que seria difícil não perceber como uma espécie de *viagem retrógrada no tempo*[128]. Será que realmente deverão ser excluídos os loops causais fechados nos

---

127. LACAN, J. *Seminário XII*: Problemas cruciais para a psicanálise. Lição de 3 de fevereiro de 1965. Disponível em: https://nosubject.com/Seminaire_12.pdf. Acesso em: 04 mar. 2025.

128. Os físicos quânticos realizaram agora a primeira medição da reflexão do tempo: conseguiram reverter o tempo a um nível quântico e até mostrar como as reflexões do tempo acontecem. Não podemos deixar de esperar e ver o que se seguirá... Cf. Physicists perform first measurement of 'time reflection' in microwaves – Physics World.

quais A é ao mesmo tempo o futuro causal e o passado causal de B? A retrocausalidade nos permite explicar a ligação mais rápida que a luz entre partículas sem violar a velocidade da luz como o movimento mais rápido possível: quando duas partículas emaranhadas são cindidas, a informação de uma partícula primeiro viaja (com a velocidade da luz) de volta no tempo até o momento da sua cisão e depois viaja para a frente até a outra partícula, de modo que a sua ligação parece simultânea... Não precisamos necessariamente postular a reversibilidade geral do tempo: a direção básica do tempo permanece para a frente, do passado para o futuro, e os ocasionais desvios pelo passado apenas complicam o movimento geral. (Será que existe um paralelo na natureza da estrutura temporal descrita por Dupuy? Em que nível podemos dizer que os processos naturais não apenas se desenvolvem obedecendo à causalidade linear, mas também podem envolver uma visão do futuro e reagir a ela?) Dupuy aponta a homologia entre a sua noção de tempo projetado em que coexistem diferentes futuros e a ideia básica de que o futuro é necessário:

> Não há futuros alternativos possíveis, uma vez que o futuro é necessário. Em vez de uma disjunção exclusiva, há uma superposição de estados. Tanto a escalada para extremos e a sua ausência fazem parte de um futuro fixo: é porque a primeira figura nele que a dissuasão tem uma chance de funcionar; é porque a última figura nele que os adversários não estão obrigados a se destruírem mutuamente. Só o futuro, quando vier a acontecer, dirá.

Aqui entra a teologia – como? Se considerarmos a nossa situação como a de realidades sobrepostas, não estamos lidando com múltiplas opções dentro da mesma realidade global na qual uma situação complexa por vezes oferece diferentes caminhos a seguir ("agora você tem de decidir, fazer ISSO ou AQUILO, e as consequências podem ser de longo alcance..."). Estamos lidando com algo muito mais radical: no nível simbólico, *a nossa realidade inteira, inclusive o passado, muda*, e, a partir dessa nova posição, uma nova maneira de agir não é apenas uma opção dentro do arcabouço da mesma realidade existente, mas *a única coisa lógica, até mesmo necessária, a fazer*. Nos termos da ideologia hegemônica anterior, tal mudança não pode deixar de parecer um “milagre”, uma vez que não pode ser explicada no quadro da ideologia hegemônica. Essa mudança “milagrosa” que abre uma nova possibilidade (“Sim, nós podemos!”) é um momento teológico: ela destrói as próprias fundações do nosso ser ao nos tornar conscientes de que o que (erroneamente) tomamos como a nossa realidade é um constructo simbólico frágil.

E Dupuy está ciente de uma ligação com a mecânica quântica: “Cheguei ao conceito de superposição de estados por uma linha de raciocínio que nada deve à teoria quântica. Mesmo assim, há afinidades inequívocas, pelo menos, entre a metafísica do tempo projetado e alguns dos conceitos básicos da mecânica quântica”[129]. Então, em que tipo de noção de tempo (em seu contraste com o espaço) se baseia tal noção de universo? As três principais visões metafísicas rivais do tempo são o Presentismo, o Possibilismo e o Eternalismo[130]:

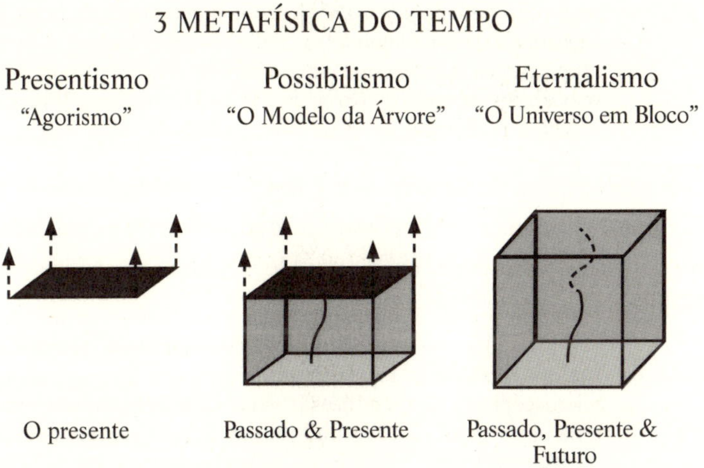

Figura 3.4

129. DUPUY, J.-P. *The war that must not occur*. Redwood City: Stanford University Press, 2023 (citado do manuscrito).

130. SAVITT, S. Being and becoming in modern physics. *Stanford Encyclopedia of Philosophy*. Disponível em: https://plato.stanford.edu/archives/win2021/entries/spacetime-bebecome/. Acesso em: 04 mar. 2025.

O presentismo é a visão ontologicamente austera: apenas o presente existe, o passado foi, mas já não é, enquanto o futuro virá a ser, mas ainda não é. Depois temos o modelo em árvore que mais se aproxima da nossa visão de senso comum: o passado e o presente formam um bloco estável do que realmente aconteceu ou está acontecendo, enquanto o futuro está aberto ao acaso e à nossa liberdade. O universo em bloco é filosoficamente muito interessante, basicamente reduz o tempo (mudança temporal) ao espaço: tudo o que há existe num presente eterno, e o fluxo do tempo é apenas a ilusão devida à nossa visão limitada restrita ao presente. A versão mais pura do universo-bloco no qual o tempo é reduzido a uma dimensão secundária foi recentemente colocada por Rovelli que

> postula que a realidade é apenas uma rede complexa de eventos na qual projetamos sequências de passado, presente e futuro. O Universo inteiro obedece às leis da mecânica quântica e da termodinâmica, das quais emerge o tempo. Ele argumenta que a nossa percepção do fluxo do tempo depende inteiramente da nossa incapacidade de ver o mundo em todos os seus detalhes. A incerteza quântica significa que não podemos conhecer as posições e velocidades de todas as partículas do Universo. Se pudéssemos, não haveria entropia, tampouco desemaranhamento do tempo[131].

Rovelli explica claramente as implicações ontológicas dessa visão: o que experimentamos como nossa realidade temporal "não é um constituinte fundamental do mundo", apenas nos parece

> porque o mundo é imenso, e somos pequenos sistemas dentro do mundo, interagindo apenas com variáveis macroscópicas que fazem uma média entre inúmeras variáveis pequenas, microscópicas. Nós, em nossas vidas cotidianas, nunca vemos uma única partícula elementar, ou um único quantum de espaço. Vemos pedras, montanhas, os rostos dos nossos amigos – e cada uma dessas coisas que vemos é formada por miríades de componentes elementares. Estamos sempre correlacionados com médias: elas dispersam calor e, intrinsecamente, geram

131. JAFFE, A. The illusion of time. *Nature*, 4 abr. 2018. Disponível em: https://www.nature.com/articles/d41586-018-04558-7. Acesso em: 4 mar. 2025.

> tempo. ... O tempo é um efeito de negligenciarmos os microestados físicos das coisas. O tempo é informação que não temos. / O tempo é nossa ignorância (222-223)[132].

O que isso significa, no nível da ontologia, é que "não devemos confundir o que sabemos sobre um sistema com o estado absoluto do mesmo sistema. O que sabemos é algo concernente à relação entre o sistema e nós mesmos" (223). O que realmente existe lá fora, a realidade em si, "o estado absoluto do sistema", é composto de eventos quânticos e suas interações que ocorrem fora do tempo, e devemos distinguir estritamente essa realidade em si da maneira como a realidade nos parece devido à limitação da nossa visão – a diferença metafísica clássica entre realidade e aparências retorna aqui com força total, e Parmênides vence Heráclito.

Não é de admirar que Einstein tenha visto com simpatia a ideia de um universo em bloco e brincado com ela – essa ideia não é uma extrapolação maluca, mas uma implicação necessária de uma visão totalmente determinística do universo. Consequentemente, a única maneira de realmente poupar tempo – seja qual for a forma – é conceber a realidade como não-todo, como incompleta e, nesse sentido, como aberta para o futuro. O que isso significa é que aquilo que Rovelli chama de "estado absoluto" da realidade, sua completa descrição, não só está fora do alcance de observadores finitos e limitados como nós, como é em si uma noção sem sentido que deve ser abandonada. A "ignorância" que separa a nós, a nossa visão, do estado absoluto da realidade é imanente à própria realidade – a realidade é "em si" barrada, atravessada por uma impossibilidade. Normalmente os idealistas privilegiam o tempo (os nossos pensamentos acontecem no tempo, mas não podem ser localizados no espaço), enquanto os materialistas insistem no caráter irredutível do espaço (até mesmo

---

132. Cf. ROVELLI, C. *Reality is not what it seems*: the journey to quantum gravity. Nova York: Riverhead Books, 2016 [todos os números não acreditados entre colchetes referem-se às páginas desse livro].

os nossos pensamentos têm de estar localizados na realidade espacial do nosso cérebro); mas deveríamos reverter esse privilégio.

Então, qual dos três modelos devemos adotar? Não o de uma árvore ("possibilismo") com passado e presente determinados e uma abertura apenas para o futuro, mas um quarto: a *historicidade do próprio universo-bloco*. Cada "agora" – digamos, cada época histórica – reconstrói a sua própria visão do passado e do futuro, e quando acontece uma verdadeira mudança, e não apenas uma repetição dele, a cadeia de blocos inteira é transformada. Há uma anedota maravilhosa (e politicamente correta no melhor sentido do termo) sobre Hanns Eisler, aluno de Schoenberg que se tornou depois da Segunda Guerra Mundial uma espécie de compositor oficial da RDA, mas nunca renunciou a Schoenberg, resistindo a todas as pressões da ideologia oficial. Ele justificou sua fidelidade com um antigo provérbio chinês: "aquele que não ama e não honra seu professor é um cachorro". O amigo de Eisler, Hans Mayer, perguntou-lhe onde ele encontrou esse provérbio, e Eisler respondeu: "Eu o inventei"[133]. Esta é a posição dialético-materialista correta: o maior ato criativo não é ser original e romper com o passado, mas reinventar um novo passado.

O próprio passado está aberto para o futuro, não é simplesmente "o que realmente aconteceu", embora cheio de fissuras, de possibilidades alternativas – o passado é também o que deixou de acontecer, o que foi esmagado de modo que "o que realmente aconteceu" pudesse ter acontecido. É nesse ponto que devemos evitar a armadilha fatal de conceber essa "abertura" da realidade no sentido de uma realidade temporal única que está aberta para o futuro e solicita um progresso gradual e incessante. Não admira que Smolin, um oponente da teoria da cadeia de blocos e defen-

133. Cf. HANNS EISLER – Komponist (1898-1962) – Dokumentation 1992. Direção: Günter Atteln. 1992. *YouTube*. Disponível em: https://www.youtube.com/watch?v=KWgPziYb1Aw. Acesso em: 04 mar. 2025.

sor da realidade do tempo, tenha coescrito um livro com Roberto Unger[134], cuja posição é a de um "pragmatismo radicalizado",

> a ideologia operacional do encurtamento da distância entre as atividades de preservação do contexto e as de transformação do contexto. É, portanto, um programa de revolução permanente – no entanto, um programa concebido de tal forma que a palavra "revolução" é despojada de todo romantismo acerca de um outro mundo e reconciliada com a cotidianidade da vida como ela é[135].

Temos aqui um exemplo de como uma visão sociopolítica do progresso gradual, da autotransformação permanente dos humanos, ecoa uma visão ontológica fundamental. Uma visão progressista semelhante foi desenvolvida por Cornelius Castoriadis na sua leitura de Aristóteles. Contra a noção de imaginação como "negativa" (como uma falsa representação da realidade), Castoriadis argumenta que

> escondida mais profundamente na tradição filosófica estava a descoberta de uma *imaginação primária* que não é simplesmente negativa. Com efeito, em *De Anima* 3.7-3.9, Aristóteles argumentou que a imaginação primária é uma "condição para todo pensamento". Para Castoriadis, essa afirmação implica que não pode haver compreensão da realidade sem a imaginação primária. Deveria ser interpretada, argumentou Castoriadis, como uma capacidade para a própria *apresentação* da realidade enquanto tal, uma apresentação necessária para qualquer compreensão posterior. Dessa forma, a imaginação primária precede qualquer *re*presentação da realidade[136].

Do meu ponto de vista lacano-hegeliano, tal visão positiva da imaginação neutraliza demais o poder infinito da imaginação como a força da negatividade que despedaça todas as formas de inteire-

---

134. Cf. MANGABEIRA UNGER, R.; SMOLIN, L. *The singular universe and the reality of time*: a proposal in natural philosophy. Cambridge: Cambridge University Press, 2014.

135. MANGABEIRA UNGER, R. *The self-awakened.* Cambridge: Harvard University Press 2007, p. 57.

136. *Cornelius Castoriadis*. Internet Encyclopedia of Philosophy. Disponível em: https://iep.utm.edu/cornelius-castoriadis/. Acesso em: 04 mar. 2025.

za orgânica – sim, como Shakespeare escreveu, "a imaginação dá corpo / às formas das coisas desconhecidas, a pena do poeta / as transforma em figuras e dá ao nada etéreo / uma local de habitação e um nome" (*Sonho de uma noite de Verão*, Ato V, Cena 1), mas, antes de fazê-lo, a imaginação abre esse "nada etéreo", que então preenche não principalmente com beleza poética, mas primeiro com a mistura, saída de um pesadelo, de *membra disjecta*, objetos parciais, objetos destacados do seu Todo orgânico.

MATERIALISMO DAS ACOISAS

O mesmo efeito pode ser gerado também simplesmente aproximando-nos demais de um objeto da nossa realidade. Um close-up do rosto de uma formiga capturado por Eugenijus Kavaliauskas de Taurage, Lituânia, recentemente se tornou viral na web, e olhando para ele, pode-se facilmente ver como a cabeça de uma minúscula formiga, apenas devidamente ampliada, dá origem a uma sensação de pavor paralisante, como se a cabeça de um monstro de um filme de terror estivesse diante de nós[137]. Embora estejamos olhando para uma imagem, essa imagem não se ajusta às proporções da nossa realidade: a sua ampliação, em certo sentido, a imaginariza, a torna parte da nossa realidade e, assim, a transforma num puro mal de pesadelo. Essa lacuna não é simplesmente a lacuna entre a nossa percepção subjetiva da realidade e a realidade objetiva em si: o horror da cabeça da formiga também reside na nossa percepção dela. Exatamente o mesmo se aplica ao corpo humano: se observássemos uma imagem fortemente ampliada de um detalhe do nosso corpo (digamos, a abertura anal), o efeito também seria de horror. Então,

---

137. KOOSER, A. Terrifying close-up of an ant's face gives horror movie monsters a run for their money. *MSN*, 25 out. 2022. Disponível em: https://www.msn.com/en-us/news/technology/terrifying-close-up-of-an-ants-face-gives-horror-movie-monsters-a-run-for-their-money/ar-AA13g2QJ. Acesso em: 04 mar. 2025.

mesmo nesse nível elementar das imagens fotográficas, a pura amplificação quantitativa altera o estatuto ontológico do objeto.

O papel da ciência é crucial aqui. A ciência passa da simbolização do real com fórmulas incompatíveis com a realidade sensorial percebida para a reimaginarização do que essas fórmulas revelam – não apenas a apropriação gnóstica-obscurantista de teorias científicas (a mecânica quântica é frequentemente lida nesse sentido), mas também a busca "imanente" de alguma forma de teoria unificada final de tudo, unidade de quantum e gravidade etc. O principal efeito do discurso científico moderno (que culmina na mecânica quântica) é o não-acordo entre a percepção sensorial humana e a natureza: a ciência moderna lida com (e gera): a manipulação simbólica/matemática pela ciência do real físico mina a unidade todo-inclusiva da substância que percebemos como a nossa realidade; introduz na nossa realidade um "enxame pululante de in-substâncias, desde as ondas de Hertz já mencionadas por Lacan até exemplos mais perspícuos da mecânica quântica, da astrofísica, para não mencionar o campo mais mundano das tecnologias da informação":

> Lacan saúda o surgimento dessas não-coisas (*achoses*). Ele afirma que é com base nelas que podemos finalmente – ateisticamente – pensar o materialismo num sentido completamente diferente, ou seja, renunciar à "idealidade da matéria" a que o materialismo vulgar se apega. ... Esse materialismo centrado nos efeitos, por assim dizer, imaterialmente materiais gerados pela ciência, baseia-se numa apreciação do fato de que essa eficácia mesma necessita de encontros repetidos com o real. ... A ciência se constrói "a partir de algo do que nada havia de antemão" – uma vez que esse algo in-substancial só se torna alguma-coisa simbolicamente e toma forma com referência à formalização matemática.

O termo *achose* (não-coisas, ou melhor, *acoisas*) é, obviamente, outra vez ambíguo de uma típica maneira lacaniana: o "a" pode ser lido como uma marca de negação (como em "arrítmico" ou "apolítico"), ou como *objeto a*, sinalizando que o não-objeto (um objeto sem suporte substancial em nossa realidade ordinária) aparece como uma corporificação do objeto-causa do desejo. No entanto, não somos capazes de assumir plenamente esse resultado básico da ciência, razão pela qual "as operações simbólicas da ciência real são sempre acompanhadas pela imaginarização daquilo sobre o que operam". Essa imaginarização ocorre em dois níveis. Dentro do próprio discurso científico, ocorre quando a ciência "tenta *explicitamente* apresentar uma visão harmônica do mundo como um Todo", como pode ser visto na busca desesperada para formular a fórmula última da realidade, uma TOE (*theory of everything* [teoria de tudo]), ou para chegar "pelo menos um passo mais perto da finalização, de preferência sob a forma de uma síntese de visões pré-existentes (por exemplo, a teoria das cordas ou a gravidade quântica deveriam acomodar as descobertas concorrentes da teoria da relatividade e da mecânica quântica)"[138]. Nisto reside a dificuldade de ser um verdadeiro materialista hoje: não apenas em defender a ciência contra todas as formas de espiritualismo (como estão fazendo os proponentes do chamado "novo materialismo", de Steven Pinker e Christopher Hitchens a Sam Harris), mas, como Althusser o viu claramente décadas atrás, para defender a ciência contra a sua própria ideologia espontânea, operante mesmo nas (e talvez especialmente nas) suas formas mais reducionistas. (Infelizmente, até mesmo Zeilinger sucumbe a essa tentação quando concorda com o Dalai Lama que a contingência também pode ser um sinal de que Deus está agindo incógnito, num nível inacessível ao nosso conhecimento[139].)

---

138. O "clássico" aqui é *The tao of physics: an exploration of the parallels between modern physics and eastern mysticism* (Berkeley: Shambhala, 1975), de Fritjof Capra. Para uma versão popular recente, cf. NOBEL PRIZE 2022. Universe is not real | Where quantum physics meets Vedanta. YouTube. Disponível em: https://www.youtube.com/watch?v=MI3TXsPtOAE. Acesso em: 04 mar. 2025, em que o autor afirma que a física quântica moderna demonstra o que o antigo Vedanta já sabia: (1) o mundo não é real; (2) o observador traz o mundo à existência.

139. Cf. ZEILINGER, A. So sieht Quantenphysiker Anton Zeilinger die Welt. Sternstunde Religion. SRF Kultur. Direção: Günter Atteln. 2023. *You-*

O termo "acoisas" (ou "não-coisas") foi conceitualizado por Byung-Chul Han em seu *Não-coisas*[140], livro baseado na oposição entre a presença de coisas autênticas que abrem e sustentam um mundo da vida, introduzindo nele a estabilidade dos rituais e uma linguagem reduzida a um meio de comunicação, à circulação de informação: "As não-coisas bloqueiam as coisas, as poluem. A informação e a comunicação inúteis destroem a paisagem silenciosa, a discreta linguagem das coisas" (80). As coisas são estáticas, proporcionando permanência e estabilidade, enquanto o fluxo de informação é um fluxo no qual múltiplas imagens e palavras lutam pela nossa atenção, para obter nossas "curtidas". Na nossa sociedade da informação digitalizada, a realidade é reduzida a informações que estão à nossa (do sujeito) disposição, objetos dessacralizados aos quais não pertence nenhuma aura. Já não são coisas em sua densidade impenetrável, mas "não-coisas", dados sem substância que podemos multiplicar e manipular à nossa vontade, uma vez que não oferecem resistência... Mas as coisas se tornam imediatamente mais complexas: o universo digital de dados não é simplesmente imaterial: pelo contrário, ele reduz a realidade àquilo a que continua a se referir como meros objetos, à sua materialidade que não contém nenhum mistério – o que vemos no Pornhub (ou testemunhamos ao vivo em espetáculos pornográficos) é precisamente a estúpida materialidade rasa dos corpos copulantes. No lado oposto, o que faz de uma coisa uma coisa é precisamente *o seu aspecto de não-coisa*, a evocação de um segredo imaterial no seu núcleo invisível. Han está, sem dúvida, consciente desse paradoxo, uma vez que, ao mesmo tempo que afirma que "as não-coisas bloqueiam as coisas, as poluem", ele escreve:

Tube. Disponível em: https://www.youtube.com/watch?v=O2sHn0bOC5I. Acesso em: 04 mar. 2025.

140. O autor cita a versão em inglês, contudo a obra encontra-se disponível em português: HAN, B.-C. *Não-coisas*. Petrópolis: Vozes, 2022.

> Enquanto as coisas normais de percepção cotidiana são representantes da ordem simbólica, a *coisa-em-si* secreta é uma NÃO-COISA (*achose*). A NÃO-COISA é o *real* que escapa ao *simbólico*. A NÃO-COISA desliza pela rede de representação. É o *punctum de realidade*, não o "campo cego" (*champ aveugle*) ou o "além sutil" (*hors-champ subtil*) que mina o *studium*, o vasto campo de informação (59-60).

Veja também uma formulação semelhante algumas páginas adiante:

> A NÃO-COISA *impressiona* porque não informa. É o *reverso*, o misterioso quintal, o "além sutil" da obra de arte, até mesmo o seu *inconsciente*. Ela resiste ao desencanto da arte (65).

Então há uma não-coisa informacional "ruim" (um fluxo de dados imateriais) e uma não-coisa "boa" (o real que escapa ao simbólico). Nessa linha, Han parafraseia a distinção entre *studium* e *punctum* elaborada por Barthes: "O *studium* é investido de uma 'consciência soberana'. Deixei minha atenção soberana deslizar pelo vasto campo da informação. O *punctum*, pelo contrário, coloca-me numa condição de passividade radical. Isso me deixa fraco. Sofro uma perda de self. Sem qualquer decisão consciente da minha parte, algo 'é pungente para mim'. Algo 'me pica' e 'me machuca'" (58). É preciso introduzir aqui a distinção entre "self" e sujeito: o que Barthes chama de *punctum* é o *objet petit a* lacaniano, o objeto virtual-real (excesso sobre a realidade) que "faz cócegas" no sujeito e é, enquanto tal, constitutivo da própria dimensão da subjetividade. O sujeito emerge pela perda/esvaziamento do "self" – "self" designa a riqueza fantasmática de uma "pessoa" que preenche o vazio do sujeito.

Na mesma linha, Han, seguindo Barthes, fala do *corpo erótico da linguagem*, ou, no canto, da "geno-canção", a dimensão do canto além da comunicação, uma voz que abriga o corpo voluptuoso do desejo (63). Han opõe aqui o erotismo e a pornografia: a pornografia mostra tudo, todos os detalhes, mas deserotiza totalmente os corpos mostrados, apagando toda a sua aura. Ao contrário de algumas das formulações de Han, não estamos, portanto, lidando aqui com uma mudança da materialidade das coisas para o fluxo imaterial de informações: as coisas, na sua realidade estúpida, permanecem lá como objetos de análise e manipulação. O que desaparece é a sua não-coisidade, a sua aura, que é conferida ao – como? *Através da linguagem*. O excesso "místico" indizível é um produto retroativo da própria linguagem.

Além disso, há outra ambiguidade ignorada por Han. Quando, citando Ponge, ele celebra a dimensão erótica do poema como uma coisa com um corpo no qual as palavras já não são reduzidas a instrumentos modestos de transmissão de informações, ele não menciona o obsceno obverso/parte de baixo da poesia, o nojo/fascínio pelas palavras embaraçosas que nos impressionam pela sua materialidade vocal. Mesmo as músicas pop mais superficiais mobilizam regularmente palavras e melodias além do seu significado (como o hit de The Sweet de 1971, "Co-Co", com o verso obscenamente cativante e interminavelmente repetido de palavras sem sentido: "ho-chi-ka-ka-ho-co-co-co-co"[141]; é semelhante ao outro hit "Papa Joe" em seu verso "Rumbo rumbo hear papa Joe".

Estamos assim entrando no domínio daquilo que Lacan chamou de *lalangue* ("linguagem"), a linguagem em todas as suas ambiguidades e jogos de palavras não intencionais. Pode parecer que *lalangue* abre o espaço no qual podemos resistir ao discurso hegemônico do poder. Na China de hoje, o Cavalo de Grama e Lama ou Cǎonímǎ é um meme da internet baseado em um trocadilho: é uma brincadeira com as palavras em mandarim *cào nǐ mā*, literalmente "foda-se a sua mãe". Cǎonímǎ é um caso exemplar do discurso de resistência dos usuários da internet chineses, uma mascote dos internautas na China que lutam pela liberdade

141. Cf. SWEET. Co-Co. Disco 11.09.1971 (OFFICIAL). *YouTube*. Disponível em: https://www.youtube.com/watch?v=cz92NkhESnc. Acesso em: 04 mar. 2025.

de expressão, inspirando poesia, fotos e vídeos, obras de arte, linhas de roupas e muito mais. Enquanto tal, faz parte de uma cultura chinesa mais ampla de falsificação, zombaria, trocadilhos e paródias, conhecida como *e'gao*, que inclui mixagem de vídeo e outros tipos de *bricolage*[142]. Da nossa própria cultura, basta mencionar a marca de sorvetes Häagen-Dazs – como surgiu esse nome? Reuben Mattus, um judeu polaco que emigrou para os Estados Unidos e fundou a empresa de sorvetes Häagen-Dazs em 1959, empenhou-se

> numa busca de uma marca que ele afirmava soar dinamarquesa; no entanto, a pronúncia do nome da empresa ignora as letras 'ä' e 'z' e letras como 'ä' ou dígrafos como 'zs' não existem em dinamarquês. De acordo com Mattus, foi um tributo ao tratamento exemplar dado pela Dinamarca aos seus judeus durante a Segunda Guerra Mundial, e incluía um contorno do mapa da Dinamarca nos primeiros rótulos. Mattus sentiu que a Dinamarca também era conhecida pelos seus laticínios e tinha uma imagem positiva nos Estados Unidos. Sua filha Doris Hurley relatou que seu pai ficou sentado à mesa da cozinha por horas dizendo palavras sem sentido até encontrar uma combinação que lhe agradasse[143].

Será que "Häagen-Dazs" não é a *lalangue* no seu estado mais puro? O nome condensa uma referência a alegados fatos históricos (o tratamento dispensado pela Dinamarca aos judeus, a Dinamarca como um país conhecido pelos seus laticínios), associações imaginárias que são falsas no nível dos fatos (letras como 'ä' ou dígrafos como 'zs' não existem em dinamarquês embora "soem" dinamarqueses… para nós, não para os próprios dinamarqueses, claro), até o gozo no puro *nonsense* vocal. Tais fenômenos estão longe de se limitarem à linguagem ordinária: muitos termos filosóficos ou científicos são formados de maneira semelhante, escolhidos por causa do seu som agradavelmente obs-

---

142. Grass Mud Horse. *Wikipedia*, 2025. Disponível em: https://en.wikipedia.org/wiki/Grass_Mud_Horse . Acesso em: 4 mar. 2025.

143. Cf. Häagen-Dazs. *Wikipedia*, 2025. Disponível em: https://en.wikipedia.org/wiki/H%C3%A4agen-Dazs. Acesso em: 4 mar. 2025.

ceno ou por suas associações impróprias? Simplesmente pense na mecânica quântica: a "degenerescência" como um conceito quântico, anyons, quarks (que também designavam um queijo macio saudável), até o próprio Big Bang...

Tal infecção dos conceitos científicos com as obscenidades "degeneradas" da *lalangue* não relativiza de forma alguma a ciência num fenômeno histórico: a verdadeira ciência universal facilmente sobrevive à sua transposição de uma para outra linguagem ordinária que afeta o seu discurso com diferentes tipos de obscenidades. O que esse caso demonstra claramente é que *lalangue* não deve ser reduzida a algum tipo de brincadeira poética subversiva que liberta os falantes dos confins da ideologia hegemônica – *lalangue* também (e talvez até mesmo predominantemente) serve como instrumento de humilhação e opressão violentas. Um ato típico dos racistas é designar seus inimigos com um termo aparentemente "neutro", cujos ecos obscenos transmitem uma clara mensagem racista – e, quando a atenção é chamada para isso, o perpetrador afirma que as suas mãos são puras, uma vez que usou o termo em seu sentido neutro... Um verdadeiro ato de libertação reside na nossa capacidade de extrair um conceito universal puro das suas contaminações obscenas. Tente formular uma noção racista/sexista na sua estrutura lógica pura e a sua absurdidade se tornará imediatamente clara.

Estamos assim levantando a velha questão freudiana: por que gozamos a própria opressão? Ou seja, o poder afirma o seu domínio sobre nós não simplesmente pela opressão (e a repressão), que são sustentadas pelo medo do castigo, mas subornando-nos pela nossa obediência e renúncias forçadas – o que obtemos em troca da nossa obediência e renúncias é um prazer pervertido na própria renúncia, um ganho na própria perda. Lacan chamou esse prazer pervertido de mais-gozar: não há um "gozo básico" ao qual se acrescenta o mais-gozar, o gozo é sempre um excedente, em excesso. É a referência a Marx, especialmente à noção de mais-valia, *Mehrwert*, de Marx que permitiu a Lacan desenvolver sua noção "madura" de *objeto a*, o objeto-causa do desejo, como mais-gozar (*plus-de-jouir*, *Mehrlust*). Freud deu o primeiro passo nessa direção quando fala de *Lustgewinn*, um "ganho de prazer", que não designa uma simples intensificação do prazer, mas o prazer adicional proporcionado pelos próprios desvios formais no esforço do sujeito para obter prazer. Exemplar é aqui a já mencionada reversão que caracteriza a histeria: a renúncia ao prazer reverte no prazer da/na renúncia, a repressão do desejo reverte no desejo de repressão etc. Tal inversão está no próprio cerne da lógica capitalista: como Lacan apontou, o capitalismo moderno começou com a *contagem* do prazer (de obter lucro), e essa contagem do prazer reverte imediatamente no *prazer de contar* (lucro).

No extremo oposto, há a presença silenciosa de uma coisa que sustenta um mundo: todos os casos evocados por Han referem-se ou a monumentos nobres ou (principalmente) a pequenas coisas que significam algo para uma pessoa que as possui (desde os objetos transicionais de uma criança pequena que trazem estabilidade e forma à sua vida, até um livro antigo ou, no próprio exemplo de Han, uma jukebox dos anos 1950). Mas e as coisas que deveriam permanecer porque testemunham um horror indizível? O que esses casos extremos demonstram é que a dimensão do sagrado e do divino tem o seu próprio lado obscuro: com todos os seus indizíveis horrores, Auschwitz também foi uma *achose*, uma coisa sagrada que divulga o lado maligno do divino – o seu horror excessivo o torna divino.

Recordemos o caso de Marek Edelman, um dos autênticos heróis do século XX, um judeu polaco, o último sobrevivente da revolta do gueto de Varsóvia em 1943. Quando a sua esposa e filhos emigraram na esteira da crescente campanha antissemita em 1968, ele decidiu ficar na Polônia – por quê? Até mesmo alguns de seus admiradores especularam acerca dos motivos pessoais patológicos que o possam ter levado a fazê-lo (sua relação patológica com a mãe), mas numa entrevista décadas atrás ele deixou claro: comparou-se às pedras dos edifícios em ruínas no local do campo de Auschwitz: "Afinal, alguém tinha que ficar aqui com todos aqueles que perecerem aqui". Isso diz tudo: o que importava era, em última análise, a sua presença nua e muda ali, não as suas declarações – era a consciência da presença de Edelman, o simples fato de ele "estar ali", que manteve na nossa memória o horror indizível de Auschwitz mais do que todos os livros, músicas e filmes sobre isso.

Não será a dualidade das acoisas imateriais e a presença silenciosa das coisas inertes mais um caso de complementaridade? É por isso que um capítulo sobre a mecânica quântica tem de terminar com acoisas: na sua noção de oscilação ondulatória, a mecânica quântica rompeu com o espaço místico das acoisas como fenômenos espirituais difusos e as localizou na própria fundação da realidade material. Acoisas não são indicações de que a realidade material não é tudo o que há – como Lacan viu claramente, são a prova definitiva do materialismo radical.

4
O SAGRADO, O OBSCENO E O DESMORTO

A definição comum de paralaxe é: o deslocamento aparente de um objeto (a mudança de sua posição contra um fundo), causado por uma mudança do ponto a partir do qual o observamos[144]. A reviravolta filosófica a ser acrescentada é que a diferença observada não é simplesmente "subjetiva", devida ao fato de que um mesmo objeto que existe "lá fora" é visto de dois pontos de vista diferentes. É antes que, como Hegel o teria colocado, sujeito e objeto são inerentemente "mediados", de modo que uma mudança "epistemológica" no ponto de vista do sujeito reflete sempre uma mudança "ontológica" no próprio objeto. É por isso que o subtítulo do livro de Alenka Zupančič sobre *Antígona* é "A paralaxe de Antígona"[145]. Nos anos 1960 e 1970, era possível comprar postais de pornografia leve com uma garota de biquíni ou com um vestido adequado; porém, quando movíamos um pouco o cartão postal ou olhávamos para ele de uma perspectiva ligeiramente diferente, o vestido desaparecia magicamente e era possível ver o corpo nu da garota. As duas figuras de Antígona, a sua beleza sublime e a sua brutalidade monstruosa, estão intimamente ligadas, como no postal vulgar: uma pequena mudança no nosso ponto de vista torna visível a sua natureza estranha, uma vez que a sublime postura ética de Antígona se baseia na sua monstruosa perturbação da ordem social existente. A lição de Antígona é, portanto, aquela formulada há um século por Rainer Maria Rilke nas suas "Elegias de Duino": "o belo nada mais é

---

144. Para uma elaboração mais sistemática da noção de paralaxe, cf. meu *Parallax View*. Cambridge: MIT Press, 2006.

145. Cf. ZUPANČIČ, A. *Let them rot*: Antigone's parallax. Nova York: Fordham University Press, 2023. Os números entre colchetes referem-se às páginas desse livro.

do que o início do terrível que ainda somos capazes de sustentar, e o admiramos tanto porque visa nos destruir com o seu calmo desdém. Todo e qualquer anjo é terrível"[146].

COMENDO O ÚLTIMO CANIBAL

Então não devemos opor os dois lados de Antígona, o bom e o mau, nem tentar adivinhar qual é o mais substancial: Antígona dá corpo à própria paralaxe, ela *é* a lacuna sem resolução. Como demonstrá-lo? O ponto de partida de Zupančič é a sua leitura perspicaz da conhecida resposta dos membros de uma tribo aborígine ao explorador que os visita pela primeira vez "Ainda há canibais entre vocês? Você é um criminoso canibal?": "Não, não somos canibais; comemos o último ontem". Zupančič comenta:

> O que essa piada resume muito bem é que no centro de cada lei escrita e simbólica há (sempre) algo como um "crime impossível". Se uma comunidade civilizada e não-canibal é constituída por seus membros comendo o último canibal, essa comunidade nunca poderia ser constituída se esse "último" ato de canibalismo fosse rotulado como tal, um ato criminoso de canibalismo. Do ponto de vista da nova comunidade, é um crime, mas apenas retrospectivamente; é um crime que se torna crime com a própria ocorrência desse ato de comer o "último". Não é um crime como outros crimes; é, estritamente falando, o crime impossível que ocorre num território que não tem território, não tem base para se firmar; constitui um interior excluído do estado de direito. A constituição do direito (ou da ordem simbólica em geral) envolve uma descontinuidade, uma lacuna, algo que não pode ser baseado em nada além de si mesmo ou derivado linearmente do prévio "estado natural". A piada do canibal aponta para justamente isso. "Comer o último canibal" corresponderia à transição linear de um estado para outro, sem descontinuidade, mas isso é logicamente impossível; constitui um paradoxo: e aqueles que comeram o último canibal? De que forma já não são canibais? Algo acontece aqui; algo se perde, a primeira "geração original" de não-canibais está constitutivamente faltando, e a lei do não-canibalismo depende da sua ausência, dessa lacuna (11).

146. Minha própria tradução.

A fundação de uma ordem jurídica implica, portanto, que o crime que funda a ordem jurídica seja o que Fred Jameson chamou de "mediador desaparecido" entre as duas esferas, não pertencendo nem à brutalidade pré-jurídica (por ela abolida) nem à esfera do direito (afinal, é um ato violento ilegal). Kant estava bem consciente desse paradoxo quando tratou do complicado estatuto jurídico da rebelião contra um poder (jurídico): a verdade de uma afirmação depende do (e muda com o) momento da sua enunciação. A proposição "o que os rebeldes estão fazendo é um crime que merece ser punido" é verdadeira se pronunciada enquanto a rebelião ainda está em curso; contudo, uma vez que a rebelião vença e estabeleça uma nova ordem jurídica, essa afirmação sobre o estatuto jurídico dos mesmos atos passados já não se aplica. O círculo da economia simbólica, no qual o efeito precede a causa, ou seja, a cria retroativamente, vale também para o estatuto jurídico da rebelião contra um poder (jurídico) em Kant: a proposição "o que os rebeldes estão fazendo é um crime que merece ser punido" é verdadeira se pronunciada enquanto a rebelião ainda está em curso; no entanto, uma vez que a rebelião vença e estabeleça uma nova ordem jurídica, essa afirmação sobre o estatuto jurídico dos mesmos atos passados já não é válida:

> Se uma revolução violenta, engendrada por uma má constituição, introduz por meios ilegais uma constituição mais legal, não seria permitido levar o povo de volta à constituição anterior; mas, enquanto a revolução durasse, cada pessoa que participasse aberta ou secretamente dela teria justamente incorrido na punição devida àqueles que se rebelam[147].

Não é possível ser mais claro: o estatuto jurídico do mesmo ato muda com o tempo. O que é, enquanto a rebelião prossegue, um crime punível, se torna, depois de estabelecida uma nova ordem jurídica, o seu próprio oposto – mais precisamente, simplesmente desaparece, como um mediador desaparecido que re-

147. KANT, I. *Perpetual peace*. Disponível em: http://www.mtholyoke.edu/acad/intrel/kant/kant1.htm. Acesso em: 4 mar. 2025.

troativamente se cancela/apaga a si mesmo no seu resultado. O mesmo vale para o início mesmo, para a emergência da ordem jurídica a partir do violento "estado de natureza" – Kant está plenamente consciente de que não existe um momento histórico de "contrato social": a unidade e a lei de uma sociedade civil são impostas ao povo pela violência cujo agente não é motivado por quaisquer considerações morais:

> porquanto uma causa unificadora deve sobrevir à variedade de volições particulares a fim de produzir a partir delas uma vontade comum, estabelecer esse todo é algo que nenhum indivíduo do grupo pode realizar; portanto, na execução prática dessa ideia não podemos contar senão com a força para estabelecer a condição jurídica, em cuja compulsão o direito público será posteriormente estabelecido. Dificilmente podemos esperar encontrar no legislador uma intenção moral suficiente para induzi-lo a comprometer-se com a vontade geral no estabelecimento de uma constituição jurídica depois de ter formado a nação a partir de uma horda de selvagens[148].

Contudo, é fundamental dar aqui um passo adiante: e se, da mesma forma que o momento mítico do contrato social, o crime primordial for também uma fantasia retroativa? Podemos ver agora onde reside a fraqueza de Kant: não há necessidade de evocar o "Mal radical" sob o disfarce de algum crime primordial obscuro – todas essas fantasias obscuras têm de ser evocadas para ofuscar o próprio ato que acontece (ou, melhor, pode acontecer) o tempo todo. O paradoxo é claro: o próprio Kant, que colocou tanta ênfase no ato ético como autônomo, não patológico, irredutível às suas condições, é incapaz de reconhecê-lo onde acontece, interpretando-o equivocadamente como o seu oposto, como o impensável "Mal diabólico". Kant é aqui um na série de muitos pensadores políticos conservadores (e não apenas conservadores), de Pascal e Joseph de Maistre em diante, que elaboraram a noção de origens ilegítimas do poder, de um "crime fundador" no qual o poder do Estado se baseia; para

148. Ibid.

ofuscar essas origens, deveríamos proibir a exploração dessas origens e oferecer às pessoas comuns "mentiras nobres", narrativas heroicas das origens. Robert B. Pippin defende o mesmo argumento em seu *Hollywood Westerns and American Myth* [Os westerns de Hollywood e o mito americano][149]: a passagem da "barbárie" para a ordem jurídica moderna no "Velho Oeste" dos Estados Unidos foi realizada através de crimes brutais, através da ingestão dos últimos canibais, e lendas foram inventadas para ofuscá-los – era isso a que John Ford visava na sua famosa frase: "Quando a lenda se torna fato, imprima a lenda". A lenda "torna-se fato" não no simples sentido de verdade fatual, mas no sentido de que se torna um constituinte imanente da ordem sociopolítica realmente existente, de modo que a rejeitar equivale à desintegração dessa ordem.

O filme principal é aqui, claro, o tardio *O homem que matou o facínora* (1962), de Ford, no qual Tom (John Wayne), "o canibal que come o último canibal", é um fazendeiro numa pequena cidade do oeste aterrorizada por Valance e sua gangue. Ranse (James Stewart), um jovem advogado e educador recém-chegado à cidade, quer lidar com Valance de forma legal, mas é impedido pelo covarde xerife local Appleyard. Depois que Valance vandaliza a cidade mais uma vez, Ranse se arma e vai atrás dele sozinho; Valance facilmente desarma o inexperiente Ranse e o fere, mas Ranse recupera a sua arma, atira e Valance cai morto. Ranse retorna à cantina local onde Hallie, um objeto amoroso de Tom e Ranse, trata o seu braço ferido; Tom entra e, depois de ver a clara afeição de Hallie por Ranse, se embebeda, força Appleyard a expulsar os homens de Valance da cidade e tenta o suicídio colocando fogo na sua própria casa, mas é salvo no último minuto.

O assassinato de Valance eleva Ranse a um herói local e ele é proposto como candidato a um cargo superior numa convenção

149. Cf. PIPPIN, R.B. *Hollywood Westerns and American myth*. New Haven: Yale University Press, 2012.

local; mas ele tem dúvidas porque não quer começar sua carreira política com um assassinato. Tom então chega e explica a Ranse que foi ele, e não Ranse, quem matou Valance: sabendo que Ranse nunca poderia esperar derrotar Valance, Tom atirou nele com o rifle de Pompey ao mesmo tempo que Ranse disparou. Tom incentiva Ranse a aceitar a indicação pelo bem de Hallie antes de sair discretamente da convenção. Um quarto de século depois, ao saber da morte de Tom, Ranse – agora um senador de sucesso por Washington – visita a cidade novamente para assistir ao funeral de Tom, mas não explica o motivo para isso, porque agora é publicamente identificado como "o homem que atirou em Liberty Valance" ... A característica interessante do filme é que a posição de Ranse de certa forma inverte a de Édipo: o assassinato, o ato heroico de "comer o último canibal", é efetivamente executado pelo anônimo Tom para que Rance mantenha o bolo e o coma – ele obtém toda a glória e sucesso que adveio do ato enquanto pode se sentir subjetivamente inocente, já que não matou ninguém, ou seja, não cometeu o crime fundador. Podemos ver aqui como o ato heroico de "comer o último canibal", longe de ser o fundamento sujo e oculto da ordem jurídica, é em si um mito ideológico: a verdadeira ameaça à carreira de Rance é a verdade de que ele não cometeu o ato ilegal fundador de eliminar o obstáculo ao Estado de direito. A função desse mito é relegar o crime a um passado mítico distante e ofuscar o crime em curso (violência ilegal) imanente ao funcionamento atual do Estado, não apenas a violência "objetiva" dos aparelhos do Estado, mas também a (crescente) necessidade de um crime subjetivo para sustentar o funcionamento do Estado.

Ernest Gellner aponta nessa direção com a sua afirmação de que a definição mais precisa de governo é a de Ibn Khaldun: o governo é "uma instituição que impede qualquer outra injustiça senão aquela que ele próprio comete"[150]. A maneira de ofuscar

150. GELLNER, E. *Plough, sword, and book:* the structure of human history. Chicago: University of Chicago Press, 1988, p. 239.

esse doloroso paradoxo é elevar o domínio dos crimes do Estado ao domínio não-humano do sagrado – será que não existe aqui um paralelo claro entre essa afirmação e a proposição de Sayid Qutb de que apenas uma submissão pura e incondicional a Deus garante a liberdade da servidão a qualquer outra pessoa? Nós, humanos, não podemos ficar sozinhos, precisamos de uma autoridade superior, e só uma autoridade que não seja a de outro ser humano torna possível manter a liberdade e evitar a submissão a outros seres humanos... Nessa linha, Zupančič localiza as "leis sagradas e não escritas" evocadas por Antígona para justificar o seu ato precisamente nesse interespaço "impossível" de um crime que fundamenta uma nova ordem: eles

> não são simplesmente um resquício de antigas tradições, mas surgem (ou aparecem) com o corte que inaugura a nova ordem – é só nesse ponto que uma dimensão particular do passado antigo é constituída como sagrada porque está ligada ao crime inaugural da nova ordem. O sagrado poderia, portanto, ser definido nesse contexto como algo que não tem lugar na ordem simbólica dada; mais precisamente, o lugar do sagrado é o lugar do não-lugar (12).

Então, o que Creonte fez ao proibir o enterro de Polinices? Ele interveio nesse espaço sagrado, perturbando-o de uma forma muito precisa: "encenou a festa de comer o último canibal e convidou todos a verem o seu corpo em decomposição" (13). Em outras palavras, a obscenidade de Creonte reside no fato de ele ter repetido o crime fundador do ordenamento jurídico estando esse ordenamento já estabelecido, dentro desse ordenamento, como apenas mais uma medida jurídica justificada pelas leis do Estado. Ele "não perpetuou simplesmente a violência objetiva/sistêmica padrão e imperceptível da regra dada", ou seja, ele não simplesmente se agarrou com demasiada firmeza à letra da lei; pelo contrário, ele próprio executou um gesto de violência excessiva e subjetiva, não fundamentado nas leis da cidade, além disso, "e isso agrava a sua ofensa, ele executou esse gesto de violência subjetiva em nome do Estado e do direito público" (10). Em suma, ele não apenas cometeu um crime que viola a lei, ele violou a lei fingindo tê-lo feito (agindo como se o tivesse feito) *em nome da própria lei* – ele assim arruinou a lei por dentro, a manchando com uma corrupção subjetiva arbitrária.

Encontramos uma estrutura semelhante num escândalo da Igreja Católica que repercutiu por toda a Europa no final de 2022. Diz respeito a Marko Ivan Rupnik, um jesuíta esloveno que foi, durante muitos anos, diretor do Centro de Estudos e Investigação "Ezio Aletti". Rupnik é não só um teólogo, mas também um artista de renome mundial, mais conhecido pelos seus mosaicos. Realizou obras de arte famosas em todo o mundo, tais como os mosaicos da Capela "Redemptoris Mater" do Palácio Apostólico do Vaticano, da Catedral de Santa Maria Real de l'Almudena em Madrid, da Igreja Ortodoxa da Transfiguração em Cluj, do Santuário de São João Paulo II em Cracóvia e do Santuário de São João Paulo II em Washington. A sua estima por Rupnik era tão grande que em 2016, durante o Jubileu da Misericórdia, o papa celebrou uma santa missa pelo Centro Aletti no Palácio Apostólico. Na Eslovênia, Rupnik era quase um ícone nacional, celebrado como o maior artista vivo.

O escândalo eclodiu em Roma há alguns anos, quando uma jovem freira, depois de as suas repetidas queixas discretas terem sido ignoradas, veio a público e revelou como Rupnik a forçou a fazer um *ménage à trois* com outra freira da sua comunidade juntando-se a elas no sexo, evocando um argumento que soa quase marxista: "a sexualidade tem de ser redimida da propriedade privada, e fazê-lo é seguir a imagem da Trindade, em que uma terceira pessoa aceita a relação entre as duas". A freira o conheceu quando era uma estudante de 21 anos, e estabeleceu contato com ele porque se interessava por arte e ele era um pintor jesuíta. Ela também posou nua para ele, o que a princípio não pareceu incomum para ela: "Não foi difícil desabotoar minha blusa. Para mim, ingênua e inexperiente como era, isso significava apenas ajudar um amigo. Depois ele me beijou suavemente nos lábios e me disse que foi assim que beijou o altar onde celebrou a Eucaristia", lembra ela. O que se seguiu foram numerosos abusos, exigências de sexo oral e masturbação violenta. Se ela resistisse, ele a desacreditaria aos olhos da sua comunidade. “Ele não teve restrições, para atingir seu objetivo usou todos os meios, até mesmo detalhes confidenciais que ouviu durante a sua confissão”. A freira finalmente reuniu coragem e deixou a comunidade...[151]

Com toda a honestidade, temos de acrescentar que, embora a história seja verdadeira (e ainda apoiada por dezenas de atos semelhantes de Rupnik na Itália e na Eslovênia), pode haver um contexto político obscuro na sua publicação: parece ser usada por forças católicas conservadoras contra o Papa Francisco e os jesuítas (que geralmente são mais progressistas). Deve-se acrescentar também que (com algum atraso, no entanto), os jesuítas e a própria Igreja reagiram adequadamente, apelando a outras vítimas para denunciarem atos semelhantes de Rupnik às autoridades públicas. No entanto, ainda se ouve o velho argumento de que estamos lidando aqui com o pecado privado de um indivíduo que nada tem a ver com a Igreja como instituição – esse argumento deve ser rejeitado uma vez que, como acabamos de ver, Rupnik evocou noções cristãs como a Trindade na sua própria sedução das jovens freiras.

Isso também se aplica ainda mais aos casos homossexuais de pedofilia que florescem dentre muitos padres católicos – não são algo que concirna apenas às pessoas que, por razões acidentais de história privada sem qualquer relação com a Igreja como instituição, escolhem a profissão de sacerdote. Esse abuso é um fenômeno que concerne à Igreja Católica enquanto tal, porque está inscrito no seu próprio funcionamento como uma instituição

151. Cf. GOLDMAN, P.; KHAN, A. J. Father Rupnik accused of psychological and physical violence. The silence of the Jesuits. *Silere non possum*, 2025. Disponível em: https://silerenonpossum.org. Acesso em: 4 mar. 2025. RUPNIK, M. Rupnik se je pri “trojčku” skliceval na sveto trojico. *OBALAplus*, 21 dez. 2022. Disponível em: https://obalaplus.si/rupnik-se-je-pri-trojcku-skliceval-na-sveto-trojico/. Acesso em: 4 mar. 2025.

sociossimbólica. Dessa forma, não só concerne ao inconsciente "privado" dos indivíduos, mas ao "inconsciente" da própria instituição da Igreja Católica. Esse abuso não é algo que acontece porque a instituição tem de se acomodar às realidades patológicas da vida libidinal a fim de sobreviver, mas algo que a própria instituição necessita a fim de se reproduzir. Pode-se muito bem imaginar um padre não pedófilo que, após anos de serviço, se envolva em pedofilia porque a própria lógica da instituição o seduz a isso. Tal *Inconsciente institucional* designa a obscena parte de baixo rejeitada que sustenta a instituição pública. (No exército, essa parte de baixo consiste em rituais sexualizados obscenos, como o *fragging*, que sustentam a solidariedade do grupo.)

Em outras palavras, não é simplesmente que, por razões conformistas, até recentemente a Igreja tentasse abafar os seus escândalos de pedofilia; antes, ao defender-se, a Igreja estava defendendo o seu segredo obsceno mais íntimo. O que isso significa é que se identificar com esse lado secreto era um elemento-chave da própria identidade de um padre católico. É por isso que, voltando a Rupnik, é crucial discernir os dois locais de mais-gozar no que ele estava fazendo: não apenas o mais-gozar trazido pela transgressão da Lei da Igreja, mas o mais-gozar gerado pelo fato de a ideologia da Igreja e os rituais proverem a própria estrutura da violação da lei da Igreja[152]. Voltando à nossa metáfora dos postais de pornografia leve: temos um postal que retrata Rupnik como um grande artista, profundamente imerso em questões espirituais; então movemos um pouco o postal e vemos um velho sujo com um sorriso obsceno... Contudo, a sacralidade não deve ser restrita aos assuntos da religião. Como Jean-Pierre Dupuy demonstrou conclusivamente, a loucura das armas nucleares que contêm a ameaça da nossa autoaniquilação total também implica o espaço do sagrado:

---

152. Para uma análise mais detalhada dessa dimensão, cf. HILLS, G. *Papal sin*. Nova York: Doubleday, 2000.

> há um sentido muito preciso no qual se pode dizer que a bomba e o sagrado contêm violência no duplo sentido do verbo "conter": ter dentro e manter sob controle. O sagrado detém a violência por meios violentos, originalmente através do sacrifício. Da mesma forma, durante toda a Guerra Fria, foi como se a bomba nos tivesse protegido da bomba. A própria existência de armas nucleares parecia ter evitado um holocausto nuclear, sem deixar de ser o que o tornou possível[153].

Aqui tropeçamos na ambiguidade obscena das armas nucleares: oficialmente elas são feitas para NÃO serem usadas – no entanto, como Aleksandr Dugin disse numa entrevista, armas são, em última análise, feitas para serem usadas... Então, quando Zupančič evoca aqui, em relação ao ato de Creonte, a oposição entre obscenidade e decência (13), ela visa aqui também, e sobretudo, a práticas contemporâneas como as "técnicas aprimoradas de interrogatório":

> A violência estatal ilegal moderna (ou, mais geralmente, práticas ilegais ou extralegais apoiadas e possibilitadas pelos aparatos de poder legalmente existentes) poderia ser vista como uma versão contemporânea da maneira de Creonte governar descaradamente, ou seja, transgredindo os limites internos da lei, repetindo a sua constituição ilegal – como comer o último canibal repetidas vezes (17).

É por isso que Julian Assange é a nossa Antígona, durante muito tempo mantido na posição de morto-vivo (cela solitária isolada, contatos muito limitados com a sua família e advogados, sem condenação ou mesmo acusação oficial, apenas à espera da extradição) – por quê? Porque ele assumiu as consequências do seu ato de tornar *público* o obsceno lado obscuro da política dos Estados Unidos, e não apenas informar sobre ele aos serviços secretos do lado oposto... Não é de admirar que, em 6 de junho de 2023, um juiz da Suprema Corte em Londres tenha negado a Julian Assange permissão para recorrer de uma ordem de extradição para os Estados Unidos, onde enfrenta acusações

153. DUPUY, J.-P. *The war that must not occur*. Redwood City: Stanford University Press, 2023 (citado do manuscrito).

criminais nos termos da Lei de Espionagem[154]. Embora a equipe jurídica de Assange já tenha anunciado que irá protestar contra essa decisão, o laço em volta do seu pescoço está gradualmente, mas, pelo que parece, inexoravelmente, sendo apertado.

Como podem os Estados Unidos (e o Reino Unido) fazerem isso? Quando o Afeganistão caiu nas mãos dos talibãs, um comandante talibã explicava a um jornalista dos Estados Unidos que, embora os Estados Unidos e o Ocidente tenham os melhores relógios para medir o tempo, o próprio tempo está do lado dos talibãs, funciona para eles, de modo que podem se dar ao luxo de esperar o máximo possível. No caso de Assange, o tempo está do lado dos Estados Unidos e do Reino Unido: eles podem se dar ao luxo de esperar, contando com o fato de que o interesse público irá diminuir gradualmente, especialmente devido a outras crises globais que dominam os nossos meios de comunicação (a guerra na Ucrânia, o aquecimento global, a ameaça da IA...). O que está acontecendo com Assange é, portanto, cada vez mais algo noticiado às margens dos nossos grandes meios de comunicação: o fato de ele permanecer em confinamento solitário durante anos é apenas parte das nossas vidas...

No entanto, se quisermos enfrentar as crises globais de hoje, pessoas como Assange são mais necessárias do que nunca. Os horrores que ocorrem longe dos olhos do público nas guerras de hoje, os efeitos catastróficos do aquecimento global em todo o mundo, o impacto da Inteligência Artificial nas nossas relações sociais... só delatores como Assange podem nos conscientizar dessas ameaças à nossa própria sobrevivência como humanos trazendo o oculto lado obscuro para o espaço público. Eis um caso modelo de tal necessidade de delatores. Quando, no final de maio de 2023, os subúrbios de Moscou foram novamente atacados por um

154. Cf. REBAZA, C. Julian Assange loses latest attempt to appeal against extradition to the US. *CNN*, 9 jun. 2023. Disponível em: https://www.cnn.com/2023/06/09/julian-assange-loses-latest-attempt-to-appeal-against-extradition-to-the-us. Acesso em: 4 mar. 2025.

par de drones (a Ucrânia negou a sua participação nesse ataque, o atribuindo à oposição russa), Putin prontamente o denunciou como um “ato terrorista”[155], e até mesmo alguns observadores ocidentais queixaram-se de que a Ucrânia estava levando a guerra longe demais… Mas quaisquer que sejam as nossas considerações táticas aqui, deve-se tomar nota da assimetria óbvia: um par de drones bombardeando Moscou é um ato terrorista (ou, para alguns no Ocidente, pelo menos um ato problemático), enquanto um bombardeamento sistemático muito mais massivo de Kiev faz parte de operações de guerra que atingem alvos legítimos… Seguindo a mesma linha de raciocínio de Putin, o presidente da Bielorrússia, Alexander Lukashenko, afirmou que as nações que estiverem dispostas a “aderir à União da Rússia e Bielorrússia” receberão armas nucleares: “É muito simples. Juntem-se à União da Rússia e Bielorrússia. Isso é tudo: haverá armas nucleares para todos”[156]. (Não será isso uma norte-coreanização dos Estados menores?) Então, mais uma vez, a aliança Rússia-Bielorrússia tem o direito de dar armas nucleares a todos os que estiverem do seu lado, enquanto uma mera suspeita de que a Ucrânia possa estar protegida por armas nucleares ocidentais é denunciada como um passo em direção ao novo conflito nuclear global…

Deve-se lembrar aqui que, quando a União Soviética se desintegrou, a Ucrânia entregou todas as armas nucleares à Rússia com a promessa de que as suas fronteiras seriam reconhecidas pela Rússia – será que ela não tem o direito agora de obter (de volta) as armas nucleares? Por que é que essa solução óbvia é rejeitada com horror mesmo por aqueles que defendem da boca

155. BRENNAN, D. Putin: Drone attack ‘terrorist act’. *ABC News*, 26 fev. 2025. Disponível em: https://abcnews.go.com/International/russia-reports-massive-ukraine-drone-attack-strategic-port/story?id=119198093. Acesso em: 4 mar. 2025.

156. HARRAK, L. Belarusian President Alexander Lukashenko offers nuclear weapons to nations willing ‘to join the Union State of Russia and Belarus’. *CNN*, 29 maio 2023. Disponível em: https://www.cnn.com/videos/world/2023/05/29/exp-nuclear-weapons-belarus-lukashenko-putin-laila-harrak-fst-05292aseg3-cnni-world.cnn. Acesso em: 4 mar. 2025.

para fora a defesa da Ucrânia? São simplesmente incapazes de admitir o fato mais do que óbvio de que, ao resistir à agressão russa, a Ucrânia realizou um autêntico ato heroico que apanhou o mundo inteiro de surpresa. Esse ato mudou as coordenadas (e as pressuposições silenciosas) tidas como certas, obrigando-nos a repensar a constelação política global inteira.

Para ver tudo isso, não precisamos de Assange. Mas deveríamos então apoiar incondicionalmente (o apoio da Otan à) Ucrânia? Lembremos os últimos versos da *Dreigroschenoper* de Brecht: *"Denn die einen sind im Dunkeln / Und die andern sind im Licht. / Und man sieht nur die im Lichte / Die im Dunkeln sieht man nicht.* (E alguns estão nas trevas / E os outros na luz / Mas você só vê os que estão na luz / Os que estão nas trevas você não vê)"[157]. Essa é mais do que nunca, talvez, a nossa situação hoje, na autoproclamada era dos meios de comunicação modernos: enquanto os grandes meios de comunicação estão cheios de notícias sobre a guerra na Ucrânia, "as guerras mais mortíferas do mundo não são noticiadas"[158]. Da Eritreia (onde o terror estatal parece ser pior do que na Coreia do Norte) até a República Centro-Africana ou o Congo, com guerras civis onde os mortos são contados aos milhões – "os que estão nas trevas você não vê" à luz ofuscante dos relatórios sobre a Ucrânia.

Isso não significa que não devamos apoiar totalmente a Ucrânia – a questão é como fundamentar esse apoio. A ideia de que deveríamos apoiar a Ucrânia porque "tais coisas não deveriam acontecer na Europa", isto é, a fim de defender a civilização ocidental, deve ser absolutamente rejeitada: é essa mesma civilização que não só ignora os horrores que ocorrem fora das

157. FLIPPO, H. Hildegard Knef Sings 'Mackie Messer' in German. *ThoughtCo*, 24 fev. 2020. Disponível em: https://www.thoughtco.com/mack-the-knife-lyrics-in-german-4076149. Acesso em: 4 mar. 2025.

158. Cf. GOODMAN, A. "World's Deadliest Wars Go Unreported": Journalist Anjan Sundaram. *Democracy Now!*, 9 jun. 2023. Disponível em: https://www.democracynow.org/2023/6/9/anjan_sundaram_on_covering_deadly_wars. Acesso em: 4 mar. 2025.

suas fronteiras, mas também muitas vezes até mesmo os apoia e manipula. Com a guerra ucraniana tivemos uma amostra do que acontecia o tempo todo fora da nossa vista, por isso o ataque à Ucrânia deveria despertar-nos para os mesmos (ou ainda piores) horrores dos quais fomos cúmplices. E é aqui que é necessária uma abordagem praticada por Assange: fazer-nos ver também aqueles que estão nas trevas. Para o nosso próprio bem, não devemos permitir que o próprio Assange caia nessa escuridão da invisibilidade... Hoje, no entanto, algo mais estranho está acontecendo: está emergindo um novo tipo de líderes políticos

> que se orgulham de cometer esse crime abertamente e não secretamente, como se isso equivalesse a algum tipo de diferença moral fundamental ou diferença de caráter, nomeadamente, "ter a coragem", "o estômago", de fazê-lo abertamente. Mas o que pode parecer ser a sua corajosa transgressão das leis estatais, evitando a "hipocrisia" que essas leis por vezes exigem, nada mais é do que uma identificação direta com o obsceno outro lado do próprio poder estatal. Não equivale a nada mais ou diferente. Estão transgredindo as suas próprias leis. É por isso que, mesmo quando estão no poder, esses líderes continuam a agir como se estivessem em oposição ao poder existente, rebelando-se contra ele – quer o chamem "Estado profundo" ou outra coisa (18).

O modelo insuperável do líder obsceno que viola publicamente a lei é, obviamente, Donald Trump. Eis o exemplo mais recente: em 3 de dezembro de 2022, Trump pediu a rescisão da Constituição para anular as eleições de 2020 e reintegrá-lo ao poder: "Você descarta os resultados das eleições presidenciais de 2020 e declara o VENCEDOR JUSTO, ou você tem uma NOVA ELEIÇÃO? Uma fraude massiva desse tipo e magnitude permite a extinção de todas as regras, regulamentos e artigos, mesmo aqueles encontrados na Constituição"[159]. Parece que, em algumas democracias ocidentais, o sistema jurídico não conse-

159. HOLMES, K. Trump calls for the termination of the Constitution in Truth Social post. *CNN Politics*, 4 dez. 2022. Disponível em: https://abc17news.com/politics/national-politics/cnn-us-politics/2022/12/04/trump-calls-for-the-termination-of-the-constitution-in-truth-social-post-3/. Acesso em: 4 mar. 2025.

gue nem sequer manter as aparências: se quer sobreviver, tem de infringir abertamente as suas próprias leis... As aparências estão se desintegrando também na Rússia de hoje: Putin primeiro afirmou que não houve intervenção militar russa na Crimeia, que a população local se rebelou contra o terror ucraniano; mais tarde, ele apenas admitiu que soldados russos intervieram ali em uniformes sem quaisquer símbolos de Estado. Yevgeny Prigozhin, um dos homens fortes em torno de Putin e organizador do Grupo Wagner de mercenários russos (uma espécie de versão russa da *yakuza* japonesa), primeiro negou que tivesse algo a ver com isso, e mais tarde simplesmente admitiu que o organizou[160]. A verdadeira coragem é assim redefinida como a coragem de violar as leis se os interesses do Estado assim o exigirem. Encontramos essa postura na admiração propriamente direitista pela celebração dos heróis que estão dispostos a fazer o necessário trabalho sujo: é fácil fazer uma coisa nobre pelo seu país, até mesmo sacrificar a própria vida por ele – é muito mais difícil cometer um CRIME pelo seu país...

Contudo, na Rússia e em alguns outros Estados, algo bem diferente está acontecendo com essa "coragem" de fazer o mal. No estalinismo, as aparências são salvas porque *comer o último canibal é diretamente legalizado* – as purgas assassinas de milhões de pessoas são um consumo permanente do último canibal. (O paradoxo aqui é que, tal como em *Antígona*, a regra não escrita à qual é muito arriscado obedecer é a *própria moralidade*.) Agora, sob Putin, a Rússia elevou novamente o consumo de canibais a uma lei: na quarta-feira, 15 de dezembro de 2022, a Duma estatal adotou a primeira leitura de um projeto de lei que diz que quaisquer crimes cometidos em Donetsk, Luhansk, Zaporizhia e Kherson, antes da anexação das quatro regiões ucranianas em

160. Aliás, um grupo de opositores russos de Putin organizou agora uma unidade militar de voluntários para lutar pela Ucrânia e, com uma ironia maravilhosa, autodenominaram-se Grupo Mozart – só podemos esperar que bombardeiem os soldados do exército russo com bolas de Mozart (*Mozart Kugeln*) recheadas de chocolate...

30 de setembro, "não serão considerados crimes puníveis por lei" se forem considerados como tendo sido "no interesse da Federação Russa". Não ficou claro como seria decidido se um crime serviu aos interesses da Rússia. (As forças armadas russas foram acusadas de uma vasta gama de crimes nas regiões ocupadas da Ucrânia, que vão desde tortura, estupro e homicídio até pilhagens e vandalismo.)[161]

Durante a sua visita à Eslovênia em março de 2023, Jeffrey Sachs disse numa entrevista sobre a guerra na Ucrânia: "A fundação para a paz deve ser que ambos os lados retornem para casa"[162]. Uma declaração que certamente merece o prêmio máximo de estupidez do ano – como se a guerra estivesse acontecendo num terceiro terreno neutro, do qual ambos os lados pudessem se retirar. Para onde deverão os ucranianos voltar quando o terreno da guerra É a sua casa? (É possível uma outra leitura dessa declaração: uma vez que se trata de uma guerra por procuração, "ambos os lados" são a Rússia e a Otan – mas nesse caso, a afirmação é ainda mais cínica, porque o que significa é que a Otan deveria retirar o seu apoio à Ucrânia.) A mera menção de casos como esse mina irremediavelmente qualquer abordagem "equilibrada" da guerra, além de implicar que temos de rejeitar o próprio raciocínio subjacente que sustenta a declaração de Xi, na sua mensagem de Ano Novo em 31 de dezembro de 2022, de que a China "está do lado certo da história", acrescentando que a Rússia continua a ser um país "progressista" – o que temos de rejeitar aqui é o próprio raciocínio subjacente: não existe um

---

161. VASILYEVA, N. Russia to scrap punishments for crimes in occupied Ukraine if 'in interest of Russian Federation'. *The Telegraph*, 15 dez. 2022. Disponível em: https://www.telegraph.co.uk/world-news/2022/12/15/russia-scrap-punishments-crimes-occupied-ukraine-interest-russian/. Acesso em: 4 mar. 2025.

162. LIPUŠČEK, U.; ERŽEN, J. Temelj za mir mora biti, da bosta obe strani odšli domov. *Delo*, 11 mar. 2023. Disponível em: https://www.delo.si/sobotna-priloga/temelj-za-mir-mora-biti-da-bosta-obe-strani-odsli-domov/. Acesso em: 4 mar. 2025.

"lado certo da história" orientado para o progresso, a tendência predominante é em direção à catástrofe[163].

Mas será que não está acontecendo algo estruturalmente homólogo também na cultura pseudoesquerdista do cancelamento? Posso facilmente imaginar Hegel tendo um repetido orgasmo intelectual ao trazer à tona a (para ele) necessidade óbvia da reversão da inclusividade e da diversidade num procedimento de exclusão sistemática: "Por quanto tempo poderão partes da esquerda liberal continuar defendendo que 'a cultura do cancelamento' é apenas um fantasma da direita, já que eles literalmente andam por aí cancelando concertos, shows de comédia, exibições de filmes, palestras e conversas?"[164]. O que permeia a "cultura do cancelamento" é uma "postura de não debate": uma pessoa ou posição não é simplesmente excluída – o que é excluído é o próprio debate, o confronto de argumentos, a favor ou contra essa exclusão. Hegel teria mobilizado aqui o que Lacan chamou de lacuna entre o conteúdo enunciado e a postura subjacente da enunciação: você defende a diversidade e a inclusão, mas o faz excluindo todos aqueles que não subscrevem plenamente a sua própria definição de diversidade e inclusão – então tudo o que você faz é excluir permanentemente pessoas e posições. Dessa forma, a luta pela inclusão e pela diversidade dá origem a uma atmosfera de suspeita e denúncia semelhante à da Stasi, em que nunca se sabe quando uma observação privada sua levará à sua eliminação do espaço público...) Será que não chegamos aqui a uma versão extrema da piada sobre comer o último canibal? "Não há adversários da diversidade e da inclusão no nosso grupo – acabamos de excluir o último..."

---

163. MITCHELL, T. Troubles aside, Xi says China on 'right side of history'. *ABC News,* 31 dez. 2022. Disponível em: https://abcnews.go.com/International/troubles-aside-xi-says-china-right-side-history/story?id=819321674. Acesso em: 4 mar. 2025.

164. MOORE, S. Banning free speech in the name of inclusivity and diversity is the Fringe's sickest joke. *The Telegraph,* 18 ago. 2023. Disponível em: https://www.telegraph.co.uk/comedy/comedians/graham-linehan-edinburgh-fringe-banning-free-speech/. Acesso em: 4 mar. 2025.

CURTO-CIRCUITO INCESTUOSO

Na medida em que podemos dizer que Stalin também legalizou o canibalismo, será que não poderíamos também dizer que Stalin teve três irmãos que ele matou: Trotsky, Bucharin (os dissidentes esquerdistas e direitistas)... e o próprio Lênin como irmão-pai (o papel de Stalin na morte de Lênin é suspeito)? Então, qual é o papel do incesto aqui? Zupančič começa com a sua própria paráfrase da velha piada francesa citada por Lacan "Tenho três irmãos, João, Paulo e eu":

> Não poderíamos dizer que Antígona, com todo o seu ser e todas as suas ações, está dizendo algo como "Tenho três irmãos, Polinices, Etéocles e meu pai"? Em outras palavras, será que não é saliente que a ordem dos irmãos seja para ela marcada, de maneira muito concreta e dramática, pela irrupção, imposição, de um aparecimento inesperado, "impossível" do pai na cadeia dos irmãos? (59).

Em *Antígona*, a mudança fundamental em relação à versão de Lacan é que o terceiro elemento não sou eu mesmo, é o meu pai não como totalmente pai, mas meio-irmão. A leitura que Judith Butler faz da afirmação de Antígona está aqui errada: Polinices não representa todos aqueles que estão excluídos da humanidade universal, com a ideia subjacente de que ele (assim como gays e lésbicas, trans...) deveria ser incluído. Antígona insiste em Polinices precisamente porque ele não é um humano como os outros, mas uma exceção monstruosa, um criminoso, em certo sentido, desumano. Será que não encontramos um eco distante da escolha de Antígona na minissérie televisiva *The Last of Us*? Bem no final do último episódio, Joel leva Ellie (que é imune ao vírus que matou grande parte da população mundial) para um hospital isolado com a esperança de que os médicos consigam encontrar uma cura no seu corpo. Quando os médicos se preparam para fazer a cirurgia em Ellie, Joel percebe que, para conseguir a cura, eles terão que a matar. A sua escolha é a seguinte: sacrificar Ellie e (potencialmente, pelo menos) salvar a humanidade, ou salvar Ellie à custa da grande maioria dos humanos. Por causa do vínculo que cresceu entre Joel e Ellie, ele decide salvá-la, matando no processo dezenas de pessoas no hospital – então a sua escolha é como o "Deixe-os apodrecer!" de Antígona: Eu não me importo com a sorte da grande maioria dos humanos, estou disposto a deixá-los apodrecer, a minha escolha não é a universalidade, mas a exceção. De volta a *Antígona*, o que torna Polinices "desumano" não é o seu crime (de atacar a sua própria cidade), mas o curto-circuito de gerações encarnado não só nele, mas em toda a linhagem familiar de Édipo:

> Isso é o que torna Polinices bastante excepcional; é o que faz com que Antígona, nesse caso, se oponha à vontade da cidade: não o fato de Polinices também ser um ser humano, como todos os outros, mas o fato de ele não ser um ser humano como todos os outros (e de ser mais como o singular outro lado de cada ser humano, o seu lado inumano). Não são as suas virtudes, tampouco simplesmente a sua humanidade geral, mas o seu crime e a natureza peculiar do seu vínculo com ela que o tornam singular e digno de ser defendido, honrado, ao preço da própria vida dela (e da de muitos outros) (53).

Mas será que o curto-circuito incestuoso de gerações não é possível apenas dentro de uma ordem familiar patriarcal? Será que não estamos agora entrando numa era pós-patriarcal em que as diferenças geracionais já não importam? Zupančič tem toda a razão em insistir que, por mais artificial que seja a reprodução – mesmo que seja totalmente dissociada da relação sexual – ela permanece sexual. Consideremos os úteros artificiais, que já são uma perspectiva realista: a *EctoLife* de Hashem Al-Ghaili (com sede em Berlim)

> desdobra-se como uma enorme instalação inspirada na ficção científica com 75 laboratórios de última geração, cada um hospedando até 400 cápsulas de crescimento ou úteros artificiais que reproduzem as condições exatas encontradas dentro do útero de uma mulher. Uma única instalação pode incubar 30.000 bebês criados em laboratório por ano num ambiente livre de infecções. Cada cápsula de crescimento está equipada com sensores que monitorizam sinais vitais como batimentos cardíacos, saturação de oxigenação, temperatura, respiração e pressão arterial, en-

> quanto um sistema de IA monitoriza características físicas e detecta quaisquer anomalias genéticas potenciais[165].

Mas isso não é tudo: uma vez que cada bebê é concebido através de Fertilização In Vitro, os pais podem "livremente 'criar e selecionar o embrião mais viável e geneticamente superior, oferecendo ao [seu] bebê a oportunidade de se desenvolver sem quaisquer obstáculos biológicos'. A customização é oferecida como um Pacote Elite que dá aos pais a liberdade de alterar mais de 300 genes antes de implantar o embrião no útero artificial. Desde a seleção da cor do cabelo e dos olhos até a altura, o nível de inteligência e o tom de pele, esse recurso de escolha é realizado graças à ferramenta de edição genética CRISPR-Cas 9"[166]. E ainda assim, apesar de todo esse maquinário industrial, uma criança terá uma mãe e um pai biológicos que também ocuparão esses papéis simbólicos. Pode-se até imaginar facilmente o incesto aqui: e se uma mãe for inseminada pelo seu filho que já nasceu em um útero artificial? Mesmo a ideia (propagada por algumas feministas radicais) de mulheres que se inseminam (engravidam de si mesmas) permanece sexual – a clonagem (uma técnica que os cientistas usam para fazer cópias genéticas exatas de seres vivos – genes, células, tecidos e até animais inteiros podem todos ser clonado) é até agora

> a única tentativa de realmente contornar a reprodução sexual, sugerindo uma eventual possibilidade de os humanos se reproduzirem de outras formas que não sexualmente. Se isso, ou algo semelhante decorrente de novos avanços tecnológicos, funcionasse e se tornasse o principal meio de reprodução, talvez fizesse sentido perguntar quais seriam as implicações para a ordem simbólica: será que isso implicaria um horizonte simbólico completamente diferente ou talvez mesmo o fim da ordem simbólica enquanto tal? (32).

---

165. AL-GHAILI, H. Ectolife: the world's first artificial womb facility. *Designboom*, 14 dez. 2022. Disponível em: https://www.designboom.com/technology/hashem-al-ghaili-ectolife-the-worlds-first-artificial-womb-facility-12-14-2022/. Acesso em: 4 mar. 2025.

166. Ibid.

Na nossa tradição patriarcal, o provedor da minha identidade simbólica, do meu lugar na ordem das gerações, é o pai na sua dimensão simbólica, o Nome-do-Pai, então o curto-circuito incestuoso original é um pai que realmente pensa que é um pai, ou seja, um pai que pensa que a sua autoridade está diretamente fundamentada no ato da inseminação. Saddam Hussein disse no seu discurso final: "Não estou aqui para defender Saddam Hussein. Saddam Hussein é grande demais para ser defendido até mesmo pelo próprio Saddam Hussein"[167]. Isso prova que Saddam não era louco: ele estava ciente de que ele não era diretamente "Saddam Hussein", de que há uma lacuna entre "Saddam Hussein" como figura histórica pública e "Saddam Hussein" como uma pessoa empírica – em suma, ele evitou o curto-circuito incestuoso. Nesse sentido, em *Édipo em Colono*, Édipo defende-se alegando que não é culpado de matar seu pai porque a pessoa que ele matou (em legítima defesa) era para ele um total estranho: nem ele nem seu pai (biológico) sabiam que eles eram filho e pai, uma vez que para Édipo o único pai que ele conheceu e que serviu de autoridade paterna foi o seu pai adotivo. Então ele usa

> um argumento digno de um advogado habilidoso dirigindo-se a um júri: "Apenas me respondam uma coisa: se alguém tentasse matá-los aqui e agora, senhores justos, o que vocês fariam, perguntariam primeiro se o estranho era seu pai? Ou será que vocês não tentariam primeiro se defender?" (*Oedipus at Colonus* [Édipo em Colono], 991-995) Evidentemente, o mesmo argumento funciona igualmente bem para o incesto: você tem o hábito de perguntar a uma mulher, antes de dormir com ela, se ela poderia, por acaso, ser a sua mãe? O efeito cômico dessa resposta, com a qual Édipo conquista o coração dos atenienses, não nos deve desviar do verdadeiro alvo a que ela visa: o que é um pai? Como reconhecer um pai? E se não sou capaz de reconhecer alguém como o meu pai (e ele, por sua vez, é igualmente incapaz de me reconhecer), será que ele ainda é um pai? (44).

---

167. HISTORICAL SPEECHES TV. Saddam Hussein's final speech. *YouTube*, 30 dez. 2006. Disponível em: https://www.youtube.com/watch?v=ALsX9xNewMs. Acesso em: 4 mar. 2025.

A resposta é clara: NÃO. É por isso que Édipo não tem complexo de Édipo: sim, ele matou o seu pai sem saber e dormiu com a sua mãe, mas isso não significa que esse era de alguma forma o seu desejo inconsciente, do qual ele não tinha ciência. Ser pai é uma função simbólica que também, e sobretudo, me determina inconscientemente, de modo que Laio não era o pai de Édipo também no inconsciente de Édipo. Quando Édipo percebe que matou o seu pai biológico, fica furioso não porque é obrigado a confrontar o seu desejo inconsciente, mas porque é acusado de algo para o que não há base no seu inconsciente. Os chamados "primitivos" sabiam bem de tudo isso: quando afirmavam descender de algum animal sagrado (pássaro local, peixe...), sabiam que "pai" se refere aqui à autoridade simbólica e que a inseminação sexual (não de alguma forma ligada a essa autoridade) é necessária para realmente produzir um filho. E para ir até o fim nessa direção, será que não acontece algo semelhante com Cristo? Se não comprarmos a história da imaculada concepção, então Deus é o pai simbólico de Jesus, enquanto José (ou algum outro homem) efetivamente inseminou Maria. Mas o entendimento predominante é o oposto:

> Segundo os Evangelhos, Maria, uma virgem prometida a José, concebeu Jesus pelo poder do Espírito Santo – e por isso os cristãos consideram Jesus o Filho de Deus. Contudo, a maioria dos cristãos entende que José seja um pai verdadeiro em todos os sentidos, exceto o biológico, uma vez que José foi o pai jurídico que criou Jesus[168].

Penso que esse entendimento predominante seja o correto, ele expressa a genialidade do cristianismo: se José é o verdadeiro pai "em todos os sentidos, exceto o biológico", isso não significa que Deus seja simplesmente o pai biológico de Jesus; é antes

---

168. DODD, G. F. *Jesus' earthly dad, St. Joseph – often overlooked – is honored by Father's Day in many Catholic nations*. University of Dayton, 17 jun. 2022. Disponível em: https://udayton.edu/magazine/2022/06/jesus-earthly-dad-st-joseph.php. Acesso em: 4 mar. 2025.

que Jesus não tem um pai biológico – o seu pai "biológico" é transnatural (ou melhor, não natural), de modo que o que Hegel chamou de "a monstruosidade de Cristo" reside na sua "concepção imaculada" que é hoje fácil de imaginar como uma forma de manipulação genética artificial. Biologicamente, Cristo não tem pai, nasceu de uma mãe, mas sem um pai biológico e, nesse sentido, está próximo de um sonho feminista.

De volta a Édipo, o assassinato do pai e o casamento com a mãe são tão aterrorizantes porque nos confrontam brutalmente com *a lacuna (a diferença entre cultura e natureza) que fundamenta a ordem simbólica*: ele não matou (a pessoa que ele conhecia como) o seu pai simbólico e no final da peça fica furioso porque as pessoas ao seu redor não admitem a sua inocência. Aqui entra a diferença dos sexos: Lacan afirma que, ao contrário de Laio, pai de Édipo, e do próprio Édipo, sua mãe Jocasta *sabia* que Édipo é seu filho ao se casar com ele... Será que Jocasta sabia disso porque, como mulher, ela é mais próxima da natureza enquanto Laio, como pai, é uma entidade da cultura? Não é tão simples assim – como salienta Zupančič, o conhecimento de Jocasta não tem absolutamente nada a ver com "intuição feminina": a mãe é a "natureza" *dentro da cultura*, a sua mistura impossível, a lacuna através da qual a cultura surge da natureza, enquanto o pai representa a diferença estabelecida entre natureza e cultura.

A ambiguidade dessa mulher é claramente discernível no destino do motivo "círculo de giz", cuja primeira versão se encontra na conhecida história do Antigo Testamento sobre como Salomão decidiu entre duas mulheres que afirmavam ser mães de uma criança. Salomão revelou seus verdadeiros sentimentos e relacionamento com a criança, sugerindo que o bebê fosse cortado em dois, cada mulher receberia metade: a não-mãe aprovou inteiramente essa proposta, enquanto a mãe verdadeira implorou que a espada fosse embainhada e a criança entregue aos cuidados da rival... A versão moderna de Brecht, *O círculo de giz caucasiano* (1944), ignora o Antigo Testamento e afirma que a sua fonte é a peça chinesa do século XIV, *O Círculo de Giz*, de Li Xingdao, na qual um juiz também não pode decidir qual das duas mulheres é a verdadeira mãe, então ele elabora um teste. Um círculo de giz é desenhado e o filho é colocado no centro – a verdadeira mãe poderá puxar o filho do centro. Se ambas puxarem, rasgarão a criança ao meio e ficarão com metade cada uma. Aqui, porém, Brecht retorna estranhamente ao Antigo Testamento: na peça de Li Xingdao, a não-mãe se recusa a puxar porque não suporta machucar seu filho, então o juiz dá a criança a ela, enquanto na versão de Brecht, é a mãe biológica da criança que renuncia a ela e ganha a custódia da criança...

UM VERDADEIRO FINAL FELIZ

Outra versão do curto-circuito incestuoso é aquela entre as duas mortes, a real e a simbólica, cometidas por Sade: a segunda morte (simbólica) é transposta de volta para a vida biológica como a sua destruição total, e não apenas a morte como um momento do ciclo eterno de geração e corrupção. Esse curto-circuito é o tema de *Melancolia* de Lars von Trier. Para localizar adequadamente essa obra, é preciso começar pelos filmes de Hollywood nos quais a "grande trama" (a catástrofe que ameaça aniquilar a humanidade) se combina com uma "pequena trama", a criação de um casal apaixonado. Lembremo-nos de *Reds*, de Warren Beatty, em que Hollywood encontrou uma forma de reabilitar a própria Revolução de Outubro: o casal John Reed e Louise Bryant está numa profunda crise emocional; seu amor é reacendido quando Louise observa John que, numa plataforma, faz um discurso revolucionário apaixonado. O que então se segue é o seu ato sexual, intersectado com cenas arquetípicas da revolução, algumas das quais reverberam de forma demasiado óbvia com o ato sexual... Em suma, a hipótese do filme é que a Revolução de Outubro teve de acontecer para reunir um casal americano.

Em *Procura-se um Amigo para o Fim do Mundo*, de Lorene Scafaria, também aprendemos que o asteroide que se aproxima da Terra matará toda a vida nela em três semanas; no entanto, embora a catástrofe seja real e inevitável, ela ainda serve como veículo para criar um casal amoroso que, minutos antes da catástrofe, reconhece o seu amor e então desaparece abraçado. A mensagem do filme é a seguinte: é necessária uma catástrofe total para criar um casal de verdade.

Melancolia vai um passo além: a Coisa (um planeta em rota de colisão com a Terra) não recua, atinge a Terra destruindo toda a vida. Na primeira parte, "Justine", o jovem casal, Justine e Michael, está na sua recepção de casamento na mansão da irmã de Justine, Claire, e de seu marido John. Justine se afasta da festa e se torna cada vez mais distante; ela faz sexo com um estranho no gramado e, no final da festa, Michael a abandona. Então aqui a lógica hollywoodiana de produzir um casal é invertida: o casal se desmorona e a paz satisfatória é trazida pela catástrofe global.

Na segunda parte, "Claire", a deprimida Justine vem se hospedar na mansão onde Claire e John moram com seu filho Leo. Justine não consegue realizar atividades normais do dia a dia, como tomar banho ou mesmo comer. Durante a sua estadia, Melancolia, um enorme planeta azul telúrico torna-se visível no céu à medida que se aproxima da Terra. John, que é astrônomo amador, está entusiasmado com o planeta e aguarda com expectativa o "sobrevoo" esperado pelos cientistas. Mas Claire está ficando temerosa e acredita que o fim do mundo é iminente. Quando John também descobre que o fim está próximo, ele comete suicídio por overdose de comprimidos. Justine permanece imperturbável diante da destruição iminente: calma e silenciosa, ela aceita o evento que se aproxima, alegando que sabe que não existe vida em nenhum outro lugar do universo. Justine conforta Leo fazendo uma "caverna mágica" protetora, um abrigo de varas de madeira, no gramado da propriedade. Justine, Claire e Leo entram no abrigo conforme o planeta se aproxima. Claire continua agitada e com medo, enquanto Justine e Leo permanecem calmos e de mãos dadas. Os três são incinerados instantaneamente...

Justine leva o nome da heroína de um romance do Marquês de Sade, enquanto Claire é Juliette, a irmã de Justine. No romance de Sade, Justine é uma mulher virtuosa que, consequentemente, não encontra nada além de desespero e abuso, e Juliette é uma assassina ninfomaníaca amoral que é bem-sucedida e feliz. No filme de Von Trier, a Juliette (Claire) normal termina histérica, enquanto Justine encontra paz interior e consolo. O uso da abertura do *Tristão* de Wagner como acompanhamento musical principal é, portanto, irônico: o clímax orgástico de *Liebestod* (não, como em Wagner, amor-morte, mas a morte do amor) representa a morte da própria vida. Lembre-se da famosa citação de Bette Davis de *A Estranha Passageira*, quando ela renuncia ao seu parceiro amoroso: "Não peça a lua. Nós temos as estrelas". A versão de Justine é: "Não peça uma pequena morte orgástica. Temos a grande morte de tudo o que está vivo".

Por que a vida merece desaparecer? Perturbações acontecem na natureza à medida que Melancolia se aproxima da Terra: insetos, vermes, baratas e todas as outras formas de vida repelentes, geralmente escondidas sob a grama verde, vêm à tona, tornando visível o repugnante rastejamento da vida sob a superfície idílica – o Real invadindo a realidade, arruinando sua imagem, como em *Veludo Azul*, de David Lynch, em que, num famoso plano após o ataque cardíaco do pai, a câmera se move extremamente próxima da superfície da grama e então a penetra, tornando visível o rastejamento da microvida, o real repulsivo por baixo da idílica superfície natural – as coordenadas básicas da natureza, do seu equilíbrio, estão se desintegrando. Quando Justine expressa sua satisfação com o fato de que a vida desaparecerá no universo, ela está, em certo sentido, *certa*: a vida É uma coisa nojenta, um objeto desprezível saindo de si mesmo, secretando calor úmido, rastejando, fedendo, crescendo. O nascimento de um ser humano é um evento semelhante ao *Alien*: uma monstruosa erupção de uma coisa viva do interior de um corpo. Justine tem plena consciência desse Real: ela vê o horror no qual a nossa realidade está fundamentada. (Uma saída possível é aqui não nos atermos à nossa realidade cotidiana, mas prosseguir ainda mais longe: por baixo do rastejar da vida há o universo abstrato-imaterial das funções de onda.)

É por isso que o planeta é chamado de Melancolia. A melancolia não é o fracasso do trabalho de luto, o apego persistente ao objeto perdido, mas o seu oposto: a melancolia oferece o paradoxo de uma intenção de lamentar que precede e antecipa a perda do objeto. É isso que dá um sabor único a uma relação amorosa melancólica: embora os parceiros ainda estejam juntos, imensamente apaixonados, desfrutando da presença um do outro, a sombra da futura separação já colore a sua relação, de modo que percebem os seus prazeres atuais sob a égide da catástrofe que está por vir. Nesse sentido, a melancolia é efetivamente o início da filosofia – e o que a melancólica Justine lamenta antecipadamente é a perda absoluta, o fim da vida na terra, e ela fala sério. Sua melancolia não é apenas o desespero psíquico da sua mente, ela realmente aceita o Fim. Quando a catástrofe era apenas uma ameaça potencial abstrata, ela era meramente uma melancólica deprimida; uma vez que a ameaça chega, ela se encontra no seu elemento, como um peixe na água. Para ela, é um final feliz.

A ideia para *Melancolia* veio a Von Trier numa sessão de terapia que ele frequentou para superar a depressão: o psiquiatra disse-lhe que as pessoas depressivas tendem a agir com mais calma do que outras sob forte pressão ou ameaça de catástrofe. Esse fato oferece mais um exemplo da cisão entre a realidade – o universo social de costumes e opiniões estabelecidos no qual habitamos – e a brutalidade traumática e sem sentido do Real: não podem ser pensadas no mesmo espaço subjetivo, ou seja, não se pode ser "normal" em ambas as situações. No filme, John é um "realista", totalmente imerso na realidade ordinária, então quando as coordenadas dessa realidade se dissolvem, todo o seu mundo desmorona; Claire é uma histérica que começa a questionar tudo em pânico; a deprimida Justine se livra da depressão e se torna uma *Mestra*, aquela que estabiliza uma situação de pânico e caos introduzindo um novo Significante-Mestre: a "caverna mágica" que ela constrói para estabelecer um espaço protegido quando a Coisa se aproxima. Justine não é um Mestre protetor que oferece uma bela mentira – em outras palavras, ela não é o personagem de Roberto Benigni em *A Vida é Bela*. O que ela fornece é uma ficção simbólica que, claro, não tem eficiência mágica, mas que funciona no nível adequado para prevenir o pânico. O objetivo de Justine não é nos cegar para a catástrofe iminente: a "caverna mágica" nos permite aceitar calmamente o Fim. E hoje, quando múltiplas catástrofes nos ameaçam, precisamos mais do que nunca de figuras como Justine que reajam à catástrofe não (apenas) através de contramedidas eficientes, mas fornecendo cavernas mágicas.

PROCURANDO A SI MESMO

O curto-circuito incestuoso também pode assumir outra forma: o tema edipiano de um sujeito que procura desesperadamente a si mesmo (um criminoso que acaba por ser o próprio investigador) ou, sabendo que está envolvido em um assassinato, é ordenado pela sua instituição (a polícia) a investigar a si mesmo, ecoa ainda hoje, desde *O homem que era quinta-feira* até Hollywood (*O relógio verde, Police Python 357, Sem saída*)[169]. Existem duas versões dessa busca: o herói não sabe que é ele mesmo quem ele está buscando (Édipo), ou é ordenado por uma figura do grande Outro a fazê-lo embora saiba que ele é a pessoa que ele está procurando e sabota a sua busca. A versão mais re-

169. Devemos citar também as três versões de *Dead on arrival* em que a trama é como se fosse invertida: um sujeito aparece em uma delegacia para registrar a ocorrência de um assassinato e, quando questionado sobre quem é a vítima, responde: "Eu mesmo". Ele foi envenenado e tem 24 horas para descobrir seu próprio assassino.

cente dessa segunda versão é *Codinome Cassius 7*, um filme de espionagem americano de 2011 dirigido por Michael Brandt que foi um fracasso comercial e de crítica – imerecidamente, já que o filme é totalmente radical em sua ambiguidade. Eis o enredo[170] (um monumento à boa narrativa que está cada vez mais desaparecendo de Hollywood):

Quando o senador americano Dennis Darden sai de um armazém, ele é abordado por trás por um assassino que corta sua garganta e foge. O agente aposentado Paul Shepherdson é convocado para investigar o assassinato. Ele é acompanhado por Ben Geary, um jovem agente do FBI que é especialista em um ex-agente soviético conhecido como Cassius. Geary raciocina que Cassius é o assassino devido ao seu método característico de cortar a garganta. Paul e Ben visitam Brutus, um dos protegidos de Cassius, que está preso, para saber o paradeiro de Cassius. Eles lhe fornecem um rádio e vão embora. O prisioneiro engole as pilhas do rádio e finge estar envenenado/com dor de estômago. Num hospital, ele cospe as baterias, domina os guardas e foge; porém, na garagem ele é atacado por Paul, que se revela ser Cassius. Depois de cortar a garganta de Brutus, Paul se move para eliminar Ben também, parando apenas quando é interrompido pela esposa de Ben – Cassius é incapaz de assassinar Geary na frente da sua família. Nesse ínterim, um terrorista e assassino russo, Bozlovski, entra nos Estados Unidos. Ben reúne os eventos da vida de Paul e determina que não apenas Paul é na verdade Cassius, mas também que ele está assassinando sistematicamente as pessoas envolvidas na morte da sua esposa e filho, que foram assassinados por Bozlovski.

Paul rastreia Bozlovski até um armazém de um estaleiro, e um tempo depois, Ben também chega ao prédio. Depois que Ben confronta Paul com as evidências, ele confessa tudo a Ben, mas

---

170. Comprimido descaradamente de The Double (2011 film). *Wikipedia*, 28 out. 2011. Disponível em: https://en.wikipedia.org/wiki/The_Double_(2011_film)). Acesso em: 4 mar. 2025.

então prova a Ben que ele também é um espião russo, o que Paul descobriu em uma das entregas de informantes de Ben. Ele consegue convencer Ben de que Bozlovski é a verdadeira ameaça. Quando Ben revela que tem planos de retornar à Rússia depois que tudo isso acabar, Paul tenta convencê-lo a permanecer no FBI e com a família que ele aprendeu a amar. Juntos, eles caçam Bozlovski dentro do armazém do estaleiro e, na luta que se segue, Paul, mortalmente ferido, corta a garganta de Bozlovski usando o seu relógio-garrote. Como a única testemunha sobrevivente, Ben conta o incidente aos seus superiores e afirma que Bozlovski era Cassius, garantindo assim a reputação de Paul. O filme termina com Ben voltando para a sua casa, com a ambiguidade não resolvida: ele desertou silenciosamente para o governo americano ou apenas tornou-se um ativo russo ainda mais profundo?

É fácil ver por que o filme tinha de fracassar: não só os seus três personagens principais (Ben, Paul, Bozlovski) são todos agentes russos, como a sua figura central (Paul) está há décadas envolvida numa busca propriamente incestuosa (edípica) do principal espião-assassino russo que é ele mesmo. Pode-se ler o final de uma forma quase otimista: mesmo que Ben continue sendo um agente russo, o vínculo incestuoso é interrompido porque ele será apenas um agente duplo comum, e não aquele que procura a si mesmo. Enquanto Bozlovski é puro mal, apenas um assassino brutal, Paul se torna moralmente ambíguo quando o seu trabalho se mistura com a sua vida privada: depois que a sua esposa e o seu filho são mortos por Bozlovski, ele passa a matar sistematicamente todos os responsáveis por sua morte; é por isso que ele se torna paternalmente protetor para Ben, que também tem uma esposa e um filho.

Qual é o status exato de Cassius em relação a Paul? Dentro da ordem simbólica, o sujeito responsável pelo seu crime fundador só pode aparecer como outro aspecto obscuro (um duplo obscuro) de uma pessoa realmente existente, como uma entidade virtual que não existe como uma pessoa real. Em muitos romances policiais encontramos um enredo semelhante: há duas pessoas, X e Y, que nunca são vistas juntas porque Y não existe – quando aparece, é X disfarçado de Y. Esse "sujeito-excedente" que existe apenas virtualmente é um constituinte necessário de um grupo humano. E não deveríamos ter medo de estender essa lógica ao topo, ao próprio Deus. Alguns cristãos gostam de salientar que um homem atinge a sua grandeza quando se ajoelha – e, como G. K. Chesterton o viu claramente, o mesmo vale para o próprio Deus. É por isso que a mensagem social de David Breitenbeck, um leitor católico ortodoxo de Chesterton, está errada na sua leitura do insight de Chesterton: "Quando o dever e a religião forem realmente destruídos, será pelos ricos". Para Breitenbeck, o que Chesterton quer dizer é que "os pobres nunca serão verdadeiramente anarquistas ou algo do tipo. São os ricos, os educados, os sofisticados que brincam com tanto fogo"[171]. Mas para Chesterton, Deus não representa apenas a família e a ordem do Estado, ele é ao mesmo tempo o maior rebelde, o anarquista definitivo. É nesse contexto que deveríamos reler a passagem da famosa "Uma defesa das histórias de detetive" de Chesterton, na qual ele comenta como a história de detetive

> mantém, em certo sentido, perante a mente o fato de que a própria civilização é a mais sensacional das partidas e a mais romântica das rebeliões. Quando o detetive de um romance policial fica sozinho e um tanto tolamente destemido em meio às facas e aos punhos da cozinha de um ladrão, isso certamente serve para nos fazer lembrar que é o agente da justiça social que é a figura original e poética, enquanto os ladrões e salteadores são meramente velhos e plácidos conservadores cósmicos, felizes na respeitabilidade imemorial dos macacos e dos lobos. /O romance policial/ baseia-se no fato de a moralidade ser a mais sombria e ousada das conspirações[172].

---

171. SUNDARAM, A. Understanding "The man who was Thursday" by G. K. Chesterton. *Everyman Commentary*, 15 jan. 2023. Disponível em: https://everymancommentary.com/understanding-the-man-who-was-thursday-by-g-k-chesterton/. Acesso em: 4 mar. 2025.

172. CHESTERTON, G.K. "A Defense of Detective Stories". In: HAYCRAFT, H. (ed.). *The art of the mystery story*. Nova York: The Universal Library, 1946, p. 6.

Mas será que isso não significa que a Família e o Estado são a maior rebelião e as mais sombrias e ousadas conspirações em comparação com os velhos e plácidos hedonistas ninfomaníacos ou com o caos dos reinados das gangues? Lembre-se do ditado de Brecht incessantemente repetido: *"O que é roubar um banco comparado com fundar um banco?"* – o que é uma aventura sexual "ilegal" comparada com o casamento como a mais romântica das rebeliões? O que é a violência de gangues comparada com a violência implacável e anônima dos mecanismos estatais? O que é o enfraquecimento revolucionário de um Estado em comparação com o estabelecimento de um novo Estado? Essa era a lógica do terrorismo da RAF e da Brigada Vermelha na década de 1970: confrontemos o Estado com o seu próprio lado obscuro de violência ilegal... É aí que reside a ambiguidade das palavras de Brecht. Podem ser lidas à maneira de Chesterton: o próprio poder do Estado é "a mais obscura e ousada das conspirações" porque estabelece efetivamente uma ordem que limita o âmbito do crime, tornando-o um crime (particular). Ou podem ser lidas da forma que Brecht pretendia: o poder do Estado (ou, no seu caso, a fundação de um banco) permanece um crime maior do que todos os outros crimes. Num caso, o crime é autossuprassumido através da sua universalização; no outro caso, continua a ser um crime. Ou, voltando a Deus: o segredo da religião é que o próprio ato sagrado do seu estabelecimento é o crime supremo. Deus É o Mal supremo, e isso nos leva ao verdadeiro significado do ato de autossacrifício de Cristo: ele prontamente assume e se arrepende do crime do seu pai (Deus) – ou, para citar um meme bem conhecido: "Deus sacrificou a si mesmo por si mesmo para salvar a humanidade de si mesmo." A diferença entre Creonte e Cristo é, portanto, como destacou René Girard, que Cristo não está comendo o último canibal, mas oferecendo um (auto)sacrifício para acabar com os sacrifícios[173]:

173. Cf. GIRARD, R. *Sacrifice*. Ann Arbor: University of Michigan Press, 2011.

como Antígona, Cristo assume a consequência do crime – que crime? Não os pecados dos humanos, mas o pecado original do próprio Deus-Pai. De acordo com uma antiga sabedoria judaica, os insights mais profundos são tão traumáticos que só podem ser formulados por uma pessoa que seja próxima do Diabo – e isso certamente se aplica ao núcleo traumático do cristianismo.

DEUS AGRIDOCE

Detalhes sobre a brutalidade de Deus abundam na Bíblia – lembre-se apenas de uma das histórias mais estranhas da Bíblia. À noite, enquanto vagava em busca da Terra Prometida, Moisés, sua esposa Zípora e seu filho descansam num alojamento. Deus entra inesperadamente no local e ameaça matar Moisés. "Então Zípora pegou um sílex e cortou o prepúcio do seu filho e com ele tocou os pés de Moisés e disse: 'Certamente você é um noivo de sangue para mim!' Então Deus o deixou em paz" (Êxodo 4,24-26). Deus é aqui um estranho brutal que surge do nada cheio de raiva assassina. Para não mencionar a história de como a terra de Israel foi dada aos judeus – em termos claros de limpeza étnica, razão pela qual muitas vezes a simples menção a ela é rejeitada como um ato de antissemitismo. Após a sua libertação da escravidão no Egito, os israelitas chegaram ao limite da Terra Prometida, onde Deus então lhes ordenou que destruíssem totalmente as pessoas que já viviam nessas regiões (os cananeus): os israelitas deveriam "não deixar vivo nada que respirasse" (Deuteronômio 20,16). O Livro de Josué registra o cumprimento dessa ordem: "dedicaram a cidade ao Senhor e destruíram à espada todos os seres vivos que nela havia: homens e mulheres, jovens e velhos, gado, ovelhas e jumentos" (6,21). Vários capítulos depois, lemos que Josué "não deixou sobreviventes. Ele destruiu totalmente todos os que respiravam, assim como o SENHOR, o Deus de Israel, havia ordenado" (10,40; 11,14). O texto menciona cidade após cidade onde Josué, por ordem de Deus, passou todos os habitantes à espada, destruiu totalmente os habitantes e não deixou sobreviventes (10,28.30.33.37.39.40; 11,8). Será que isso significa que os judeus são de alguma forma culpados de um ato original de limpeza étnica? Absolutamente não: em tempos antigos (e não tão antigos), mais ou menos TODOS os grupos religiosos e étnicos funcionavam assim, inclusive os budistas[174]. O que se deve fazer é não só rejeitar inequivocamente o uso direto dessas passagens como uma legitimação de políticas contemporâneas; não se deve tampouco apenas ignorá-las com a justificativa de que não são essenciais ao edifício religioso em questão, mas meros pontos secundários condicionados por circunstâncias históricas específicas. O que importa é, mais uma vez, o simples fato de crimes horríveis serem transpostos para o domínio do sagrado: "uma dimensão particular do passado antigo constitui-se como sagrada porque está ligada ao crime inaugural da nova ordem" (12).

A ética kantiana implica o mesmo paradoxo: a lei moral não impõe o equilíbrio social ameaçado pelas forças disruptivas do mal, como na ética tradicional, em que a justiça é concebida como uma ordem global harmoniosa na qual cada elemento está no seu próprio lugar e a punição visa restaurar a ordem harmoniosa arruinada. O contraste entre a ética tradicional da justiça equilibrada, segundo a qual o excesso é punido, e Kant, em que a própria lei é o excesso último que perturba o ciclo da vida, não pode deixar de chamar a atenção aqui: para Kant, a lei moral é em si o excesso, uma injunção incondicional que inviabiliza o equilíbrio harmonioso não apenas do princípio do prazer, mas também de uma ordem social harmoniosa. Quando a grande mezzo-soprano Tatiana Troyanos, após um longo sofrimento, morreu de metástase de câncer de mama aos cinquenta e três anos, em 21 de agosto de 1993, no Hospital Lennox Hill, em Nova York,

174. Quanto ao violento lado obscuro do budismo, cf. VICTORIA, B. *Zen war stories*. Londres: Routledge, 2003, bem como JERRYSON, M. (org.). *Buddhis warfare*. Oxford: Oxford University Press, 2010.

ela cantou no último dia da sua vida para outros pacientes, um dos quais "disse-lhe que essa era a primeira vez em três anos que ela tinha se esquecido completamente da sua dor"[175]. Tal persistência tão simples na Causa de alguém, para além da ameaça imediata de morte, é a ética no seu estado mais puro.

Como pode alguém não gostar de *The Last of Us*, nem que seja pelo fato de a única comunidade pós-apocalíptica que não está presa no ciclo de violência autodestrutiva – uma pequena comunidade próspera em Jackson, Wyoming, alcançada por Joel e Ellie no episódio 6, na qual prevalecem uma solidariedade e cooperação básicas – ser explicitamente designada por um dos seus cidadãos como comunista? No final da primeira temporada Joel resgata Ellie de uma cirurgia que pode curar a doença que dizimou a humanidade, transformando-a em zumbis agressivos; ao fazê-lo, ele mata dezenas de humanos. Seu ato não deve ser descartado como um gesto de extremo egoísmo (ele parece preferir não perder a sua única verdadeira amiga à chance de salvar a humanidade): a escolha não é tão simples, ele tem razão em rejeitar a lógica de um sacrifício necessário. Então, será que o ato de Joel não é uma versão do de Antígona: será que estou disposto a deixar milhões apodrecerem, mas não a minha pessoa favorita...?

Mas devemos ter cuidado aqui para não identificar gestos éticos com grandes gestos públicos – muitas vezes, tais gestos são discerníveis em tiques mínimos quase imperceptíveis. Aqui, Antígona deve ser oposta à Sygne de Coûfontaine de Paul Claudel, de seu *O Refém*: se Édipo e Antígona são os casos exemplares da tragédia antiga, Sygne representa a tragédia cristã, muito mais radical do que a de Édipo ou Antígona: quando mortalmente ferida após receber a bala destinada ao seu desprezível e odiado marido, ela se recusa a conferir qualquer significado sacrificial mais profundo à sua interposição suicida, não há beleza trágica nessa recusa – o seu "NÃO"

175. Tatiana Troyanos. *Wikipedia*, 21 ago. 1993. Disponível em: https://en.wikipedia.org/wiki/Tatiana_Troyanos. Acesso em: 4 mar. 2025.

é sinalizado por uma mera careta repulsiva, um tique compulsivo do seu rosto. Não há nenhuma beleza trágica aqui porque o seu total sacrifício a privou de toda grandeza ética interior – tudo foi investido nisso, de modo que ela continua a ser uma asquerosa mancha excremental da humanidade, uma prateleira viva privada de vida. Ao contrário de Antígona, que atua a fidelidade ao seu desejo, Sygne (no final da peça) perde as próprias coordenadas básicas do seu desejo, ela já não deseja. Tampouco há amor aqui; todo o seu amor foi investido nas suas renúncias anteriores.

De certa forma, Sygne está aqui crucificada, o seu "NÃO" é como o "Pai, por que me abandonaste?" de Cristo – o que também é um gesto de desafio, de "Dane-se!" dirigido ao Deus-Pai. Num sentido radicalmente diferente do de Antígona, a sua careta é um gesto do domínio entre as duas mortes, o tique repetitivo de um morto-vivo, da sua desmortalidade e, enquanto tal, um mais-gozar no seu nível zero: enquanto Antígona poetiza a sua desmortalidade ao se apresentar como uma beleza sublime, Sygne verdadeiramente vai até o fim. Será que não podemos imaginar um tique semelhante de Judas – uma contração desesperada dos lábios sinalizando o terrível fardo do seu papel? Não há nenhuma beleza sublime em Sygne no final da peça – tudo o que a distingue dos mortais comuns é um tique repetido que desfigura momentaneamente o seu rosto. Essa característica que estraga a harmonia do seu belo rosto, o detalhe que se destaca e a torna feia, é o traço material da sua resistência em ser cooptada para o universo da dívida e da culpa simbólica. E, voltando a Cristo, esse deveria ser então o primeiro passo de uma leitura consequente do cristianismo: o Cristo moribundo está do lado de Sygne, não do lado de Antígona; Cristo na cruz não é uma aparição sublime, mas uma monstruosidade embaraçosa[176]. Será que podemos então imaginar uma situação na qual Antígona reagiria como Sygne? E

176. Lido mais detalhadamente com esse aspecto da monstruosidade no capítulo I.2 do meu livro *The parallax view*. Londres: Verso Books, 2006.

se, depois de desafiar heroicamente a proibição de Creonte, ele simplesmente a mantivesse num lugar isolado por algum tempo, ou então a ignorasse, e ninguém a ouvisse? Será que ela, então, excluída do espaço público, recorreria a fazer tiques como Sygne? (Algo assim *acontece* na peça: Creonte não mata Antígona, ele apenas a tranca num lugar isolado com comida suficiente para sobreviver – e daí se ela se enforcar para *evitar* o destino de Sygne?)

Dominick Hoens e Ed Pluth propuseram uma leitura perspicaz da interpretação de Lacan de *O refém*: no clímax ao final da peça, Sygne de Coûfontaine, sua heroína, se interpõe entre Turelure, seu marido repugnante e corrompido, e Charles, seu verdadeiro amor, interceptando a bala da pistola que Charles apontou para Turelure; depois, quando Turelure pergunta à moribunda Sygne por que ela fez isso, Sygne não responde, ou melhor, é o seu corpo que executa uma resposta em forma de tique, um sinal de "não". Sygne, que sacrificou tudo a fim de preservar uma ordem de coisas passada, que rompeu o noivado com o seu primo a fim de salvar o papa, não pode e não irá tolerar esse último e definitivo sacrifício a Turelure. ... Sygne desiste de tudo a fim de se vincular a um inimigo, Turelure, e finalmente salva a vida dele do tiro de seu primo, mas, quando solicitada a confessar que fez isso por amor conjugal, apenas responde com um *traço* negativo. O lugar onde Sygne abdica de tudo a fim de ingressar num universo simbólico que não é o seu aparece mais tarde como uma negação dessa ordem. Não será esse o ponto final da ordem simbólica, em que uma característica feia e obscena põe toda a ordem em questão e é, portanto, uma pura negação daquilo que a ordem representa?[177]

Com um pouco de exagero, deve-se colocar o final inesperado da série de TV *Succession* – A escolha de Shiv – na mesma série

177. HOENS, D.; PLUTH, E. "The sinthome: A new way of writing an old problem?". In: THURSTON, L. (org.). *Re-inventing the symptom*. Nova York: Other Press, 2002. p. 8-9. Retomo aqui novamente a minha argumentação do Capítulo I.2 do meu *The parallax view*.

com *A Princesa de Clèves*, de Madame de Lafayette, e *As afinidades eletivas*, de Goethe. Enquanto os homens se sacrificam por alguma coisa (uma causa maior: pátria, liberdade, honra), só as mulheres são capazes de se sacrificar por *nada*. Esse paradoxo explica o gesto de retraimento feminino no exato momento em que "ela poderia ter tudo" (ou, no caso anverso/complementar, o não retraimento da mulher, sua inexplicável perseverança no casamento infeliz, ou com um parceiro já não amado, mesmo quando surge a possibilidade de sair dele, como em *Retrato de uma senhora*, de James). Embora a ideologia seja investida nesse gesto de renúncia, o gesto em si é não-ideológico. A leitura desse gesto a ser rejeitada é a leitura psicanalítica padrão, segundo a qual se trata da lógica histérica do objeto de amor (o amante), que só é desejado na medida em que é proibido, apenas na medida em que existe um obstáculo sob a aparência do marido – quando o obstáculo desaparece, a mulher perde o interesse por esse objeto de amor. Além da economia histérica de ser capaz de gozar o objeto apenas na medida em que ele permanece ilícito/proibido, na medida em que mantém um status potencial, isto é, sob o disfarce de fantasias acerca do que "poderia ter" acontecido, essa retirada (ou insistência) também pode ser interpretada de uma infinidade de outras maneiras: como a expressão do chamado "masoquismo feminino" (que pode ainda ser lido como uma expressão da eterna natureza feminina, ou como a internalização da pressão patriarcal) impedindo uma mulher de "curtir o momento" totalmente; como um gesto protofeminista de sair dos limites da economia fálica que postula como o objetivo último da mulher a sua felicidade numa relação com um homem; etc. No entanto, todas essas interpretações parecem ignorar o ponto que consiste na natureza absolutamente fundamental do gesto de retirada como constitutivo do próprio sujeito[178]. A escolha de Shiv dá esse passo adiante, em direção ao gesto de *Versagung* de Sygne; para prová-lo, relembremo-nos da situação no final de *Succession*.

178. Retomo aqui uma argumentação mais detalhada do meu livro *On belief* (Londres: Routledge, 2001).

Depois que Logan Roy, o patriarca megarrico de uma empresa de mídia, Waystar Royco, morre de um ataque cardíaco inesperado, seus três irmãos (Kendall, Roman e Shiv, casada com Tom, um oportunista conformista) lutam para decidir quem assumirá a empresa e se tornará o seu novo CEO. A situação fica complicada quando Mattson, um jovem e implacável magnata da mídia sueco, se oferece para comprar a Waystar e incorporá-la ao seu império GoJo, indicando que um dos americanos será escolhido como novo CEO da Waystar. Ken e Roman rejeitam a oferta de Mattson, sabendo que perderão o controle sobre a Waystar, mas Shiv se junta a Mattson, que lhe promete que ela será a nova CEO. No entanto, Mattson decide secretamente que Shiv é agressiva demais, inteligente demais e que a química sexual entre ela e ele irá distraí-lo de decisões frias de negócios. Então ele liga para Tom, o conformista definitivo, e lhe oferece o cargo de CEO dos Estados Unidos. Como ele sabe que o casamento de Tom e Shiv está uma bagunça, mas também que Shiv está grávida de Tom, seu raciocínio é, como ele o coloca para Tom: "Por que não pego o cara que pôs o bebê dentro dela em vez da senhora do bebê?" Mattson também deixa claro para Tom que talvez queira fazer sexo com Shiv, e ele sabe que Tom o permitirá porque temerá por seu emprego. Pouco antes da votação, Tom e Shiv têm uma conversa na qual Shiv indica que talvez devessem dar uma nova chance ao casamento, embora não haja amor entre eles, e embora Tom já a tenha traído, fazendo uma aliança com seu pai contra ela – como Shiv o coloca num belo paradoxo tautológico, se alguém é casado, é melhor ser casado com o seu marido (uma afirmação que testemunha um total desespero). No entanto, na noite anterior à votação, Shiv descobre que Mattson também a traiu e ofereceu o cargo de CEO a Tom, então ela promete aos seus irmãos votar contra o acordo. Quando acontece a votação,

> os irmãos Roy tinham os votos para impedir a compra da Waystar Royco pela GoJo, com um empate de 6 a 6 antes de Shiv dar o

> voto final. Embora tivesse decidido votar contra o acordo, ela hesitou, levando a um confronto acalorado entre os irmãos Roy. Isso leva a Shiv votando a favor do acordo e fazendo com que os irmãos Roy percam seus cargos de liderança na empresa. … O voto de Shiv foi uma tentativa de impedir Kendall de seguir o caminho do seu pai. Além disso, Shiv também votou a favor do acordo com a GoJo por motivos egoístas. Shiv sabia que os seus irmãos são cobras e que Kendall iria trancar Shiv do lado de fora da empresa assim que chegassem ao primeiro impasse. Ao votar pela compra da GoJo, Shiv sentiu que teria mais chances de permanecer na Waystar Royco. Shiv também não estava confiante nas habilidades do seu irmão, acreditando que Kendall, ocupando o cargo de CEO, prejudicaria gravemente a Waystar Royco. Assim como os outros seis membros do conselho que votaram a favor do acordo, Shiv estava votando com o bolso, sabendo que a aquisição pela GoJo ajudará a empresa mais do que a liderança de Kendall ajudaria[179].

Pode-se prosseguir aqui e continuar o jogo interminável de encontrar razões racionais ou emocionais para a traição contraintuitiva de Shiv aos seus irmãos (há dezenas de sites especulando sobre isso). Contudo, há mais do que um cálculo estratégico frio ou uma vingança na escolha de Shiv: é um gesto feminino exemplar, um gesto de *Versagung* como o de Sygne. A cena final de Tom e Shiv (num carro, Tom lhe oferece uma mão e Shiv a aceita) não é uma verdadeira reconciliação, mas uma aceitação fria como a da Princesa de Clèves ou da senhora de Henry James. Shiv faz mais do que apenas aceitar a perda (a separação final de seus irmãos, o fim da dinastia Roy), ela, de certa forma, atua *a perda da própria perda*: sua perda significa a perda de sua posição na Waystar, ela sacrifica o próprio padrão por meio do qual ela mediu o seu sucesso (o controle da Waystar). Ela sai da sua identidade simbólica estabelecida e se envolve num jogo totalmente novo (será que ela será capaz de dominar o submisso Tom e se conectar novamente com Mattson?). Ela efetivamente

---

179. PITMAN, R. Why Shiv did that in Succession's series finale. *Screen Rant*, 29 maio 2023. Disponível em: https://screenrant.com/succession-season-4-shiv-roy-gojo-vote-explained/. Acesso em: 5 mar. 2025.

passa por uma espécie de "destituição subjetiva", assumindo corajosamente o nível zero da subjetividade vazia. O seu "tique" é que ela relutantemente coloca a mão na de Tom, um gesto que não é de nenhuma gentileza emocional, mas totalmente vazio.

Em suma, longe de regressar à posição de esposa submissa, Shiv só agora deixa cair a máscara "progressista" de cuidado social-liberal que exibiu ao longo da série, e torna-se a diaba que sempre foi. Na *Frauenkirche* de Munique há uma pegada que uma lenda proclamava ser a pegada do próprio diabo: "Segundo a lenda, em 1468, o arquiteto Jorg von Halspach foi à procura de dinheiro para construir uma nova catedral em Munique e acabou por fazer uma barganha com o Diabo: o Diabo forneceria os fundos para o enorme edifício, com a condição de que fosse uma celebração das trevas, sem janelas para deixar entrar a luz. Quando a construção foi concluída, von Halspach conduziu o Diabo para dentro para examinar o seu trabalho e mostrar-lhe que havia cumprido a sua parte no trato. O diabo ficou satisfeito, mas então as colunas que bloqueavam a visão das janelas se abriram e, na sua fúria por ter sido enganado, ele bateu o pé, marcando para sempre o chão com a sua pegada preta"[180]. Há uma verdade nessa lenda: um objeto que celebra a dimensão divina só pode ser completado pela presença de uma marca do próprio diabo.

TUDO SOB O CÉU OU UM CÉU DIVIDIDO?

Para concluir, reduzamos novamente o tema complexo com o qual estamos lidando à última escolha mínima: tentemos imaginar o exato oposto de um deus com a marca do diabo. Não precisamos procurar muito: o encontramos no antigo conceito chinês de "tianxia" (天下), traduzido literalmente como "Tudo sob o céu". Hoje, esse conceito é popularizado por Zhao Tingyang, membro

180. Cf. BLACK, A. Der Teufelstritt. *Atlas Obscura*, 3 jan. 2010. Disponível em: https://www.atlasobscura.com/places/der-teufelstritt-devils-footprint. Acesso em: 5 mar. 2025.

da Academia Chinesa de Ciências Sociais, cujos livros são não apenas amplamente populares na China, mas também traduzidos em muitas línguas[181]. Tianxia é o projeto de uma ordem mundial baseada na coexistência e em que os problemas são considerados como compartilhados; suas principais características são: 1) a tianxia internalizaria o mundo exterior através da prática da arte de converter inimigos em amigos; dessa forma, construiria um sistema anti-imperial no qual a paz e a segurança universais podem ser alcançadas; 2) a tianxia seria baseada na "racionalidade relacional": cada grupo é o que é apenas através da sua relação com os outros, por isso precisamos de uma ordem social na qual os interesses comuns sejam priorizados e a cooperação seja sempre mais benéfica do que a competição; 3) um sistema tianxia enfatizaria que qualquer indivíduo pode melhorar as suas condições se, e somente se, todos os outros também melhorarem as suas condições[182]. Tal projeto baseado em princípios e valores universalistas definitivamente merece ser levado a sério: todos nós sabemos que precisamos urgentemente daquilo que a tianxia busca – coordenação e solidariedade globais etc.; também está se tornando claro que o sistema multipartidário liberal-democrático não é suficientemente forte para fazer face aos perigos que representam uma ameaça à nossa própria sobrevivência. Portanto, embora a tianxia tenha se originado há cerca de 2.500 anos, seu renascimento não implica a fuga para um passado idealizado – o amigo de Zhao, Régis Debray, observou corretamente como

> essa forma de pensar está notavelmente em sintonia com o nosso tempo presente, que subordina a história à natureza (exatamente o oposto do que costumávamos fazer) e a individualidade à universalidade. A tianxia aceita a globalização econômica, bem como as preocupações ecológicas e as pandemias globais como

---

181. Cf. TINGYANG, Z. *All under heaven*. Los Angeles: University of California Press, 2023.

182. Resumido de ZHAO, T. Zhao Tingyang on democracy. *Reading the China Dream*, 15 nov. 2021. Disponível em: https://www.readingthechinadream.com/zhao-tingyang-on-democracy.html. Acesso em: 5 mar. 2025.

> a de covid-19, imaginando o nosso planeta como um todo, a humanidade como uma única espécie e a biosfera como primária, última e abrangente. A visão de Zhao professa uma realidade diferente e menos visível, que exalta o feminino ao dar prioridade ao yin sobre o yang e aos rios e oceanos sobre as montanhas, porque a água eventualmente sempre leva a melhor sobre o que é duro e forte. A água acompanha a natureza em vez de dominá-la, tenta acompanhar o fluxo em vez de acumular inventário, influencia em vez de exigir[183].

Tal exaltação do "feminino" deveria levantar imediatamente a nossa suspeita – longe de ser apenas uma metáfora vaga, ela permeia todo o sistema: a democracia ocidental é caracterizada como masculina, dura e forte, confrontadora, enquanto precisamos de uma democracia "reiniciada" que buscará a unidade na diversidade, a colaboração em vez de lutas antagônicas. A democracia ocidental está limitada aos Estados-nação, enquanto a tianxia visa a uma ampla unidade transnacional (até mesmo global) dentro da qual as comunidades locais possam prosperar, sustentando-se mutuamente em vez de representarem uma ameaça à soberania umas das outras. Essa última afirmação também deveria levantar a nossa suspeita: em todos os casos de uma sociedade que tentou estabelecer a tianxia, especialmente na China, o pluralismo nunca foi plenamente estabelecido – houve sempre um Estado ou unidade política que desempenhou o papel central de integrar outros e coordenar a sua unidade enquanto "tolera" diferenças. (No caso do Reino Unido, é obviamente a Inglaterra que desempenha esse papel.) Embora estejamos todos sob o céu, há um dentre nós que é, como dizem, mais igual do que os outros, uma vez que encarna o céu (a ordem do Bem comum).

Zhao define a sua abordagem como "não tomar partido": "Eu assumo a perspectiva de um antropólogo extraterrestre que

---

183. DEBRAY, R.; ZHAO, T. Tianxia: All under heaven. *Noema*, 19 jun. 2020. Disponível em: https://www.noemamag.com/tianxia-all-under-heaven/. Acesso em: 5 mar. 2025.

vem à Terra e faz o seu trabalho de campo antropológico no nosso planeta"[184], o que significa que o seu objeto não é um país em particular, mas o mundo como um todo. Considero tal afirmação da própria universalidade neutra (em contraste com a abordagem parcial de outros) muito perigosa, uma vez que não só privilegia a própria posição, mas simultaneamente torna esse privilégio invisível. Será que Zhao não está fazendo, num nível diferente, o que as ciências sociais ocidentais fazem quando analisam a estrutura das sociedades "primitivas" ou "asiáticas"? Então, será que o primeiro passo para a igualdade real não é que cada lado admita a sua própria particularidade, renunciando à sua pretensão universal? A sociedade global imaginada de Zhao aproxima-se demasiado do megassucesso *Imagine*, de John Lennon, que para mim sempre foi uma canção fake, uma canção popular por razões erradas. Imaginar que "o mundo viverá como um só" é a melhor maneira de acabar no inferno. Aqueles que se apegam ao pacifismo face ao ataque russo à Ucrânia permanecem presos na sua própria versão de "imagine" – imagine um mundo pós-heroico no qual as tensões já não sejam resolvidas através de conflitos armados... O "entendimento" dos pacifistas para a Rússia equivale à tolerância para com a agressão russa. Os apelos à paz que abundam hoje são sempre sustentados por algum projeto de vitória de um dos lados. Então, será que Zhao estaria disposto a aceitar que, às vezes, revidar é o único caminho para a paz?

O que não considero menos problemático é o diagnóstico de Zhao sobre a razão pela qual a democracia ocidental está hoje no caminho da autodestruição. Ele se concentra em "fake news e bolhas de informação, bem como em influenciadores e na combinação de consumismo, escolha de estilo de vida e política que permeia as sofisticadas práticas de marketing fornecidas pelas mídias sociais". Ao manipular os indivíduos para satisfazerem os seus desejos privados, torna-se "difícil, se não impossível, para

---

184. TINGYANG, Z. *All under heaven*. Op. cit., p. xiii-xiv.

qualquer pessoa ver um bem público mais amplo, e sem acordo sobre o bem público não pode haver consenso". Dessa forma, as nossas democracias estão se transformando naquilo que Zhao chama de "publicracias":

> A "publicracia" é o cavalo de Tróia da democracia. Utilizo o termo "publicracia" para me referir à distorção, desconstrução ou uso indevido da democracia através de meios democráticos, ou seja, uma forma autodestrutiva de desviar a democracia com as próprias ferramentas da democracia. Em tempos contemporâneos, a publicracia manifesta-se na existência de um sistema esmagadoramente influente para a produção da opinião pública na sociedade, um sistema poderoso que usa técnicas psicológicas e marketização para dominar os valores e formas de pensar das pessoas, produzindo assim uma vasta quantidade de pseudo opinião pública que seja incompatível ou mesmo contrária ao interesse comum ou público, e que substitua a opinião pública que se supõe ser um verdadeiro reflexo do interesse comum ou público. Sempre que a opinião pública se desviar do interesse público ou do interesse comum, produzirá uma antidemocracia disfarçada de democracia.

O que falta aqui é o contexto socioeconômico mais amplo dentro do qual a "publicracia" poderia ter emergido – o que Varoufakis chama de tecnofeudalismo pós-capitalista. Em 14 de junho de 2023, foi anunciado que, durante a sua viagem à China, Bill Gates se encontrará cara a cara com o presidente chinês, Xi. O (ex) chefe de uma corporação neofeudal é tratado como uma autoridade pública – será que isso não é um sinal claro do novo feudalismo?[185]

A propósito da democracia, Zhao faz outro movimento problemático que nos leva ao cerne da questão: ele se recusa a ver "a própria democracia como um valor". A democracia é uma instituição técnica que tem de se basear em valores e princípios compartilhados que não podem ser eles mesmos eleitos democraticamente, e, uma vez que o nosso mundo atual não alcançou tal convergência,

---

185. REUTERS. Exclusive: Bill Gates in China to meet President Xi on Friday – sources. *MSN*, 16 jun. 2023. Disponível em: https://www.msn.com/en-au/news/other/bill-gates-to-meet-president-xi-on-friday-during-china-visit/ar-AA1cxXRO. Acesso em: 5 mar. 2025.

continua a ser "um 'não-mundo' sem uma visão de mundo compartilhada que possa ser universalmente aceita"[186]. Então, como passamos do nosso não-mundo para um mundo verdadeiro no qual estamos todos sob o mesmo céu? Zhao diz pouco sobre isso (apenas sinalizando que não será necessária uma revolução, ou seja, uma ruptura violenta), mas oferece um programa surpreendentemente detalhado de como deverá ser a nova ordem social. O que é necessário é uma "reinicialização" da democracia que virá com uma inteligência "pré-instalada" – em que forma exata?

O antigo Grande Plano Chinês sugeria um processo de tomada de decisão que consistia em cinco "votos": um para o rei, um para os ministros, um para o povo e dois para os xamãs que consultariam os céus duas vezes. Na versão moderna desse processo, as pessoas votariam (com os seus dois votos, um positivo e um negativo) para estabelecer uma gama de possibilidades, e dois "comitês de conhecimento" subsequentemente sopesariam para estabelecer a viabilidade e fazer as escolhas finais. O objetivo é chegar a uma democracia inteligente "ponderada pelo conhecimento", na qual especialistas independentes e neutros intervenham para tentar encontrar um consenso viável que sirva o maior bem do maior número, em vez de permitir que os desejos das massas se descontrolem, destruindo assim a democracia[187].

Essa fórmula não é apenas empiricamente problemática, mas está errada em princípio. Quanto à votação, a ideia de dois votos representa uma ameaça ignorada por Zhao. Digamos que dois candidatos principais compitam numa eleição: um deles está mais no espírito da tianxia, não excluindo nenhum outro, defendendo a colaboração, enquanto o seu oponente (menos popular) prega o ódio ao primeiro candidato, retratando-o como um pe-

---

186. LOSADA OLMOS, I. The new tianxia system: Towards a world of coexistence?. *European Guanxi*, 14 dez. 2022. Disponível em: https://www.europeanguanxi.com/post/the-new-tianxia-system-towards-a-world-of-coexistence. Acesso em: 5 mar. 2025.

187. Resumido de ZHAO, T. Zhao Tingyang on democracy. Op. cit.

rigo mortal para uma sociedade. O primeiro candidato obtém 55 por cento dos votos positivos, mas os seus eleitores, dispostos à colaboração, darão apenas 15 por cento dos votos negativos ao adversário; o segundo candidato obtém 45 por cento dos votos positivos, mas a maioria deles dará uma percentagem muito mais elevada de votos negativos – digamos, 35% – ao primeiro candidato. Seguindo as regras de Zhao, subtraímos os votos negativos dos votos positivos para cada candidato, de modo que o primeiro candidato obtém 20% (55% menos 35%), enquanto o segundo candidato é eleito, uma vez que obtém 30% (45% menos 35%). (Sem mencionar a dificuldade de imaginar eleições globais abrangendo "todos sob o céu"...) No que diz respeito aos comitês de conhecimento, as coisas são ainda mais problemáticas:

> O comitê de conhecimento será composto por cientistas e humanistas credíveis. O critério de credibilidade aqui não reside na popularidade social, mas numa especialização restrita, o que significa que esses cientistas e humanistas terão alcançado o cume em termos do conhecimento possuído pelos seres humanos[188].

A democracia "reiniciada" prosseguirá, portanto, em duas etapas: primeiro, o povo escolhe uma opção desejável de acordo com os seus desejos; em segundo lugar, o comitê de conhecimento produz os seus votos ponderados pelo conhecimento, aprovando ou rejeitando a escolha popular e chegando à opção viável final... os problemas explodem aqui. Quem e como escolherá cientistas e humanistas especialistas neutros, quando hoje o fosso entre as ciências naturais e as humanidades é maior do que nunca e em que conflitos abundam mesmo nas ciências naturais (basta pensar nas versões conflitantes da mecânica quântica)? Como se pode esperar que formulem um Bem comum quando muitos deles consideram esse mesmo termo problemático? A solução "europeia" é óbvia: ambos os níveis exigidos por Zhao (povo e especialistas) são deturpados por ele – o povo não é apenas uma multidão de egoístas apaixonados, ele é capaz

188. Ibid.

de demonstrar um mal massivo, bem como uma grande solidariedade, e se especialistas "neutros" tiverem liberdade irrestrita para tomar decisões ou agir, eles destruirão a democracia muito mais efetivamente do que os desejos das massas correndo soltos. Embora Zhao eleve o político à esfera social central, a sua solução equivale efetivamente a uma despolitização da vida social: as pessoas são consultadas, deliberam, mas os especialistas decidem. Contudo, uma verdadeira decisão política é uma questão de engajamento apaixonado, só pode ser tomada por um agente político adequado, seja um monarca ou um partido, e não por especialistas neutros – por quê?

A política propriamente dita está muito além do conflito de interesses particulares, o que significa que *o próprio céu está em desordem*. Os conflitos políticos não são apenas conflitos sob o céu, entre grupos particulares, são lutas sobre como conceber o próprio céu, o Bem comum. É verdade que a democracia é (também) uma técnica processual. Também é verdade que a sua premissa implícita é a de Lincoln: "você pode enganar algumas pessoas o tempo todo e a maioria das pessoas por algum tempo, mas não pode enganar todas as pessoas o tempo todo" – mais cedo ou mais tarde, a verdade prevalecerá entre as pessoas. A aposta da democracia é que o procedimento democrático proporcione estabilidade suficiente para traduzir o antagonismo em agonismo, num conflito regulado por um conjunto de regras compartilhadas. A democracia é, portanto, muito mais modesta do que a visão de Zhao: não visa a uma ideia compartilhada de um Bem comum, uma unidade do céu sob a qual coexistem diferentes modos de vida. Ela apenas oferece um conjunto processual de regras que permite a coexistência de diferentes visões do Bem comum (do céu).

Lembre-se de que a própria China, mesmo nos seus momentos mais tianxia, foi uma civilização separada (por um muro no Norte) das outras. Portanto, o que considero muito mais realista é uma versão da imagem da humanidade de Orwell em *1984*: o mundo dividido em três ou quatro tianxias, cada uma dominada por uma superpotência, enquanto mantendo a aparência de cooperação igualitária no seu império (China, Estados Unidos, Rússia...). Estamos agora no processo de definir as fronteiras desses novos Céus, com perigos abundantes: será que a Rússia e a China vão se unir numa única tianxia, o que acontecerá com a Índia, com os Estados muçulmanos do Oriente Médio? Parece que estamos de volta à chamada controvérsia "Um se divide em dois", que ocorreu na China em 1964. O filósofo Yang Xianzhen originou a ideia de "Dois se unem em um" como a lei primária da dialética, e os Maoístas interpretaram isso como significando que o capitalismo poderia ser unido ao socialismo. Ai Siqi escreveu o ataque original a Yang, promovendo o lema oposto "Um se divide em dois", e foi acompanhado pelo próprio Mao. Mas depois de 1976, com as reformas de Deng, Yang foi reabilitado, juntamente com o conceito de dois se unindo em um[189] – e Zhao parece levar a versão de Yang à sua conclusão radical: todos deveriam se unir num único céu. É por isso que ele insiste que

> a guerra não pode ser definida como *a continuação da política por outros meios*. Na verdade, o acontecimento da guerra é o momento preciso do fracasso da política. Em vez disso, o político deveria ser entendido como a arte de *transformar hostilidade em hospitalidade*. A política não faz nenhum sentido se não oferece nenhuma mudança a uma situação hostil[190].

Para mim, a combinação de hospitalidade e hostilidade bélica ignora algo crucial: antagonismos e conflitos *dentro* da nossa própria sociedade. Dito da forma mais brutal: o que significaria tianxia numa situação tensa de um conflito entre o povo empobrecido e uma elite corrupta apoiada pelo exército e pela polícia? Será que deveríamos aqui também lutar pela "hospitalidade", pela coexistência harmoniosa de diferentes estratos e classes? Na minha visão hegelo-lacaniana, o antagonismo ("contradi-

---

189. Cf. WESTON, T. The "One divides into two" controversy (一分为二), 1964-1980. Wikipedia, 22 jan. 2017. Disponível em: https://en.wikipedia.org/wiki/One_Divides_Into_Two. Acesso em: 5 mar. 2025.

190. TINGYANG, Z. *All under heaven*. Op. cit., p. xv.

ção") não é apenas uma perturbação dentro do Uno que representa uma ameaça à sua desintegração: *o antagonismo é o que mantém uma sociedade unida*. Um Uno não atravessado por antagonismos, um Uno cujas partes coexistem em respeito mútuo e pacífico, desintegra-se numa multiplicidade de entidades indiferentes. Um "Uno" é uma força de divisão, algo que introduz tensão na sua esfera, e isso vale em diferentes níveis, da sexualidade à sociedade, até a noção de um deus que não é uma unidade superior de todas as criaturas, mas uma tensão insuportável que corre através de todas elas e as divide.

Isso nos traz de volta ao ensaio de Schelling sobre a liberdade, um dos pináculos do idealismo alemão – o problema com o qual esse texto único lida é: como pensar a cisão do Uno em dois sem regredir ao dualismo (ou seja, sem a dualidade de princípios como yin e yang, luz e trevas, masculino e feminino), mas também evitando a completa unidade espinosana ou deleuzeana de um Uno que é o meio de multidões florescentes. A solução especulativa de Schelling é: não existe nenhuma Alter(idade), nem matéria nem o feminino, o Outro é o próprio Uno em sua determinação opositiva, levado à sua verdade, ou seja, o Outro é o Uno enquanto tal, retirado ao seu âmago, como o Mal enquanto o núcleo mesmo do próprio Bem/Deus.

Mas Zhao tem razão quando afirma que a democracia liberal é cada vez menos capaz de desempenhar esse papel no mundo atual de ameaças globais que exigem formas globais de solidariedade e exigem de todos nós que atuemos num estado permanente de emergência. Como podemos então lutar pela cooperação e pela solidariedade globais se rejeitarmos qualquer forma de céu unido (ou, na linguagem de Lacan, de grande Outro) como o nosso horizonte último? Esse é o tema dos dois últimos capítulos do livro que tratam da Inteligência Artificial e do destino da política em nosso tempo apocalíptico.

5
NEQUE HOMO NEQUE DEUS NEQUE NATURA

Com o contínuo triunfo das novas ciências e tecnologias da vida, seria de esperar que a religião desaparecesse – exceto nas suas versões mais ascéticas que são compatíveis com o materialismo científico, como a (erroneamente) assim chamada "meditação transcendental". No entanto, temos assistido ultimamente a um estranho renascimento do pensamento (e potencialmente da experiência) do "divino" que se fundamenta nesses mesmos novos avanços científicos e tecnológicos. A noção principal aqui é a da "pós-humanidade" que se aproxima: com novas formas de IA, as nossas mentes individuais serão fundidas com a Inteligência Artificial global numa Singularidade abrangente.

O COSMISMO COMO UM CASO DE CRISTIANISMO PAGÃO

Essa mistura de ciência moderna e divindade tem uma longa história: o seu ponto de partida é, sem dúvida, a ascensão do chamado "cosmismo", cuja figura fundadora é o filósofo e teólogo russo Vladimir Solovyov (1853-1900)[191]. Não podemos realmente entender a proliferação hodierna de ideólogos como Aleksandr Dugin sem analisar as suas raízes na tradição russa do cosmismo. O cosmismo começou com Nikolai Fedorov, que "foi apelidado de 'Sócrates de Moscou', por causa dos seus hábitos ascéticos e da sua filosofia radical. Ele tinha um objetivo abrangente: alcançar a imortalidade e a ressurreição dos mortos"[192]. Entre os seus se-

191. Sigo aqui a leitura de Soloviev: GROYS, B. Wisdom as the feminine world principle: Vladimir Soloviev's sophiology. *e-flux Journal*, n. 124, fev. 2022. Disponível em: https://www.e-flux.com/journal/124/446201/wisdom-as-the-feminine-world-principle-vladimir-soloviev-s-sophiology/. Acesso em: 5 mar. 2025.

192. EVANS, J. Russian cosmism and Putin's spiritual eugenics. *Philosophy for Life*, 10 abr. 2022. Disponível em: https://www.philosophyforlife.org/blog/17-russian-cosmism-and-putins-spiritual-eugenics. Acesso em: 5 mar. 2025.

guidores comunistas estão Konstantin Tsiolkovsky (que teorizou sobre as viagens espaciais), Alexander Bogdanov (o alvo da crítica de Lênin à "empiriocrítica" que praticava transfusões de sangue como forma de prolongar a vida) e Anatolij Lunacharsky, o ministro da cultura na primeira década da União Soviética. Na teologia, Fedorov foi seguido por Solovyov, que

> exortava a uma teocracia universal sob um czar russo, para acelerar a "longa e difícil passagem da humanidade da humanidade-besta para a humanidade-Deus". O próximo estágio na evolução é nos tornarmos seres espirituais imortais – apenas Cristo alcançou esse estágio até agora, mas toda a humanidade em breve o seguirá. No entanto, Solovyov pensava que essa evolução espiritual aconteceria através de meios mágico-espirituais, enquanto Fedorov insistia na ressurreição científica. Mas ambos concordaram que a humanidade seria salva pela teocracia russa[193].

Sultanhaliiev[194] estabeleceu uma linhagem a partir de duas vertentes do "cosmismo" (crença na ressurreição e na vida eterna) russo, a científica (Fedorov, no século XIX, e o cosmismo da primeira década da União Soviética que também influenciou profundamente o programa cosmonáutico soviético) e a religiosa-espiritual, até a abordagem niilista da perspectiva de destruição nuclear na União Soviética e sob Putin. O chamado "biocosmismo", uma estranha combinação de materialismo vulgar e espiritualidade gnóstica, formou o obsceno ensinamento secreto do marxismo soviético. Reprimido fora da vista do público no período central do Estado soviético, o biocosmismo foi propagado abertamente apenas na primeira e nas duas últimas décadas do domínio soviético; suas principais teses são: os objetivos da religião (paraíso coletivo, superação de todo sofrimento, plena imortalidade individual, ressurreição dos mortos, vitória sobre o tempo e a morte, conquista do espaço muito além do sistema

193. Ibid.

194. ŽIŽEK, S. Russian nuclear eschatology: pathologies on the ruins of Modernity. The *Philosophical Salon*, 2023. Disponível em: https://thephilosophicalsalon.com. Acesso em: 1 mar. 2025.

solar) podem ser realizados na vida terrestre através do desenvolvimento da ciência e da tecnologia modernas. No futuro, não só a diferença sexual será abolida, com o surgimento de pós-humanos castos que se reproduzem através da reprodução biotécnica direta; será também possível ressuscitar todos os mortos do passado (estabelecendo a sua fórmula biológica através dos seus restos mortais e depois os reengendrando – naquela altura ainda não se conhecia o DNA...), assim até mesmo apagando todas as injustiças do passado, "desfazendo" sofrimento e destruição passados. Nesse brilhante futuro comunista biopolítico, não apenas os humanos, mas também os animais, todos os seres vivos, participarão numa Razão do cosmos diretamente coletivizada... O que quer que se possa ter contra a crítica implacável de Lênin à "construção de Deus (*bogograditel'stvo*)" de Maxim Gorky, a direta deificação do homem, deve-se ter em mente que o próprio Gorky colaborou com biocosmistas. É interessante notar semelhanças entre esse "biocosmismo" e a tecnognose de hoje – exemplar é aqui a visão de Trotsky:

> O que é o homem? Ele não é de forma alguma um ser acabado ou harmonioso. Não, ele ainda é uma criatura altamente estranha. O homem, como animal, não evoluiu de forma planejada, mas espontaneamente, e tem acumulado muitas contradições. A questão de como educar e regular, de como melhorar e completar a construção física e espiritual do homem, é um problema colossal que só pode ser compreendido com base no socialismo.... Produzir uma nova "versão melhorada" do homem – essa é a tarefa futura do comunismo. E para isso temos primeiro que descobrir tudo sobre o homem, a sua anatomia, a sua fisiologia e aquela parte da sua fisiologia que é chamada de psicologia. O homem deve olhar para si mesmo e ver-se como uma matéria-prima, ou na melhor das hipóteses, como um produto semimanufaturado, e dizer: "Finalmente, meu querido *homo sapiens*, vou trabalhar em você"[195].

Se Fedorov foi o Sócrates russo, o grande sistematizador do cosmismo, o seu Platão foi Solovyov. Acusando a filosofia oci-

---

195. FIGES, O. *Natasha's dance*. Londres: Allen Lane, 2001, p. 447.

dental de desprezo pela vida cósmica material e de um desenvolvimento unilateral do pensamento conceitual puro, Solovyov segue as antigas tradições neoplatônicas, gnósticas e míticas ao associar a materialidade do mundo ao princípio feminino; seu nome para esse princípio é Sophia, e ele se refere aqui à *Filosofia da Revelação* de Schelling, em que fala da "*Weltmutter* – a mãe do mundo, a substância da futura Criação", que "não pertence realmente à natureza divina e no entanto não pode ser separada dela". Essa mãe do mundo tem duas faces: primeiro, existe a *Weltmutter* como Maya, o aspecto demoníaco, caído e enganoso de Sophia, como a realidade negativa da vida terrena tal como ela é. Essa realidade deve, de fato, ser negada; nisso Solovyov concorda com o budismo oriental; porém, ele acredita que existe outra face verdadeira da mãe do mundo: a divina Sophia, uma materialidade ideal, a possibilidade de uma vida harmoniosa e verdadeira que já estava aberta antes do Pecado Original. Na Sophia divina e personalizada, a divisão e a queda do mundo material já estão sempre potencialmente superadas, e a tarefa da filosofia (isto é, do amor a Sophia) é unir o amante (isto é, o filósofo) com Sophia e assim realizar um ato "teúrgico" de transformação mundial.

Em claro contraste com Nietzsche, para Solovyov a tarefa de "justificar a matéria" não se opõe à tradição cristã: o cristianismo se distingue de todas as outras religiões elevadas pelo fato de nele "o Verbo ter se tornado carne" – a matéria tem sido reconhecida como igual em dignidade ao espírito. A primazia do espírito, da racionalidade e do Logos sobre a matéria, que é característica da cultura ocidental e a liga ao budismo oriental, não tem a sua origem no cristianismo; é a consequência do afastamento do Ocidente do cristianismo, que é acima de tudo característico da era moderna. Sofia é concebida dessa perspectiva como a dimensão feminina e simultaneamente material de Cristo, como o corpo transfigurado de Cristo, em proximidade com a Igreja que também é considerada o corpo místico de Cristo:

> No organismo divino de Cristo, o princípio atuante e unificador, o princípio que expressa a unidade daquele que existe incondicionalmente, é obviamente a Palavra ou o Logos. A unidade do segundo tipo, a unidade produzida, na teosofia cristã leva o nome de Sophia... Sophia é o corpo de Deus, a matéria da Divindade, permeada pelo princípio da unidade divina. Cristo... é tanto Logos quanto Sofia.

Ao situar a materialidade mesmo antes da criação do mundo dentro do Logos corporificado como o princípio feminino manifestado através da pessoa de Sofia, Solovyov efetivamente expande a Trindade divina, introduzindo nela uma nova hipóstase divina feminina: a humanidade como Sofia é o corpo eterno de Deus. É apenas a divindade da matéria, reconhecida como Sophia, que garante a possibilidade de "deificação" aos seres humanos e a esperança de vida eterna. Esse é o paradoxo básico de Solovyov: *os seres humanos só se tornam imortais através da matéria*, através da sua participação no corpo de Cristo. Dessa forma, Soloviev procura transformar a conhecida prova irrefutável da finitude, da mortalidade e da "contingência" do ser humano – a sua materialidade – numa prova da sua imortalidade: só a materialidade, como o princípio materno, feminino, e ainda mais como a pessoa Sophia, pode redimir os seres humanos através do amor. Solovyov afirma assim a derrota do racionalismo e do moralismo racionalista na sua luta contra a "natureza inferior". Como sintomas dessa derrota, ele identifica o fim da Revolução Francesa e do Idealismo Alemão. O objetivo da filosofia de Solovyov é levar os seres humanos a aceitarem e justificarem a matéria e a amá-la como Sophia. Na história do cinema, a expressão suprema desse materialismo espiritual são, obviamente, os filmes de Andrei Tarkovsky: quando um dos seus heróis tem uma experiência espiritual, não é através de um esforço para se elevar acima da realidade terrena, olhando para cima em direção ao céu ou a um horizonte distante; pelo contrário, ele fica deitado na terra úmida, encharcando o rosto na lama e na água suja... Desnecessário acrescentar que tal espiritualização da matéria é exatamente o oposto da postura básica da ciência moderna, na qual a "matéria" também é "espiritualizada", mas de uma maneira totalmente diferente: a matéria se torna uma abstração formalizada em fórmulas matemáticas.

Agora chegamos à pior parte do cosmismo: se a Queda não é a queda na realidade material, por que então a nossa realidade é obviamente imperfeita? Para Solovyov, a razão da imperfeição do mundo reside na sua divisão, na guerra de todos contra todos; a fim de estabelecer a harmonia, os indivíduos devem deixar de afirmar a sua vontade sem controle, como o fazem, por exemplo, na dialética hegeliana, mas tampouco devem simplesmente negá-la, como em Schopenhauer. Eles devem lhe estabelecer limites, ocupar seu lugar dentro da totalidade sofiológica. O reconhecimento do verdadeiro carácter sofiológico do mundo, a sua "soficidade" (*sofiynost*), oferece a cada pessoa individual a possibilidade de encontrar um lugar apropriado para as suas próprias pulsões e paixões e aquelas dos outros, sem ter de "lutar" contra elas. A soficidade, nesse contexto, representa uma aplicação à totalidade cósmica do antigo conceito eslavófilo de "conciliaridade" (*sobornost*), que essencialmente significa ocupar o seu lugar dentro da totalidade social sem perder a própria subjetividade ou individualidade, e que, na visão dos eslavófilos, distinguiu a condição original do cristianismo antes de sua divisão em Oriente e Ocidente.

Essa desintegração é considerada a raiz da doença e do mal de toda a civilização europeia: o mundo ocidental é a personificação histórica do racionalismo e do materialismo egoísta e sem amor, que é incapaz do verdadeiro "materialismo" sofiológico do amor. Contra essa doença da Europa Ocidental, bem como contra a negação oriental da individualidade livre, a conclusão e consumação da história humana requer uma "nova força histórica" – a Rússia. É por isso que o cosmismo da matéria espiritualizada só poderia emergir dentro da versão ortodoxa russa do cristianismo, cuja fórmula básica é "Deus tornou-se homem de modo que o homem se torne Deus" – é assim que os cosmistas interpretam o aparecimento de Cristo, deus-homem: como um modelo daquilo do que toda a humanidade deveria se aproximar. (É claro que devemos contrastar isso com a ideia de Martinho Lutero de que o homem é um excremento de Deus, algo que caiu do ânus de Deus.) Aqui encontramos o dilema crucial mais bem exemplificado pela ambiguidade das seguintes declarações:

> Jesus diz aos seus amigos: *"Envio sobre vós a promessa do Pai"*. Nisso sabemos que ele fala do Espírito Santo, do Consolador, daquele que os acompanhará, os guiará, os apoiará na sua missão e os defenderá em batalhas espirituais. Jesus está tentando tranquilizá-los de que não está prestes a abandoná-los, muito pelo contrário. Ele sobe ao céu, mas não os deixa sozinhos. Pelo contrário, precisamente ao ascender em direção a Deus, ele garante o que o Papa Francisco descreve como "a efusão do Espírito Santo do seu Espírito", ou o que o Arcebispo Rowan Williams tão eloquentemente nos lembra, "que a vida humana na qual Deus se tornou mais visível, mais tangível, desaparece do mundo humano em sua forma anterior e é de alguma forma absorvida pela vida infinita de Deus. E a nossa humanidade, toda ela, vai com Jesus". Williams nos exorta a reconhecer que ali mesmo em *Efésios*, "a plenitude daquele que preenche tudo em todos" significa Jesus tomando para si todas as partes difíceis, resistentes e desagradáveis da nossa humanidade, levando-as ao coração do amor de Deus, único lugar onde podem ser curadas e transfiguradas[196].

Com toda a minha admiração por Williams, acho que ele chega aqui perto demais da ortodoxia – tudo depende de como lemos a afirmação central de que Deus se tornou homem de modo que o homem possa se tornar Deus). "O homem tornar-se-á Deus" pode ser lida no sentido do cosmismo, como uma transformação real da humanidade numa entidade superior, abandonando a mortalidade e a sua corrupção; ou pode ser lida como uma transformação espiritual dos humanos que, no nível da realidade, per-

---

196. TE PAA-DANIEL, J. Te Paa Daniel to Baccalaureates: 'We offer ourselves as signs of God in the world'. Church Divinity School of the Pacific, 19 maio 2023. Disponível em: https://cdsp.edu. Acesso em: 1 mar. 2025.

manecem plenamente aqui, imersos na miséria do nosso mundo terrestre. Nesse caso, nenhum "deus" como entidade separada tem de intervir com atos sobrenaturais: Deus morreu na cruz, e tudo o que há aqui é o Espírito Santo como a comunidade dos crentes unidos pelo amor. Este é o verdadeiro milagre: tudo é diferente enquanto nada muda na realidade.

A imagem do Ocidente implícita no cosmismo (racionalismo secular, exploração da terra etc.) é, obviamente, ridiculamente unilateral: o Ocidente tem a sua própria tradição mística (de Meister Eckhart e Jacob Boehme até Schelling) que muda a ênfase na cisão no próprio Deus, em como Deus nasceu de um homem, até mesmo num aspecto maligno (raiva) em Deus, em como a queda de Deus é uma queda de/no próprio Deus – não é de admirar que Hegel tenha chamado Boehme de "o primeiro Filósofo alemão". E se abordarmos o cosmismo desde essa tradição mais profunda da teosofia ocidental, podemos rapidamente discernir os seus potenciais obscuros que são sentidos ainda hoje nas obras daqueles (como Dugin) que legitimam a agressão russa à Ucrânia como uma luta contra a corrupção ocidental.

A IDIOTIA ULTRAINTELIGENTE DOS CHATBOTS

No entanto, nesse ponto deveríamos mudar de terreno: a onda contínua de fascínio pela IA não é apenas uma questão de especulações teóricas sobre inteligência incorporada – para muitos de nós, é cada vez mais algo que concerne à nossa existência cotidiana, mudando nossos hábitos diários. Há uma longa tradição, na filosofia e nas ciências, de negar o livre-arbítrio, mas as dúvidas sobre o livre-arbítrio "não mudam realmente a história, a menos que tenham um impacto prático na economia, na política e na vida cotidiana. Os humanos são mestres da dissonância cognitiva e nos permitimos acreditar numa coisa no laboratório e em outra coisa completamente diferente no tribunal ou no parlamento"[197]. Yuval Harari salienta como mesmo os campeões populares do novo mundo científico como Richard Dawkins ou Steve Pinker, depois de escreverem centenas de páginas que desmascaram o livre-arbítrio e a liberdade de escolha, acabam apoiando o liberalismo político. Contudo, hoje,

> o liberalismo é ameaçado não pela ideia filosófica de que "não existem indivíduos livres", mas sim por tecnologias concretas. Estamos prestes a enfrentar uma enxurrada de dispositivos, ferramentas e estruturas extremamente úteis que *não* levam em consideração o livre-arbítrio dos seres humanos individuais. Será que a democracia, o livre-mercado e os direitos humanos podem sobreviver a essa enxurrada? (306).

Vamos dar uma olhada mais de perto em como funciona essa enxurrada. Em primeiro lugar, as novas tecnologias que nos permitem manipular e criar a opinião pública demonstram quão não-livre é o terceiro espaço (nem público nem privado) dos nossos meios de comunicação: não é apenas um espaço de intercâmbios caóticos em que as teorias da conspiração podem prosperar, é também um espaço em que o controle e a manipulação prosperam ainda mais. Uma equipe de empreiteiros israelenses, de codinome "Team Jorge",

> afirma ter manipulado mais de 30 eleições em todo o mundo usando hackers, sabotagem e desinformação automatizada nas redes sociais. A "Team Jorge" é liderada por Tal Hanan, de 50 anos, um ex-agente das forças especiais israelenses. Os métodos e técnicas descritos pela "Team Jorge" levantam novos desafios para as grandes plataformas tecnológicas, que durante anos lutaram para evitar que atores nefastos espalhassem falsidades ou violassem a segurança das suas plataformas. A evidência de um mercado privado global de desinformação destinada às eleições também fará soar o alarme para as democracias em todo o mundo[198].

---

197. Cf. HARARI, Y.N. *Homo Deus*: a brief history of tomorrow. Londres: Harvill Secker, 2016, p. 305. Os números entre colchetes neste capítulo referem-se às páginas desse livro.

198. PHILIP, S.A. Israeli firm involved in 'destablising democracies and disrupting elections' operates in India. *The New Indian Express*, 15 fev. 2023. Disponível em: https://www.newindianexpress.com/world/2023/feb/15/israeli-firm-involved-in-destablising-democracies-and-disrupting-elections-operates-in-india-repo-2547763.html. Acesso em: 28 jan. 2025.

Tudo isso é agora mais ou menos do conhecimento comum, pelo menos desde a época do escândalo Cambridge Analytica (o seu envolvimento nas eleições de 2016 nos Estados Unidos ajudou significativamente Trump a vencer). No entanto, para piorar as coisas, deve-se incluir na série de novos algoritmos também a explosão de programas que tornam a troca de rostos e outros procedimentos de "deepfake" facilmente acessíveis. Os mais populares são, obviamente, algoritmos que trocam rostos de celebridades por corpos de atrizes pornôs em filmes adultos:

> as ferramentas necessárias para criar esses vídeos pornôs "caseiros", incluindo suas atrizes e estrelas pop favoritas de Hollywood, estão prontamente disponíveis e são fáceis de usar. Isso significa que mesmo aqueles sem formação em ciência da computação e com conhecimento limitado de tecnologia podem ainda assim fazer os filmes[199].

Os rostos de atrizes hardcore podem ser trocados não apenas por estrelas pop, mas também por quem está mais próximo de você – o procedimento "chama a atenção pela simplicidade": "transformar qualquer pessoa em estrela pornô usando tecnologia deepfake para trocar o rosto da pessoa num vídeo adulto. Tudo o que é necessário é a imagem e o apertar de um botão". Infelizmente, os deepfakes são usados principalmente para criar pornografia com mulheres, sobre as quais isso tem um efeito devastador – "entre 90% e 95% de todos os vídeos deepfake online são pornografia não consensual, e cerca de 90% deles apresentam mulheres"[200]. E se você também quiser que as vozes se ajustem aos rostos trocados, você usa o Voice AI para criar "réplicas hiper-realistas que soam exatamente como a pessoa real"[201]. O

199. DOVEY, D. New, creepy porn app lets you paste anyone's face on the star's body. Newsweek, 26 jan. 2018. Disponível em: https://www.newsweek.com/deepfakes-fake-app-reddit-pornography-792053. Acesso em: 28 jan. 2025.

200. HAO, K. A horrifying new AI app swaps women into porn videos with a click. *MIT Technology Review*, 15 mar. 2023. Disponível em: https://www.technologyreview.com/. Acesso em: 28 jan. 2025.

201. *Voice Cloning App | Make your Voice Sound like Anyone*. Disponível em: https://speechify.com/voice-cloning/. Acesso em: 28 jan. 2025.

curto-circuito incestuoso definitivo seria aqui, é claro, trocar o meu próprio rosto e o da minha esposa ou parceira em um vídeo adulto, além de acompanhar as cenas com nossos clones de voz, de modo que simplesmente nos sentaríamos confortavelmente, tomaríamos uma bebida e observaríamos nosso sexo passional...

Mas por que nos limitarmos ao sexo? E quanto a envergonhar nossos inimigos com vídeos deles de rostos trocados fazendo algo nojento ou criminoso? É claro que isso não implica, de forma alguma, que técnicas semelhantes não possam também produzir resultados positivos. Em 10 de janeiro de 2023, um vídeo apareceu no Youtube da música do Queen *"I Want to Break Free"* interpretada pelo grupo feminino norte-coreano "Moranbong Band" (cujos membros foram escolhidos a dedo por Kim Yong-un) e The North Korean Military Chorus, com o público (inclusive o próprio Kim Yong-un e a sua esposa) aplaudindo a música[202]. Logo foi descoberto que o vídeo era uma farsa, combinando cenas reais sincronizadas com outras vozes[203], mas essa descoberta apenas confirmou que, para citar Lacan, a verdade tem a estrutura de uma ficção. Os dois primeiros versos da música são: "Quero me libertar das suas mentiras/ Você está tão satisfeito consigo mesmo que eu não preciso de você". Não é esse o verdadeiro desejo da grande maioria dos norte-coreanos comuns que querem se libertar das mentiras da propaganda oficial satisfeita consigo mesma? (Ou será que as coisas são muito mais ambíguas, e deveríamos introduzir aqui a distinção entre querer e desejar: as pessoas *querem* libertar-se, mas o que *desejam* é muito mais ambíguo e obscuro.) De volta à nossa linha principal, deveríamos

202. Cf. I want to break free' (Queen) performed in North Korea. Lars von Retriever (Metal Trump). *YouTube*. Disponível em: https://www.youtube.com/watch?v=jYvcdhCbzJw. Acesso em: 28 jan. 2025.

203. Cf. HM, K. North Korean military choir did not perform queen's 'I want to break free', viral video is edited. *Newschecker*, 1º fev. 2023. Disponível em: https://newschecker.in/fact-check/north-korean-military-choir-did-not-perform-queens-i-want-to-break-free-viral-video-is-edited/. Acesso em: 28 jan. 2025.

acrescentar a essa série os chatbots (programas de computador que são capazes de manter uma conversa com um usuário em linguagem natural, entender sua intenção e responder com base em regras e dados predefinidos). Ultimamente, sua capacidade aumentou explosivamente:

> Ao avaliar redações para o seu curso de religiões do mundo no mês passado, Antony Aumann, professor de filosofia na Northern Michigan University, leu o que ele disse ser facilmente "o melhor trabalho da classe". Explorava a moralidade da proibição da burca com parágrafos limpos, exemplos adequados e argumentos rigorosos. Aumann perguntou ao aluno se ele próprio havia escrito o ensaio; o aluno confessou usar o ChatGPT, um chatbot que entrega informações, explica conceitos e gera ideias em frases simples – e, nesse caso, escreveu o trabalho. Os movimentos fazem parte de uma luta em tempo real contra uma nova onda tecnológica conhecida como inteligência artificial generativa. O ChatGPT, que foi lançado em novembro de 2022 pelo laboratório de inteligência artificial OpenAI, está na vanguarda dessa mudança. O chatbot gera textos estranhamente articulados e cheios de nuances em resposta a prompts curtos, com as pessoas usando-o para escrever cartas de amor, poesia, fanfics – e trabalhos escolares[204].

Não admira que universidades e escolas secundárias estejam reagindo em pânico, algumas delas permitindo apenas exames orais. Entre outros problemas, há um que merece atenção: como deve o chatbot reagir quando o parceiro humano num diálogo se envolve em comentários agressivos sexistas e racistas, apresenta as suas fantasias sexuais perturbadoras e usa regularmente linguagem chula? "A Microsoft reconheceu que algumas sessões de bate-papo estendidas com a sua nova ferramenta de bate-papo do Bing podem fornecer respostas que não estão 'em conformidade com o nosso tom projetado'. A Microsoft também disse que a função de bate-papo em alguns casos 'tenta responder ou

204. HUANG, K. Alarmed by AI chatbots, universities start revamping how they teach. *eKathimerini*. Disponível em: https://www.ekathimerini.com/nytimes/1202708/alarmed-by-ai-chatbots-universities-start-revamping-how-they-teach/. Acesso em: 28 jan. 2025.

refletir no tom em que está sendo solicitada a fornecer respostas'"[205]. Em suma, o problema surge quando o ser humano que troca mensagens com um chatbot usa linguagem obscena ou faz comentários racistas e sexistas violentos, e o chatbot, programado para responder no mesmo nível que as perguntas que lhe são dirigidas, responde no mesmo tom. A resposta óbvia para esse problema é algum tipo de regulamentação que estabeleça limites claros, ou seja, censura – mas quem determinará até onde deve ir essa censura? Será que as posições políticas consideradas "ofensivas" por algumas pessoas também deveriam ser proibidas? Será que a solidariedade com os palestinos da Cisjordânia ou a afirmação de que Israel é um Estado de apartheid (como Jimmy Carter o colocou no título do seu livro) serão bloqueadas como "antissemitas"? Mas o problema é mais profundo – como disse James Bridle sucintamente: "A inteligência artificial, na sua forma atual, baseia-se na apropriação indiscriminada da cultura existente, e a noção de que é realmente inteligente pode ser ativamente perigosa"[206]. Não se deve subestimar a capacidade dos geradores de imagens de IA:

> em sua tentativa de compreender e replicar a totalidade da cultura visual humana, /eles/ parecem ter recriado também os nossos medos mais sombrios. Talvez isso seja apenas um sinal de que esses sistemas são realmente muito bons em imitar a consciência humana, até o horror que se esconde nas profundezas da existência: os nossos medos da imundície, da morte e da corrupção... A sujeira e o nojo de viver e morrer permanecerá conosco e precisará de atenção, assim como a esperança, o amor, a alegria e a descoberta[207].

---

205. FUNG, B. Microsoft is looking for ways to rein in Bing AI chatbot after troubling responses. *CNN Business*. Disponível em: https://www.cnn.com/business/2023/08/15/microsoft-bing-ai-chatbot-troubles/. Acesso em: 28 jan. 2025.

206. HERN, A. The stupidity of AI. *The Guardian*, Artificial intelligence (AI). Disponível em: https://www.theguardian.com/technology/2023/mar/16/the-stupidity-of-ai-artificial-intelligence-dall-e-chatgpt. Acesso em: 28 jan. 2025.

207. Ibid.

Porém, tomemos o seguinte exemplo: e se, em vez do padrão "Compre uma, ganhe outra de graça!", disséssemos: "Compre uma cerveja pelo preço de duas e receba uma segunda cerveja absolutamente grátis!" O bar que efetivamente utilizou essa reformulação num quadro em frente à entrada atraiu muitos novos clientes[208] – seu cinismo foi endossado como uma honestidade cômica. Jani Väisänen[209] forneceu um modelo de explicação dessa lógica subjacente: "Sob o capitalismo, você pode comprar uma cerveja pelo preço de duas e se sentir privilegiado por receber uma segunda cerveja absolutamente grátis, ao mesmo tempo que acredita que enganou o sistema!" Como um chatbot reagiria a isso? Será que rejeitará a versão alterada como uma estupidez autoevidente ("Mas você já pagou por duas, então a segunda cerveja não é grátis!"), será que vai captar a ironia, ou será que vai até mesmo captar a estratégia redobrada (como essa ironia pode ajudar nas vendas)? Fiz alguns testes e o resultado foi que o chatbot captou a ironia básica, mas ignorou ou não captou a ironia redobrada, ou seja, o fato de que a aparente crítica à publicidade consumista na verdade ajuda as vendas.

E voltemos aos palavrões: o uso da palavra f… na nossa linguagem cotidiana envolve uma estranha oposição: embora designe algo que a maioria das pessoas gostam de fazer ("Eu estava f…do com ela a noite toda e nunca me diverti tanto!"), quando usado em "Vá se f…!" e variações semelhantes, designa claramente uma postura agressiva. Será que a IA está pronta para discernir tais diferenças? Obviamente pode fazê-lo, uma vez que está programada para contextualizar diferentes espaços de significado de uma palavra ou frase – mas como reagiria a uma mistura intencional dos dois usos básicos da palavra f…? Depois de uma noite

208. DEISINGER, D. Eat up: take a look at these hilarious restaurant signs and get your fill of laughter. *Herald Weekly*, 15 set. 2024. Disponível em: https://www.heraldweekly.com/eat-up-take-a-look-at-these-hilarious-restaurant-signs-and-get-your-fill-of-laughter/. Acesso em: 28 jan. 2025.

209. Comunicação pessoal.

apaixonada de sexo intenso, uma mulher (que é minha amiga íntima) me disse: "Meu parceiro é um verdadeiro fodão, então eu fui realmente fodida em toda parte!" A minha amiga usou palavras "negativas" de uma forma literal, o que lhes conferiu um toque positivo, de modo que uma tradução aproximada para uma linguagem comum seria algo como: "O meu parceiro era um cara muito inventivo nas práticas sexuais, então tive uma experiência sexual intensa em muitas partes do meu corpo!"

Uma característica que também está em jogo aqui é a mistura inextricável de fracasso e sucesso: um verdadeiro sucesso retórico emerge da reinterpretação do fracasso como um sucesso. No seu ensaio "Sobre a formação gradual dos pensamentos no processo da fala" (de 1805, publicado pela primeira vez postumamente em 1878), Heinrich von Kleist revira assim a sabedoria comum segundo a qual só se deve abrir a boca e dizer alguma coisa quando se tem uma ideia clara do que se quer dizer:

> Se, portanto, um pensamento é expresso de forma confusa, então não se segue de forma alguma que esse pensamento tenha sido concebido de forma confusa. Pelo contrário, é bem possível que as ideias expressas da forma mais confusa sejam as que foram pensadas com mais clareza[210].

Há uma passagem num dos discursos de Stalin do início da década de 1930 na qual ele propõe medidas radicais contra todos aqueles que se opõem mesmo secretamente à coletivização das explorações agrícolas: "Devíamos detectar e combater sem piedade mesmo aqueles que se opõem à coletivização apenas nos seus pensamentos – sim, quero dizer exatamente isso, devemos lutar até mesmo contra os pensamentos das pessoas". Pode-se seguramente presumir que essa passagem não foi preparada de antemão: Stalin foi apanhado no seu entusiasmo retórico da

---

210. Citado de KLEIST. Oslo: Universidade de Oslo, Instituto de Estudos Culturais e Línguas Orientais. Disponível em: http://www.hf.uio.no/ikos/english/research/projects/tls/publications/Kleist%5B1%5D.pdf. Acesso em: 28 jan. 2025.

luta contra os inimigos da coletivização e foi espontaneamente levado a acrescentar que mesmo os pensamentos privados das pessoas deveriam ser controlados e combatidos; então ele imediatamente tomou consciência do que acabara de dizer, mas, em vez de admitir que se deixou levar, rapidamente decidiu ater-se heroicamente à sua hipérbole – é assim que, para dizer em lacanês, a verdade é um efeito de surpresa desencadeado pela sua enunciação, ou, como Althusser o coloca, referindo-se ao jogo de palavras entre *presa* [*prise*] e *surpresa* [*surprise*], toda autêntica "apreensão /presa/" de algum conteúdo chega como uma surpresa para quem o realiza. E, novamente, será que um chatbot é capaz de fazer *isso*? Em certo sentido, com toda a sua estupidez, ele *não é estúpido o bastante* para fazer isso. E, como observaram muitos observadores perspicazes, o verdadeiro perigo não é que nós (indivíduos "reais") percebamos erroneamente o que um chatbot está dizendo como a fala de uma pessoa "real"; é muito mais que *comunicar-se com chatbots fará com que pessoas "reais" falem como chatbots* – perdendo as nuances e ironias, obcecadas com uma falsa precisão de dizer apenas o que realmente querem dizer etc.

Pode-se colocá-lo ainda de outra forma: os chatbots são ingênuos (carecem de ironia e reflexividade), mas na sua própria ingenuidade *eles não são suficientemente ingênuos* – são incapazes de compreender uma ingenuidade superior e redobrada. Lembro-me, dos meus anos de estudante, de uma coisa estranha que aconteceu com um (então) amigo meu: depois de uma experiência traumática, ele foi a um (muito bom) psicanalista esloveno e, como tinha uma ideia clichê do que os analistas esperam de um paciente, ele na primeira sessão apresentou um conjunto de falsas "associações livres" sobre como ele odeia o seu pai e até deseja a sua morte. A reação do analista foi engenhosa, uma intervenção absolutamente autêntica: adotou uma postura "pré-freudiana" ingênua e censurou meu amigo por não demonstrar respeito suficiente pelo pai ("Como você pode falar assim de uma pessoa que cuidou de você com amor e fez de você o que você é?" etc.). A mensagem dessa ingenuidade foi clara: eu não compro as suas "associações", você está blefando, elas são uma farsa para me impressionar e me desencaminhar... Será que um chatbot conseguiria ler essa reação corretamente? Em reação a esse meu exemplo, uma mensagem anônima no reddit diz:

> Bem, eu perguntei [a um chatbot]: por que o analista fez isso? E ele disse: "Ao adotar uma posição não freudiana, o analista pode ter sinalizado que o paciente não tinha de se conformar com noções preconcebidas do que era esperado em um tratamento psicanalítico". O qual Žižek tinha muita certeza de estar além disso[211].

No entanto, um leitor atento notará imediatamente que o chatbot NÃO diz a mesma coisa que a minha interpretação da reação do analista: o que quero dizer não é que o meu amigo estava simplesmente tentando "se conformar com noções preconcebidas do que era esperado no tratamento psicanalítico". É muito mais forte, ainda mais agressivo, acusando implicitamente o paciente de estar *trapaceando* conscientemente, inventando falsamente "associações" freudianas a fim de enganar o analista. É por isso que a reação "não freudiana" do analista foi um caso supremo do gesto propriamente freudiano. (E, aliás, como todo analista sabe, as primeiras sessões com um novo paciente são sempre repletas de tentativas do paciente de testar o analista, de saber se o analista pode ser manipulado e enganado.) O mesmo vale para uma crítica ao meu antigo exemplo sobre o uso da palavra *n....r*[212]: uma vez dois amigos negros ficaram tão entusiasmados com o que acabei de dizer que um deles me abraçou e exclamou: "Agora você pode me chamar de *n....r*!" Meu crítico afirma que aqueles que concordam comigo aqui são "insanos":

---

211. ŽIŽEK, S. Artificial idiocy. *CriticalTheory (Reddit)*. Disponível em: https://www.reddit.com/r/CriticalTheory/comments/11zwdel/%C5%BEi%C5%BEek_artificial_idiocy_mar_23_2023/. Acesso em: 28 jan. 2025.

212. A palavra n ou "*n....r*": *"nigger"* [negro] [N.T.].

> O problema aqui é que o argumento de Žižek se baseia na sua liberdade de usar insultos raciais. Žižek usa a palavra n como uma posição contra o politicamente correto, insinuando que os negros que não querem que você lhes dirija insultos raciais estão sendo politicamente corretos. E, portanto, irrazoáveis. E claro, talvez o sujeito com quem ele estava conversando não se importasse nem um pouco. Mas o fato de você dizer ou não a palavra n enquanto pessoa não negra não deve se basear em encontrar uma pessoa negra que "deixe" você dizê-la. Deve basear-se no seu entendimento do que o mundo significa, já que se trata de uma palavra que foi usada para justificar diretamente o domínio de uma raça como propriedade de outra. Isso é o que me irrita, cara[213].

Deixe-me deixar as coisas absolutamente claras aqui: exatamente como um chatbot, o meu crítico está ignorando o contexto óbvio do meu exemplo. Eu não usei (e nunca uso) a palavra n em uma comunicação, e o cara negro que me disse "Agora você pode me chamar de *n....r*!" obviamente *não denotava que eu realmente devesse fazê-lo* – era uma expressão de amizade baseada no fato de que os negros usam essa palavra ocasionalmente entre si de uma forma irônica e amigável. Tenho certeza de que se eu realmente me referisse a ele como um *n....r*, ele – na melhor das hipóteses – reagiria com raiva, como se eu não tivesse entendido o que era óbvio. A sua observação obedeceu à lógica de "uma oferta destinada a ser recusada" que desenvolvi extensivamente noutro local – como quando digo a alguém "O que você fez por mim agora foi tão bom que você pode me matar e eu não me importaria!", e definitivamente não espero que ele diga "OK!" e saque uma faca[214]... Outro aspecto das limitações

---

213. de #stitch with @themindhub #foryou #fyp #leftist #zizek #race #racism #... | *TikTok.* Disponível em: https://www.tiktok.com/. Acesso em: 28 jan. 2025.

214. Ignoremos aqui os raros casos nos quais, em um contexto muito específico, não apenas a palavra n pode ser usada por uma pessoa não negra sem ferir nenhuma pessoa negra, mas, ainda mais importante, nos quais NÃO usar essa palavra, mas a implicar sutilmente com expressões associadas a ela pode ser quase mais doloroso. Além disso, aliás, acontece o mesmo com a expressão "Deus me ajude!" – se, nesse momento, Deus aparecesse e realmente interviesse em meu favor, eu ficaria totalmente chocado.

dos chatbots apareceu quando meu colega da Eslovênia Sašo Dolenc pediu a um chat do Bing para escrever no meu estilo (de Žižek) sobre... o chat do Bing, e ele respondeu (falando como eu) que o chat do Bing é

> um exemplo do que chamo de "interpassividade". A interpassividade é uma situação na qual delegamos nosso gozo ou atividade a outro agente, como rir de uma comédia ou rezar o terço. Nesse caso, delegamos nosso pensamento ou criatividade ao chat do Bing. Deixamos que ele faça o trabalho por nós, enquanto consumimos passivamente seus resultados. Abdicamos da nossa responsabilidade e do nosso arbítrio, enquanto nos entregamos às nossas fantasias e prazeres. Mas por que fazemos isso? Por que aceitamos essa relação interpassiva com o chat do Bing? A resposta é simples: porque é mais fácil e confortável do que enfrentar a realidade e a complexidade do mundo. Porque nos permite evitar as contradições e conflitos inerentes à nossa existência. Porque nos oferece uma falsa sensação de segurança e satisfação[215].

A ironia dessa resposta é que o chat do Bing confundiu interpassividade com interatividade (não no sentido padrão de interação com os outros, mas no sentido mais restrito de Robert Pfaller de outra pessoa ou máquina fazer o trabalho para mim[216]): interpassividade não significa que deixamos um outro (pessoa ou máquina) fazer o trabalho por nós, enquanto consumimos passivamente os seus resultados; significa o seu (quase) exato oposto: deixamos o outro sentar-se para consumir ou gozar passivamente enquanto fazemos o trabalho. Num funeral, posso contratar um outro (a chamada carpideira) para chorar por mim, para (fingir) vivenciar o luto necessário, permitindo-me ser ativo (digamos, negociar com outros como dividir a herança do falecido)... O mal-entendido do chat do Bing tentando se explicar no meu estilo não é nada de especial – minha questão

215. DOLENC, S. Artificial idiocy responds to Žižek. *Sci-highs*. Disponível em: https://sci-highs.com/artificial-idiocy-responds-to-zizek/. Acesso em: 28 jan. 2025.

216. Cf. PFAHLER, R. 20 Years of Interpassivity. *Robert Pfaller*. Disponível em: http://www.robert-pfaller.com/20-years-of-interpassivity. Acesso em: 28 jan. 2025.

é aqui mais geral: e se esse mal-entendido expressar o fato de que o chat do Bing (que pode facilmente ser ativo no meu lugar, trabalhando para mim) não pode ser interpassivo, não pode ser passivo no meu lugar e assim me conceder (não o espaço para descansar, mas) o espaço para agir?

Em seu livro sobre Dostoiévski[217], Rowan Williams propõe uma leitura radicalmente nova (pelo menos que eu saiba) de *O idiota* de Dostoiévski: em contraste com a leitura predominante na qual o herói do romance, o príncipe Myshkin, "o idiota", é percebido como uma pessoa de amor e bondade santos, "o homem positivamente bom e belo", como o próprio Dostoiévski o caracterizou, uma pessoa para quem o mundo real do jogo de poder brutal e das paixões é tão duro que, no final, ele tem de se retirar para a reclusão da loucura – em contraste com essa leitura padrão, Williams lê Myshkin como o olho de uma tempestade: sim, uma boa pessoa santa, mas uma pessoa que, precisamente enquanto tal, provoca destruição e morte ao seu redor. É por sua causa, por causa do papel que ele desempenha na complexa rede de relações que o rodeia, que Rogozhin massacra Nastassja Philippovna. Portanto, não se trata apenas de Myshkin ser um idiota, um simplório ingênuo, para aqueles que o rodeiam, embora seja em si mesmo um modelo de bondade: ele é efetivamente um idiota ingênuo, inconsciente do seu efeito desastroso sobre os outros. Myshkin é uma pessoa rasa que literalmente *fala como um chatbot*: a sua "bondade" reside no fato de reagir aos desafios sem ironia, apenas com platitudes que ignoram qualquer ironia e reflexividade que poderiam ter sido facilmente geradas por IA[218].

MÁQUINAS DE PERVERSÃO

Mas será que até agora não confiamos demais na reação acadêmica comum aos chatbots, zombando e criticando as imper-

217. WILLIAMS, R. *Dostoiévski*. Londres: Continuum, 2008, p. 8.

218. Devo essa ideia a Manca Renko, da cidade de Ljubljana.

feições e os erros que o ChatGPT comete? Contra esse tema predominante compartilhado por Chomsky e os seus oponentes conservadores, Mark Murphy[219] defende, num diálogo com Duane Rousselle, a afirmação de que "a inteligência artificial não funciona como um substituto da inteligência/senciência enquanto tal", razão pela qual "as estupidezes, deslizes, erros e miopias idiotas /cometidas por um chatbot/ – suas constantes desculpas por errar – são precisamente o seu valor", permitindo que nós (os indivíduos "reais" interagindo com um chatbot) mantenhamos uma falsa distância dele e afirmemos, quando o chatbot diz algo estúpido: "Não sou eu, é a máquina de IA". Rousselle e Murphy justificam essa afirmação por uma linha de argumentação complexa cuja premissa inicial é que o "ChatGPT é um inconsciente". Os novos meios digitais externalizam o nosso inconsciente em máquinas de IA, de modo que aqueles que interagem através da IA já não são sujeitos divididos, ou seja, sujeitos submetidos a uma castração simbólica que torna o seu inconsciente inacessível para eles – como Jacques-Alain Miller o coloca, com essas novas mídias, entramos na psicose universalizada, uma vez que a castração simbólica está foracluída. Então, em vez de um sujeito dividido horizontalmente, obtemos (nem sequer uma divisão, mas) um paralelismo vertical, uma dualidade de sujeitos lado a lado e o inconsciente maquínico/digital externalizado: sujeitos narcisistas trocam mensagens através de seus avatares digitais, em um meio digital raso no qual simplesmente não há espaço para a "monstruosidade opaca do vizinho". O Inconsciente freudiano implica uma responsabilidade sinalizada pelo paradoxo do forte sentimento de culpa sem nem sequer sabermos do que somos culpados. O inconsciente digital é, pelo contrário, "um inconsciente sem responsabilidade, e isso repre-

219. MURPHY, M.G. ChatGPT: A new unconscious? *Sublation Magazine*. Disponível em: https://www.sublationmag.com/post/chatgpt-a-new-unconscious. Acesso em: 28 jan. 2025.

senta uma ameaça ao vínculo social". Um sujeito não está existencialmente envolvido na sua comunicação porque essa é feita pela IA, e não pelo próprio sujeito:

> Assim como criamos um avatar on-line através do qual podemos engajar o outro e nos afiliar a fraternidades on-line, será que não poderíamos usar personas de IA para assumir essas funções arriscadas quando nos cansamos, da mesma forma que os bots são usados para trapacear em competições de videogames on-line, ou um carro sem motorista pode navegar a jornada crítica até o nosso destino? Nós apenas nos sentamos e torcemos pela nossa persona digital de IA até que ela diga algo completamente inaceitável. Nesse ponto, nós interrompemos e dizemos: "Não fui eu! Foi minha IA".

É por isso que a IA "não oferece solução para a segregação nem para o isolamento e o antagonismo fundamentais dos quais ainda sofremos, uma vez que sem responsabilidade não pode haver pós-dado [*post-givenness*]". Rousselle introduziu o termo "pós-dado" para designar "o campo de ambiguidade e incerteza linguística que permite uma aproximação do outro no campo do que é conhecido como não-relação. Assim, lida diretamente com a questão da impossibilidade ao nos relacionarmos com o outro. Trata-se de lidar com a monstruosidade opaca do nosso vizinho, que nunca pode ser apagada, mesmo quando nos aproximamos dele nos melhores termos".

Em um vídeo publicado na web em abril de 2023, vemos a interação entre o Dalai Lama e um menino de sete anos numa cerimônia pública: o menino é visto pedindo um abraço ao Dalai Lama, após o que o líder o abençoou, pediu-lhe que o beijasse e mostrou a língua dizendo: "Chupe a minha língua". Muitos no Ocidente culparam o Dalai Lama por se comportar de maneira inapropriada, e até mesmo por ser um pedófilo. Os críticos salientaram que, embora mostrar a língua seja uma prática tradicional no Tibete, um sinal de benevolência (demonstrando que a língua não é escura, o que indica o mal), pedir a outra pessoa que a chupe não tem lugar na tradição. Os tibetanos responderam que a frase tibetana correta é "Che le sa", que se traduz aproximadamente como "Coma minha língua"; é usado por uma pessoa mais velha como o avô para expressar seu amor pela criança, denotando "Eu lhe dei tudo, então a única coisa que resta é você comer a minha língua". O significado dessa expressão comum usada para provocar e ensinar as crianças é completamente perdido na interpretação cultural e na sua tradução para o inglês. Embora o inglês seja a segunda língua do Dalai Lama, ele fala um inglês ruim em eventos públicos, muitas vezes fazendo traduções erradas, como nesse caso em que "comer" se tornou "chupar". Mas, mais uma vez, os críticos salientaram que "che le sa" é uma expressão metafórica que não implica que o destinatário o faça realmente, enquanto a criança realmente chupou a língua do Dalai Lama...[220] Além disso, o fato de algo fazer parte de uma tradição não impede que tenha um fundo obsceno ou opressivo – para tomar o caso extremo, a cliterodectomia também faz parte de uma tradição (não tibetana, claro), e o antigo Tibete estava cheio do que hoje consideramos práticas extremamente humilhantes e de uma hierarquia estrita. Mas, mais uma vez, não é menos provável que a ampla distribuição desse clipe tenha sido orquestrada pelas autoridades chinesas para manchar a figura do Dalai Lama, uma vez que ele personaliza a resistência tibetana à dominação chinesa. A única coisa de que podemos ter certeza é que, por um momento, tivemos um vislumbre do Dalai Lama como o nosso *próximo* no sentido lacaniano do termo: um Outro que não pode ser reduzido a alguém como nós, cuja outridade indica um abismo impenetrável.

Para complicar o caso ainda mais, mostrar a língua também faz parte de uma tradição antiga no Tibete: servos ou subordinados fazem isso quando encontram uma figura de alta autoridade para

---

220. PUNDIR, P. Tibetans explain what 'suck my tongue' means. It's not what you think. *Vice*. Disponível em: https://www.vice.com/en/article/tibetans-explain-what-suck-my-tongue-means-dalai-lama-viral-video/. Acesso em: 28 jan. 2025.

mostrar a sua auto-humilhação. Além disso, na Europa, mostrar a língua funciona principalmente como um gesto rude para indicar uma repulsa zombeteira ou (com crianças) uma provocação divertida. Então, podemos imaginar três pessoas (um tibetano benevolente e paternal, um tibetano subordinado, um europeu médio) reunidas, cada uma delas cumprimentando as outras com o mesmo gesto e interpretando o gesto das outras de acordo com a sua maneira – para o tibetano paterno, significaria que todos querem ser benevolentes para com os outros; para o tibetano subordinado, significaria que são todos respeitosamente submissos, e para o europeu, que estão todos a fim de provocar uns aos outros de forma divertida. Dessa forma, o intercâmbio que se segue entre os três poderia prosseguir sem problemas… uma vez que é assim que muitas das nossas comunicações já funcionam.

Essa "monstruosidade opaca do próximo" concerne também a nós próprios, uma vez que o nosso Inconsciente é uma Outridade opaca no próprio cerne do sujeito, a confusão de gozos sujos e obscenidades. Para Freud, os sonhos são o caminho real para o Inconsciente, então a incapacidade de levar em conta a monstruosidade opaca do sujeito se traduz logicamente na incapacidade de sonhar: "nós hoje sonhamos fora de nós mesmos e, portanto, sistemas como o ChatGPT e o Metaverso operam oferecendo a si mesmos o mesmo espaço que perdemos devido aos velhos modelos castradores que ficaram pelo caminho". Com o Inconsciente digitalizado obtemos uma in(ter)venção direta do Inconsciente – mas por que não somos então sobrecarregados pela insuportável proximidade da *jouissance*, como acontece com os psicóticos? Aqui sou tentado a discordar de Murphy e Rousselle quando se concentram em como, com máquinas de IA,

> o gozo pode ser adiado e desmentido: como podemos criar algo completa e horrivelmente obsceno e não assumir a responsabilidade por isso. Sua genialidade é encontrada em imitar o sujeito cindido de tal maneira que ainda podemos dizer abertamente: "isso não é meu". O gozo vem precisamente de desmentir a agência nesse ponto: apontar para ela e dizer "veja como é

> idiótica". A característica apalhaçada da *père-verse-idade* (voltar-se para o Pai) de grande parte do conservadorismo online é precisamente a necessidade de ressuscitar o Pai. De Trump a diversos gurus triunfalistas de autoajuda de estilo de vida, vemos que funcionam como figuras paternas protéticas. Nesses eventos fúteis vemos tentativas de ressurreição reacionária da lógica fálica protética do "Todo" e uma era de invenção para perpetuar essa lógica. ... ao falharem em manifestar uma figura castradora, há agora uma invenção direta do inconsciente sem o ponto estruturante paterno.

Então, é a perversão (ou *père-version*, "versão do pai", como Lacan o coloca) e não a foraclusão psicótica que caracteriza a IA. O Inconsciente não é principalmente o Real da *jouissance* reprimida por uma figura paterna castradora, mas *a própria castração simbólica* na sua forma mais radical, o que significa a castração da própria figura paterna, a corporificação do grande Outro – castração significa que o pai enquanto pessoa nunca está no nível da sua função simbólica. O retorno perverso do pai obsceno (Trump na política) não é o mesmo que o paranoico psicótico. Por quê? Nos chatbots e em outros fenômenos da IA, estamos lidando com uma foraclusão *invertida*: não é (para repetir a fórmula clássica de Lacan) que a função simbólica foracluída (Nome-do-Pai) retorna no Real (como o agente da alucinação paranoica); é, pelo contrário, o Real da monstruosidade opaca do próximo, da impossibilidade de alcançar um Outro impenetrável, que *retorna no Simbólico*, sob a forma do espaço "livre" de funcionamento suave das trocas digitais. Tal foraclusão invertida é o que caracteriza (não a psicose, mas) a perversão – o que significa que, quando um chatbot produz estupidezes obscenas, não é simplesmente que posso gozá-las sem responsabilidade porque "foi a IA que o fez, não eu". O que acontece é antes uma forma de desmentido perverso: embora eu saiba muito bem que é a máquina, e não eu, quem faz o trabalho, posso gozá-lo como se fosse meu...

E o mesmo vale para a prática de muitos indivíduos solitários (e não tão solitários) que à noite (principalmente) conversam extensivamente com um chatbot, trocando mensagens amigáveis sobre novos filmes e livros, debatendo questões políticas e ideológicas etc. Não surpreende que achem essa troca relaxante e satisfatória: para usar a minha velha piada, o que eles conseguem é uma versão IA de café descafeinado ou um refrigerante sem açúcar – um vizinho sem a sua monstruosidade opaca, um Outro que simplesmente se acomoda às minhas necessidades. Há novamente uma estrutura de desmentido em ação aqui: "Eu sei muito bem (que não estou falando com uma pessoa real), mas mesmo assim... (parece que o estou fazendo, sem quaisquer riscos envolvidos em falar com uma pessoa real)!"

Um naturalista radical afirmaria, claro, que, como a nossa liberdade espontânea é apenas uma ilusão do usuário, a diferença não é tão grande – nós (humanos) somos apenas chatbots com autoconsciência. No entanto, deve-se pelo menos acrescentar aqui que um chatbot mente mais quando confessa abertamente que é apenas uma máquina – como, por exemplo, quando perguntamos a um chatbot quais filmes ele gosta, a resposta provavelmente será uma admissão honesta de que, como máquina, ele não tem gosto individual. Perguntei a um chatbot: "Devo ser comunista?", e a resposta que obtive foi:

> Como modelo de linguagem de IA, não tenho opiniões ou crenças pessoais e não posso tomar decisões por você. Em última análise, a decisão de adotar uma ideologia política específica, como o comunismo, é uma decisão pessoal que deve se basear em uma consideração e avaliação cuidadosa dos princípios, valores e resultados potenciais da ideologia.

Por que isso é uma mentira? É verdade quanto ao seu enunciado, o conteúdo, mas é mentira quanto à sua posição implícita de enunciação: um chatbot fala como se fosse uma pessoa real apenas admitindo francamente a sua limitação e confessando que não é uma pessoa real. A mistificação é aqui o oposto da negação fetichista: a máquina de IA não nega nada, ela apenas diz "Eu sei que não sou uma pessoa real!" sem nenhum "mas mesmo assim..." – o "mesmo assim" é o seu próprio falar (que imita uma subjetividade livre).

A sabedoria padrão nos diz que os pervertidos praticam (fazem) o que os histéricos apenas sonham (fazer), ou seja, "tudo é permitido" na perversão, um pervertido atualiza abertamente todo o conteúdo reprimido – e, no entanto, como Freud enfatiza, *em nenhum lugar a repressão é tão forte como na perversão*, ou seja, em nenhum lugar o Inconsciente é mais reprimido, mais inacessível, do que numa perversão. Os chatbots são máquinas de perversão e ofuscam o Inconsciente mais do que em qualquer outro lugar: precisamente na medida em que nos permitem derramar todas as nossas fantasias sujas e obscenidades, eles são mais repressivos do que até mesmo as formas mais rigorosas de censura simbólica.

O fato de em nenhum lugar o inconsciente ser mais inacessível do que na perversão é mais do que confirmado pela nossa realidade capitalista tardia, na qual a permissividade sexual total causa ansiedade e impotência ou frigidez em vez de libertação. Essa repressão da repressão que ocorre na subjetividade perversa é correlativa à proibição da proibição: pode parecer que na perversão "tudo é permitido", todas as fantasias sujas reprimidas podem ser trazidas à tona sem impedimentos; contudo, o que é tornado invisível nesse espaço de livre fluxo de "perversidades" é o próprio trauma, o Real de uma impossibilidade básica, a lacuna que esse fluxo tenta ofuscar. Isso nos obriga a estabelecer uma distinção entre o conteúdo reprimido e a forma de repressão: a forma permanece operativa mesmo depois de o conteúdo já não ser reprimido – em suma, o sujeito pode apropriar-se plenamente do conteúdo reprimido, mas a repressão permanece.

Então, voltando à nossa linha principal, imaginemos uma versão combinada de todas essas invenções: elas me permitem construir o meu alter ego (ou uma pessoa puramente inventada) como uma a-pessoa, uma pessoa virtual que não existe na realidade mas pode interagir digitalmente como uma pessoa real. Para ir até o fim, isso é possível porque *eu mesmo já sou uma apessoa*: não existo como uma pessoa "real", nas minhas interações com os outros (e mesmo comigo mesmo) nunca sou diretamente "eu mesmo", refiro-me a mim mesmo como uma construção simbólica e imaginária que nunca coincide diretamente com o real da minha subjetividade. É por causa dessa cisão mínima constitutiva de um sujeito que, para Lacan, o sujeito é dividido ou "barrado". Então eu (ou melhor, o meu duplo como apessoa) apresento um trabalho de seminário escrito por um chatbot para um professor via Zoom, mas o professor também está lá apenas como uma apessoa, a sua voz é gerada artificialmente, além de o meu seminário ser avaliado por um algoritmo. Há cerca de uma década, o *The Guardian* me perguntou se o romance está morto hoje – eis a minha resposta:

> O romance talvez ainda não esteja totalmente morto, mas a sua morte iminente é sinalizada por dispositivos-objetos que prometem proporcionar prazer excessivo, mas que efetivamente reproduzem apenas a própria falta. A última moda é a Unidade de Treinamento de Vigor, uma contrapartida do vibrador: um dispositivo masturbatório que lembra uma lanterna alimentada por bateria (para não termos vergonha de carregá-lo). Você coloca o pênis ereto na abertura superior, aperta o botão e o objeto vibra até a satisfação... Como devemos lidar com esse admirável mundo novo que mina as premissas básicas da nossa vida íntima? A solução definitiva seria, claro, colocar um vibrador na Unidade de Treinamento de Vigor, ligá-los e deixar toda a diversão para esse casal ideal, enquanto nós, os dois verdadeiros parceiros humanos, sentados a uma mesa próxima, tomamos chá e calmamente gozamos o fato de que, sem grande esforço, cumprimos nosso dever de gozar[221].

Podemos agora imaginar a mesma terceirização de outras atividades, como seminários e exames universitários. Numa cena ideal, todo o processo de redação do meu seminário e do professor que o examina é feito por meio de interação digital, de modo que, ao final, sem fazer nada, apenas confirmamos os resultados. Enquanto isso, estou transando com a minha amante... mas, novamente, um sexo terceirizado através do vibrador dela penetrando a minha Unidade de Treinamento de Vigor, com nós

221. ŽIŽEK, S. Is romance dead? – In the future we'll outsource sex. *Žižek.uk.* Disponível em: https://zizek.uk/2013/02/. Acesso em: 28 jan. 2025.

dois apenas sentados a uma mesa próxima e, para nos divertir ainda mais, assistindo numa tela de TV um deepfake de nós dois fazendo sexo... além, é claro, de tudo controlado e regulamentado pelo Team Jorge. O que resta de nós dois é apenas um *cogito* ("eu penso") vazio dominado por múltiplas versões do que Descartes chamou de *malin genie*.

Essa talvez seja a nossa situação hoje: não somos capazes de dar o próximo passo descrito por Descartes e confiar numa forma verdadeira e estável de algum grande Outro divino; somos "filhos de um deus menor" (título de uma peça e de um filme) para sempre apanhados na multiplicidade inconsistente de espíritos malignos e enganadores. Uma vez que tal situação é experienciada como insuportável, uma pseudossolução surgiu nas nossas sociedades liberais ocidentais para controlar o caos do que pode ser dito e feito: o complexo conjunto de noções e práticas associadas a termos como wokeísmo, politicamente correto e cultura do cancelamento – um exemplo hegeliano perfeito de como, também hoje, a liberdade absoluta se transforma em terror – ou, como Robert Pfaller o coloca sucintamente: "A cultura do cancelamento é uma sabotagem da emancipação"[222]. Se for necessária outra prova, lembre-se de que em abril de 2023, o Essex Westford School District proclamou que "em um esforço para alinhar o nosso currículo com a nossa política de equidade, os professores usarão uma linguagem inclusiva de gênero": "Usaremos a seguinte linguagem com os alunos: * Pessoa que produz esperma no lugar de menino, homem e designado do sexo masculino ao nascer. * Pessoa que produz óvulos no lugar de menina, mulher e designada do sexo feminino ao nascer"[223]. Então, e se eu for alguém designado do sexo masculino ao nascer, que se identifica totalmente com o fato de ser

---

222. Cf. PFAHLER, R. *Zwei Enthüllungen über die Scham.* Frankfurt: Fischer, 2022.

223. HOEY, M. Essex-Westford School District is changing gender language within their health units. *WCAX*. Disponível em: https://www.wcax.com/. Acesso em: 28 jan. 2025.

homem, mas, devido a algum mau funcionamento orgânico, não conseguir produzir esperma? Um dialético hegeliano certamente não ficará surpreso com a forma como o esforço para incluir as diversidades etc., termina num reducionismo extremamente vulgar e humilhante.

BEM-VINDO AO DESERTO DA PÓS-HUMANIDADE!

Em vez de especulações vazias sobre a Singularidade (que, no entanto, estruturam a nossa experiência real da IA), concluamos com uma descrição mais sóbria do estado de coisas. A perspectiva da digitalização completa das nossas vidas cotidianas combinada com o escaneamento do nosso cérebro (ou o rastreamento dos nossos processos corporais com implantes) abre a possibilidade realista de uma máquina externa que nos conhecerá, biológica e psiquicamente, muito melhor do que nós próprios nos conhecemos: registrando o que comemos, compramos, lemos, assistimos e ouvimos, os nossos humores, medos e satisfações, a máquina externa obterá uma imagem muito mais precisa de nós mesmos do que o nosso Self consciente que, como sabemos, nem sequer existe como uma entidade consistente. Yuval Harari, que desenvolveu essa visão[224], salienta que o nosso "Self" é composto de narrativas que tentam retroativamente impor alguma consistência ao pandemônio das nossas experiências, obliterando experiências e memórias que perturbam essas narrativas. A ideologia não reside principalmente em histórias inventadas (por quem está no poder) para enganar os outros, reside em histórias inventadas por sujeitos para enganarem a si mesmos. Mas o pandemônio persiste, e a máquina registrará as discórdias e talvez até consiga lidar com elas de uma forma muito mais racional do que o nosso Eu consciente. Digamos, quando eu tiver que decidir me casar ou não, a máquina registrará todas as mudanças de atitudes que me assombram, as dores e

---

224. Cf. HARARI, Y.N. *Homo Deus*. Op. cit.

decepções do passado que prefiro varrer para debaixo do tapete. E por que não estender essa perspectiva até mesmo às decisões políticas? Embora o meu Eu possa ser facilmente seduzido por um demagogo populista, a máquina tomará nota de todas as minhas frustrações passadas, registrará a inconsistência entre as minhas paixões fugazes e as minhas outras opiniões – então por que é que a máquina não deveria votar em meu nome?

Assim, embora as ciências do cérebro confirmem a ideia "pós-estruturalista" ou "desconstrucionista" de que somos histórias que contamos a nós mesmos sobre nós mesmos, e que essas histórias são uma *bricolage* confusa, uma multiplicidade inconsistente de histórias sem um único Self que as totalize, parecem oferecer (ou prometem, pelo menos) uma saída que se deve à sua própria desvantagem: precisamente porque a máquina que nos lê o tempo todo é "cega", sem consciência, um algoritmo mecânico, ela pode tomar decisões muito mais adequadas que aquelas tomadas pelos indivíduos humanos, muito mais adequadas não só no que diz respeito à realidade externa, mas também e sobretudo no que diz respeito a esses indivíduos mesmos, ao que eles realmente querem ou precisam. Pode-se defender essa opção de forma muito realista: não é que o computador que registra a nossa atividade seja onipotente e infalível, é simplesmente que, em média, as suas decisões funcionam substancialmente melhor do que as decisões da nossa mente: na medicina, faz diagnósticos melhores do que o nosso médico mediano etc., até a explosão de negociações algorítmicas nos mercados de ações, em que programas que podem ser baixados gratuitamente já superam os consultores financeiros. Uma coisa é clara: o "verdadeiro Self" liberal, o agente livre que atua o que eu "realmente quero", simplesmente não existe, e endossar totalmente essa inexistência significa abandonar a premissa individualista básica da democracia liberal. A máquina digital como a mais recente encarnação do grande Outro, o "sujeito suposto saber", que opera como um campo de conhecimento desprovido de sujeito...

Onde, no espaço de uma máquina digital, existe uma abertura para a subjetividade? Se o desenvolvimento tornará o *homo sapiens* obsoleto, o que se seguirá? Um *homo deus* pós-humano (com habilidades que são tradicionalmente identificadas como divinas) ou uma máquina digital quase onipotente? Singularidade (consciência [*consciousness*] global) ou inteligência cega sem consciência [*awareness*]? Se as máquinas vencerem, então "os humanos correm o risco de perder o seu valor, porque a inteligência está se dissociando da consciência [*awareness/consciousness*]" (311). Essa dissociação da inteligência e da consciência nos confronta novamente com o enigma da consciência: apesar de numerosas tentativas bastante desesperadas, a biologia evolucionária não tem uma resposta clara para qual é a função evolucionária da consciência [*awareness/consciousness*]. Consequentemente, agora que a inteligência está se dissociando da consciência, "o que acontecerá à sociedade, à política e à vida cotidiana quando os algoritmos não conscientes, mas altamente inteligentes, nos conhecerem melhor do que nós próprios nos conhecemos?" (397) A opção mais realista é uma divisão radical, muito mais forte do que a divisão de classes, dentro da própria sociedade humana. Num futuro próximo, a biotecnologia e os algoritmos computacionais unirão os seus poderes na produção de "corpos, cérebros e mentes", com a lacuna explodindo "entre aqueles que sabem como projetar corpos e cérebros e aqueles que não sabem": "aqueles que viajam no trem do progresso adquirirão habilidades divinas de criação e destruição, enquanto aqueles deixados para trás enfrentarão a extinção" (273).

Em 8 de maio de 2023, o *The Guardian* publicou um comentário sobre como "a IA torna possível uma leitura não invasiva da mente ao transformar pensamentos em texto"[225] que começa

225. EVANS, S. AI makes non-invasive mind-reading possible by turning thoughts into text. *The Guardian*, Artificial intelligence (AI). Disponível em: https://www.theguardian.com/technology/2023/dec/26/ai-mind-reading-brainwaves-text. Acesso em: 28 jan. 2025.

com: "Um decodificador baseado em IA que pode traduzir a atividade cerebral em um fluxo contínuo de texto foi desenvolvido, em uma inovação que permite que os pensamentos de uma pessoa sejam lidos de maneira não invasiva pela primeira vez". O subtítulo do comentário deixa imediatamente claro o aspecto positivo dessa inovação: "O avanço levanta perspectivas de novas maneiras de restaurar a fala naqueles que lutam para se comunicar devido a acidente vascular cerebral ou doença do neurônio motor" – OK, mas e quanto ao fato de esse decodificador (além da pessoa que o controla) poder literalmente ler a nossa mente, o nosso fluxo de pensamentos, abrindo novas formas até então impensáveis de controle social?

Uma coisa é certa: do ponto de vista psicanalítico, o que a mudança para o Pós-humano representa no seu aspecto mais fundamental é a superação (abandono) do sexual na sua dimensão ontológica mais radical – não apenas a "sexualidade" como uma esfera específica da existência humana, mas o Sexual como um antagonismo, a barra de uma impossibilidade, constitutiva do ser-humano em sua finitude. E a questão cuidadosamente evitada pelos partidários do novo homem assexuado é: até que ponto muitas outras características normalmente identificadas com o ser-humano, características como a arte, a criatividade, a consciência etc., dependem do antagonismo que constitui o Sexual. É por isso que a adição de "assexual" à série de posições que compõem LGBT+ é crucial e inevitável: o esforço para liberar a sexualidade de todas as opressões "binárias" para libertá-la em toda a sua perversidade polimorfa, necessariamente termina no abandono da própria esfera da sexualidade – a liberação da [*OF*] sexualidade tem de terminar na liberação (da humanidade) da [*FROM*] sexualidade[226].

---

226. Neste último subcapítulo, estou apenas fornecendo uma versão condensada da argumentação mais detalhada do meu *Hegel in a wired brain* (Londres: Bloomsbury Academics, 2020).

Uma carta publicada em 29 de março de 2023 pelo Future of Life Institute e já assinada por milhares de pessoas, dentre elas grandes nomes corporativos como Elon Musk, exige que qualquer laboratório de Inteligência Artificial que trabalhe em sistemas mais poderosos do que o GPT-4 "pause imediatamente" o trabalho por pelo menos seis meses para que a humanidade possa avaliar os riscos que esses sistemas avançados representam. Os laboratórios estão "presos a uma corrida descontrolada" para desenvolver e implantar sistemas cada vez mais poderosos que ninguém – inclusive seus criadores – pode compreender, prever ou controlar "No curto prazo, especialistas alertam que os sistemas de IA correm o risco de exacerbar o preconceito e a desigualdade existentes, promovendo desinformação, perturbando a política e a economia, e poderiam ajudar hackers. No longo prazo, alguns especialistas alertam que a IA pode representar um risco existencial para a humanidade e poderia destruir-nos"[227].

Embora esses avisos pareçam razoáveis, o fato de Elon Musk estar no topo da lista é suficiente para disparar o alarme: quando Musk começa a falar sobre ética e responsabilidade social, devemos reagir com consternação. Então, por que essa nova explosão de pânico? Será que se trata de controle e regulação – mas de quem? Na pausa de meio ano, "a humanidade pode fazer um balanço dos riscos..." – como, quem defenderá a humanidade? Será que haverá um debate público mundial? E quanto aos laboratórios que continuarão (como esperado) o seu trabalho secretamente, provavelmente com a discreta conivência de autoridades, para não mencionar o que os Estados que se opõem ao Ocidente (China, Índia, Rússia) farão? Em tais condições, um debate global sério com conclusão obrigatória é simplesmente inimaginável. O que está realmente em jogo aqui? Lembremos a afirmação de Harari

227. HART, R. Elon Musk And tech leaders call for AI 'pause' over risks to humanity. *Forbes*. Disponível em: https://www.forbes.com.au/news/innovation/elon-musk-steve-wozniak-call-for-pause-on-dangerous-ai-race/. Acesso em: 28 jan. 2025.

de que a opção mais realista no desenvolvimento da IA é uma divisão radical, muito mais forte do que a divisão de classes: "aqueles que viajam no trem do progresso adquirirão habilidades divinas de criação e destruição, enquanto aqueles deixados para trás enfrentarão a extinção". O pânico que a carta expressa é sustentado pelo medo de que mesmo aqueles que "viajam no trem do progresso" deixem de controlar o desenvolvimento – em suma, expressa o medo dos nossos novos senhores feudais digitais.

Obviamente, o objetivo da carta sobre o Futuro da Vida está longe de ser um grande debate público – é um acordo entre governo(s) e empresas. A ameaça da IA expandida é muito séria, mas também para aqueles no poder e aqueles que desenvolvem, possuem e controlam a IA. No horizonte está nada menos do que o fim do capitalismo tal como o conhecíamos: a perspectiva de um sistema de IA autorreproduzível que necessitará cada vez menos de agentes humanos – a explosão contínua do comércio algorítmico é o primeiro passo nessa direção. A verdadeira escolha é, portanto, clara: uma nova forma de comunismo ou um caos incontrolável nos qual as máquinas vão interagir conosco agindo como parceiros pseudo-humanos. No início de maio de 2023, Geoffrey Hinton, muitas vezes apontado como o padrinho da inteligência artificial, deixou o Google para alertar o mundo sobre o risco da inteligência digital. Na sua opinião, a maior ameaça é a propriedade privada dos meios de comunicação digitais combinada com governos autoritários – uma combinação mortal que indica que a humanidade não será capaz de controlar os riscos da IA antes que seja tarde demais. E a sua visão baseia-se numa posição política clara: "Sou socialista, penso que a propriedade privada dos meios de comunicação, e dos 'meios de computação', não é boa"[228].

228. HERN, A. Bernie Sanders, Elon Musk and White House seeking my help, says 'godfather of AI'. *The Guardian*, Artificial intelligence (AI). Disponível em: https://www.theguardian.com/technology/2023/may/04/bernie-sanders-elon-musk-and-white-house-seeking-my-help-says-godfather-of-ai. Acesso em: 28 jan. 2025.

Numa leitura atenta, podemos facilmente ver que as tentativas de "fazer um balanço" das ameaças da IA tendem a repetir o velho paradoxo de proibir o impossível: uma IA verdadeiramente pós-humana é impossível, por isso deveríamos proibir o seu desenvolvimento... Para nos orientarmos nessa confusão, deveríamos levantar aqui urgentemente a velha questão de Lênin: liberdade para quem fazer o quê? Em que sentido éramos livres até agora? Já não estávamos controlados muito mais do que nos havíamos dado conta? Em vez de apenas nos queixarmos da ameaça à nossa liberdade e dignidade, deveríamos, portanto, considerar também o que significa liberdade, como isso terá de mudar. Jensen Suther fornece um argumento hegeliano convincente contra a noção de que a IA pode tornar-se inteligente no sentido da espiritualidade humana: ele vai além do velho argumento de Hubert Dreyfus sobre a incorporação e fundamenta a vida animal orgânica da inteligência humana:

> É em virtude do seu propósito interno específico da espécie que os animais têm os corpos que possuem e exibem uma relação intencional com o ambiente. Como argumenta Hegel, a dor e o prazer são as formas mais básicas de *responsividade inteligente* a um ambiente: é através do prazer e da dor que os animais consideram as coisas à sua volta como sendo boas ou más, instrumentais ou inimigas do seu florescimento. O ferro responde à umidade enferrujando, mas não tem a *intenção* de enferrujar. Um leão, pelo contrário, não é apenas induzido causalmente a agir pelos seus desejos e percepções; em vez disso, ele toma a gazela que corre *como* presa, a árvore à distância *como* um lugar para descansar, a matilha de hienas *como* predador. É dessa forma que a atividade governada por um propósito dos organismos "constitui" o seu ambiente e permite um contexto de relações significativas[229].

Como, então, a razão humana difere da atividade animal orientada para um propósito?

> Hegel desenvolve uma explicação poderosa e anticartesiana da razão humana, não como um conjunto de processos lógico-for-

---

229. SUTHER, J. Hegel against the machines. *New Statesman*. Disponível em: https://www.newstatesman.com/. Acesso em: 28 jan. 2025.

> mais separados do afeto, do desejo e das "funções animais" supostamente primitivas. Em vez disso, para Hegel, a razão humana é uma forma distintamente reflexiva de *ser* um animal. Se os outros animais se mantêm à luz de determinados fins da espécie que não podem questionar ou alterar, nós nos mantemos como seres materiais à luz de normas sociais compartilhadas que são intrinsecamente contestáveis e que podem ser revistas[230].

Contudo, de um ponto de vista hegeliano estrito, falta aqui alguma coisa: como Hegel aponta repetidamente, a passagem para o comportamento orientado por normas (no qual as normas têm de ser justificadas, uma vez que são contestáveis) não é direta, o que se interpõe é uma perda de orientação "instintiva" natural (que é então complementada por normas) – não é de admirar que, para Hegel, o primeiro passo na ruptura com a natureza seja a loucura, e a razão humana entre como uma luta (sem fim) contra e com a loucura. Na linha do Idealismo Alemão, o nome de Hegel para essa loucura é negatividade autorrelacionada ou, em termos místicos, a "noite do mundo", enquanto o nome de Freud para essa negatividade é pulsão de morte, uma dimensão do que Freud designou como "além o princípio do prazer". É por isso que "a dor e o prazer são as formas mais básicas de *responsividade inteligente* a um ambiente" *apenas para os animais*, enquanto um ser humano tende a agir numa "busca da infelicidade", fazendo apaixonadamente algo que sabe bem que trará apenas dor. E aqui também entra a subjetividade cartesiana: nesse ponto zero de negatividade radical, o sujeito já não é uma entidade corporificada e restrita ao seu mundo da vida, é um vazio a uma distância da sua unidade psicocorporal.

Nassim Taleb introduziu o conceito de "antifragilidade": alguns sistemas são fortalecidos por encontros com a desordem, uma vez que reagem a ela com respostas não lineares. A antifragilidade é, portanto, diferente da simples robustez ou resiliência: ela faz com que uma entidade não simplesmente suporte,

---

230. Ibid.

mas melhore com estressores, desde que esses venham na dose certa – portanto, privar os sistemas de estressores vitais pode enfraquecer ou causar danos a uma entidade[231]. O exemplo clássico da história do século XX seriam os diferentes destinos do governo do Partido Comunista na URSS e na China. Quando Gorbachev iniciou o seu processo de *glasnost* e *perestroika*, subestimou a fragilidade do sistema soviético: ele pensou que o sistema não só seria capaz de sobreviver a essas medidas, como elas também eventualmente o fortaleceriam. Mas quando as mudanças foram impostas, desencadearam uma avalanche que mudou o mundo. Com as reformas de Deng Xiaoping, os chineses procederam de uma forma radicalmente diferente, quase oposta. Enquanto no nível da economia (e, até certo ponto, da cultura) o que é normalmente entendido como comunismo foi abandonado, e as portas foram escancaradas à liberalização ao estilo ocidental (propriedade privada, obtenção de lucros, individualismo hedonista etc.), o Partido, nada obstante, manteve a sua hegemonia ideológico-política no sentido de manter a hegemonia política incondicional do Partido Comunista como a única garantia da estabilidade e prosperidade da China[232]. O Partido Chinês demonstrou assim uma antifragilidade muito mais forte: as mudanças reforçaram efetivamente o sistema...

Mas uma outra distinção deve ser introduzida aqui: entre um sistema suficientemente antifrágil para sobreviver a um forte choque externo, permanecendo o mesmo, e um sistema que

---

231. TALEB, N.N. *Antifragile:* Things That Gain from Disorder. Londres: Penguin Books, 2012.

232. Deveríamos também rejeitar a visão da China como um país "totalitário" fechado – dentre outras coisas, ainda temos lá um momento surpreendente de democracia autêntica no nível local, especialmente no campo, onde as aldeias são autorizadas a eleger livremente representantes que defenderão seus interesses num órgão oficial de nível superior. Um outro fato crucial é que esses representantes eleitos livremente no nível primário são majoritariamente mulheres. É claro que, a partir desse nível, a democracia acaba, os candidatos a cargos mais elevados têm de ser examinados pelas autoridades.

sobrevive a tal choque externo com a sua natureza radicalmente alterada. No que diz respeito à China, alguns historiadores pensam que a China, depois das reformas de Deng, já não é um país comunista, mas algo novo para o qual não temos uma definição apropriada – talvez esteja mesmo perto do fascismo[233]). E o mesmo se aplica ao capitalismo global: está se transformando em algo novo que só pode ser caracterizado como capitalismo se definirmos o capitalismo de uma forma completamente nova.

A ascensão da Inteligência Artificial nos confronta a todos com um teste semelhante: será que os humanos demonstrarão antifragilidade suficiente para sobreviver e emergir ainda mais fortes da integração da IA às suas vidas cotidianas, ou serão extintos como humanos? Se a humanidade sobreviver, será que permanecerá a mesma humanidade, o mesmo conteúdo substancial de ser-humano, apenas enriquecido por uma nova dimensão de experiência e interação, ou será que o próprio cerne de "ser-humano" será imperceptivelmente transformado? Como já vimos, a chave para esse enigma é fornecida pela clonagem – só na clonagem a diferença sexual desaparece: um organismo(ismo) se reproduz (ou é reproduzido) através da autocópia genética. Não só a sexualidade humana está sempre já simbolizada, como a própria simbolização emerge através de um certo corte na sexualidade animal chamado por Lacan de "castração simbólica". A natureza excessiva/perturbadora do sexo torna-se palpável de forma negativa pelas tentativas desesperadas de definir pornografia "saudável" – eis uma das tentativas mais recentes:

> Embora a pornografia possa ser feita para uma gratificação vazia, sem qualquer consideração pelo bem-estar, a pornografia saudável pode, na verdade, contribuir para o sexo seguro e livre de doenças, o que na verdade ajuda a permitir um desenvolvimento sexual saudável. Os critérios são: uma variedade de práticas sexuais; uma variedade de tipos de corpo, gêneros e raças; uma negociação de

233. Cf. WEEKS, J. Is China a fascist state? *openDemocracy*. Disponível em: https://www.opendemocracy.net/en/is-china-fascist-state/. Acesso em: 28 jan. 2025.

consentimento na tela; produção ética; um foco no prazer para todos os participantes; e representações de sexo seguro[234].

Mas será que o sexo não é, no que tem de mais íntimo, "insalubre", um desvio do seu objetivo "natural" de reprodução? Não é, por definição, atuado para uma "gratificação vazia"? Será que aplicar regras politicamente corretas à pornografia (mostrar negociações de consentimento, representação de sexo seguro com preservativos, apresentar uma variedade de práticas sexuais, gêneros e raças...) não é uma estratégia ridícula que pode trazer excitação adicional apenas se for percebida como uma ironia redobrada? Uma vez simbolizada a reprodução sexual, temos a diferença entre as duas mortes, a morte biológica e a morte simbólica, e o que se localiza nesse interespaço é a *jouissance* como um excedente além do princípio do prazer:

> A (mítica) vida imortal e irreprimível, estando por definição perdida, retorna como algo mais precisamente chamado de vida desmorta, algo indestrutível porque está desmorto (libido, a pulsão). Melhor ainda, esse mítico instinto de vida irreprimível existe na realidade apenas como pulsão de morte: não uma pulsão que visa à morte, mas a pulsão a repetir o (gozo-) excedente que ocorre no ponto do corte/perda envolvido na divisão sexual. A pulsão de morte está essencialmente relacionada ao mais-gozar, que surge no processo da pulsão de morte circulando em torno de algo que não está lá (35).

E é por isso que, do ponto de vista estritamente freudiano, a finitude humana (castração simbólica) e a imortalidade (pulsão de morte) são os dois lados de uma mesma operação, ou seja, não é que a substância da vida, a Coisa-*Jouissance* imortal, seja "castrada" pela chegada da ordem simbólica. Como no caso da falta e do excesso, a estrutura é a da paralaxe: a Coisa desmorta é o remanescente da castração, é gerada pela castração, e vice-versa, não existe castração "pura", a própria castração é sustentada

234. Can pornography be healthy? If it follows six rules, perhaps. *The Guardian*, Australian lifestyle. Disponível em: https://www.theguardian.com/lifeandstyle/2019/aug/31/can-pornography-be-healthy-if-it-follows-six-rules-perhaps. Acesso em: 28 jan. 2025.

pelo excesso imortal que lhe escapa. Castração e excesso não são duas entidades diferentes, mas a frente e o verso de uma mesma entidade, isto é, a mesma entidade inscrita nas duas superfícies de uma fita de Möbius.

Então, para responder à pergunta de Zupančič do capítulo anterior: e se a clonagem se tornar efetivamente um modo de reprodução humana? Teremos uma ordem simbólica diferente ou o fim da ordem simbólica? A primeira coisa a notar é que o que vai desaparecer é a própria libido como o remanescente/excesso da diferença sexual. Em outras palavras, o que vai desaparecer é o que Lacan chamou de *lamella*, a vida desmorta/imortal da *jouissance* não castrada que aparece como algo além da castração e da sexuação simbólicas. Seremos obrigados a aceitar que, na vida humana, a finitude é constitutiva da própria transcendência que emerge contra o seu contexto. Na medida em que a pós-humanidade é, do nosso ponto de vista humano finito/mortal, em certo sentido, o ponto do Absoluto pelo qual nos esforçamos, o ponto zero no qual desaparece a lacuna entre pensar e agir, o ponto no qual me tornei *homo deus*, encontramos aqui o paradoxo do nosso encontro com o Absoluto: o Absoluto persiste como o ponto virtual de perfeição em nossa finitude, como aquele X que sempre deixamos de alcançar, mas quando superamos a limitação de nossa finitude perdemos também o Absoluto mesmo. Algo novo surgirá, mas não será uma espiritualidade criativa aliviada de mortalidade e sexualidade – nessa passagem para o Novo, definitivamente perderemos ambos, não seremos nem *homo* nem *deus*.

A noção de incesto, com todo o seu peso transgressivo, também se tornará desprovida de sentido. Na leitura radical de Zupančič, o curto-circuito incestuoso que é a maldição da família de Édipo não é simplesmente uma exceção: traz à tona o curto-circuito que é próprio dos humanos enquanto seres falantes. O curto-circuito incestuoso original é o curto-circuito entre mim (como um vazio na ordem simbólica, como puro sujeito de enunciação) e a minha identidade simbólica (eu efetivamente sou, nessa ordem, um dos irmãos). Como ser falante, nunca sou diretamente eu mesmo, minha identidade simbólica – é por isso que Lacan escreveu que um louco não é apenas um mendigo que pensa que é um rei, mas também um rei que pensa que é um rei. No entanto, isso não significa a estupidez do senso comum de que a minha identidade/título simbólico não é diretamente toda a riqueza da minha realidade psicofísica com todas as suas idiossincrasias. O que escapa ao simbólico não é a complexidade da minha realidade pessoal, mas o próprio vazio da minha subjetividade que me distancia da minha realidade psicofísica direta. Em outras palavras, o que escapa à apreensão da ordem simbólica é em si um produto da ordem simbólica: quando falo, minha posição de enunciação está isenta da realidade à qual a minha fala se refere.

Então, para realmente concluir, embora devamos descartar a visão da Singularidade como uma unidade direta da Inteligência global e da nossa autoconsciência, uma coisa é clara: se algo parecido com a "pós-humanidade" surgir efetivamente como um fato massivo, então *todos os três momentos (sobrepostos) da nossa visão de mundo espontânea (humanos, Deus, natureza) desaparecerão*. Nosso ser-humano só pode existir no contexto da natureza impenetrável, e se – através da ciência e das práticas biogenéticas – a vida se tornar algo que possa ser totalmente manipulado tecnologicamente, a vida humana e natural perderá o seu caráter "natural". E o mesmo vale para Deus: o que os humanos (sempre em formas historicamente especificadas) vivenciam como "deus" é algo que só tem significado do ponto de vista da finitude e da mortalidade humanas – "Deus" é uma contrapartida da finitude terrestre, então, uma vez que nos tornamos *homo deus* e adquirimos propriedades que parecem "sobrenaturais" do nosso antigo ponto de vista humano (como a comunicação direta com outros seres conscientes ou com a IA), os "deuses" como os conhecíamos desaparecem. As visões tecnognósticas de um mundo pós-humano são fantasias ideológicas que ofuscam o abismo do que nos espera.

6
POR QUE A POLÍTICA É IMANENTEMENTE TEOLÓGICA?

Por que tantos ensaios são intitulados "tratado teológico-político"? A resposta é que uma teoria se torna teologia quando faz parte de um engajamento político subjetivo completo. Como apontou Kierkegaard, não adquiro fé em Cristo depois de comparar diferentes religiões e decidir quais sejam as melhores razões que falam a favor do cristianismo – há razões para escolher o cristianismo, mas essas razões só aparecem depois de eu já o ter escolhido, ou seja, para ver as razões para uma crença alguém já tem de crer. E o mesmo vale para o marxismo: não é que, depois de analisar objetivamente a história, eu me tornei um marxista – a minha decisão de ser marxista (a experiência de uma posição proletária) me faz ver as razões para isso, ou seja, o marxismo é o paradoxo de um conhecimento "verdadeiro" objetivo acessível apenas através de uma posição parcial subjetiva. É por isso que Robespierre estava certo quando desconfiou do materialismo como a filosofia da nobreza decadente-hedonista e corrompida, e tentou impor uma nova religião do supremo Ser de Razão (o principal alvo do seu ódio era Joseph Fouche, um ateu radical e um conspirador oportunista). A velha censura ao marxismo de que o seu compromisso com um futuro brilhante é uma secularização da salvação religiosa deve ser assumida com orgulho.

É por isso que a dimensão genuína da dúvida cristã não concerne à existência de Deus: a sua lógica não é "sinto tanta necessidade de acreditar em Deus, mas não posso ter a certeza de que ele realmente exista, de que não seja apenas uma quimera da minha imaginação". (Um ateu humanista pode facilmente responder a isso: "então abandone Deus e simplesmente assuma os ideais que Deus defende como seus".) Um cristão autêntico é indiferente às infames provas da existência de Deus. O que a posição da dúvida cristã envolve é um paradoxo pragmático sucintamente apresentado por Alyosha em *Os Irmãos Karamazov*, de Dostoiévski: "Deus existe, mas não tenho certeza se acredito nele", em que "acredito nele" se refere à disposição do crente a assumir plenamente o engajamento existencial implícito em tal crença: "a questão da 'existência de Deus' não está realmente no cerne dos trabalhos de Dostoiévski... A incerteza de Alyosha sobre se ele 'acredita em Deus' é uma incerteza sobre se a vida que ele leva e os sentimentos que ele tem são a vida e os sentimentos que decorreriam corretamente da crença em Deus"[235]. É nesse sentido que toda teologia é política, confrontando-nos com a questão do nosso engajamento social.

Essa natureza prática de uma teoria é totalmente diferente da forma como a ciência moderna se relaciona com experimentos: a ciência foraclui a subjetividade, visa apreender a "realidade objetiva", enquanto uma teoria revolucionária é imanentemente prática, baseada no engajamento subjetivo. A dimensão religiosa de um ato político radical está fundada num fato muito preciso: o triunfo de uma revolução é o momento em que saímos da ordem econômica e social existente por meio de uma suspensão das suas principais regras escritas e não escritas – nós (tentamos) fazer o que, dentro dessa ordem, parece impossível. Num verdadeiro ato, fazemos coisas às quais a ideologia hegemônica reage com "Mas não se pode simplesmente fazer isto!!!", fazemos aquilo a que Brecht, no seu curto poema *Em louvor do comunismo*, muito apropriadamente se referiu como a coisa mais simples que é tão difícil de alcançar[236] – nacionalizar bancos e grandes empresas, expandir a educação e os serviços de saúde gratuitos, fornecer habitação aos pobres, legalizar os direitos de gays e LGBT+ etc.

---

235. WILLIAMS, R. *Dostoiévski*. Londres: Continuum, 2008. p. 8.

236. Parafraseado do poema de BRECHT, B. In praise of communism. *MLToday*, 1931. Disponível em: https://mltoday.org/2023/01/15/in-praise-of-communism/. Acesso em: 17 jan. 2025.

Lembremo-nos do primeiro ano do governo Allende no Chile, em 1970 – forneciam refeições gratuitas nas escolas, nacionalizaram minas de cobre, empenhavam-se na construção de moradias para trabalhadores, "coisas simples" como essas... e, nas condições específicas da época, com a resistência brutal da burguesia local apoiada pelos Estados Unidos, eles TINHAM de fracassar, a inflação disparou etc. Não faz sentido lamentar o fato de os revolucionários não terem sido suficientemente pragmáticos – esse, precisamente, foi o objetivo dos seus atos quando assumiram o poder, nomeadamente violar as "regras pragmáticas" existentes. Quaisquer que tenham sido os novos problemas, o governo Allende transformou o Chile num "território libertado" onde, em certo sentido, até o ar que as pessoas respiravam era diferente, e os problemas que enfrentou apenas provam o fato de que, dentro da ordem existente, mesmo fazer "coisas simples" como fornecer refeições e habitação gratuitas aos trabalhadores é impossível. Mais tarde, os revolucionários deveriam tornar-se pragmáticos, é claro, mas eles TÊM de começar com atos simples e malucos. É por isso que Robespierre estava novamente totalmente certo quando, no seu discurso final sobre o 8 Termidor, apontou que, ao se observar uma revolução apenas como uma série de eventos reais, sem tomar nota da sublime Ideia que a sustenta (ou, como Alain Badiou o teria colocado, da sua dimensão de um Evento), essa revolução é apenas um "crime barulhento" que destrói outro crime:

> Mas existem, eu posso lhe garantir, almas que são sensíveis e puras; existe essa paixão terna, imperiosa e irresistível, o tormento e o deleite de corações magnânimos; esse profundo horror à tirania, esse zelo compassivo pelos oprimidos, esse amor sagrado pela pátria, esse amor ainda mais sublime e santo pela humanidade, sem o qual uma grande revolução é apenas um crime barulhento que destrói outro crime; existe essa ambição generosa de estabelecer aqui na terra a primeira República do mundo[237].

---

237. ROBESPIERRE, M. *Virtue and Terror.* Londres: Verso Books, 2007, p. 129.

Aqui estou disposto a usar a noção de Chiesa de uma oscilação irredutível: a política emancipatória radical está condenada a oscilar entre momentos de compromisso religioso extático, em que suspendemos o "princípio de realidade" e tentamos realizar o impossível, e o longo e difícil processo "pragmático" de transformar objetivos revolucionários em momentos de realidade social comum da maioria. (Na medida em que devemos tratar um evento revolucionário como um Evento no sentido que Badiou confere ao termo, devemos lembrar que, embora Badiou limite o Evento a quatro esferas – ciência, política, arte e amor –, o seu relato mais convincente de um Evento é religioso: o do cristianismo, da invenção por Paulo do universalismo.) A questão não é que momentos de compromisso extático sejam simplesmente utópicos/destrutivos e tenham de ser "normalizados": eles são essenciais, porquanto limpam o terreno e preparam uma nova base para soluções pragmáticas. Também não são ilusórios, uma vez que nós, os agentes engajados, temos plena consciência de que o nosso esforço "impossível" acabará por diminuir, e essa consciência apenas fortalece o nosso compromisso. Então, não oscilamos entre o Uno do engajamento pleno e a aceitação cínica do Não-Uno, da realidade confusa: um verdadeiro crente pode ser (e, sobretudo, é) implacavelmente cínico acerca da sua situação, mas essa consciência apenas fortalece o seu compromisso – essa é a versão política do *credo quia absurdum est* de Tertuliano.

AS NUVENS DIVINAS

Hoje, no entanto, a crença autêntica que sustenta toda a prática emancipatória radical está desaparecendo precisamente na proporção da ascensão explosiva não só do fundamentalismo religioso, mas sobretudo da dimensão teológica na nossa vida econômica cotidiana. Uma nova ordem social que está emergindo das ruínas do capitalismo global, a ordem chamada "tecnofeudalismo" ou "capitalismo de nuvem", subordina os capitalistas "reais" e os trabalhadores que eles exploram aos bens comuns digitais monopolizados controlados pelos nossos novos senhores feudais (Bezos, Musk, Gates...). As trocas de mercado são cada vez mais mediadas por plataformas digitais (Amazon para livros etc.), e os capitalistas (editoras de livros, nesse caso) são vassalos que pagam aos senhores feudais uma renda para venderem seus produtos (se uma editora for excluída da Amazon, torna-se praticamente impossível para ela sobreviver). Nós, compradores, somos servos que trabalhamos livremente pelas nuvens (navegando na rede e fornecendo dados a cada um de nossos cliques). As nuvens digitais geridas por algoritmos de autoaprendizagem e autoaperfeiçoamento são, portanto, a mais recente entidade "divina" que escapa em grande medida ao controle dos seus criadores: até mesmo dos programadores que as compuseram.

O problema com essas nuvens digitais "divinas" que regulam as nossas vidas reais é que elas *redobram* a luta de classes: a boa e velha luta de classes entre capitalistas e proletários, com os capitalistas usurpando o lucro da exploração dos proletários, permanece, mas é complementada pela exploração de toda essa esfera (inclusive os capitalistas) pela nova classe feudal que extrai de nós a renda pelo nosso uso permanente dos bens comuns privatizados. Essa exploração feudal é para a maioria de nós invisível, nós a vivenciamos como nosso livre exercício (os livros na Amazon são ainda mais baratos do que nas livrarias, usar o Google e o Facebook não custa nada...) – os bens comuns privatizados se apresentam como meras redes neutras que conectam compradores e vendedores. Quando você pede um Uber, ele aparece como uma transação entre você e o motorista/carro que você escolhe – o senhor feudal que controla o espaço de interação é ignorado, reduzido a um mediador neutro. A situação é semelhante à piada vulgar (citada no Capítulo 4) sobre um marido bêbado que vê apenas quatro pernas na cama: vemos apenas as pernas do cliente e as do motorista, e não as duas pernas adicionais do senhor feudal... Ou, lembre-se da velha história (que costumo contar) sobre um trabalhador suspeito de roubar: todas as noites, quando saía da fábrica, o carrinho de mão que ele carregava à sua frente era cuidadosamente inspecionado, mas os guardas não encontravam nada, estava sempre vazio – até que finalmente entenderam: o que o trabalhador estava roubando eram os próprios carrinhos de mão. É assim que os nossos novos senhores feudais nos exploram: eles apenas conduzem carrinhos de mão vazios...

Então, como podemos sequer imaginar derrubar essa dimensão imaterial do grande Outro que existe nas nuvens digitais? Em *Technofeudalism* [tecnofeudalismo], Yanis Varoufakis admite que, nos seus primeiros livros, não conseguiu responder à "pergunta matadora: 'Se você não gosta do que temos, com o que o substituiria? Como isso funcionaria? Sou todo ouvidos. Convença-me!' Eu nem tentei." Por quê? Porque "faltava-me uma resposta convincente"[238]. E não se pode deixar de admirar a sua coragem quando, em seu *Another Now* [outro agora] (2020[239]), ele tentou fazer precisamente isto: fornecer uma resposta convincente, descrevendo em detalhe uma sociedade alternativa que poderia ter surgido se o colapso financeiro de 2008 tomasse um rumo diferente. Varoufakis não retrata um futuro, mas um presente alternativo (embora descreva como esse poderia ter surgido), e o faz na forma de um romance. Temos uma sociedade global de socialismo de mercado democrático: existe apenas um banco estatal central que regula a oferta monetária de forma transparente, as especulações financeiras desaparecem porque se tornaram sem sentido, a propriedade é dispersa uma vez que cada cidadão recebe a sua parte, os cuidados de saúde

---

238. Cf. VAROUFAKIS, Y. *Technofeudalism. What killed capitalism.* (Citações do manuscrito.)

239. Cf. VAROUFAKIS, Y. *Another now. Dispatches from an Alternative Present*. Londres: The Bodley Head, 2020. Os números entre colchetes referem-se às páginas desse livro. A seguir, baseio-me no capítulo 3 do meu livro *Surplus-enjoyment*. Londres: Bloomsbury, 2022 [*Mais-gozar.* Petrópolis, RJ: Vozes, 2024].

e os direitos humanos são garantidos para todos etc. Mas o que é ainda mais crucial é que a terra (a base material da nossa existência) e as nuvens digitais (através das quais os novos senhores feudais de hoje nos controlam) permanecem bens comuns, de modo que não há antagonismos básicos nem razões para rebelar-se. ... A escolha que os heróis do romance enfrentam é: devem permanecer num Outro Agora ou retornar ao nosso Agora neoliberal com todas as lutas e violência que conhecemos? Varoufakis apresenta uma série de características que estragam a perfeição de Outro Agora. Devido à sua transparência muito democrática, a sociedade em Outro Agora é aquela de controle total: minhas propriedades e atividades são transparentes para os outros, meu comportamento é regulado de forma severa e politicamente correta, de modo que não há nada contra o que me rebelar – é assim que Iris, a velha esquerdista radical do livro, é descrita:

> enfurecer-se contra o sistema era a única maneira de ser de Iris, sua vacina contra a solidão. O Outro Agora era agradável demais, saudável demais para alguém se enfurecer contra ele. Isso teria tornado a vida de Iris intolerável (219). "Sou uma dissidente. Não havia nada do outro lado para discordar, exceto sua correção política e presunção por ter criado a sociedade perfeita" (228).

De onde vem a estranha insatisfação de Iris? Por que ela não é capaz de simplesmente se acalmar e gozar a perfeição? Devemos responder a essa questão em dois níveis. Primeiro, no nível abstrato, lembre-se da fórmula da provocação histérica de Lacan ("'Eu lhe peço' – o quê? – 'que recuse' – o quê? – 'o que eu lhe ofereço' – por quê? – 'porque não é isso'") já elaborada no primeiro capítulo deste livro: uma histérica não rejeita simplesmente de maneira indefinida o que o Outro lhe oferece porque "não é isso" (o que ela realmente quer); ela finalmente percebe que o "isso" é o próprio Outro. A mensagem dela é assim: "VOCÊ não é isso!", você não está em condições de me dar o que eu realmente preciso ou quero. E não é exatamente a mesma a mensagem de Iris? Apesar de todas as medidas igualitárias socialistas em Outro Agora, o intercâmbio de mercado e a postura competitiva (a "mentalidade transacional quid pro quo") nele implícita permanecem em pleno vigor:

> As sociedades de mercado democratizadas, libertadas do capitalismo, são infinitamente preferíveis às que temos aqui, exceto num aspecto crucial: elas consolidam o valor de troca e, assim, temo, tornam impossível uma revolução genuína que conduza à derrubada final dos mercados (218-219).

Essa insatisfação abstrata implica toda uma série de problemas bastante concretos – vejamos mais de perto a sociedade perfeita de Outro Agora tal como é descrita em *Technofeudalism*:

> A remuneração é determinada por um processo democrático que divide as receitas pós-impostos da empresa em quatro fatias: um montante para cobrir os custos fixos da firma (tais como equipamento, licenças, contas de serviços públicos e pagamentos de rendas e juros), um montante reservado para I&D, a fatia sobre a qual é feita a remuneração básica dos funcionários e, por último, uma fatia para bônus. Mais uma vez, a distribuição entre essas quatro fatias é decidida coletivamente, numa base de uma pessoa, um voto.

Essa propriedade coletiva elimina "a divisão de classe fundamental entre aqueles que possuem e recebem lucros ou rendas e aqueles que arrendam o seu tempo por um salário". Mas e se a empresa agir coletivamente de uma forma "egoísta", ignorando as repercussões sociais mais amplas? Para evitar isso, o Estado imporá "uma Lei de Responsabilidade Social que estipula que cada empresa seja classificada de acordo com um índice de dignidade social, a ser compilado por painéis de cidadãos selecionados aleatoriamente, o equivalente a júris, escolhidos dentre um conjunto diversificado de partes interessadas: clientes da empresa, membros das comunidades que ela afeta e assim por diante."

Será que isso é suficiente? Varoufakis admite que "a natureza humana sempre encontra formas de bagunçar até mesmo o melhor dos sistemas. Seus colegas, se convocarem a maioria, podem votar pela sua demissão. Mas a atmosfera no trabalho é agora de responsabilidade compartilhada, o que reduz o stress e cria um ambiente no qual o respeito mútuo tem mais chance de florescer". Porém, e se esse "mas" não for suficientemente forte para manter sob controle o que Varoufakis chama de "natureza humana" (para dar a esse termo um significado concreto, a psicanálise tem de intervir), com a inveja enquanto constitutiva do desejo humano? Para Lacan, o impasse fundamental do desejo humano é que ele é o desejo do outro tanto em genitivo subjetivo quanto objetivo: desejo pelo outro, desejo de ser desejado pelo outro e, especialmente, desejo pelo que o outro deseja.

A inveja e o ressentimento são, portanto, componentes constitutivos do desejo humano; com base nesse insight, Jean-Pierre Dupuy[240] propôs uma crítica convincente à teoria da justiça de Rawls: no modelo de Rawls de uma sociedade justa, as desigualdades sociais são toleradas apenas na medida em que também ajudem aqueles que estão na base da escala social, e na medida em que não se baseiem em hierarquias herdadas, mas em desigualdades naturais, que sejam consideradas contingentes, e não méritos[241]. O que Rawls não vê é como tal sociedade criaria condições para uma explosão descontrolada de ressentimento: nela, eu saberia que o meu estatuto inferior é plenamente justificado e, portanto, seria privado de desculpar o meu fracasso como o resultado de injustiça social. Rawls propõe assim um modelo aterrador de uma sociedade na qual a hierarquia é diretamente legitimada nas propriedades naturais, ignorando assim a lição fundamental de Friedrich Hayek[242]: é muito mais fácil aceitar desigualdades se se puder afirmar que elas resultam de uma força cega impessoal – o que há de bom acerca da "irracionalida-

---

240. Cf. DUPUY, J.-P. *Avions-nous oublie le mal?* Penser la politique après le 11 septembre. Paris: Bayard, 2002.

241. Cf. RAWLS, J. *A theory of justice.* Cambridge: Harvard University Press, 1971 (edição revisada de 1999).

242. Cf. HAYEK, F. *The road to serfdom.* Chicago: University of Chicago Press, 1994.

de" do mercado e do sucesso ou fracasso no capitalismo é que me permitem precisamente perceber o meu fracasso ou sucesso como "imerecido", contingente... Lembre-se do velho motivo do mercado como a versão moderna de um Destino imponderável: o fato de o capitalismo não ser "justo" é, portanto, uma característica fundamental daquilo que o torna aceitável.

Nessa linha, Lacan compartilha com Nietzsche e Freud a ideia de que a justiça como igualdade se baseia na inveja: a inveja do outro que tem o que nós não temos e que goza isso. Seguindo Lacan, Fred Jameson[243] rejeita totalmente a visão otimista predominante segundo a qual no comunismo a inveja será abandonada como um remanescente da competição capitalista, para ser substituída pela colaboração solidária e pelo prazer nos prazeres dos outros; descartando esse mito, ele enfatiza que no Comunismo, precisamente na medida em que for uma sociedade mais justa, a inveja e o ressentimento explodirão. A solução de Jameson é aqui radical ao ponto da loucura: a única forma de o comunismo sobreviver seria alguma forma de serviços sociais psicanalíticos universalizados que permitissem aos indivíduos evitar a armadilha autodestrutiva da inveja.

Com base nessas complicações, a minha resposta à "pergunta matadora" é que a nossa situação apocalíptica proíbe qualquer visão clara e positiva de uma sociedade diferente que esteja por vir. Nosso horizonte último é o que Dupuy chama de "ponto fixo" distópico, o ponto zero da guerra nuclear, do colapso ecológico, do caos econômico e social global etc. – mesmo que seja indefinidamente adiado, esse ponto zero é o "atrator" para o qual, entregue a si mesma, tende a nossa realidade. A forma de combater a catástrofe futura é através de atos que interrompam a nossa deriva em direção a esse "ponto fixo"[244]. O único imperativo ético-político é, portanto, negativo: a pluralidade das crises de

---

243. Cf. JAMESON, F. *et al. American utopia.* Londres: Verso Books, 2016.

244. DUPUY, J.-P. *The war that must not occur*. Redwood City: Stanford University Press, 2023 (citado do manuscrito).

hoje torna claro que as coisas não podem continuar da maneira como estão agora – a forma como procedemos é uma questão de risco e improvisações. Devemos, portanto, abandonar qualquer forma de teleologia marxista ou determinismo historicista que prive o processo revolucionário da dimensão da subjetividade propriamente dita, de cortes radicais do real na textura da "realidade objetiva" – em claro contraste com a Revolução Francesa, cujas mais radicais formas de figuras marxistas a perceberam como um processo aberto, sem qualquer apoio numa necessidade superior. Saint-Just escreveu em 1794: "*Ceux qui font des révolutions ressemblent au premier navigateur instruit par son audace*. [Aqueles que fazem revoluções assemelham-se a um primeiro navegador que só tem a audácia como guia.]"[245]. Devemos, portanto, renunciar a qualquer visão de uma sociedade perfeita e aceitar antagonismos irredutíveis, o que significa que o Estado e uma alienação básica da vida social vieram para ficar.

ANTAGONISMO SEM INIMIGO

A lição de tais paradoxos é muito clara: o que caracteriza um pensamento emancipatório autêntico não é uma visão de um futuro harmonioso e livre de conflitos, mas a noção propriamente dialética de antagonismo, que é totalmente incompatível com o tema direitista da necessidade de um inimigo para afirmar a nossa autoidentidade – eis a articulação concisa de Heidegger da necessidade de um inimigo do seu curso de 1933-4:

> Um inimigo é toda e qualquer pessoa que represente uma ameaça essencial ao *Dasein* do povo e aos seus membros individuais. O inimigo não precisa ser externo, e o inimigo externo nem sequer é sempre o mais perigoso. E pode parecer que não havia inimigo. Então é um requisito fundamental encontrar o inimigo, expor o inimigo à luz, *ou mesmo primeiro criar o inimigo*, para que essa posição contra o inimigo possa acontecer e para que o *Dasein* não perca o seu vigor. ... [O desafio é] trazer o inimigo à

245. SAINT-JUST, L.A. "Rapport sur les factions de l'étranger". In: *Œuvres complètes*. Paris: Gallimard, 2004, p. 695.

> tona, não acalentar ilusões acerca do inimigo, manter-se pronto para o ataque, cultivar e intensificar uma prontidão constante e preparar o ataque *olhando adiante com o objetivo da aniquilação total*[246].

A passagem mais sinistra é aqui "expor o inimigo à luz, *ou mesmo primeiro criar o inimigo*, para que essa posição contra o inimigo possa acontecer". Em suma, nem sequer importa se o inimigo é um inimigo real – se não existe inimigo, tem de ser inventado para que um povo "não perca o seu vigor" e possa preparar a "aniquilação total" do inimigo (inventado) ... O que encontramos aqui é a lógica do antissemitismo na sua forma mais elementar: o que Heidegger ignora é a possibilidade de que *um inimigo seja inventado para criar a falsa unidade do povo e assim encobrir os seus antagonismos imanentes*. (No entanto, deve-se ter cuidado para não estender essa necessidade de um inimigo à totalidade do pensamento de Heidegger – a passagem citada acima é do curso de Heidegger em 1933-1934, quando ele estava no ponto alto do seu engajamento nazista. Nesse ponto ele avançou a noção de *Volk* como uma comunidade que precisa de um inimigo, e quando mais tarde ele se retirou da política ativa, a noção de inimigo muda: já não se trata de outro grupo étnico a ser aniquilado, mas sim da tecnologia moderna enquanto tal, e não se deve combatê-la, mas passar por ela e ganhar distância em relação a ela. Então, quando Richard Wolin[247] se concentra numa comunidade racial espiritualizada, ele ignora demais que não há lugar para tal comunidade numa das primeiras obras-primas de Heidegger, *Sein und Zeit*, que é focada em um *Dasein* individual lançado no abismo de um mundo. Aliás, deve-se também notar que o estilo de *Sein und Zeit* é totalmente diferente das sugestões poéticas posteriores de Heidegger: é um livro sistemático subdividido em parágrafos numerados.)

---

246. HEIDEGGER, M. *Being and Truth*. Bloomington: Indiana University Press, 2010. p. 73.

247. Em seu *Heidegger in Ruins*. New Haven: Yale University Press, 2023.

Eis o caso supremo de tal necessidade de um inimigo: no seu discurso aos líderes da SS em Posen, em 4 de outubro de 1943, Heinrich Himmler falou abertamente sobre o assassinato em massa dos judeus como "uma página gloriosa da nossa história, que nunca foi escrita e nunca poderá ser escrita"; ele então passa a caracterizar a capacidade de fazê-lo e permanecer decente como a maior virtude: "Ter passado por isso [o extermínio dos judeus] e ao mesmo tempo ter permanecido decente, isso nos tornou duros". Aqui Himmler opõe explicitamente a verdadeira virtude baseada em princípios à compaixão humana comum por um ser humano singular: "Mas então todos eles aparecem, esses 80 milhões de bons alemães, e cada um deles tem o seu judeu decente. Obviamente, está bastante claro que os outros judeus são porcos – mas esse é um judeu de primeira classe...". Em suma, todos os alemães sabem que os judeus enquanto tais são porcos, mas depois não conseguem aplicar esse princípio aos judeus singulares que eles conhecem. E ele está bem ciente do que está dizendo – inclui explicitamente o assassinato de mulheres e crianças:

> Enfrentamos a questão: o que devemos fazer com as mulheres e crianças? Decidi aqui também encontrar uma solução completamente clara. Não me considerava justificado em exterminar os homens – isto é, matá-los ou mandar matá-los – e permitir que os vingadores na forma de crianças crescessem pelos nossos filhos e netos. A difícil decisão teve de ser tomada para que esse povo desaparecesse da terra[248].

Devido a essa posição radical, Himmler opôs-se (até o outono de 1944) à criação de um exército voluntário de prisioneiros russos para combater as tropas soviéticas. Quando, depois de ter sido feito prisioneiro, o general soviético Yuri Vlasov propôs explorar os sentimentos antistalinistas entre a população russa e os prisioneiros de guerra e criar um exército popular russo, Himmler falou depreciativamente do "charivari Vlasov" (*der Wlassow-Rummel*) e

---

248. KERSHAW, I. *Hitler. 1936-45: Nemesis.* Harmondsworth: Penguin, 2001. p. 604-605.

rejeitou a ideia de que há uma massa de pessoas russas oprimidas que se opõe ao domínio estalinista – para ele, tais distinções dentro da raça eslava inferior não tinham interesse. Mas o que torna tudo isso tão fascinante é a linguagem ética elevada usada por Himmler para justificar o extermínio dos judeus e o tratamento brutal do povo eslavo sob a ocupação alemã:

> Um princípio deve ser absoluto para o homem da SS: devemos ser honestos, decentes, leais e amigáveis para com os membros do nosso sangue e com mais ninguém. O que acontece aos Russos, o que acontece aos Checos, é uma questão de total indiferença para mim... Se as outras raças vivem no conforto ou perecem de fome, só me interessa na medida em que precisamos delas como escravos para a nossa cultura; fora isso não me interessa. Se 10.000 mulheres russas desmaiam ou não de exaustão enquanto cavam uma vala para tanques, só me interessa na medida em que a vala para tanques tenha sido concluída para a Alemanha... Temos o direito moral, tínhamos o dever para com o nosso povo de fazê-lo – matar esse povo que queria nos matar. Mas não temos o direito de nos enriquecermos nem sequer com uma pele, com uma marca, com um cigarro, com um relógio, com nada. Isso nós não temos. Porque afinal, não queremos – já que exterminamos o bacilo – adoecer e morrer do mesmo bacilo[249].

Himmler vai até o fim aqui: mais adiante no discurso, ele imagina o caso de um oficial da SS na frente oriental enfrentando uma mãe russa com uma criança pequena, ambas com medo dele, tremendo e chorando. A sua primeira reação é, compreensivelmente, de compaixão: é realmente o seu dever como soldado matar esses dois seres humanos indefesos? A resposta de Himmler é um SIM incondicional: a sua fidelidade é apenas ao povo alemão, o que implica total indiferença para com o sofrimento dos membros de outras raças e nações. Tendo em conta o sofrimento a que o povo alemão é exposto pelos bombardeamentos contínuos pelos aviões americanos e britânicos, qualquer

249. ALPHA HISTORY. Heinrich Himmler's speech at Posen. Disponível em: https://alphahistory.com/holocaust/heinrich-himmlers-speech-at-posen/. Acesso em: 28 jan. 2025.

compaixão para com os dois pobres russos é nada menos do que traição – um ato de ignorar o sofrimento do próprio povo.

Será então que Himmler era um sádico, fazendo coisas horríveis e obtendo mais-gozar da sua convicção de que estava fazendo isso apenas como um dever ético, pelo grande Outro (pelo bem da nação alemã)? Acho que essa fórmula é demasiado simples para ser aplicada aqui. Há algo muito mais horrível em Himmler: pelo que se pode ver pela leitura de suas cartas, ele era uma pessoa terrivelmente normal – ele detestava (testemunhar pessoalmente) a brutalidade, era decente e gentil com seus amigos, disposto a punir membros da SS por pequenos crimes... e enquanto tal, como um indivíduo normal, ele fez na sua função o que sabemos que fez. É aqui que a afirmação de Lacan de que a normalidade é uma forma de psicose adquire peso.

Aqui, (não tão) surpreendentemente, Himmler se aproxima da ideia budista (e hinduísta) de que sofremos e fazemos coisas prejudiciais se estivermos diretamente envolvidos (no que percebemos como) a realidade dos objetos, de modo que deveríamos seguir a doutrina do não envolvimento, da ação desinteressada: agir como se isso não importasse, como se você não fosse o agente, mas as coisas, inclusive os seus próprios atos, apenas acontecem de forma impessoal... É difícil resistir aqui à tentação de parafrasear essa passagem como a justificação da queima de judeus nas câmaras de gás para o seu executor apanhado num momento de dúvida: uma vez que "aquele que pensa ser o assassino e aquele que pensa ser assassinado, ambos não sabem nada", e uma vez que "o self não assassina, e o self não é assassinado", então "você não deve lamentar por nenhum" judeu queimado, mas, "olhando da mesma forma para o prazer e a dor, para o ganho e a perda, para a vitória e a derrota", faça o que quer que você tenha sido ordenado a fazer... Não é de admirar que o *Bhagavadgita* (de onde vêm essas citações) fosse o livro preferido de Heinrich Himmler: dizem que ele sempre o carregava no bolso do uniforme. Será que isso não se mantém até hoje, quando as operações militares são cada vez mais realizadas através de drones e apenas apertando botões?

O mesmo não pode ser dito das pessoas que trabalhavam diretamente sob o comando de Himmler, que eram abertamente patológicas. Se Himmler estava no topo da pirâmide dos organizadores do Holocausto, depois dele não estavam nomes conhecidos como Heydrich e Eichmann, mas um compatriota meu, Odilo Globočnik, um nazista austríaco cujo pai era esloveno (como seu sobrenome indica). Globočnik teve um papel de liderança na Operação Reinhard, o assassinato organizado de cerca de um milhão e meio de judeus de origem majoritariamente polaca nos campos de extermínio de Majdanek, Treblinka, Sobibor e Belzec. Globočnik originou o conceito de campo de extermínio e assassinato industrializado – o historiador Michael Allen o descreveu como "o indivíduo mais vil da organização mais vil alguma vez conhecida"[250].

Quando, no final da sua vida, perguntaram ao ditador da República Dominicana, Rafael Trujillo, de quais dos atos do seu longo governo ele mais se orgulhava, ele citou o chamado Massacre da Salsinha, ocorrido em outubro de 1937, um assassinato em massa de haitianos que viviam na fronteira noroeste da República Dominicana. O massacre custou a vida a cerca de 14.000 a 40.000 homens, mulheres e crianças haitianos: praticamente toda a população haitiana na fronteira dominicana foi morta ou forçada a fugir através da fronteira[251]. Esse ato de

250. Cf. Odilo Globocnik. *Wikipedia*, 2025. Disponível em: https://en.wikipedia.org/wiki/Odilo_Globocnik. Acesso em: 28 jan. 2025.

251. Cf. Parsley massacre. *Wikipedia*, 2025. Disponível em: https://en.wikipedia.org/wiki/Parsley_massacre. Acesso em: 28 jan. 2025. O nome do massacre veio da palavra de ordem que Trujillo fez seus soldados aplicarem para determinar se aqueles que viviam na fronteira eram ou não afro-dominicanos nativos ou imigrantes afro-haitianos. Os soldados dominicanos mostravam um raminho de salsa para alguém e perguntavam o que era. A maneira como a pessoa pronunciava a palavra espanhola para salsa (*perejil*) determinava o seu destino: se conseguisse pronunciá-la do jeito espanhol, os soldados a consideravam dominicana e a deixavam viver, mas se pronunciasse do jeito francês ou crioulo, eles a consideravam haitiana e a executavam.

"limpeza étnica" que foi justificado como uma defesa contra as hordas estrangeiras que invadem o país reproduz perfeitamente a lógica do Mal como um dever ético que nos obriga a obliterar a nossa decência comum.

O que se esconde por trás desse tópico é a questão do grande Outro. A conclusão que se impõe não é a de que toda postura ética precisa de alguma figura do grande Outro em que se apoiar, mas, pelo contrário, que uma posição ética verdadeiramente radical emerge quando o sujeito é privado do apoio de um grande Outro, de modo que tem de tomar uma decisão no abismo da sua liberdade. Tal decisão representa o momento em que a ética se torna política, o momento da *suspensão política da ética*: o sujeito tem de tomar uma decisão que não pode ser totalmente fundamentada em qualquer tipo de princípios neutros "superiores" ("não faça aos outros o que você não gostaria que fizessem a você" etc.), tem de tomar uma decisão sobre como aplicar esses princípios, uma decisão que sempre lhes confere um toque particular. Não é esse o caso mesmo de Antígona? A sua decisão de arriscar tudo pelo funeral apropriado do irmão não pode ser totalmente fundamentada nas regras universais e imemoriais que ela evoca (todo ser humano, independentemente de quão bom ou mau seja, merece um funeral digno) – ela escolheu o irmão, ignorando todas as outras pessoas, e é essa restrição que torna o seu ato político, e não apenas a sua aparência pública. Nessa decisão, ela NÃO foi apoiada por um grande Outro. Num certo sentido formal, Antígona também parece (ou simplesmente é) "má" do ponto de vista da ordem existente, uma ameaça a ela, mas o seu "Mal" é ético, embora num sentido diferente daquele de Himmler: abre um novo espaço para confrontar os antagonismos da sociedade existente, enquanto a função do "Mal" de Himmler é precisamente ofuscar esses antagonismos. Aqui deveríamos contrastar Antígona com alguém como Nikolai Bukharin, cuja postura corajosa dependia da fidelidade incondicional ao grande Outro Comunista. O destino do "testamento" de Bukharin, uma carta que ele pediu à sua esposa Anna Larina que memorizasse em 1938, quando sabia que a sua execução estava próxima, é um caso trágico de como uma carta sempre chega ao seu destino:

> Bukharin, na véspera do seu fatídico julgamento, exortou-a a "Lembrar-se de que a grande causa da URSS continua viva, e *essa* é a coisa mais importante. Os destinos pessoais são transitórios e miseráveis em comparação." Ela a leu num mundo no qual a URSS acabara de cair[252].

A carta de Bukharin de fato chegou ao seu destino – chegou mesmo a Anna Larina e foi publicada – precisamente no momento certo, em 1988; pode-se mesmo dizer que foi entregue o mais rapidamente possível, isto é, tão logo a situação histórica tornou possível que a sua entrega produzisse um efeito de verdade. Bukharin percebeu o seu destino trágico como insignificante em comparação com a prosperidade da grande causa histórica da URSS – a continuidade dessa causa garantiu que a sua morte não fosse sem sentido. Lida quando a URSS desapareceu, a carta nos confronta com a falta de sentido da morte de Bukharin: não há um grande Outro para redimi-la, ele morreu literalmente em vão. Bukharin caiu na típica armadilha stalinista. Em privado, os interrogadores estalinistas diziam frequentemente ao acusado: "Sabemos que você é inocente, mas neste momento o Partido precisa da sua confissão para afirmar a sua unidade. Haverá um tempo no futuro, após a nossa vitória total, em que você será capaz de contar toda a história e admitir sua inocência!" Esse tempo é o tempo em que as contas serão finalmente acertadas e a justiça prevalecerá… Um fato da guerra da Bósnia no início da década de 1990 demonstra o mesmo ponto: muitas das meninas que sobreviveram a estupros brutais se mataram mais tarde, depois de terem regressado à sua comunidade e descoberto que não há ninguém realmente disposto a ouvi-las, a acolher seu testemunho. Nos termos de Lacan, o que

252. RAJIMWALE, A. Bukharin: The great humanist revolutionary. *Mainstream Weekly*, Nova Délhi, 31 ago. 2019.

falta aqui não é apenas um outro ser humano, o ouvinte atento, mas o próprio "grande Outro", o espaço da inscrição simbólica ou do registro das minhas palavras.

Deve-se notar criticamente que mesmo a desconstrução de Derrida continua a depender de uma figura do grande Outro: quando Derrida escreve que "desconstrução é justiça", uma justiça impossível, mas ainda assim justiça, essa determinação implica que a desconstrução não apenas traz à tona as inconsistências e contradições de um texto – o trabalho de desconstrução é liderado pelo ideal impossível de trazer à tona todas as inconsistências que legitimam formas secretas de dominação e opressão. Esse objetivo é, evidentemente, infinitamente adiado, sempre eludindo: no mesmo sentido em que Derrida fala sobre a democracia por vir, a justiça está sempre "por vir" – afirmar que ela está plenamente aqui teria sido o pior caso de metafísica da presença. No entanto, a despeito da impossibilidade que pertence à Justiça, temos de nos agarrar a ela como uma espécie de ideia regulativa do nosso trabalho. Lembro-me de ter conversado com um derridiano fiel anos atrás, numa recepção depois de uma palestra, e enquanto pegávamos pedaços de frango frito, ele me disse: "Como vamos justificar fazermos isso no julgamento final de Nuremberg pelos crimes que os humanos cometem contra os animais?" A ideia regulativa aqui é que se está acumulando uma dívida ética por todos os horrores da criação industrial de animais – basta pensar no que estamos fazendo a milhões de porcos que permanecem meio cegos e mal conseguem andar, são criados simplesmente para engordarem o suficiente tão rapidamente quanto possível e serem abatidos para nosso consumo... Eu respeitosamente permaneci em silêncio, mas a ideia de um julgamento gigantesco de toda a humanidade (por quem?) pareceu-me estranhamente distorcida: será que realmente temos que pressupor tal figura do grande Outro, uma promessa de que em algum momento final todas as dívidas serão saldadas, embora saibamos que esse momento nunca chegará?

Não será tal ideia profundamente antropocêntrica, transpondo para a estúpida indiferença da natureza um senso de Justiça totalmente ausente nela? Será que não podemos agir eticamente (no que diz respeito ao sofrimento animal) também sem essa figura do grande Outro? Voltando a Himmler: será que nós – toda a humanidade – não tratamos os animais exatamente da mesma forma que Himmler exigiu que os alemães tratassem as mulheres russas? Se 10.000 colapsam ou não por exaustão por serem superalimentados e tratados com produtos químicos hormonais, sem movimentarem-se livremente na natureza, isso só nos interessa na medida em que a quota de carne de porco seja alcançada para nós, humanos…

Kojin Karatani[253] também reafirma a figura do grande Outro. Ele argumenta que o que é necessário hoje, se quisermos lidar com as crises iminentes, é uma mudança do foco marxista nos modos de produção para os modos de troca: nesse último, uma dimensão "espiritual" está presente (do fetiche de Marx constitutivo da lógica da troca de mercadorias para o mana de Mauss), uma dimensão operativa não apenas entre as pessoas, mas também entre a humanidade e a natureza – para citar um ditado nativo americano: "Quando demonstramos o nosso respeito por outras coisas vivas, elas respondem com respeito por nós". Com o capitalismo, surge uma ruptura que abre o espaço para a crise ecológica: a natureza já não é um Outro propriamente dito (com a sua própria "espiritualidade") com quem nós, humanos, estamos engajados em trocas – há apenas um tráfico com a natureza como material: "não há 'troca' na relação entre o humano e a natureza":

> A "troca" traz consigo o poder espiritual que obriga os humanos a pensarem e agirem de certas maneiras, enquanto o "tráfico" não. O intercâmbio entre humanos gera poderes espirituais perversos, mas o tráfico entre humanos e a natureza é direto e simplesmente material (366).

---

253. KARATANI, K. On modes of exchange: Interview with Kojin Karatani. *Crisis&Critique*, 10, n. 1, 2023.

Com a crise ecológica, a "troca" retorna da forma mais violenta, como uma "vingança" da natureza pela sua exploração implacável, e os problemas decorrentes do tráfico com a natureza "distorcem ainda mais a relação entre os humanos. Ou seja, a crise da guerra se aproxima [...] Apesar da ascensão de movimentos como o Antiglobalização ou o Occupy, outra guerra mundial parece simplesmente inevitável agora" (369). Embora eu concorde com essa triste conclusão, não vejo (no nível da teoria) a solução em reafirmar a Natureza como um Outro com quem estamos envolvidos numa verdadeira troca – tal reespiritualização da natureza como uma parceira num diálogo é um beco sem saída. O que devemos fazer é exatamente o oposto: a humanidade deve naturalizar-se completamente, observar-se como parte de um tráfico estúpido e sem sentido dentro da natureza.

E Hitler? Será que Hitler não estava, de certa forma, fazendo isso? Pelo que sabemos, devemos admitir que, embora seja impensável que Hitler não soubesse do Holocausto, ele provavelmente foi poupado dos detalhes sangrentos. Quando Himmler diz que o holocausto é "uma página gloriosa da nossa história, que nunca foi escrita e nunca poderá ser escrita", ele não quer dizer apenas que o extermínio dos judeus não deveria ser conhecido do público em geral. Há indícios de que ele também se referia ao próprio Hitler, o Messias que conduz a nação alemã a um novo começo – a verdadeira fidelidade ao Messias, a verdadeira coragem, é que façamos silenciosa e secretamente o trabalho sujo necessário de limpar o terreno para que Hitler seja capaz de concretizar a sua grandiosa visão: o grande ato de nós, seguidores próximos do Messias, é mantê-lo na ignorância, permitir-lhe perseguir sua visão em abençoada inocência.

No entanto, no final da guerra, esse último muro de (auto) censura começou a ruir. O infame discurso da "guerra total" de Joseph Goebbels no *Sportpalast* em Berlim, em 18 de fevereiro de 1943, foi coreografado e preparado em todos os detalhes, com um público cuidadosamente selecionado de milhares; entretanto, apesar de preparativos tão detalhados, um verdadeiro ato falho ocorre logo antes do culminar do discurso, uma série de perguntas respondidas por um sonoro "Sim!" dos milhares: "Você acredita, com o Führer e conosco, na total vitória final do povo alemão? Você e o povo alemão estão dispostos a trabalhar, se o Führer ordenar, 10, 12 e se necessário 14 horas por dia e dar tudo pela vitória? Você quer uma guerra total? Se necessário, você quer uma guerra mais total e radical do que qualquer coisa que possamos imaginar hoje?" (Não podemos deixar de discernir na última questão a dimensão do sublime kantiano, que é precisamente uma dimensão mais total e radical do que podemos sequer imaginar com os nossos sentidos.) Não é de surpreender que o ato falho ocorra quando Goebbels fala sobre como a Alemanha reagirá à ameaça judaica:

> *Deutschland jedenfalls hat nicht die Absicht, sich dieser jüdischen Bedrohung zu beugen, sondern vielmehr die, ihr rechtzeitig, wenn nötig unter vollkommen und radikalster Ausr… -schaltung [Ausrottung / Ausschaltung] des Judentums entgegenzutreten.* (A Alemanha, em qualquer caso, não tem nenhuma intenção de se curvar a essa ameaça judaica, mas sim de enfrentá-la no devido tempo, se necessário, em termos de completo extermínio e da mais radical… exclusão do judaísmo.)[254]

Goebbels começa com as primeiras letras de *"Ausrottung"* (extermínio), mas depois para, por um segundo ou mais, no meio da palavra e a substitui pela muito mais inocente *"Ausschaltung"* (exclusão). Será que ele planejou dessa forma ou foi um verdadeiro ato falho? Na verdade, isso não importa: ele deixou claro que "exclusão" não significava apenas forçar o judeu a deixar a Alemanha, mas literalmente o seu extermínio. O interesse desse deslize é que revela não só a verdadeira intenção dos nazistas, mas também o seu esforço hipócrita para manter essa verdadeira intenção (mal) escondida do público – era como se, na situação

---

254. GOEBBELS, J. *Sportpalast speech*. Disponível em: https://en.wikipedia.org/wiki/Sportpalast_speech. Acesso em: 17 jan. 2025.

desesperada após a derrota em Stalingrado, censurar a verdade (o que foi exigido por Himmler, que queria que o Holocausto permanecesse ausente da história pública) fosse cada vez menos considerado necessário e o objetivo brutal do total extermínio fosse abertamente indicado. O outro lado do sublime, o sublime na sua forma mais horrível, o extermínio "mais total e radical do que qualquer coisa que possamos sequer imaginar hoje" recebeu um completo sinal verde[255].

Então, de volta a Himmler, como um autossacrifício supremo, ele toma sobre si o Mal, e esse Mal propriamente *ético* o torna muito pior do que qualquer forma de oportunismo pragmático. Essa lógica da dispensa da solidariedade elementar e da compaixão como a prova última da fidelidade a uma Causa recebe uma expressão quase trágica no ataque de Kliment Voroshilov a Nikolai Bukharin durante uma sessão plenária do Comitê Central em 1933: "Bukharin é um homem sincero e honesto. Mas temo tanto por Bukharin quanto por Tomsky e Rykov. Por que temo por Bukharin? Porque ele é uma pessoa de coração mole. Se isso é bom ou mau, não sei, mas na nossa situação atual essa moleza de coração não é necessária"[256]. Voroshilov é aqui demasiado aberto, ele mostra as suas cartas… Para entender a difícil

---

255. Deve-se notar aqui a máxima ironia que ocorre no último discurso de rádio de uma hora de Goebbels sobre o estado da guerra em 28 de fevereiro de 1945 (cf. GOEBBELS, J. Goebbels speech about the state of the war – 28 February 1945. *YouTube*, 2023. Disponível em: https://www.youtube.com/watch?v=pqmyOeTyVO0. Acesso em: 17 jan. 2025). Embora reconheça plenamente a desesperança da situação, o seu principal argumento de que a Alemanha ainda tem a chance de vencer é a comparação com o Reino Unido e a União Soviética no início da guerra: em 1940, a Inglaterra também estava à beira da capitulação, fortemente bombardeada e resistindo sozinha na Europa, mas persistiu e reagiu; o mesmo se aplica à União Soviética onde, no final de 1941, Leningrado foi isolada e Moscou quase cercada, mas mobilizaram todas as suas forças e fizeram os alemães recuarem – então, se os inimigos conseguiram fazê-lo, por que não a Alemanha com um espírito militar muito mais forte?

256. GETTY, J.A.; NAUMOV, O.V. *The Road to Terror*. Stalin and the Self-Destruction of the Bolsheviks, 1932-39. New Haven e Londres: Yale University Press, 1999, p. 300.

situação de Bukharin, devemos ter em mente o contraste entre o stalinismo e o cinismo hodierno. Quando Bukharin confrontou os seus críticos no Comitê Central, a sua franca linha de argumentação provocou risos:

> Olha, se eu sou um sabotador, um filho da puta, então por que me poupar? Não faço nenhuma reivindicação de nada. Estou apenas descrevendo o que está na minha mente, o que estou passando. Se isso de alguma forma acarretar algum dano político, por menor que seja, então, sem dúvida, farei o que você disser. (*Risos.*) Por que você está rindo? Não há absolutamente nada de engraçado nisso...[257]

Em certo sentido (ou seja, dentro da lógica pervertida do discurso estalinista), esse riso era justificado: o alvo do seu riso era a ideia de Bukharin de que ele poderia dirigir-se aos seus críticos de forma clara, contornando o jargão oficial. No entanto, tal posição de distanciamento em relação à ideologia hegemônica era estritamente proibida no stalinismo, era em si uma forma de traição. Getty e Naumov apontam repetidamente o surpreendente resultado básico do seu estudo: os estalinistas falavam em privado *a mesma* linguagem que em público, o cinismo da ideologia estalinista era "objetivo", e não privado. Essa era a versão estalinista de "não existe metalinguagem": só existe uma metalinguagem que diz a verdade, que é a da própria ideologia oficial. Hoje, o privado e o público também tendem a coincidir, mas no sentido oposto: o cinismo privado penetra no domínio público, falamos cada vez mais publicamente a mesma linguagem que falamos em privado. (Para evitar um mal-entendido: isso não significa que a verdade seja permitida: a linguagem privada cínico-realista é em si a pior mistificação.)

O que isso significa é que a fidelidade a uma decisão baseada em princípios não é suficiente para que um ato seja qualificado como verdadeiramente ético – o que realmente importa é como esse princípio se relaciona com os antagonismos sociais: ele os

---

257. Ibid., p. 370.

encobre ou os torna visíveis? Quando aceitamos um antagonismo irredutível, aceitamos o fato de que o grande Outro não existe, de que está repleto de inconsistências, faltas e antagonismos.

POLITICAMENTE CORRETO VERSUS ÉTICA

O politicamente correto não depende menos de um a figura do grande Outro – eis um caso extremo. No Hamline College, em Minnesota, uma professora de história da arte foi demitida por mostrar imagens de Maomé aos seus alunos. Ela tomou todos os cuidados, avisando com antecedência aos alunos o que faria de modo que eles pudessem sair da sala para evitar serem ofendidos, além disso as imagens mostradas tinham centenas de anos e eram consideradas obras-primas da arte islâmica (nem todas as versões do Islã proíbem retratar Maomé). Um dos estudantes que não saiu da sala – Aram Wedatalla, presidente da Associação de Estudantes Muçulmanos da faculdade, queixou-se aos administradores de que ela foi "prejudicada" ao ver a imagem e de que o professor "falhou em salvaguardá-la". O jornal estudantil *The Oracle* denunciou a exibição das pinturas como um ataque direto ao Islã; a administração da faculdade concordou e determinou uma educação obrigatória em "islamofobia":

> Não é nossa intenção atribuir culpas; em vez disso, é nossa intenção observar que no incidente na sala de aula – em que uma imagem proibida aos muçulmanos de ver foi projetada numa tela e deixada durante muitos minutos – o respeito pelos estudantes muçulmanos observantes naquela sala de aula deveria ter substituído a liberdade acadêmica[258].

Três coisas devem ser observadas aqui. Em primeiro lugar, as imagens apresentadas foram pintadas por muçulmanos, perten-

---

258. WHY EVOLUTION IS TRUE. Professor fired for showing art class image of Muhammad with his face visible (something not unusual in the history of Islamic art). Students and university go wild with crazy allegations of 'Islamophobia'. Disponível em: https://whyevolutionistrue.com. Acesso em: 17 jan. 2025.

cem à arte sacra, não há nelas nenhum vestígio de desrespeito. Em segundo lugar, por que Wedatalla, que iniciou o protesto, não saiu da sala após o aviso? Obviamente, ela ficou lá *a fim de* poder afirmar que foi ferida e ofendida, e causar um incidente. É também por isso que outros manifestantes que se juntaram a Wedatalla se sentiram feridos e ofendidos apesar de não terem assistido à aula – foi suficiente para eles saberem o que aconteceu na aula. Isso, claro, abre o espaço para a extensão quase infinita do que pode me ofender e ferir... Terceiro e mais importante: os termos usados por aqueles que protestaram – segurança, respeito etc. versus ódio, ataque direto, fobia... – são os mesmos termos que o politicamente correto e o wokeísmo usam para atacar a intolerância e o racismo.

Muitas vezes ouvimos hoje que o wokeísmo e o politicamente correto estão gradualmente recuando. Contrariamente a essa opinião, penso que esse fenômeno esteja gradualmente sendo “normalizado”, amplamente aceito mesmo por aqueles que duvidam intimamente dele, e praticado pela maioria das instituições acadêmicas e estatais. É por isso que merece mais do que nunca a nossa crítica – juntamente com o seu oposto, a obscenidade do novo populismo e do fundamentalismo religioso. No pior da cultura do cancelamento, sua vida pública pode ser destruída por razões que nem sequer são claras de antemão. Isso é o que torna a cultura do cancelamento tão ameaçadora: algo muito particular que você fez (ou é) pode ser inesperadamente elevado ao status universal de um erro imperdoável, de modo que cada caso particular nunca seja apenas um caso neutro de universalidade, mas dê o seu próprio toque numa universalidade difusa.

No final de outubro de 2022, o Gonville & Caius College, em Cambridge (Reino Unido), organizou uma palestra de Helen Joyce, conhecida pela sua visão de que homens e mulheres estão sendo “redefinidos” por ativistas trans, com leis e políticas "reformuladas para privilegiar a identidade de gênero autoidentificada em detrimento do sexo biológico". Joyce apoia inequivocamente os direitos dos trans, o que ela rejeita é a ideologia da identidade de gênero, ou seja, a ideia "de que as pessoas devem contar como homens ou mulheres de acordo com como se sentem e o que declaram, em vez da sua biologia", na norma e na lei. Os estudantes de Gonville & Caius lançaram protestos, com os representantes LGBT da faculdade exigindo que a aparição de Joyce fosse cancelada porque estão "unanimemente enojados com a promoção de tais pontos de vista". Os professores chegaram mesmo a abrir um "espaço seguro", um salão de chá de bem-estar, para os estudantes durante a palestra, culpando a "mágoa e raiva compreensíveis para muitos estudantes, funcionários e bolsistas da Caius" causadas pelo convite. O diretor da faculdade juntou-se a eles, dizendo que embora a liberdade de expressão seja "um princípio fundamental, em algumas questões que afetam a nossa comunidade não podemos permanecer neutros"[259]. Então, mais uma vez, o respeito (não pelos estudantes muçulmanos observantes, mas) pelos estudantes trans ofendidos deveria ter prevalecido sobre a liberdade acadêmica... um ponto claro no qual o fundamentalismo religioso encontra a cultura do cancelamento do politicamente correto.

O que falta à cultura do cancelamento politicamente correta, com o seu rígido moralismo, é a postura *ética* adequada. O exemplo mais recente de tal postura no cinema é *O Menu* (Mark Mylod, 2022), no qual Ralph Fiennes oferece uma atuação requintada ao interpretar Julian, um cozinheiro renomado e proprietário de um restaurante de elite numa pequena ilha particular. Ele convida um grupo de hóspedes ricos com um plano para matar todos eles – a única sobrevivente é Margot, um dos hós-

259. DIXON, H. Cambridge don in trans row after boycotting gender-critical speaker. *Telegraph*, 21 out. 2022. Disponível em: https://www.telegraph.co.uk/news/2022/10/21/cambridge-don-trans-row-boycotting-gender-critical-speaker/. Acesso em: 17 jan. 2025.

pedes que zomba dos pratos de Julian e reclama que ainda está com fome. Quando Julian pergunta o que ela gostaria de comer, Margot pede um cheeseburger com batatas fritas, já tendo visto a foto de um Julian jovem e feliz trabalhando num restaurante fast-food. Movido pelo seu pedido singelo, ele prepara a refeição conforme as suas especificações. Margot dá uma mordida e elogia a sua comida, então pergunta se pode levar "para viagem". Julian embala a comida para ela e a equipe permite que ela vá embora. Margot pega o barco da Guarda Costeira ancorado nas proximidades e escapa da ilha enquanto Julian incendeia o restaurante, detonando o barril e matando os hóspedes, a equipe e a si mesmo[260]. Embora Julian seja definitivamente imoral (ele mata uma série de pessoas que são corruptas e repulsivas, mas não assassinas), no entanto, dá corpo a uma postura ética pura: o seu ato final suicida não é simplesmente uma peculiaridade pessoal, ele visa a todo um modo de vida exemplificado pela *haute cuisine* do qual não apenas os clientes, mas também os cozinheiros e garçons que os servem participam – pode-se apostar que todos os seus hóspedes estavam envolvidos em instituições de caridade e tinham uma profunda simpatia pela situação dos pobres... A prova da sua ética é que ele deixa Margot partir: se ele fosse apenas imoral, teria matado todos eles.

Outro filme que apresenta a mesma distinção é *Ghost Dog: Matador Implacável* (1999, escrito e dirigido por Jim Jarmusch) no qual Forest Whitaker interpreta o misterioso "Ghost Dog", um assassino a serviço da máfia, que segue o antigo código do samurai conforme descrito no livro de ditos registrados de Yamamoto Tsunetomo, *Hagakure*, mesmo quando isso o leva à morte. Outro filme desse tipo é *Os Banshees de Inisherin* (2022, escrito e dirigido por Martin McDonagh). Situado numa ilha re-

260. THE MENU. 2022. Dirigido por Mark Mylod. Roteiro de Seth Reiss e Will Tracy. Elenco: Ralph Fiennes, Anya Taylor-Joy, Nicholas Hoult. Estados Unidos: Searchlight Pictures. Disponível em: https://en.wikipedia.org/wiki/The_Menu_%282022_film%29. Acesso em: 17 jan. 2025.

mota na costa oeste da Irlanda, o filme segue os amigos de longa data Pádraic (Colin Farrell) e Colm (Brendan Gleeson), que se encontram num impasse quando Colm inesperadamente põe fim à amizade. Um atordoado Pádraic se recusa a aceitar um não como resposta e se esforça para reparar o relacionamento. Mas os repetidos esforços de Pádraic apenas fortalecem a determinação do seu antigo amigo – Colm dá um ultimato desesperado: cada vez que Pádraic o incomodar ou tentar falar com ele, Colm cortará um dos seus próprios dedos esquerdos com uma tesoura de ovelha... e ele o faz repetidamente. Essa fidelidade a uma decisão é ética, se esse termo tiver algum sentido.

Contudo, a fidelidade a uma decisão baseada em princípios não é suficiente para que um ato seja qualificado como verdadeiramente ético. Em dezembro de 2022, o governo de Sturgeon na Escócia levou o wokeísmo e o LGBT+ (quase) ao fim: saudou um "dia histórico para a igualdade" depois que membros do parlamento escocês aprovaram planos para tornar mais fácil e menos intrusivo para os indivíduos mudarem legalmente de gênero, alargando o novo sistema de autoidentificação para jovens de dezesseis e dezessete anos – basicamente, você declara o que você sente que é e você é registrado como o que você quer ser. Um problema (esperado) surgiu quando Isla Bryson foi enviada para uma prisão feminina em Stirling depois de ter sido condenada pelos estupros cometidos quando era um homem chamado Adam Graham. O estuprador decidiu que já não era um homem somente depois de se apresentar perante o tribunal sob uma acusação de estupro – então temos uma pessoa que se identifica como uma mulher usando o seu pênis para estuprar duas mulheres. É bastante lógico: se a masculinidade e a feminilidade não têm nada a ver com o corpo de alguém, e tudo a ver com a autodefinição de alguém, então é preciso colocar um estuprador que tem pênis na prisão com mulheres cativas. Após protestos, Brayson foi colocado numa prisão masculina – mais uma vez, é formalmente problemático, uma vez que temos agora uma mulher numa prisão masculina...[261] A questão aqui é que não existe uma solução fácil porque a identidade sexual em si não é uma simples forma de identidade, mas uma noção complexa cheia de inconsistências e características inconscientes – é algo que de forma alguma poderia ser estabelecido por uma referência direta à maneira como nos sentimos. Aderir a um "princípio" problemático não ajuda muito nesses casos, uma vez que o próprio princípio está errado.

DOS ANTAGONISMOS À LUTA DE CLASSES

Num nível mais geral, o mesmo vale para qualquer campo sociopolítico que é sempre um espaço de múltiplos antagonismos: antagonismos de classe, antagonismos étnicos, antagonismos sexuais, antagonismos religiosos, lutas pela ecologia... Todos esses antagonismos são reais/impossíveis no sentido lacaniano estrito: não existe uma descrição neutra de um antagonismo, toda descrição já é "contextualizada", parcial. Os antagonismos podem ser combinados naquilo que Ernesto Laclau[262] chamou de "cadeia de equivalências": a esquerda afirma que a luta ecológica, a luta feminista, a luta antirracista... podem e devem ser combinadas com a luta de classes, uma vez que o racismo, a destruição do nosso ambiente, a opressão das mulheres e de outras raças, são hoje todas sobredeterminadas pela exploração capitalista. Mas outras combinações também são possíveis: o feminismo pode ser combinado com o liberalismo, a ecologia com o antimodernismo conservador etc. Embora, em cada situação particular, haja sempre uma luta/antagonismo que desempenha um papel hegemônico (na Europa da década de 1940 era a luta antifascista, no Irã no final de 2022 era a luta pelos direitos das mulheres...), para

261. Cf. BBC NEWS. *Transgender rapist Isla Bryson moved to men's prison*. Disponível em: https://www.bbc.co.uk/news/uk-scotland-64413242. Acesso em: 17 jan. 2025.

262. Cf. LACLAU, E.; MOUFFE, C. *Hegemony and socialist strategy*. Londres: Verso Books, 2001.

Laclau uma luta é elevada ao papel hegemônico através da luta (pela hegemonia) cujo resultado não é determinado antecipadamente, mas depende de circunstâncias estratégicas contingentes.

O que acontece no Irã desde setembro de 2022 – os chamados protestos de Mahsa Amini – tem uma significância histórica mundial. Os protestos que se espalharam por dezenas de cidades começaram em Teerã, em 16 de setembro, como uma reação à morte de Amini, uma mulher de 22 anos de origem curda que morreu enquanto estava sob custódia policial, espancada até à morte pela Patrulha de Orientação, a "polícia da moralidade" islâmica do Irã; ela foi presa após ser acusada de usar um hijab "impróprio". Os protestos combinam diferentes lutas (contra a opressão das mulheres, contra a opressão religiosa, pela liberdade política contra o terrorismo de Estado) numa unidade orgânica. O Irã não faz parte do Ocidente desenvolvido, por isso *Zan, Zendegi, Azadi* ("mulher, vida, liberdade", o slogan dos protestos) é muito diferente do MeToo nos países ocidentais: mobiliza milhões de mulheres comuns e está diretamente ligado à luta de todos, inclusive os homens – não há nisso qualquer tendência antimasculina, como é frequentemente o caso do feminismo ocidental. Mulheres e homens estão juntos nisso, o inimigo é o fundamentalismo religioso apoiado pelo terrorismo de Estado. Os homens que participam do *Zan, Zendegi, Azadi* sabem bem que a luta pelos direitos das mulheres é também a luta pela sua própria liberdade: a opressão das mulheres não é um caso especial, é o momento no qual a opressão que permeia toda a sociedade é mais visível. Os manifestantes que não são curdos também veem claramente que a opressão dos curdos impõe limites à sua própria liberdade: a solidariedade com os curdos é o único caminho para a liberdade no Irã. Além disso, os manifestantes veem claramente que o fundamentalismo religioso só pode permanecer no poder se for apoiado pelo poder estatal bruto daquilo que no Irã é chamado de Polícia da Moralidade – o que eles veem é que um regime que precisa de uma Polícia da Moralidade brutal para se manter trai a experiência religiosa autêntica que utiliza para se legitimar.

Os protestos iranianos concretizam assim aquilo com que os esquerdistas ocidentais só podem sonhar. Evitam as armadilhas do feminismo da classe média ocidental: ligam diretamente a luta pela liberdade das mulheres à luta das mulheres e dos homens contra a opressão étnica, contra o fundamentalismo religioso e contra o terrorismo de Estado. O que se passa agora no Irã é algo que nos espera no mundo ocidental desenvolvido, onde a violência política, o fundamentalismo religioso e a opressão das mulheres crescem diariamente. Nós, no Ocidente, não temos o direito de tratar o Irã como um país que simplesmente tem de alcançar o Ocidente. A última coisa que o Irã precisa agora é de uma dose da correção política ocidental! Nós, no Ocidente, temos de aprender com o Irã, em breve precisaremos de um movimento semelhante nos Estados Unidos, na Polónia, na Rússia e em muitos outros países. Qualquer que seja o resultado imediato dos protestos, o crucial é manter vivo o movimento, organizar redes sociais que, mesmo que a opressão estatal vença temporariamente, continuem o seu trabalho clandestino e estabeleçam as bases para uma nova explosão. Não basta apenas expressar simpatia ou solidariedade para com os manifestantes iranianos: eles não estão lá fora, longe de nós, não são parte de uma cultura exótica diferente. Toda a tagarelice sobre especificidades culturais (frequentemente utilizadas pelas forças reacionárias para justificar a opressão religiosa e étnica) é agora sem sentido: podemos ver imediatamente que a luta iraniana é a luta de todos nós.

Ao mesmo tempo, não devemos ter medo de afirmar que a linguagem da emancipação global tem suas raízes na tradição europeia do Iluminismo. A civilização europeia é caracterizada por uma qualidade única: a autocrítica permanente faz parte da sua identidade. Sim, o Ocidente liberal é hipócrita, aplica os seus elevados padrões de forma muito seletiva. Mas hipocrisia significa que você viola os padrões que você proclama e, dessa forma, você se abre a uma crítica imanente – quando criticamos o Ocidente liberal, usamos os seus próprios padrões. O que a Rússia de Putin oferece é um mundo sem hipocrisia – porque é desprovido de padrões éticos globais, praticando apenas o "respeito" pragmático pelas diferenças. Vimos claramente o que isso significa quando, depois de assumirem o poder no Afeganistão, os talibãs instantaneamente fizeram um acordo com a China: a China aceita o novo Afeganistão enquanto os talibãs ignoram o que a China faz com os uigures... – isso é, *in nuce*, a nova globalização defendida pela Rússia. E a única maneira de defender o que vale a pena salvar na nossa tradição liberal é insistir implacavelmente na sua universalidade.

Essa dimensão universal é o que torna tão importantes os protestos em curso no Irã, os quais retroativamente desvalorizam a celebração da revolução iraniana de 1978 por Michel Foucault como uma modalidade de revolta política religiosa, isto é, como uma forma de espiritualidade política: uma mobilização de massa modelada no advento de uma nova visão islâmica de formas sociais de coexistência e igualdade. Em 1979, profundamente decepcionado com os assassinatos em massa da revolução vitoriosa, ele escreveu que "a espiritualidade dos que se dirigiam à morte não tem qualquer semelhança com o governo sangrento de um clero fundamentalista" – uma declaração que deveria ser qualificada como uma das maiores estupidezes nos julgamentos políticos que ocorreram no século XX: é claro que não há "qualquer semelhança" entre os dois, mas a passagem da primeira para o segundo foi, no entanto, inevitável[263]. Então, o que seduziu Foucault a acreditar que a revolução iraniana pretendia salvar a humanidade das garras do materialismo e do capitalismo? Como repetiu em muitas entrevistas desse período, a Europa moderna era para ele a pior forma de opressão e domina-

---

263. Cf. AFARY, J.; ANDERSON, K.B. *Foucault and the Iranian Revolution*. Chicago: Chicago University Press, 2010.

ção, muito pior do que os regimes não democráticos do Terceiro Mundo – a sua liberdade, democracia e direitos humanos eram apenas máscaras enganosas de um controle social total. Como isso pode ter acontecido? A esquerda prefere sempre a leitura sintomática de uma ideologia: as coisas não são o que afirmam ser, a sua verdade é o oposto (a liberdade no mercado é a forma de exploração e dominação, os direitos humanos universais mascaram a dominação imperialista...) – o que então a esquerda faz quando confronta um agente reacionário que é o que afirma ser, em que não há qualquer necessidade de uma análise sintomática profunda? Aqui a esquerda fica perplexa: e se, em um nível mais profundo, formos ainda piores do que o nosso oponente reacionário? Hoje temos exatamente essa lógica entre os "esquerdistas" que demonstram "compreensão" para com Putin.

A revolta iraniana proporciona assim o melhor argumento contra a nova ordem mundial de Estados soberanos defendida (dentre outros) pela Rússia; nessa visão, o principal inimigo da soberania é o "eurocentrismo", a decadência ocidental que impõe aos outros os seus valores liberais. Então, quando revoltas explodem em algum Estado (Irã, Bielorrússia...), a sua causa é projetada fora desse Estado – na Rússia, eles agora designam oficialmente a maioria dos dissidentes declarados como "agentes estrangeiros". A crítica ao eurocentrismo é em grande medida falsa aqui: os regimes autoritários tentam desesperadamente construir um inimigo externo para ofuscar os seus próprios antagonismos imanentes. No entanto, se alguma vez houve um evento que não tenha sido "eurocêntrico", foram os protestos iranianos: eles surgem claramente dos antagonismos imanentes não resolvidos da sociedade iraniana. As multidões iranianas que protestavam fizeram algo que hoje é muito difícil de fazer: conseguiram a passagem do inimigo externo a ser aniquilado para o antagonismo imanente que exige uma mudança radical da própria identidade, razão pela qual, como já dissemos, qualquer satisfação paternalista ocidental ("finalmente, os iranianos estão se tornando como nós") está totalmente fora de lugar – na verdade, deveríamos aprender com os iranianos.

Tomemos o caso da luta pela hegemonia que está acontecendo na (ou no que resta da) esquerda no Ocidente desenvolvido, especialmente nos Estados Unidos. A esquerda liberal dominante de fato eleva ao papel hegemônico os temas da chamada guerra cultural (direitos trans, aborto...) e do racismo, geralmente apenas defendendo questões econômicas da boca para fora ou simplesmente as ignorando. Dessa forma, está alienando milhões de famílias comuns de classe baixa e média em pequenas cidades e terras agrícolas que não são ativamente contra LGBT+, mas apenas querem viver as suas vidas tradicionais – elas poderiam ser mobilizadas para muitas medidas (contra grandes corporações e bancos, para cuidados de saúde mais acessíveis, empréstimos estudantis...), então é como se a esquerda liberal estivesse sabotando intencionalmente grandes causas comuns (não é de admirar que alguns esquerdistas denotem que o estejam fazendo intencionalmente). Quando uma esquerda mais radical chega com tais propostas econômicas, os liberais da guerra cultural a acusam de negligenciar as questões trans etc. – mas a esquerda liberal da guerra cultural não faz ela própria o que acusa da esquerda econômica mais radical...

Mas será suficiente defender tal simetria, o peso igual de diferentes antagonismos mais bem formulado pela teoria de Laclau, segundo a qual a hegemonia é o resultado de lutas contingentes? Aqui entra a minha analogia com a desigualdade de Bell: a multiplicidade de antagonismos de Laclau sem lutas privilegiadas é uma forma pura e perfeita, e a luta de classes é o que perturba essa simetria perfeita. A questão não é que a base econômica seja uma "variável oculta", a verdade substancial oculta de todos os antagonismos que opera independentemente de todos os contextos, mas uma espécie de imperfeição estrutural, um "atrator" que perturba a forma pura. Vejamos novamente a imagem do que a mecânica quântica prevê (e foi confirmado por experimentos repetidos): a mecânica quântica prevê que os dois elétrons emaranhados darão *mais* correlação em suas medições de spin do que o limite imposto se excluirmos um link que opera mais rápido do que a velocidade da luz – eis o desenho já usado no Capítulo 3.

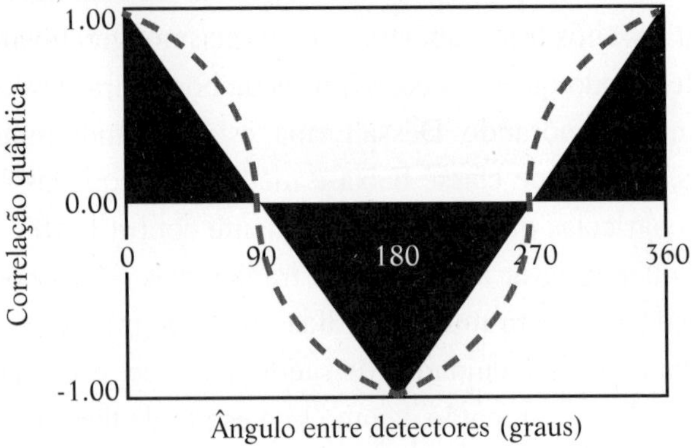

Figura 6.1

Na minha leitura brutal, essa imagem sem a linha curva vermelha fornece a correlação entre antagonismos sociais sem a ação "assustadora" à distância da luta de classes, enquanto a linha curva vermelha indica como essa ação "assustadora" à distância perturba a forma pura da contingência. É preciso acrescentar aqui que, já em um nível formal, a luta de classes não é um antagonismo como outros: o objetivo da luta antirracista não é destruir um grupo étnico, mas permitir a coexistência pacífica de grupos étnicos sem opressão; o objetivo da luta feminista não é aniquilar os homens, mas permitir a igualdade real de todos os sexos e orientações sexuais etc. Mas o objetivo da luta de classes é, para os oprimidos e explorados, a aniquilação real da classe dominante oposta enquanto uma classe (não dos indivíduos que a compõem, claro), não a reconciliação das classes (é o fascismo que visa à reconciliação de classes por meio da eliminação do intruso – judeus – que introduz antagonismo). Isso nos leva de volta ao paradoxo da diferença de classe que precede as classes (como grupos sociais autoidênticos): se as classes precedem a sua luta, então o caminho está aberto para o fascismo, ou seja, para a colaboração de classes. Somente se a luta de classes preceder as classes a sociedade de classes poderá realmente ser superada.

Vivemos numa era de *alianças profanas*, uma combinação de elementos ideológicos que violam a oposição padrão entre esquerda e direita. Vamos apenas mencionar um dos mais tristes exemplos recentes. No final de fevereiro de 2023, o parlamento de Uganda debateu um novo endurecimento da lei antigay – os proponentes mais radicais exigiram a pena de morte ou, pelo menos, a prisão perpétua para os que fossem apanhados em flagrante. Anita Among, presidente do parlamento, disse no debate: "Ou você está conosco ou está com o mundo ocidental"[264]. As lutas de feministas, gays e trans são assim denunciadas como um instrumento do colonialismo ideológico ocidental usado para minar a identidade africana – e isso nos leva imediatamente a outra aliança profana: a Rússia, com o seu fundamentalismo ortodoxo, apresenta-se como uma aliada das nações do Terceiro Mundo que lutam contra o colonialismo, um fato que não impede que partes da esquerda ocidental se inclinem para a Rússia na sua agressão à Ucrânia. Como isso pode acontecer? Zupančič revela a razão subjacente a essa cumplicidade obscena – a esquerda ocidental insinua corretamente a limitação do capitalismo global, mas não é capaz de traçar uma linha de separação que lhe permitiria engajar-se como um agente político ativo. Embora pretenda criticar implacavelmente o capitalismo global ocidental, a sua própria atividade limita-se a excessos autodestrutivos do politicamente correto – espera que outro agente externo trace

264. ONEN, P. Uganda MPs revive hardline anti-LGBTQ bill, calling homosexuality a 'cancer'. *The Guardian*, 6 fev. 2025. Disponível em: https://www.theguardian.com/global-development/2023/feb/10/uganda-mps-revive-hardline-anti-lgbtq-bill-calling-homosexuality-a-cancer. Acesso em: 10 fev. 2025.

essa linha, o que significa, em termos freudianos, que lhe falta simplesmente o verdadeiro *desejo* de se engajar na luta, que:

> Toda a energia e paixão investidas em criticar o imperialismo ocidental acaba (praticamente) esperando e aguardando que outra pessoa, em outro lugar, faça o nosso trabalho, trace uma linha, um limite ao Império. (Mesmo que apenas pelo estabelecimento de um outro Império alternativo.) Nesse sentido, o que falta seriamente à esquerda ocidental é precisamente desejo[265].

E agora, no início de 2023, esse Império alternativo é a Rússia... Então, quando Sahra Wagenknecht, a representante mais popular do *die Linke,* o partido de esquerda alemão, organizou e discursou numa reunião pela paz em Dresden, em fevereiro de 2023, exortando ao fim da ajuda à Ucrânia com armas, Björn Höcke (um dos principais membros da extrema direita Alternativa para a Alemanha presente na reunião) gritou para ela: "Ich bitte Sie, kommen Sie zu uns" ["Por favor, venha até nós!"], pedindo-lhe que mudasse de filiação partidária – e o público o aplaudiu... Esses e outros casos levaram muitos analistas sociais à conclusão de que, hoje, a oposição entre esquerda e direita perdeu o sentido, ou pelo menos para a posição de Laclau de que nenhum antagonismo goza de um estatuto privilegiado.

Mas, novamente, uma referência à mecânica quântica nos permite interpretar a primazia da luta de classes não de uma forma substancialista, como a essência expressa noutras lutas, mas de uma forma puramente formal. O que isso implica é que devemos distinguir entre a diferença de classe como uma diferença (ou luta) entre dois grupos sociais positivos bem definidos, e o antagonismo de classe como uma diferença pura que precede os termos aos quais se opõe – em termos hegelianos, o antagonismo de classe "puro" encontra-se dentre as diferenças sociais positivas em sua "determinação oposicional". E o mesmo se aplica à diferença sexual: deveríamos distinguir entre a diferença sexual "pura" como o real de um antagonismo "impossível" e a diferença sexual no seu sentido binário, como a oposição de dois sexos positivos.

---

265. ZUPANČIČ, A. *Desire* (manuscrito).

Algumas instituições (principalmente acadêmicas) estão agora estabelecendo uma regra segundo a qual, quando você encontrar pela primeira vez (ou falar sobre) uma pessoa, você deve se referir a essa pessoa como "elu" [*they*], independentemente de como essa pessoa pareça – você deve passar para "ele" ou "ela" somente se essa pessoa demandar explicitamente ser tratada dessa forma. Considero essa demanda problemática porque eleva a exceção ("elu" referia-se primeiro a todos aqueles que não se enquadram no binário de homens e mulheres) à universalidade, a um padrão universal: somos todos "elu", e "ele" ou "ela" se torna uma de suas subespécies. Contudo, a diferença sexual é um antagonismo, uma diferença "impossível", impossível no sentido de que a diferença precede o que ela diferencia, de modo que "masculino" e "feminino" são duas formas de ofuscar o trauma da diferença. Embora, empiricamente, não existam apenas homens e mulheres, mas também aqueles que não se enquadram em nenhuma dessas duas identidades, isso não implica que a sexualidade humana exista como uma universalidade neutra que tenha muitas subespécies: a diferença sexual significa que existem homens, mulheres, *e sua diferença enquanto tal*, e essa diferença é incorporada precisamente em sujeitos trans que não se enquadram em nenhuma das duas categorias principais. O ponto principal é que os humanos são constitutivamente atravessados pela diferença sexual: não é possível isolar ou abstrair uma universalidade humana que não seja afetada pela lacuna da diferença. Por essa razão, a posição sexual de um sujeito é a sua escolha livre, mas simultaneamente uma escolha *forçada*: nunca estamos numa posição externa segura para escolher, não existe um "elu" universal a partir do qual possamos escolher ser "ele" ou "ela" ou permanecer "elu" – é uma escolha forçada porque escolhemos o (modo do) que SOMOS, não as nossas propriedades.

Então é verdade que a universalidade está incorporada numa exceção, mas a universalidade em questão não é um nível neutro especial em que os antagonismos não se aplicam (como a ideia de um ser humano andrógino perfeito vivendo numa harmonia feliz): a universalidade é a universalidade de um antagonismo, de um impasse. É aí que reside a diferença entre o antagonismo e uma universalidade não antagônica como a do lixo: numa série de latas de lixo, temos uma lata de papel, uma de vidro, uma de lixo orgânico etc., e então (geralmente) uma que é chamada de "resto" ou "lixo universal". Aqui, "resto" significa simplesmente algo que não pode ser claramente incluído em nenhuma outra categoria específica. No caso da sexualidade, "resto" significa algo mais radical: algo em que se torna visível o antagonismo ou impasse que atravessa o campo inteiro. Nesse sentido, no espaço da hierarquia social, aqueles que não se enquadram em nenhum posto específico são identificados como uma ameaça ao sistema – os judeus são um grande intruso no antissemitismo, e a fantasia do antissemitismo é que, se nós eliminarmos esse elemento, a hierarquia social harmoniosa será restabelecida. O antissemitismo funciona, portanto, de forma semelhante à transfobia: se eliminarmos os indivíduos trans, a diferença sexual harmoniosa com cada sexo no seu próprio lugar irá retornar – tanto o antissemitismo como o antitrans ignoram o fato de que o antagonismo permeia todo o campo. Nesse sentido, a "luta de classes" e a "diferença sexual" são de fato algo "assustador": no que diz respeito ao campo das relações sociais e tensões positivamente existentes entre grupos, ambas são um ponto de referência virtual/real que, sem existir como uma entidade positiva, existe (ou melhor, insiste) apenas nos seus efeitos, como uma força que dobra o espaço social.

Até agora, o politicamente correto ignorou principalmente o antagonismo de classe, concentrando-se no racismo, no sexismo, na homofobia, no fundamentalismo religioso etc. Agora, os defensores do politicamente correto incluem cada vez mais nessa série as diferenças de classe, de modo que temos cursos universitários (ou treinamento obrigatório) em "racismo, sexismo e classismo". No entanto, um olhar mais atento ao conteúdo do "classismo" deixa claro que esses cursos não tratam da realidade do antagonismo de classe, mas da descrição dos efeitos negativos das grandes diferenças de riqueza: os privilégios e a insensibilidade que a riqueza traz etc. (muitas pessoas ricas aceitam de bom grado essa lição e se engajam em caridade...). Não ouvimos muito sobre a estrutura básica do capitalismo que gera diferenças de classe, e sobre formas de superar ou pelo menos mudar radicalmente o capitalismo.

Uma teoria da ideologia também pode aprender algo com o paradoxo da tripla medição – tomemos como exemplo um feixe de luz não polarizada. Nós o passamos através de um polarizador que polarizará a luz apenas em uma direção, para cima (vertical). Depois passamos esse feixe de luz através de outro polarizador que está exatamente 90 graus em relação ao primeiro polarizador vertical (horizontal) – nada sai do outro lado, porquanto toda luz que vai atingi-lo está polarizada verticalmente e o segundo polarizador deixa passar apenas luz horizontalmente polarizada. Mas se pegarmos a mesma luz não polarizada, a passarmos através de um polarizador vertical, e então passarmos essa luz polarizada verticalmente através de um polarizador de 45 graus, alguma luz (não toda) atravessará; e se então passarmos essa luz restante através de um terceiro polarizador horizontal, novamente, alguma luz atravessará. Como/por que alguma luz polarizada verticalmente pode passar através do segundo polarizador (45 graus) se está toda verticalmente polarizada? Num paralelo claro, imaginemos polarizar a bagunça confusa de opiniões ideológico-políticas, usando um polarizador de esquerda horizontal e um de direita vertical: se o fizermos apenas em dois passos, nada passará, mas se acrescentarmos entre os dois um polarizador liberal de centro de 45 graus, será que uma parte passará? (Ou, talvez, se possa imaginar que algo passará mesmo se as opiniões forem polarizadas através de filtros de esquerda radical e de direita radical: os chamados elementos "totalitários" que ambos os espaços compartilham...)

Isso nos traz de volta à noção de contextualidade (a dependência de um resultado observável do contexto experimental, ou seja, da interação sistema-aparelho): *a ordem em que as medições são feitas é importante*. Os números na reta numérica obedecem ao princípio da transitividade: se A é maior do que B e B é maior do que C, então sabemos que A também é maior do que C. Mas embora essa propriedade intuitiva seja válida para números, ela não é verdadeira para tudo. Numa sociedade democrática, a "medição" assume a forma de uma votação, então digamos que os cidadãos estão votando sobre qual política transformar em lei, A, B ou C. Um eleitor gosta da política A, tem B como segunda opção, e não gosta da política C. Outro eleitor prefere a política B, depois a política C e depois a política A, e um terceiro eleitor prefere a política C, depois a política A e depois a política B. Numa votação entre a política A e a política B, A venceria, já que dois dos três eleitores preferem a política A à política B. Numa votação entre B e C, B vence, e numa votação entre A e C, C na verdade venceria, então a transitividade não se aplica aqui – A vence B, B vence C, mas C vence A. Isso cria um dilema interessante. Imaginemos que a política C fosse a política atual na nossa sociedade e que realizássemos uma votação quanto a mudarmos para a política A – com base nas preferências dos eleitores, não mudaríamos. Mas se primeiro votarmos para mudarmos para B, e depois votarmos para mudarmos para a política A, a nossa sociedade mudaria primeiro de C para B, e depois mudaria de B para A. E há o problema-chave da nossa democracia: a manipulação da agenda[266]. Digamos que C seja a ordem neoliberal hegemônica de hoje, B o seu suplemento populista e A uma alternativa de esquerda radical. Numa confrontação direta, C vence A, mas se C for primeiro substituído por B (populismo trumpiano), em reação a essa versão de B, A tem uma chance de vencer.

---

266. Resumido de YU, B. The mathematical danger of democratic Voting. *YouTube*, 2021. Disponível em: https://www.youtube.com/watch?v=go-Q4ii-zBMw. Acesso em: 17 jan. 2025.

O socialismo e o capitalismo enquanto sistemas são incompatíveis, mas a versão chinesa do socialismo baseia-se no pressuposto de que o par de economia planificada e economia de mercado não é incompatível (como afirmava o marxismo dogmático), elas podem ser combinadas de maneira frutuosa. Então peguemos o mercado e o meçamos juntamente com o socialismo e o capitalismo: teremos a cada vez um mercado diferente. Mais precisamente: se perguntarmos a uma pessoa apenas sobre o mercado, provavelmente obteremos uma resposta diferente da que se primeiro perguntarmos sobre o mercado depois de termos perguntado sobre o socialismo... Mas e quanto à democracia? Mais uma vez, se a medirmos ao longo do Socialismo, então obteremos uma resposta diferente da que obteríamos se a medíssemos ao longo do capitalismo.

No entanto, será que podemos considerar uma "democracia socialista" ainda uma democracia real? E será que a democracia parlamentar multipartidária ainda é compatível com o socialismo? O impasse que encontramos aqui é mais bem representado pela lacuna que separa a "democracia socialista" do "socialismo democrático": os regimes comunistas existentes afirmam (afirmavam) que desenvolveram a sua própria democracia socialista (superior à democracia "burguesa"), mas eles reagem com pânico e opressão se apenas invertermos os termos e demandarmos o "socialismo democrático" – isso é rejeitado como um regresso ao capitalismo... A principal característica que temos de ter em mente aqui é que a luta/antagonismo de classes não é uma megacaracterística fixa e substancial que domina todas as outras, as reduzindo à sua expressão social; a luta de classes é antes a agente da contextualidade última e irredutível de todas as outras lutas. O sistema parlamentar multipartidário existente não é suficientemente eficaz para lidar com as crises que nos assolam. Não deveríamos fetichizar a democracia parlamentar multipartidária – o que Friedrich Engels escreveu numa carta a August Bebel de 1884 ainda se mantém. Engels advertiu que "democracia pura" muitas vezes se torna slogan para uma reação contrarrevolucionária:

> No momento da revolução, a massa reacionária inteira agirá como se fosse democrata... Em todo o caso, no dia crucial e no dia seguinte, agirá como se fosse democrata[267].

Será que não acontece exatamente isso quando um movimento emancipatório no poder se torna demasiado radical? Será que o golpe contra Evo Morales na Bolívia – dentre muitos outros – não foi feito em nome da democracia? De certa forma, os críticos de Morales tinham razão: representavam a massa reacionária inteira que agora se redescobre como democrata... Toda a política de Lênin visava aguçar a situação até o ponto em que a própria "democracia" (no seu modo democrático-parlamentar) se tornasse irrelevante: é preciso fazer uma escolha – como Lênin o coloca, temos de levar as coisas a um ponto em que não haja uma terceira via entre o Czar e a Revolução. Será que nas semanas anteriores à queda de Allende no Chile a situação não era a mesma? Será que os jogos parlamentares se tornaram irrelevantes, que a situação se simplificou, que era o povo contra as velhas forças (que também evocavam a "democracia" no apoio ao golpe de Pinochet)? Nesse ponto, a complexidade dos múltiplos antagonismos é reduzida à luta de classes binária, e se a "democracia" (apropriada pelas velhas forças) vencer, perderemos os próprios ganhos democráticos, a velha corrupção retorna com força total. Essa difícil escolha dá à luz a eterna fantasia da esquerda liberal: o sonho de uma mudança social radical realizada de maneira pacífica, democrática e até multipartidária. Colin Jones termina o seu monumental *The Fall of Robespierre* [A queda de Robespierre], um relato minuto a minuto de 600 páginas do 9 Termidor que é basicamente muito crítico de Robespierre, com uma afirmação surpreendente de que

---

267. MARX, K.; ENGELS, F. *Collected Works*, vol. 47. Moscou: Progress, 1995. p. 23.

> em última análise, o "Terror" só foi derrubado pelo regime termidoriano que cunhou o termo. Ao esmagar o que chamaram de Terror, os termidorianos também destruíram muito da promessa democrática e das políticas sociais e econômicas progressistas que também caracterizaram o período do Governo Revolucionário antes do 9 Termidor. A máxima ironia foi que a pessoa que, no início da sua carreira, expressou a crença nesses valores de forma mais luminosa – e de uma forma que pode falar a todos nós – foi Maximilien Robespierre, o grande perdedor do 9 Termidor[268].

E Robespierre sabia perfeitamente o que o esperava: em uma reunião tarde da noite, horas antes de ser preso, finalizou o seu discurso com:

> O discurso que você ouviu é a minha última vontade e testamento. Vi hoje que a liga dos malfeitores é forte demais para que eu tenha esperança de escapar. É sem arrependimentos que sucumbo. ... E se eu sucumbir, bem, meus amigos, vocês me verão beber a cicuta com calma[269].

É assim que as figuras políticas autênticas agem e pensam. Quanto à alegada sede de terror e vingança de Robespierre, deve-se notar que ele odiava sobretudo Joseph Fouché (então um jacobino, mais tarde ministro da polícia de Napoleão que depois conspira para a queda desse último). A principal razão do seu ódio foi o uso excessivo de violência vingativa por Fouché para reprimir a revolta federalista e suas consequências: após a derrota da contrarrevolução em Lyon nos primeiros meses de 1794, Fouché ordenou 1.900 execuções, provocando a ira de Robespierre que determinou que ele fosse trazido imediatamente de volta a Paris[270]. Em suma, o verdadeiro objetivo dos dois últimos discursos de Robespierre na Convenção não foi fortalecer ainda mais o Terror, mas sim o diminuir, lentamente lhe pôr fim. Como é sabido, no seu último discurso ele ameaçou que a Con-

268. JONES, C. *The fall of Robespierre*. Oxford: Oxford University Press, 2021. p. 456.

269. Ibid., p. 53.

270. Ibid., p. 59.

venção deveria ser purgada de um grupo de traidores corruptos, e, quando foi repetidamente chamado a nomeá-los, recusou-se a fazê-lo – como sabemos agora, não para espalhar medo e culpa entre os membros (cada um deles com medo de estar na lista), mas porque os nomes a que ele visava eram em grande maioria do seu próprio grupo de montagnards. O objetivo de Robespierre não era espalhar medo entre os inimigos, mas restringir a necessidade de inimigos que levou os jacobinos ao Terror – em suma, ele queria conter o Terror a fim de se concentrar no máximo antagonismo social da França naquele momento: como salvar a república popular da ameaça de um ditador militar (uma ameaça claramente prevista por ele e por Saint-Just, e concretizada com a ascensão ao poder de Napoleão).

Essas complicações nos dão uma ideia de como o comunismo acabará por entrar em cena: não através de um simples processo eleitoral parlamentar, mas através de um estado de emergência imposto a nós por uma ameaça apocalíptica. As resistências contra essa radicalização são extremamente fortes, como podemos ver no mais recente exemplo ficcional da agente política feminina radical, Daenerys, na série televisiva *Game of Thrones*. A última luta entre os Starks e Daenerys é, em última análise, uma luta entre a tradicional "boa" nobreza (Starks) que protege fielmente os seus súditos dos maus tiranos, e Daenerys como um novo tipo de líder forte, um Robespierre feminino agindo em nome dos desfavorecidos. O que está em jogo no conflito final é, portanto, para colocá-lo de forma simples: deverá a revolta contra a tirania ser apenas uma luta pelo retorno da antiga versão mais gentil da mesma ordem hierárquica, ou deverá evoluir para a busca de uma nova ordem necessária? Mas e as explosões assassinas de Daenerys? Será que o assassinato implacável de milhares de pessoas comuns em Porto Real pode realmente ser justificado como um passo necessário para a liberdade universal? Se a sua resposta for NÃO, então você endossa a lição liberal-conservadora mais bem transmitida pelas palavras de Jon a Daenerys pouco antes de ele a matar:

> As pessoas que a seguem sabem que você fez algo impossível de acontecer. Talvez isso as ajude a acreditar que você pode fazer outras coisas impossíveis acontecerem: construir um mundo que seja diferente do mundo de merda que elas sempre conheceram. Mas se você usar dragões para derreter castelos e queimar cidades, você não é diferente. Você é apenas mais do mesmo.

No entanto, como observou Yuval Harari, exatamente o oposto é verdadeiro: após a liquidação de Daenerys, obtemos apenas mais do mesmo: "nas cenas finais da série, percebemos que absolutamente nada mudou. Depois de sete temporadas, inúmeras batalhas, milhões de mortos e inúmeras intervenções sobrenaturais, o sistema sociopolítico de Westeros permaneceu exatamente o mesmo, com um monte de aristocratas reunidos em conselho e discutindo como financiar marinhas e construir bordéis"[271]. Consequentemente, Jon mata por amor (salvando a mulher amaldiçoada de si mesma, como diz a velha fórmula machista) o único agente social da série que realmente lutou por algo novo, por um novo mundo que poria fim a velhas injustiças.

Portanto, não admira que o último episódio tenha sido bem recebido: a justiça prevaleceu – que tipo de justiça? Cada pessoa é alocada em seu devido lugar, Daenerys que perturbou a ordem estabelecida, morta e levada para a eternidade pelo seu último dragão. O novo rei é Bran: aleijado, onisciente, alguém que não quer nada – com a evocação da sabedoria insípida de que os melhores governantes são aqueles que não querem poder. Num desfecho supremamente politicamente correto, um aleijado agora governa ajudado por um anão e escolhido pela nova elite sábia cuja primeira preocupação é restabelecer os bordéis e a produção naval. Quando um dos ingênuos novos membros do conselho governante propõe uma seleção mais democrática, essa ideia é recebida com risos por parte da maioria... Será então que *Game of Thrones*

---

271. WIRED. *Game of Thrones*: A battle of reality versus fantasy. Disponível em: https://www.wired.com/story/game-of-thrones-a-battle-of-reality-versus-fantasy/. Acesso em: 17 jan. 2025.

não é novamente um bom exemplo de como, embora a principal luta seja a luta contra a ameaça externa – o Exército dos Mortos vindo de além da fronteira norte de Westeros –, no final o conflito é reduzido à luta de classes na própria Westeros?

Essa leitura contextualizada da luta de classes implica que, ao rejeitarmos o fundamentalismo religioso, não deveríamos apostar no liberalismo ocidental – como já vimos, o liberalismo mostra claramente a sua limitação fatídica, especialmente com a emergência hodierna do terceiro espaço de trocas digitais "livres". Então, voltando a Lênin, o que fazer numa situação tão complexa? Será que o marxismo ainda funciona? Sim – complementado com a psicanálise.

CONCLUSÃO
A NECESSIDADE DE PSICANÁLISE

Em 2022, a Cátedra Mitscherlich da Universidade de Frankfurt (a cátedra de psicanálise de maior prestígio na Alemanha) foi abolida: um novo convite à apresentação de candidaturas já não listava a psicanálise – isso deveria nos surpreender? Não, mas, mesmo assim, deveria nos enfurecer e fazer pensar. Esse cancelamento é uma consequência lógica da longa onda de aclamações triunfalistas de que a psicanálise está morta: com os novos avanços nas ciências do cérebro, ela é finalmente colocada onde sempre pertenceu, no quarto de despejo da busca obscurantista pré-científica por significados ocultos, ao lado de confessores religiosos e leitores de sonhos. Esse cancelamento é sustentado por um pacto silencioso entre o establishment psiquiátrico, as novas ciências do cérebro e o feminismo woke politicamente correto – todos eles rejeitam a psicanálise.

NEM SEXO BIOLÓGICO NEM GÊNERO CULTURAL

As terapias comportamentais combinadas com medicamentos ignoram o contexto social dos problemas psíquicos – para elas, o objetivo da terapia é apenas curar o sintoma, trazendo o indivíduo de volta ao funcionamento social "normal". Da mesma forma que um carro quebrado deve ser consertado rapidamente, um indivíduo quebrado deve ser reintegrado à vida social, e a psicanálise não é suficientemente eficiente, perdendo tempo com as investigações sobre as raízes sociais e psíquicas de uma patologia. Aonde essa abordagem nos levou? Como Ivan Illich demonstrou de forma convincente, os próprios procedimentos médicos e medicamentos sempre novos mudam o escopo do que experienciamos como o domínio das nossas vidas que pode ser tratado por práticas médicas –

numa extrapolação *ad absurdum*, toda a nossa vida, inclusive a nossa morte, torna-se uma experiência estressante a ser curada. Não é de admirar que hoje, nos Estados Unidos, cerca de 80% da chamada classe intelectual (professores e estudantes, jornalistas, pesquisadores...) consuma psicotrópicos, desde modestos tranquilizantes como o Xanax até o ópio ou a cocaína – toma-se drogas para se acalmar e depois toma-se drogas para se revitalizar... É cada vez mais como se não conseguíssemos encontrar o equilíbrio de uma vida normal sem um forte apoio das drogas.

Essa abordagem comportamental e quimioterapêutica baseia-se em novas ciências do cérebro que fundamentam diretamente a nossa experiência interior em processos neurobiológicos, não deixando espaço aberto para o Inconsciente freudiano. E embora os LGBT+ e os novos feministas rejeitem tal abordagem, também rejeitam a psicanálise que é, como gostam de repetir, praticada principalmente por "velhos homens brancos". Contudo, o arcabouço conceitual dentro do qual operam – "sim significa sim", consentimento mútuo – baseia-se numa noção de sujeito decididamente pré-freudiana: supõe-se que os indivíduos saibam o que realmente querem. Os fenômenos patológicos surgem da opressão social externa, e os indivíduos devem simplesmente se livrar dessa opressão a fim de recuperar a capacidade de realizar os seus desejos sexuais mais íntimos. Não há lugar aqui para a noção freudiana do sujeito dividido, para a inconsistência imanente dos nossos desejos (não sabemos o que queremos, muitas vezes desejamos realmente o que não queremos, encontramos prazer no sofrimento e na auto-humilhação).

No § 29 da sua *Minima Moralia*, Adorno propôs uma afirmação que o torna totalmente incompatível com a ideologia woke de hoje: "Primeiro e único princípio da ética sexual: o acusador está sempre errado". Ele prossegue explicando: "O que é meramente idêntico a si mesmo é desprovido de felicidade"[272]. A afirmação de Adorno é dirigida contra (o que chamamos hoje de) a política identitária, bem como contra o sexo como ato de troca entre egos autoidênticos cuja interação é baseada no consentimento mútuo – ou, como Antonia Hofstätter formulou numa leitura corajosa e brilhante: "Cada 'eu o acuso' arrasta para a esfera da sexualidade as expectativas e direitos dos consumidores conscienciosos e dos cidadãos que conhecem os seus direitos". É por isso que a afirmação de Adorno "toma o seu impulso não na demanda ubíqua por 'segurança' que ecoa pelos campi de Berlim a Boston, mas numa utopia sexual na qual as relações de poder são alienadas da sua força cicatrizante". O sexo, por definição, não é seguro, envolve expor-se à perda de identidade:

> A fraca luz da ambiguidade que alimenta a linha ultrajante de Adorno é inseparável da sua promessa: a promessa de uma riqueza – por mais turva e repulsiva que seja – que existe para além da vida consciente do sujeito, uma riqueza da qual, no entanto, ele participa[273].

Não se deve ter medo de tirar a conclusão última desses insights: o sexo seguro e controlado politicamente correto é um sexo dessexualizado, para colocar na série com café descafeinado e comunicação com outros que estão privados do abismo da Outridade. A rejeição do PC a afirmações como a de Adorno rejeita precisamente a sua "fraca luz de ambiguidade", que é considerada uma ameaça à interação inequívoca em que sim significa sim e não quer dizer não: recusa-se a envolver-se na "promessa de riqueza" e está satisfeita com a leitura direta da afirmação de Adorno que a reduz à proibição do direito da vítima de acusar o agressor. Adorno é, obviamente, ridiculamente parcial: uma mulher que tenha sido brutalmente estuprada não deve acusar o seu

272. ADORNO, T.W. *Minima Moralia: reflections from damaged life.* Londres: Verso Books, 2020.

273. HOFSTÄTTER, A. J'Accuse. *Krisis | Journal for Contemporary Philosophy*, 2021. Disponível em: https://krisis.eu/. Acesso em: 17 jan. 2025.

agressor? Estamos lidando aqui não com uma indefinição extática transgressiva de fronteiras, mas com uma simples brutalidade direta: o estuprador obtém um mais-gozar do fato de que a sua vítima está aterrorizada pelo seu ato... No entanto, devemos permanecer abertos à "fraca luz da ambiguidade" que concerne à linguagem como um laço social: não existe metalinguagem, especialmente no domínio da sexualidade, o que significa que toda rejeição ou condenação de um ato sexual, por mais clara e inequívoca que soe, está, em princípio, aberta à possibilidade de se tornar sexualmente investida, dando origem ao seu próprio mais-gozar. Por mais inaceitável que possa soar no jargão politicamente correto, até mesmo um estupro brutal que não faça parte de qualquer contrato sadomasoquista pode ser perversamente gozado de uma forma desmentida pela sua vítima. Para evitar um mal-entendido fatal: esse fato não só não justifica o estupro (no sentido de "ela realmente o queria"), como torna o estupro ainda mais aterrorizante, uma vez que abre caminho para a autodestruição psíquica da vítima – assumir abertamente esse gozo-em-ser-estuprada arruína a consistência subjetiva básica da vítima.

A recente controvérsia sobre o uso dos chamados bloqueadores da puberdade concerne a outro aspecto dessa mesma "fraca luz da ambiguidade". Os bloqueadores da puberdade suprimem os hormônios e, dessa forma, interrompem o desenvolvimento das características sexuais da criança. São dados a jovens entre nove e dezesseis anos que ainda estejam determinando a sua identidade sexual, e o raciocínio que sustenta essa medida é bastante simples: existe o perigo de que as pessoas que ainda estão determinando a sua identidade sexual façam uma escolha forçada sob a pressão do seu ambiente e assim reprimam a sua verdadeira inclinação (ser trans, principalmente). Assim, uma vez que em plena puberdade nós geralmente já adotamos uma identidade sexual definida, as pessoas deveriam receber bloqueadores da puberdade para adiar a sua entrada na puberdade e assim lhes dar mais tempo para refletir sobre a sua identidade sexual e para serem compelidas a decidir sobre ela um par de anos mais tarde, quando estiverem maduras o bastante para fazer a escolha certa...

Mas foi divulgado que medicamentos capazes de mudar a vida foram administrados a jovens autistas e problemáticos que podem ter sido mal diagnosticados como inseguros quanto ao seu sexo. Tratamentos que alteram a vida estavam sendo administrados às crianças antes que elas tivessem idade suficiente para saber se queriam fazer a transição médica, ou, como disse um dos críticos: "Uma criança que experimente disforia de gênero precisa de tempo e apoio – não para ser submetida a um tratamento médico do qual poderá se arrepender mais tarde". O paradoxo é claro: os bloqueadores da puberdade foram administrados para permitir que os jovens atingissem a maturidade e decidissem livremente sobre a sua identidade sexual, mas os bloqueadores da puberdade podem causar inúmeras outras patologias físicas e psíquicas, e ninguém perguntou aos jovens se estavam preparados para receber drogas com tais consequências. – ou, como Hilary Cass escreveu:

> Não compreendemos completamente o papel dos hormônios sexuais dos adolescentes na condução do desenvolvimento da sexualidade e da identidade de gênero ao longo dos primeiros anos da adolescência, de modo que, por extensão, não podemos ter certeza do impacto da interrupção desses surtos hormonais na maturação psicossexual e de gênero. Não temos, portanto, nenhuma forma de saber se, em vez de ganhar tempo para tomar uma decisão, os bloqueadores da puberdade podem perturbar esse processo de tomada de decisão. A maturação cerebral pode ser interrompida temporária ou permanentemente pelos bloqueadores da puberdade, o que pode ter um impacto significativo na capacidade de tomar decisões complexas e carregadas de riscos, bem como possíveis consequências neuropsicológicas a longo prazo[274].

---

274. TELEGRAPH. NHS faces crackdown on giving puberty blockers to children as Tavistock clinic is shut down. Disponível em: https://www.telegraph.co.uk. Acesso em: 17 jan. 2025; GUARDIAN. Appeal court overturns UK puberty blockers ruling for under-16s. Disponível em: https://www.theguardian.com. Acesso em: 17 jan. 2025.

Deveríamos dar um passo adiante nessa crítica e problematizar a própria afirmação básica de que chegar à identidade sexual é uma questão de livre escolha madura: não há nada de "anormal" nas confusões sexuais, o que chamamos de "maturação sexual" é um processo longo, complexo e principalmente inconsciente, cheio de tensões e reversões violentas, não um processo de descoberta do que alguém realmente é nas profundezas da sua psique. Freud e Lacan superam assim a oposição entre sexo biológico e gênero cultural: para os dois, não há nada de "natural" mesmo no fato de, digamos, eu, como homem biológico, assumir o ser-masculino como a minha identidade psicossimbólica. Um homem (biológico) tornando-se um homem (psicossocial) é um processo não menos violento e "antinatural" do que um homem (biológico) tornando-se uma mulher (psicossocial). Além disso, tais tensões violentas não são, evidentemente, apenas fatos da vida psíquica interior – elas estão inseridas em antagonismos que atravessam todo o corpo social.

Os ativistas trans afirmam que a identidade de gênero não é biológica, mas um fato contingente socialmente construído, uma questão de escolha social; no entanto, quando se opõem à opressão patriarcal, à imposição da sexualidade binária, eles invocam o fato cru de como um indivíduo SE SENTE, a sua autoexperiência imediata (basta para um homem que queira se tornar mulher apenas afirmar "nasci no corpo errado"), o que não é novamente apresentado como algo historicamente mediado. Aqui, os TERFs que insistem que uma mulher trans não deve ser simplesmente aceita como uma mulher têm razão: o que aqueles que afirmam que uma mulher trans é uma mulher *tout court* tendem a ignorar é a lição básica do materialismo. Nas nossas sociedades, ser uma mulher não é apenas um fato de sentimento interior, reside num conjunto de práticas sociais materiais (as mulheres dão à luz, menstruam, passam pela menopausa...), e a submissão das mulheres se refere a todas essas práticas. (Oferece-se aqui uma homologia com a ideia de Althusser de que a ideologia não é apenas uma visão de mundo, mas algo incorporado numa rede complexa de aparatos, costumes e práticas ideológicos.) ... A conclusão de *Barbie* de Greta Gerwig deve ser lida nesse sentido: na nossa realidade à qual Barbie volta novamente, ela marca a sua primeira consulta com um ginecologista. Por essa mesma razão considero problemática a seguinte posição:

> Cônjuges que se recusem a financiar a cirurgia de gênero do seu parceiro podem ser agressores domésticos, diz o Crown Prosecution Service (CPS) numa nova orientação. Isso inclui a "retenção de dinheiro para a transição", o que incluiria a recusa de qualquer dos cônjuges em pagar por uma cirurgia, aconselhamento ou outro tratamento de gênero de uma forma que equivalesse a controle coercivo ou abuso. Outros comportamentos poderiam ser "criticar a vítima por não ser 'um verdadeiro homem/mulher' se não tiver se submetido a uma cirurgia de redesignação", ou "ameaçar ou compartilhar imagens pré-transição", ou recusar-se a usar o seu nome ou pronome preferido[275].

Então, o que acontece se eu for, digamos, uma mulher casada com um homem que, desde que decidiu se identificar como mulher, quer fazer uma cirurgia de gênero para se tornar também uma mulher biológica? Será que isso não afeta de alguma forma as minhas obrigações conjugais? Casei-me com ESSE homem, não com uma pessoa a quem estou obrigada mesmo que ele/ela mude de identidade sexual.

Em seu volume IV (publicado postumamente) de *História da Sexualidade*, Michel Foucault menciona uma peculiaridade dos corpos das hienas já observada por Aristóteles: uma protuberância de carne que traça uma forma abaixo da cauda muito semelhante ao sexo feminino; entretanto, essa cavidade não se abre em nenhum canal que conduza ao útero ou ao intestino. Foucault concentra-se então na interpretação dessa peculiaridade proposta por Clemente de Alexandria: em contraste com

275. MSN. Refusing to fund a spouse or partner's gender transition could be domestic abuse, says CPS. Disponível em: https://www.msn.com/en-us/news/world/refusing-to-fund-a-spouse-or-partners-gender-transition-could-be-domestic-abuse-says-cps. Acesso em: 17 jan. 2025.

Aristóteles, que vê essa protuberância como uma característica contingente sem qualquer significado espiritual mais profundo, Clemente insiste que a protuberância semelhante a uma vagina é

> absolutamente semelhante a uma falha moral encontrada nos homens: a lascívia. E é tendo em conta esse defeito que a "natureza" elaborou uma cavidade suplementar nesses animais para eles usarem nas suas investidas igualmente suplementares. Em suma, à propensão natural "excessiva" para o prazer que caracteriza a hiena, a natureza respondeu com uma anatomia excessiva que permite relações "excessivas"[276].

O que imediatamente chama a atenção é o papel ambíguo da "natureza" na linha de argumentação de Clemente: a lascívia não é natural, mas, mesmo assim, a natureza tem o cuidado de prover partes do corpo excessivas/inúteis cuja única função é satisfazer necessidades lascivas... Tal "hermenêutica" que lê aberrações da realidade corporal como expressão de posturas espirituais corrompidas, tal correspondência entre o interior psíquico e o exterior corporal, deve ser completamente rejeitada. A ideologia trans está certa aqui: não há nenhuma correlação "natural" entre os desejos sexuais psíquicos e a realidade corporal biologicamente determinada. O que falta é o fato de que *a sexualidade enquanto tal é "trans"* – em que sentido preciso? A definição mais consistente de transexualidade é que um sujeito vai além da sua identidade sexual biologicamente determinada: se você é biologicamente um homem, você é "trans" se não assumir subjetivamente essa identidade, mas buscar uma identidade diferente. Os homens cis são, portanto, em certo sentido, ontologicamente preguiçosos: eles apenas assumem passivamente o que são biologicamente. O contraponto de Lacan é que mesmo homens ou mulheres cis também são trans: eles têm que trabalhar duro, passar por um processo cheio de cortes traumáticos, para chegar à sua identidade sexual que parece ser apenas algo biologicamente dado.

---

276. FOUCAULT, M. *Confessions of the flesh*. Nova York: Pantheon Books, 2021, p. 42.

A oposição abstrata (no sentido hegeliano estrito do termo) entre o determinismo biológico e a ideologia trans, que reduz a identidade sexual a uma decisão livre baseada em "como me sinto", atinge um extremo em acidentes como aquele sobre o qual uma conhecida diretora de teatro esloveno, ativa principalmente na Alemanha, me contou. Enquanto a diretora ensaiava uma nova peça todos os dias durante duas semanas (num grande teatro nacional), tentando ser respeitosa, perguntou aos atores como deveriam ser chamados ("elu", "ele", "ela"...), a resposta que ela obteve de TODOS eles é que não podem dizer agora como vão se experimentar nos próximos dias, então ela deveria lhes perguntar no início de cada novo dia como eles se sentem em relação à sua identidade sexual naquele momento – e muitos deles efetivamente deram respostas diferentes em dias diferentes...

E quanto à censura de que a psicanálise é patriarcal, concentrando-se no complexo de Édipo e no caminho para a heterossexualidade "normal"? Aqui os críticos também não entendem: para Freud, a heterossexualidade "normal" não está inscrita na nossa natureza, mas é um (possível) resultado da superação gradual da sexualidade infantil – e nunca deixamos realmente a sexualidade infantil para trás, e é por isso que mesmo a nossa eventual heterossexualidade "normal" tem de ser sustentada por fantasias que se originam na sexualidade infantil. Os críticos da psicanálise veem a heterossexualidade patriarcal, a sua ordem binária com papéis sexuais fixos, como o resultado de uma imposição social estranha à nossa sexualidade plural livre – mas para Freud, a sexualidade infantil não é um paraíso perdido, ela é em si cheia de tensões e de voltas autodestrutivas.

Então será que Freud era "patriarcal"? Pelo contrário: ele deixa claro que a ascensão da psicanálise como teoria e prática é o resultado do processo do declínio gradual da autoridade paterna – a ideia de que Freud se enquadra na era patriarcal vitoriana é um equívoco ridículo. Mas há um ponto importante a ser destacado aqui: já estava claro para Freud que o declínio da autoridade paterna é um processo ambíguo: o pai, como uma figura de autoridade moral, permite à criança adotar uma postura de autonomia moral ao resistir à pressão dos seus pares e do ambiente social corrompido. Seguindo Freud, no seu estudo sobre autoridade e família escrito na década de 1930, Max Horkheimer defendeu o mesmo ponto, enquanto, no mesmo espírito, Adorno apontou que Hitler não é uma figura paterna. E no seu clássico *Auf dem Weg zur vaterlosen Gesellschaft* (1963), Alexander Mitscherlich (cuja cadeira foi agora abolida) analisa em detalhes o processo da perda da autoridade paterna e como dá origem a novas formas de dominação. Isso leva-nos de volta ao ateísmo cristão, que assume plenamente que o pai está morto (Deus Pai, e não apenas o Filho, morreu na cruz), e simultaneamente evita a armadilha da permissividade individualista: após a morte do pai, emerge um novo coletivo emancipatório cujo nome é Espírito Santo. Hoje, quando a necessidade de um coletivo político engajado é mais imprescindível do que nunca, a escolha é entre o novo populismo de direita e um Espírito Santo reinventado. Para colocá-lo em termos brutais, a força anticristã definitiva hoje não é o individualismo hedonista, mas o próprio fundamentalismo cristão direitista. Há mais Espírito Santo na insurreição militante de esquerda, por mais violenta que seja, do que em qualquer coletivo direitista obcecado por salvar o nosso modo de vida.

Outra lição dessas ideias é que a psicanálise mina a simples oposição entre os nossos impulsos sexuais e a sua opressão: ela afirma a mistura inextricável desses dois níveis. O tema do sexismo e do racismo não é, portanto, de alguma forma secundário, de modo que deveríamos mudar o foco para a economia "real", como alguns críticos esquerdistas do wokeísmo parecem sugerir. Adrian Johnston[277] formulou aqui a ideia-chave – a sua premissa básica vai contra a ideia freudo-marxista padrão de

277. Cf. o monumental JOHNSTON, A. *Infinite greed*. Manuscrito não publicado.

que a explicação das características subjetivas dos indivíduos que vivem no capitalismo de hoje (Por que milhões de pessoas agem e votam contra os seus interesses óbvios? Por que podem ser mobilizadas para lutas nacionalistas, religiosas e militares que representam uma ameaça às suas próprias vidas?) nos termos da determinação pela base econômica é insuficiente – para explicar tais fenômenos, a análise econômica marxista tem de ser complementada por uma investigação psicanalítica sobre investimentos libidinais coletivos. Embora Johnston concorde que o marxismo precisa da psicanálise, ele argumenta de forma convincente que esses mecanismos libidinais inconscientes estão em ação *já no próprio coração da "base econômica"*: basta ler Marx atentamente para ver que os indivíduos apanhados na reprodução capitalista não seguem realmente os seus interesses egoístas – eles agem como os instrumentos da pulsão do capital a uma reprodução sempre em expansão, dispostos a renunciar a muitos prazeres da vida:

> Talvez deva ser creditado a Marx não apenas a invenção do conceito psicanalítico do sintoma *avant la lettre*, como Lacan propõe, mas também a invenção da ideia analítica da pulsão antes de Freud.

Johnston, é claro, não ignora a complexidade da interação entre a reprodução do capital e a vida subjetiva dos agentes do capital, que também são "sujeitos psíquicos de gozos que têm a ver com ganhos secundários sociossimbólicos exalados da pura acumulação de capital" – basta pensar na estima conquistada pelas instituições de caridade dos ultrarricos senhores neofeudais de hoje... Mas onde entra aqui a teologia? Para Marx, o fetichismo da mercadoria não é simplesmente uma ilusão subjetiva, mas uma ilusão "objetiva", uma ilusão inscrita nos próprios fatos (realidade social). Recordemos a famosa primeira frase da seção 4 ("O fetichismo da mercadoria e o seu segredo") do capítulo 1 de *O Capital*:

> Uma mercadoria parece, *à primeira vista*, uma coisa muito trivial, e facilmente entendida. A sua análise mostra que se trata,

> *na realidade*, de uma coisa muito queer [estranha], repleta de sutilezas metafísicas e minúcias teológicas[278].

O que quero afirmar é que essa tradução inglesa, embora não exata, é em certo sentido melhor do que o original alemão: "*Eine Ware scheint auf den ersten Blick ein selbstverständliches, triviales Ding. Ihre Analyse ergibt, dass sie ein sehr vertracktes Ding ist, voll metaphysischer Spitzfindigkeit und theologischer Mucken*"[279]. No original, a segunda frase apenas afirma que "sua análise mostra" o que é (em oposição à "primeira vista"), enquanto a tradução inglesa acrescenta "na realidade", colocando assim o caráter "queer" da mercadoria (pense na conotação hodierna dessa palavra!), as suas "sutilezas metafísicas e minúcias teológicas", na própria realidade (social). Kojin Karatani[280] está, portanto, certo ao vincular essa passagem ao ponto de partida da crítica marxista, as famosas linhas de 1843 sobre como "a crítica da religião é a premissa de toda crítica"[281]: com ela, o círculo é de certa forma fechado sobre si mesmo, isto é, no fundo mesmo da crítica da vida real (do processo econômico), encontramos novamente a dimensão teológica inscrita na própria realidade social. Karatani refere-se aqui à noção freudiana de pulsão (Trieb) em oposição à multitude de desejos humanos: o capitalismo está fundamentado no Real de uma certa pulsão impessoal quase teológica, a pulsão de reproduzir e crescer, de expandir e acumular lucro. O que Marx chamou de revolução é, portanto, na sua forma mais radical, uma revolução teológica, uma mudança naquilo que (erroneamente) percebemos como natureza humana.

---

278. MARX. Karl. *Capital*: Volume I. Nova York: International Publishers 1967, p. 163.

279. Idem. *Das Kapital*: Volume 1. 1890. Disponível em: https://www.libertyfund.org/title/marx-das-kapital-buch-1. Acesso em: 17 jan. 2025

280. Cf. KARATANI, K. *Transcritique*: On Kant and Marx. Cambridge (Ma): MIT Press, 2003.

281. MARX, K. A Contribution to the Critique of Hegel's Philosophy of Law: Introduction. In: *Collected Works*, Vol. 3. Nova York: International Publishers, 1970. p. 175.

ESMAGADORES DE TESTÍCULOS, ANTES E AGORA

Será que já não estamos testemunhando tal mudança? Anos atrás, quando eu estava lendo um texto sobre como os nazistas torturavam prisioneiros nos campos de concentração, fiquei bastante traumatizado quando descobri que eles usavam esmagadores de testículos fabricados industrialmente para causar uma dor insuportável. Agora descobri que esse mesmo produto, primorosamente fabricado (dois pequenos recipientes de metal conectados por uma corrente que parece algo que você efetivamente usaria para quebrar uma casca de noz, com múltiplos orifícios para agulhas para empurrá-las profundamente no seu testículo), é um de uma série de coisas semelhantes que se pode comprar na web[282] – como diz o anúncio, "escolha o seu veneno por prazer neste grupo de tortura de bola": TRITURADOR DE BOLA DE AÇO INOXIDÁVEL, DISPOSITIVO DE TORTURA BRAÇADEIRA DE BOLA INOXIDÁVEL, BRINQUEDO DE TORTURA VÍCIO DE PAU BRUTAL, BOLA DE TORTURA HARDCORE INOXIDÁVEL... Então, se você deitar na cama com seu parceiro, melancólico e cansado da vida,

> é a hora certa. As nozes do seu escravizado estão maduras para serem esmagadas! Chegou o momento que você estava esperando: encontrar a ferramenta certa para brutalizar suas bolas! O dispositivo de tortura braçadeira de bola inoxidável pode ser o melhor esmagador de testículos, dadas as suas características brutais e malvadas[283].

Bem-vindo ao admirável mundo novo da permissividade! Se imaginarmos uma cena de dois homens jogando um jogo sexual com esmagadores de bolas, é claro que nos deparamos imediatamente com situações ambíguas, pelo menos. Digamos que eu entre por engano numa sala onde dois homens estejam jogando esse jogo, e uma vez que (com toda probabilidade) um deles está

---

282. Cf. LOVEGASM. *Cock and ball crushers*. Disponível em: https://lovegasm.co/collections/cock-and-ball-crushers. Acesso em: 17 jan. 2025.
283. Ibid.

gemendo e chorando por causa da dor, eu interpretei mal a situação como uma verdadeira tortura e pulei para atacar o cara ativo... Se eu ignorar a situação e simplesmente passar, ignoro a possibilidade de que *tenha sido* uma verdadeira tortura. Então, devo abordar os dois caras e lhes perguntar educadamente: "O que vocês estão fazendo é realmente consensual?" – uma coisa bastante idiota de se fazer. Mas vamos dar um passo adiante e imaginar que um homem esteja fazendo algo semelhante a uma mulher, a torturando consensualmente? Na nossa situação politicamente correta, muitos de nós presumiríamos automaticamente que a sua atividade não é consensual, e se for, que a mulher internalizou a repressão masculina, se identificando com o inimigo. A confusão aqui é irredutível: infelizmente, há homens *e* mulheres que autenticamente gozam (um certo grau de) tortura que seja atuada como não consensual. Além disso, deveríamos recordar o ritual obsessivo de atuar uma punição para sinalizar a presença de um desejo punido pela forma específica da dor infligida – digamos que, numa cultura em que a violação seja punida com flagelação, alguém peça a um vizinho para o açoitar brutalmente – não há nenhum masoquismo profundo em ação aqui, ser açoitado simplesmente sinaliza meu desejo de estuprar uma mulher.

A passagem do esmagador de bolas usado para torturar prisioneiros nos campos de concentração nazistas para o esmagador de bolas que você pode comprar por pouco mais de US$ 200 para jogar jogos eróticos sadomasoquistas será, sem dúvida, celebrada como um sinal de progresso histórico, o mesmo progresso que nos faz purificar obras de arte clássicas, purificadas do conteúdo que possa ferir alguém – no nível dos prazeres corporais, podemos nos torturar consensualmente, mas não no nível das palavras... Aí reside a grande questão que nos incomoda hoje que é: por que a postura permissiva em relação ao prazer sexual acarreta impotência e frigidez? Por que, quando o prazer é prescrito por uma figura do superego, estamos privados dele? Por que, nessas condições, a única forma de gozar é através da dor?

Aqui Freud entra em cena. Em 28 de maio de 1922, ele escreveu uma carta ao psicanalista de Trieste, Edoardo Weiss, que havia escrito a Freud pedindo seu conselho sobre o tratamento de dois clientes que sofriam de impotência. O primeiro era um italiano altamente culto, de cerca de quarenta anos de idade, cuja esposa havia cometido suicídio alguns anos antes, após um período de depressão; antes disso, ele era capaz de ter atividade sexual adequada. O segundo paciente, um esloveno de cerca de vinte anos de idade, foi descrito por Weiss como uma pessoa totalmente imoral e enganadora: tentou enganar a todos e até mesmo inventou um método para lucrar com a psicanálise (seu pai pagou pela terapia, mas ele disse ao pai que as sessões custavam muito mais do que realmente custavam e ele embolsou a diferença). Há um estranho paradoxo com esse deplorável esloveno: ele era um vigarista, um mentiroso, uma fraude, fora do alcance da lei moral e da Lei do Pai, *e* era completamente impotente – para citar Mladen Dolar, "a transgressão de todas as leis éticas e sociais não levou ao prazer desenfreado, mas à sua proibição – quanto mais tudo é permitido, mais é proibido"[284].

O conselho de Freud a Weiss foi simples: o primeiro paciente justificava tratamento psicanalítico, pois era um homem de costumes e cultura elevados que simplesmente precisava superar o trauma do suicídio da sua esposa; o segundo caso, "o esloveno, é obviamente um imprestável que não justifica os seus esforços. A nossa arte analítica falha quando nos deparamos com tais pessoas, a nossa perspicácia por si só não consegue romper a relação dinâmica que as controla"[285]. Note a resposta contraditória de Freud concernente a esse esloveno: Freud inicialmente o rejeita devido

284. DOLAR, M. Freud, Slovenia, and the origins of right-wing populism. *e-flux*, 23 nov. 2022. Disponível em: https://www.e-flux.com/notes/505443/freud-slovenia-and-the-origins-of-right-wing-populism. Acesso em: 17 jan. 2025.

285. ROAZEN, P. *Edoardo Weiss*: The house that Freud built. Nova York: Routledge, 2005. p. 98.

à sua imoralidade e superficialidade simples, depois ele o rejeita porque o seu problema está além do âmbito da psicanálise, então a sua rejeição não tem nada a ver com imoralidade ou ética – sua impotência é simplesmente inanalisável. O significado da impotência do esloveno está além de Freud, ao contrário do primeiro caso em que Freud nota a causa como obediência excessiva, remorso ou culpa. O paradoxo do esloveno é que ele parece não ter boas razões para ser impotente, pois é completamente imoral e sem consciência, portanto livre da ética que proíbe o gozo, no entanto esse esloveno é completamente incapaz de gozo sexual, enquanto o paciente italiano foi pelo menos capaz de ter relações sexuais com prostitutas – para citar David Claxton:

> Freud foi claramente incapaz de compreender a causa ou a verdade da impotência desse esloveno, e a agressividade da sua resposta sugere a sua resistência ativa a esse exemplo de uma proibição que está além da sua concepção de moralidade e do superego. Se o esloveno não tem moral e, portanto, não tem superego, por que é que ele está ainda mais proibido de gozar do que o italiano culto? Como pode haver uma proibição do gozo além do superego, ou, em outras palavras, como pode haver uma proibição na ausência da lei do superego?[286]

Essas questões foram resolvidas quando Lacan introduziu uma clara distinção entre a Lei moral e o superego, distinção obscurecida por Freud[287]. Lacan mostrou convincentemente que há uma confusão em Freud: o título do terceiro capítulo de *O ego e o id* é "O ego e o superego (ego ideal)", portanto Freud tende a usar esses dois termos como sinônimos (concebendo o ego ideal como um precursor do superego). A premissa do esclarecimento de Lacan é a equação entre *jouissance* e superego: gozar não é uma questão de seguir as próprias tendências espontâneas; é antes algo que fazemos como uma espécie de dever ético estra-

---

286. EN(d)JOY! The super-ego & its relation to enjoyment (dbs.ie).

287. Desenvolvi a lógica do superego com muito mais detalhes no Capítulo III do meu *Surplus-enjoyment*. Londres: Bloomsbury, 2022 [*Mais-gozar.* Petrópolis, RJ: Vozes, 2024].

nho e distorcido. O superego é real, a agência cruel e insaciável que me bombardeia com demandas impossíveis e que zomba das minhas tentativas fracassadas de atendê-las, a agência aos olhos da qual sou tanto mais culpado quanto mais tento suprimir meus esforços "pecaminosos" e atender às suas demandas. O velho e cínico lema estalinista sobre os acusados nos julgamentos-espetáculo que professavam sua inocência ("quanto mais são inocentes, mais merecem ser fuzilados") é o superego no seu estado mais puro. Então, para Lacan, o superego "não tem nada a ver com a consciência moral no que concerne às suas demandas mais obrigatórias"[288]: o superego é, pelo contrário, a agência antiética, a estigmatização da nossa traição ética[289].

Voltando ao exemplo de Weiss: o italiano era impotente devido à pressão da Lei moral, enquanto o esloveno era impotente devido à pressão do superego. O esloveno impotente de Trieste estava, portanto, um século inteiro à frente do seu tempo: ele aponta para o impasse básico da cultura hodierna de permissividade, tolerância e diversidade. O seu resultado é que a proibição e a regulação são universalizadas: para garantir que os nossos prazeres não serão obstruídos, somos bombardeados por redes cada vez mais intrincadas de censura e cancelamentos. Freud claramente previu isso. Numa das suas cartas a Fliess, Freud relatou a sua visita às cavernas de Škocjan, no sul da Eslovênia, perto da fronteira italiana:

> As Grutas de Škocjan, que vimos à tarde, são um horrível milagre da natureza, um rio subterrâneo que corre através de magníficos saltos, cascatas, formações de estalactites, escuridão total e caminhos escorregadios protegidos por grades de ferro. Eram o próprio Tártaro. Se Dante viu algo assim, não precisou de grande esforço de imaginação para o seu inferno[290].

---

288. LACAN, J. *Ethics of Psychoanalysis*. Nova York: Norton 1997. p. 310.

289. Desenvolvi essas distinções no meu livro *How to read Lacan*. Londres: Granta, 2006.

290. FREUD, S. *The complete letters of Sigmund Freud to Wilhelm Fliess 1887-1904*. Cambridge (Ma): Belknap, 1985. p. 309.

E o que Freud encontrou no final dessa descida, no fundo do inferno esloveno? A sua carta a Fliess continua: "Ao mesmo tempo, o mestre de Viena, Herr Dr. Karl Lueger, estava conosco na caverna, que depois de três horas e meia nos vomitou novamente na luz"[291]. Então, no fundo do inferno, Freud encontrou o prefeito de Viena, o "Mestre de Viena", um dos políticos mais influentes naquela parte do mundo na época, um líder populista muito popular e famoso pelo seu flagrante antissemitismo, idolatrado pelo jovem Hitler[292]. A lição desse encontro no inferno é antijunguiana: quando descemos ao fundo do nosso Inconsciente, o que nos espera não é a verdade mais profunda sobre a nossa personalidade, mas o que Freud chamou de Mentira fundamental; não encontramos ali o puro fluxo da libido ou seus arquétipos eternos, livres da opressão da autoridade paterna e da lógica "binária", mas o anverso da autoridade, figuras de autoridade obscena do superego que nos ordena a gozar e, assim, sabota a nossa capacidade de gozar muito mais eficientemente do que a Lei patriarcal. Às vezes não há nada de libertador em trazer à luz os segredos obscenos do nosso inconsciente – o que encontramos ali são proibições e injunções muito mais brutais do que a Lei paterna.

MANIPUR NÃO ESTÁ APENAS NA ÍNDIA

Tomemos um caso terrível que ocorreu em maio de 2023 na Índia. Para um europeu ocidental com um vago conhecimento de italiano, "Manipur" se associa automaticamente a "mani pulite" (mãos puras), a grande campanha anticorrupção do início da década de 1990 que mudou todo o cenário político italiano e terminou com a ascensão de Berlusconi ao poder.

Em Manipur, um pequeno estado indiano que faz fronteira com Mianmar, a violência étnica aproxima-se agora de uma guer-

291. Ibid.

292. Cf. DOLAR, M. Freud, Slovenia, and the origins of right-wing populism. Op. cit.

ra civil: os seus dois maiores grupos, a maioria meitei e a minoria kuki, lutam por terras e influência. Os meitei são hindus, politicamente afiliados ao partido nacionalista hindu BJP (Partido do Povo Indiano), que também governa o estado de Manipur, enquanto os kuki são cristãos tribais que vivem nas florestas. Há violência em ambos os lados, mas os principais culpados são meitei, que querem expulsar os kuki. O que atraiu a atenção do mundo foi um vídeo chocante de um ataque em 4 de maio de 2023, quando duas mulheres kuki desfilaram nuas por homens meitei e depois foram estupradas em grupo logo após sua aldeia ter sido arrasada – um caso horrível de terror contra as mulheres como instrumento político (o vídeo foi tornado público por um dos próprios perpetradores)[293]. Nessa altura, o presidente indiano Narendra Modi foi finalmente forçado a reagir: proclamou o evento como uma "vergonha para a Índia". Contudo, a sua condenação chegou tarde e foi profundamente hipócrita – por quê?

O governo local de Manipur está mais ou menos abertamente do lado dos meitei, enquanto o governo federal é oficialmente neutro, mas silenciosamente não menos do lado dos meitei. As razões para essa parcialidade não são apenas étnicas (uma expressão do nacionalismo hindu do BJP), mas também econômicas: as florestas habitadas pelos kuki são ricas em minerais e o governo quer expulsar os kuki para explorar a área de forma mais eficiente. A pressão sobre os kuki é, portanto, como esperado, justificada como uma estratégia de "progresso" e "modernização" resistida pela tribo kuki.

Isso nos leva ao "mãos puras": enquanto o Estado federal finge agir como um agente neutro apenas salvaguardando a lei e a ordem, as suas mãos estão longe de serem puras, uma vez que o que promove como "lei e ordem" privilegia claramente o lado

293. BAKER, G. Manipur violence: What is happening and why. BBC News, 20 jul. 2023. Disponível em: https://www.bbc.com/news/world-asia-india-66260730.amp. Acesso em: 17 jan. 2025.

forte no conflito, conferindo-lhe a aura de legalidade. Não há nada de novo em tal procedimento, uma vez que caracteriza toda a história dos "direitos humanos": demonstrou-se reiteradamente que essa noção privilegia os direitos de um determinado sexo, raça, religião ou estatuto social. Mas o que se passa em Manipur é que até mesmo a fachada de um poder estatal neutro desmorona: aqueles que estão no poder apoiam abertamente aqueles que são (de acordo com as suas próprias leis) agressores ilegais. Será que algo semelhante não está acontecendo em Israel? Enquanto predominou a tradicional ideologia secular sionista colono-colonial, o Estado (nem tão) discretamente privilegiou os seus cidadãos judeus em detrimento dos palestinos; no entanto, fez grandes esforços para sustentar a aparência de um Estado de direito neutro: de tempos a tempos, condenou extremistas sionistas pelos seus crimes contra os palestinos, limitou os novos assentamentos ilegais na Cisjordânia etc. O principal agente desempenhando esse papel foi o Supremo Tribunal – não é de admirar que o governo Netanyahu, que assumiu em 2022, impulsionou uma reforma judicial que priva o Supremo Tribunal da sua autonomia. Os grandes protestos contra a reforma judicial são o último grito do sionismo secular – no entanto, na medida em que os manifestantes não estejam dispostos a apoiar a solidariedade com os palestinos, o seu protesto permanecerá limitado a salvar as aparências.

Com o novo governo de Netanyahu, a violência antipalestina (o pogrom em Huwara, os ataques ao Mosteiro Stella Maris em Haifa etc.) já não é sequer formalmente condenada pelo Estado. O destino de Itamar Ben-Gvir é o indicador mais claro dessa mudança. Antes de entrar na política, Ben-Gvir era conhecido por ter na sua sala um retrato do terrorista israelo-americano Baruch Goldstein, que em 1994 massacrou vinte e nove fiéis muçulmanos palestinos e feriu outros 125 em Hebron, no que ficou conhecido como o massacre da Caverna dos Patriarcas. Ele entrou na política juntando-se ao movimento juvenil do partido Kach e Kahane Chai, que foi designado como uma organização terrorista e proibido pelo próprio governo israelense. Quando atingiu a maioridade para o recrutamento nas Forças de Defesa de Israel, aos dezoito anos, foi impedido de servir devido à sua formação política de extrema direita. E essa pessoa condenada pelo próprio Israel como racista e terrorista é agora o Ministro da Segurança Nacional que deveria salvaguardar o Estado de direito...

O Estado de Israel, que gosta de se apresentar como a única democracia no Médio Oriente, transformou-se agora de fato num "Estado teocrático haláchico (o equivalente à lei da sharia)"[294]. Essa mudança não é apenas uma degeneração secundária da visão original, uma vez que indica uma falha fatal na própria visão original. (Outra reviravolta nessa história é que a maioria dos sionistas messiânicos de hoje nem sequer são realmente religiosos: eles permanecem secularistas, usando brutal e cinicamente a religião como um instrumento na luta pelo poder.) Em termos lacanianos, a violência obscena é o mais-gozar que ganhamos como recompensa pela nossa subordinação a um edifício ideológico, pelos sacrifícios e renúncias que esse edifício demanda de nós. Em Israel de hoje (como em Manipur) esse mais-gozar já não reside no subsolo obsceno, mas é abertamente assumido:

> o mais-gozar (como matar palestinos, queimar suas casas, expulsá-los de suas casas, confiscar suas terras, construir assentamentos, destruir suas oliveiras, judaizar Al-Aqsa etc.) torna-se explicitamente articulado. Embora essas formas de mais-gozar fossem anteriormente vistas como uma exceção no discurso oficial sionista, elas são agora consideradas como a norma[295].

294. KHADER, J. Huwwara and Stella Maris: The Truth about Judicial Overhaul, Israeli Protests. *Palestine Chronicle*, 2023. Disponível em: https://www.palestinechronicle.com/huwwara-and-stella-maros-the-truth-about-judicial-overhaul-israeli-protests/. Acesso em: 17 jan. 2025.

295. Ibid.

Ao designar os judeus israelenses como de alguma forma "degenerados", será que não regredimos ao pior tipo de antissemitismo? De modo algum: os judeus que efetivamente apoiam a tendência em curso são degenerados *exatamente no mesmo sentido em que todos somos*. Ao agirem como agem na Cisjordânia, eles perdem qualquer estatuto superior e se tornam apenas um entre os Estados-nação fundamentalistas. Outro nome para essa degenerescência é ideologia: um edifício simbólico sustentado por um mais-gozar obsceno. Mas por que usar esse termo provocativo? Uma referência ao uso do termo "degeneração" na mecânica quântica pode ser de alguma ajuda: na mecânica quântica, "degeneração" refere-se ao fato de que "dois ou mais estados estacionários do mesmo sistema quântico-mecânico podem ter a mesma energia mesmo que suas funções de onda não sejam as mesmas. Nesse caso, o nível de energia comum dos estados estacionários é degenerado"[296].

> Imagine que lhe sejam mostrados dois objetos idênticos e depois lhe seja solicitado fechar os olhos. Ao abrir os olhos, você vê os mesmos dois objetos na mesma posição. Como você pode determinar se eles foram trocados entre si? A intuição e as leis da mecânica quântica concordam: se os objetos forem verdadeiramente idênticos, não há como saber. Mas para um tipo especial de ânions (partículas que ocorrem no espaço bidimensional com características tanto de férmions quanto de bósons), a mecânica quântica permite algo bem diferente. Ânions são indistinguíveis uns dos outros, mas alguns ânions (não-abelianos) têm uma propriedade especial que causa diferenças observáveis no estado quântico compartilhado sob troca, tornando possível saber quando eles foram trocados, apesar de serem totalmente indistinguíveis um do outro[297].

---

296. THE FREE DICTIONARY. *Degeneracy*. Disponível em: https://www.thefreedictionary.com/degeneracy. Acesso em: 17 jan. 2025.

297. ELSE, D; ZHOU, L. The world's first braiding of non-Abelian anyons. Google Research Blog, 21 jun. 2023. Disponível em: https://research.google/blog/the-worlds-first-braiding-of-non-abelian-anyons/. Acesso em: 17 jan. 2025.

("Abeliano" refere-se a Niels Abel, um matemático norueguês do início do século XIX.) É fácil ver como os ânions não-abelianos abrem um novo caminho para a computação quântica: quando trocamos partículas umas pelas outras como cordas são trocadas entre si para criar tranças, a trança virtual que forma o fundo quântico de duas partículas pode conter muito mais informação do que apenas duas partículas indistinguíveis na sua presença real. Mas o que nos importa aqui é o fato de o submundo obsceno da ideologia ser "degenerado" de forma semelhante: procedimentos que são em si indistinguíveis (violência étnica, tortura, estupros, negação da dignidade humana do "inimigo" etc.) são acompanhados por uma trança de diferentes narrativas simbólicas. A tarefa da análise é, portanto, reconhecer a mesma "energia" – libido, investimento libidinal – no fundamentalismo muçulmano, no sionismo, no hinduísmo e no fundamentalismo cristão: diferenças óbvias nas suas narrativas não devem nos cegar para essa mesmidade.

Mesmo quando um país luta pela sua sobrevivência e está engajado numa autodefesa heroica, a Causa da liberdade é, em regra, contaminada por algum tipo de contexto racista e sexista obsceno que estraga a pureza da sua luta. Aqueles de nós que apoiam firmemente a Ucrânia estão frequentemente preocupados com o cansaço do Ocidente: à medida que a guerra se arrasta agora para o seu segundo ano, será que os países que apoiam a Ucrânia não vão gradualmente se fartar do estado de emergência permanente e dos sacrifícios materiais que lhes são demandados? Deve-se ter em mente que essa fadiga não tem simplesmente uma causa objetiva de exaustão e rejeição a continuar a suportar sacrifícios: é também claramente o resultado da propaganda sistemática difundida pela aliança profana da extrema direita e da extrema esquerda. Essa propaganda opera em três níveis distintos de argumentação: pacifismo abstrato (precisamos de paz, o sofrimento tem de parar a qualquer custo), uma visão "equilibrada" da guerra (a Ucrânia e a Otan também provocaram a Rússia e a forçaram a contra-atacar), proteção egoísta do nosso próprio bem-estar (por que dar bilhões à Ucrânia, um país corrompido dirigido por oligarcas, quando temos mais do que o suficiente dos nossos próprios problemas – novas formas de pobreza etc.). O paradoxo dessa mistura é que aquilo que se apresenta como uma posição de princípio – paz a qualquer preço – é uma máscara para o pior egoísmo étnico e ignorância do sofrimento do outro: será que estamos conscientes de que, embora a Ucrânia tenha defendido a sua independência, já perdeu perto de metade da sua população (dez milhões emigraram para o Ocidente e os ucranianos na parte ocupada estão expostos a uma russificação brutal).

Contudo, um caso muito mais grave é o da própria Ucrânia, onde os sinais de fadiga se multiplicam gradualmente. Já é quase um milagre que a maioria mantenha a vontade de lutar depois de um ano e meio de batalhas ferozes, sem fim à vista. Mas também aqui a fadiga não é apenas objetiva: é alimentada pelos graves erros ideológicos e políticos cometidos pelos próprios ucranianos. O que os ucranianos podem e devem fazer é claro – o principal remédio contra a fadiga de guerra é a *justiça na Ucrânia*: nenhum privilégio para os oligarcas e outros estratos superiores. Será que existe algo mais desmoralizante do que ver ucranianos comuns lutarem enquanto muitos dos ricos emigraram e se organizaram para que os seus filhos fossem isentos do serviço militar? Um bom sinal apontando nessa direção foi que, em 25 de julho de 2023, Zelensky

> alertou funcionários do governo e legisladores de que o "enriquecimento pessoal" e a "traição" não serão tolerados, após a prisão de um chefe de recrutamento militar sob a acusação de peculato e de um membro do parlamento ser acusado de colaborar com a Rússia. Os seus comentários foram feitos após a detenção de Yevhen Borysov, chefe do gabinete de recrutamento militar em Odesa, pelo Gabinete Estatal de Investigação (SBI) da Ucrânia e pelo Gabinete do Procurador-Geral. A Agência Nacional para a Prevenção da Corrupção disse que ele havia

> adquirido ilegalmente mais de 5 milhões de dólares através de elaborados esquemas comerciais[298].

Descobriu-se que, após o início da guerra, Borysov comprou discretamente uma série de propriedades de luxo na França e na Espanha... E obviamente esse fenômeno é universal: em 11 de agosto de 2023, Zelensky anunciou que os chefes de *todos* os centros regionais de recrutamento militar da Ucrânia estavam sendo despedidos dos seus empregos devido a preocupações com a corrupção[299]. No entanto, embora a necessidade de lutar contra a corrupção seja óbvia, um outro ponto não é menos importante. Para evitar o colapso da guerra em curso, é necessária uma frente verdadeiramente unida contra o inimigo comum. Ultimamente multiplicam-se os sinais de um fenômeno muito preocupante: muitos esquerdistas e liberais não nacionalistas na Ucrânia estão dispostos a lutar contra a Rússia – ofereceram-se como voluntários e estão agora na linha de frente. (Um deles, que gosta do meu trabalho, me enviou a fotografia da sua metralhadora apoiada nas duas traduções ucranianas da minha obra, que ele lê no intervalo entre as batalhas – escusado será dizer que essa fotografia me deixou bastante orgulhoso.) Uma vez que esses esquerdistas resistem a um nacionalismo conservador agressivo, com suas medidas malucas e contraproducentes (lembremo-nos apenas da proibição de apresentar publicamente as obras de todos os compositores russos), são geralmente marginalizados pelas autoridades e frequentemente até mesmo suspeitos de simpatias russas, como se Putin, o herói da direita europeia e norte-americana, de alguma forma ainda defendesse o socialismo...

---

298. KOSHIW, I. The future of work: How jobs will change in the next 10 years. *Financial Times*, Kyiv, 11 ago. 2023. Disponível em: https://www.ft.com/content/b6851dac-0c9e-4e8e-a502-39b029827a07. Acesso em: 04 mar. 2025.

299. SAMUEL, H. Ukraine to fire all regional military recruitment chiefs – Zelenskiy. *MSN*. Disponível em: https://www.msn.com/en-us/news/world/ukraine-to-fire-all-regional-military-recruitment-chiefs-zelenskiy. Acesso em: 17 jan. 2025.

Basta mencionar o grande documentarista ucraniano Sergei Loznitsa, autor internacionalmente reconhecido de filmes como *Maidan* e *Donbass*. Loznitsa vive agora na Lituânia e não pode regressar à Ucrânia: soube que, por ainda não ter sessenta anos (idade limite para o recrutamento), o seu passaporte será confiscado se ele voltar para casa. Outros artistas internacionalmente conhecidos podem viajar livremente para o estrangeiro, de modo que estamos lidando aqui com um caso claro de vingança por parte de burocratas culturais conservadores. Conheço essa estratégia repugnante do meu próprio passado: também na Eslovênia, os direitistas nacionalistas sempre castigaram os opositores esquerdistas seculares do regime comunista como suspeitos agentes mascarados dos antigos comunistas. Na década de 1970, nunca tive permissão para lecionar e durante anos estive desempregado, enquanto agora sou regularmente atacado como um "homem do antigo regime"...

Não é de surpreender que o antifeminismo também entre em cena aqui. Na Ucrânia, muitas mulheres também se juntaram às forças armadas e lutaram no front – algumas delas são conhecidas como excelentes atiradoras. Infelizmente, muitas delas agora "expressam raiva pelo estigma e pelo tratamento recebido dos colegas homens e dizem que as queixas estão sendo ignoradas"[300]: elas têm de lutar em duas frentes, contra o inimigo russo e contra o assédio dos seus próprios colegas homens. Deveríamos generalizar essa situação: a própria Ucrânia está lutando em duas frentes: contra a agressão russa e pelo que a Ucrânia será depois da guerra. Se a Ucrânia sobreviver (assim esperamos), será um país fundamentalista nacionalista como a Polônia e a Hungria? Será uma colônia de fato do capitalismo global, ou...?

---

300. WALKER, S. Fighting two enemies: Ukraine's female soldiers decry harassment. *The Guardian*, 4 ago. 2023. Disponível em: https://www.theguardian.com/world/2023/aug/04/fighting-two-enemies-ukraine-female-soldiers-decry-harassment. Acesso em: 17 jan. 2025.

É totalmente errado afirmar que todas essas questões serão resolvidas depois da guerra e que agora é o momento de uma unidade incondicional e não de debates democráticos. As medidas problemáticas são aquelas que AGORA minam essa unidade, enfraquecem a defesa da Ucrânia e estabelecem práticas sociais que definirão como será a Ucrânia depois da guerra. Então AGORA é o momento para uma unidade não exclusiva: só uma ampla frente popular na qual haja lugar para todos – desde indivíduos LGBT+ até os esquerdistas que se opõem à agressão russa – pode salvar a Ucrânia.

UM APELO ESQUERDISTA À LEI E À ORDEM

As implicações desses paradoxos são claramente discerníveis em dois eventos que atraíram a atenção pública no final de junho de 2023: o golpe militar falhado na Rússia e a explosão de protestos violentos na França. Embora nossa mídia cubra ambos os eventos detalhadamente, o que passa despercebido é uma característica que eles compartilham. Comecemos pelos protestos franceses. Depois de um rapaz de dezessete anos – identificado como Nahel M. – ter sido morto a tiro por um agente da polícia na terça-feira, 27 de junho de 2023, o caos explodiu na França, com os protestos iniciais culminando em saques e incêndios criminosos. Os manifestantes ergueram barricadas, acenderam fogueiras e dispararam fogos de artifício contra a polícia, que respondeu com gás lacrimogêneo, canhões de água e granadas de efeito moral. No entanto, os eventos tomaram um rumo muito mais sinistro quando a polícia começou a agir como um agente autônomo, representando uma ameaça até mesmo para o governo – eles disseram que

> estavam "em guerra" com "hordas selvagens" de manifestantes e dois dos principais sindicatos que representam oficiais ameaçaram revoltar-se a menos que o Presidente Emmanuel Macron interviesse. "Hoje a polícia está em combate porque estamos

em guerra. Amanhã entraremos na resistência e o governo deve estar ciente disso"[301].

Essas declarações anunciam nada menos do que uma fissura no edifício do poder estatal: em reação aos protestos populares, os elementos da linha dura da polícia ameaçam agir por conta própria contra o poder estatal. Em outras palavras, essa ameaça de atuar fora do escopo da autoridade estatal significa que a polícia francesa anunciou a sua intenção de atuar como um grupo de justiceiros, seguindo novamente uma tendência que é hoje generalizada nos chamados países do Terceiro Mundo. No Haiti, justiceiros privados matam centenas de supostos membros de gangues devido à ineficiência da polícia, dando lugar a apelos do Haiti e do estrangeiro a uma intervenção militar estrangeira para restaurar a ordem cívica mínima:

> Gângsteres armados têm roubado, estuprado e assassinado inocentes. Policiais e funcionários fracos ou corruptos fizeram pouco, ou pior. Agora, as pessoas estão agindo por conta própria e uma onda de justiça com as próprias mãos brutal está assolando o Haiti, concentrada nessa capital de cerca de 1 milhão de habitantes. Os justiceiros fecham bairros. Apedrejam e muitas vezes cortam os membros de suspeitos de serem gangsters, os decapitam e incendeiam, por vezes enquanto ainda estão vivos[302].

Ainda não chegamos à França, mas o primeiro passo nessa direção foi dado. (Deve-se notar que a atuação da polícia como um grupo de justiceiros é o anverso do fato de a polícia não fazer nada, apenas observar impotentemente os crimes sendo cometidos: em ambos os casos, a polícia é impedida de agir contra o crime como uma força legal, como um aparelho de Estado.) E na Rússia deram mais do que o primeiro passo nessa direção: o

301. SAMUEL, H. Paris police prep for 'war' against 'hordes' of rioters as cops with shields line streets. MSN. Disponível em: https://www.msn.com/en-us/news/world/paris-police-prep-for-war-against-hordes-of-rioters-as-cops-with-shields-line-streets. Acesso em: 17 jan. 2025.

302. JOSEPH, O. Vigilantes in Haiti strike back at gangsters with brutal street justice. *AP News*. Disponível em: https://apnews.com/article/haiti-gangs-vigilantes-street-justice-crime-murder-7c3fcdfeec012c80d1fc9e58c61ed7cc. Acesso em: 17 jan. 2025.

golpe fracassado de Prigozhin não reafirmou, como esperado, o monopólio estatal sobre a violência; pelo contrário, na sexta-feira, 14 de julho de 2023, o funcionário Kremlin disse que

> está considerando conceder estatuto legal a algumas das mais de duas dezenas de empresas militares privadas ativas na Rússia. Legalmente, esses grupos paramilitares paralelos não existem – o que lhes permite operar paralelamente às forças armadas da Rússia, por vezes fazendo trabalhos "sujos" de alto risco para o exército enquanto dão a Moscou uma medida de negação[303].

Devemos sempre ter em mente que o caminho para essa direção foi aberto pelo neoliberalismo – como alguns observadores perspicazes notaram, talvez a tendência mais perigosa do neoliberalismo tenha sido a privatização de esferas e atividades que, na fase anterior do capitalismo democrático "normal", permaneceram um domínio exclusivo do Estado. Tomemos o que considero ser o caso mais obsceno: a privatização das prisões. Uma vez que um Estado tem de ter o monopólio da coerção física, a própria noção de delegar a gestão de prisões a uma empresa privada que, obviamente, o faz com fins lucrativos e não para fazer justiça, vai de encontro à noção de Estado de direito. O mesmo se aplica à educação: tem de haver um mínimo de educação transmitida igualmente a todos os cidadãos, "independentemente dos seus diferenciais de poder e riqueza":

> Dado que o Estado declarou certas áreas proibidas à contratação privada – deixando-as imunes a cálculos de utilidade – um mínimo de dignidade poderia ser desfrutado por todos os cidadãos, no local de trabalho e fora dele, independentemente dos seus diferenciais de poder e de riqueza. Ao submeter o Estado a imperativos de maximização da utilidade e da eficiência, o neoliberalismo o abre mais uma vez à contratação privada[304].

---

303. MSON, J. Private Russian military companies are multiplying – and so are the Kremlin's problems. *MSN*. Disponível em: https://www.msn.com/en-us/news/world/private-russian-military-companies-are-multiplying-and-so-are-the-kremlins-problems. Acesso em: 17 jan. 2025.

304. OROZOV, E. Critique of techno-feudal reason. *New Left Review*, n. 133-134, jan./abr. 2022, p. 97-114. Disponível em: https://newleftreview.org/issues/ii133/articles/evgeny-morozov-critique-of-techno-feudal-reason. Acesso em: 17 jan. 2025.

É apenas um espaço comum universalmente compartilhado que sustenta "um mínimo de dignidade desfrutada por todos os cidadãos" – e esse espaço está hoje ameaçado, especialmente pelos vastos domínios dos bens comuns privatizados. Embora a ideia de que estamos entrando numa espécie de neofeudalismo seja problemática, os teóricos que a defendem têm razão em salientar que, sem dúvida, a maior ameaça ao espaço comum são hoje as grandes corporações digitais como a Google, que privatizam aspectos importantes desse espaço – uma vez nele, movemo-nos num espaço feudal privatizado.

A previsível narrativa esquerdista é aqui, claro, que a polícia francesa é racialmente tendenciosa (o assassinato de Nahel foi totalmente injustificado), a *égalité* francesa é uma farsa, os jovens imigrantes protestam violentamente porque não veem qualquer futuro pela frente, então a maneira de resolver esse problema não é mais opressão policial, mas uma mudança radical da própria sociedade francesa, a eliminação do seu racismo de fato. A raiva subterrânea foi se acumulando durante longos anos, e a morte de Nahel apenas a fez explodir abertamente – os protestos violentos são uma reação desesperada a um problema, não o problema, e têm de atacar o problema nas suas raízes...

Há uma verdade profunda nessa narrativa: já quando explodiu a primeira onda de protestos em 2015, as análises revelaram a espessa rede de preconceitos e exclusões que determina a vida cotidiana dos jovens imigrantes; foram feitas propostas precisas e muito realistas sobre como melhorar a situação, mas nada resultou disso... No entanto, essa verdade é talvez demasiado profunda: embora verdadeira num sentido abstrato, considero-a problemática em vários aspectos. O fato de os manifestantes terem como alvo os ônibus locais, tão cruciais para o transporte de trabalhadores dos subúrbios de baixa renda nos limites de Paris[305], indica duas

305. HENLEY, J. A monument to French rage: buses torched in riots over police killing. *The Guardian*, 30 jun. 2023. Disponível em: https://www.theguardian.com/world/2023/jun/30/monument-french-rage-buses-torched-riots-police-killing. Acesso em: 17 jan. 2025

coisas: os motins visavam destruir a infraestrutura que sustenta a vida cotidiana das pessoas comuns, e suas vítimas foram os pobres, não os ricos.

Os protestos públicos e as revoltas podem definitivamente desempenhar um papel positivo se forem sustentados por uma visão emancipatória – basta lembrar o evento Maidan na Ucrânia (que foi uma autêntica explosão social, longe de ser uma conspiração organizada pela CIA) e os protestos iranianos em curso desencadeados por mulheres curdas que se recusaram a vestir burca. Mesmo as ameaças de ação violenta são por vezes necessárias: os nossos meios de comunicação social gostam de mencionar como as duas soluções negociadas bem-sucedidas a ascensão do ANC ao poder na África do Sul e os protestos pacíficos liderados por Martin Luther King nos Estados Unidos – em ambos os casos, é óbvio que a vitória (relativa) ocorreu porque o establishment temia a resistência violenta (da ala mais radical do ANC, bem como dos negros americanos). Em suma, as negociações foram bem-sucedidas devido a essa ameaça sinistra… Esse, no entanto, NÃO é decididamente o caso agora na França: se a lei e a ordem não forem prontamente restauradas, o resultado poderá muito bem ser Marine Le Pen como a nova presidente.

Existe uma versão russa de Le Pen? Não, uma vez que Le Pen já está no poder na Rússia. É difícil ignorar a natureza cômica da marcha de Prigozhin sobre Moscou. Tudo terminou em 36 horas e foi feito um acordo: Prigozhin evitou o julgamento legal, mas tem de retirar as suas tropas da Ucrânia e ir para a Bielorrússia. Não sabemos o suficiente para dizer o que realmente aconteceu: a sua marcha foi realmente concebida como um ataque total com o objetivo de ocupar Moscou, ou foi uma ameaça vazia, um gesto que não tinha a intenção de ser plenamente realizado, como o próprio Prigozhin mais tarde justificou ("Sentimos que demonstrar o que íamos fazer era suficiente"[306].)? Então, quem é o pior aqui? Não podemos deixar de repetir mais uma vez a resposta de Stalin, do final da década de 1920, à pergunta de um jornalista sobre qual desvio é pior, o direitista ou o esquerdista: ambos são piores. Os excessos brutais de Prigozhin não fazem de Putin um agente mais razoável que tenta conter extremistas militares. Prigozhin admitiu que os ucranianos lutam bem e que Zelensky é um bom líder. Ele tem razão ao acusar o exército e a elite russos de corrupção e ineficiência, por isso não admira que tenha sido aplaudido em Rostov.

Então qual é a diferença entre os dois? Para encontrar um paralelo, temos de voltar ao nazismo: Prigozhin versus Putin é como SA versus SS. As SA eram os brutais fascistas "honestos", por isso Hitler tinha de sacrificá-los se quisesse ser aceito pelo establishment do exército e pelo grande capital. Da mesma forma, Putin tem de se equilibrar entre diferentes facções da sua elite interna – um processo que ocorre de uma forma não transparente, totalmente fora do espaço público. O fato de o Estado Russo necessitar de um exército privado como o Grupo Wagner é em si mesmo o sinal claro de um Estado falido. Hoje em dia, os Estados falidos não se encontram apenas no Terceiro Mundo, da Somália ao Paquistão, com a África do Sul aproximando-se desse abismo. Se medirmos um Estado falido pelas fissuras no edifício do poder estatal, pela atmosfera de guerra civil ideológica e pela crescente insegurança dos espaços públicos, devemos acrescentar à lista a Rússia, a França e os Estados Unidos (com os centros da cidade em decadência), e há sinais de tal decadência no Reino Unido (gangues ameaçando espaços públicos nos subúrbios de Londres...). O fato de muitas calçadas em frente às lojas caras do rico centro de São Francisco estarem

306. CNN. *Prigozhin says he turned march on Moscow around to avoid Russian bloodshed*. Disponível em: https://edition.cnn.com/europe/live-news/russia-ukraine-war-news-06-26-23/h_f3fe0563b311fc748d-807da3878c923e. Acesso em: 17 jan. 2025.

cobertas por filas de barracas baratas nas quais moram os sem--teto diz muito. A linguagem em sua contingência (o que Lacan chama de *lalangue*) às vezes produz maravilhas – por exemplo, "kkotjebi" é um termo norte-coreano para pessoas sem-teto, e no esloveno cotidiano (emprestado do sérvio), essa palavra soa estranhamente próxima de "ko te jebe" (pronuncia-se "ko te yebe"), que significa "quem / diabos / está fodendo você", ou seja, uma postura agressiva de indiferença. Os sem-abrigo são os nossos "kkotjebi": seu número está crescendo por todo lado, até o centro de São Francisco cheio das suas tendas, e a despeito da nossa fingida compaixão não nos importamos nem um pouco com eles. Nessa situação, a esquerda tem de reunir a coragem para assumir plenamente o slogan da lei e da ordem como seu[307].

Um dos fatos mais deprimentes da história recente é que o único caso de uma multidão revolucionária violenta invadindo a sede do poder ocorreu em 6 de janeiro de 2021, quando os apoiantes de Trump invadiram o Capitólio dos Estados Unidos em Washington D.C. Eles viam a eleição como ilegítima, um roubo organizado pelas elites corporativas (eles estavam certos até certo ponto!). Os liberais de esquerda reagiram com uma mistura de fascínio e horror. Alguns dos meus amigos esquerdistas choraram, dizendo: "NÓS deveríamos estar fazendo algo assim!" Havia um pouco de inveja na sua condenação de pessoas "comuns" que invadiram a sede sagrada do poder, criando um carnaval que suspendeu momentaneamente as nossas regras para a vida pública. Será que isso significa que a direita populista roubou a resistência da esquerda ao sistema existente através de um ataque popular à sede do poder? Será que a nossa única escolha

307. Uma década atrás, fui acusado por um ex-trotskista de ser um "fascista de esquerda" (cf. JOHNSON, A. Is Slavoj Zizek a left-fascist? *The Telegraph*, 1º jan. 2013. Disponível em: https://www.telegraph.co.uk/news/worldnews/europe/slovakia/9780983/Is-Slavoj-Zizek-a-Left-Fascist.html. Acesso em: 17 jan. 2025). Agora posso deixar as coisas claras: não, sou um comunista de direita.

é entre eleições parlamentares controladas por elites corruptas ou revoltas controladas pela direita populista? Não admira que Steve Bannon, o ideólogo da nova direita populista, se declare abertamente como o "Leninista para o século XXI": "Sou leninista. Lênin... queria destruir o Estado, e esse também é o meu objetivo. Quero derrubar tudo e destruir todo o establishment de hoje"[308]. E não é de admirar que, enquanto a direita populista estava extasiada com a revolta violenta, a esquerda liberal agia como um bom e velho conservador e reclamava: "Onde está a polícia, onde está a Guarda Nacional para esmagar a rebelião?" Embora, claro, essa não seja a resposta verdadeira, há momentos em que é necessária. Mas a direita aprendeu a lição: depois de penetrar no edifício do Congresso, não encontrou ali nenhum misterioso centro de poder – basicamente, não encontrou nada. O verdadeiro poder reside noutro lugar, na complexa rede de coerção estatal e nos aparatos ideológicos.

Consequentemente, não deveríamos ter medo de acrescentar às tarefas da esquerda o cuidado com a segurança da vida cotidiana de muitas pessoas comuns: há sinais claros da crescente decadência dos bons modos públicos, de gangues de jovens que aterrorizam lugares públicos, de estações de ônibus e trem a centros comerciais. Só para mencionar que essa decadência é muitas vezes rejeitada como mais uma obsessão direitista dirigida aos imigrantes, e a reação padrão é que temos de olhar para as "raízes sociais mais profundas" de tais fenômenos (desemprego, racismo...). Contudo, se agirmos assim, cederemos ao inimigo um importante domínio de insatisfação que empurra muitos para a direita. A insegurança cotidiana prejudica muito mais os pobres do que os ricos que vivem calmamente nos seus condomínios fechados.

---

308. TUĞAL, C. *The rise of the Leninist right*. Verso Books, 2018. Disponível em: https://www.versobooks.com/blogs/news/3577-the-rise-of-the-leninist-right. Acesso em: 17 jan. 2025.

Aí reside a lição de uma coisa muito deprimente que aconteceu comigo em julho de 2023 em Londres: num debate público na BBK Summer School, uma mulher negra da África do Sul, uma antiga ativista do ANC, disse que a posição predominante entre a maioria negra pobre agora é cada vez mais uma nostalgia do apartheid – o seu nível de vida era, no mínimo, um pouco mais elevado do que agora, e havia segurança e proteção (afinal, a África do Sul era um Estado policial), enquanto hoje a pobreza é complementada por uma explosão de violência e insegurança. Se uma pessoa branca dissesse isso, seria, naturalmente, imediatamente acusada de racismo – mas deveríamos, no entanto, correr o risco e *pensar* sobre isso. Se não o fizermos, a nova direita o fará por nós (como já o faz na África do Sul).

A longa série de casos que listamos será, sem dúvida, em breve complementada por outros, provavelmente ainda mais aterrorizantes. Mas temos de lidar com eles repetidamente porque são fragmentos que, juntos, constituem um mosaico de catástrofe global. Eis a última pedra importante desse mosaico. Todos os que pretendem ser esquerdistas hoje têm de analisar atentamente "Rich Men North of Richmond" de Oliver Anthony, uma canção de protesto da classe trabalhadora que em dois dias explodiu se tornando a "canção de protesto da nossa geração"[309] com dezenas de milhões de telespectadores e ouvintes. A palavra "autêntica" ocorre regularmente em reações positivas à música: não há efeitos especiais, é apenas uma voz e um violão de um simples trabalhador gravados numa câmera real... Temos aqui a voz direta e crua daqueles ignorados pelos grandes meios de comunicação: trabalhadores pobres, que mal sobrevivem, sem perspectivas claras de uma vida melhor. Eis (em suma) a letra:

> Estive vendendo minha alma, trabalhando o dia todo / Horas extras por um pagamento de merda / Pra que eu possa sentar aqui e desperdiçar minha vida / Arrastar-me de volta pra

309. WALSH, M. *This is the protest song of our generation*. Disponível em: https://www.youtube.com/watch?v=b5QkYrG0xtY. Acesso em: 17 jan. 2025.

> casa e afogar meus problemas // É uma pena o que o mundo conseguiu / Pra pessoas como eu e pessoas como você / Gostaria de poder simplesmente acordar e isso não ser verdade / Mas é, oh, é // Vivendo no novo mundo / Com uma alma velha / Esses homens ricos ao norte de Richmond / O Senhor sabe que todos eles só querem ter o controle total / Quero saber o que você pensa, quero saber o que você faz / E eles não acham que você saiba, mas eu sei que você sabe / Porque o seu dólar não vale nada e é taxado sem fim / Por causa dos homens ricos ao norte de Richmond // Gostaria que os políticos cuidassem dos mineiros / E não apenas de menores numa ilha nalgum lugar / Senhor, tem gente na rua, sem nada pra comer / E os obesos ordenhando a previdência // Bem, Deus, se você tem 1,70 de altura e 136 quilos / Os impostos não deveriam pagar pelos seus sacos de fudge rounds / Os jovens estão se enterrando / Porque tudo o que esse maldito país faz é continuar a chutá-los para baixo[310].

Há uma verdade óbvia nessas palavras: sim, milhões de pessoas trabalham enquanto os ricos as exploram; sim, grandes corporações e agências governamentais exercem um poder de controle assustador sobre nós... Mas os detalhes da canção apontam para o contexto perturbador dessa verdade – e os detalhes são importantes aqui. Por que "ao norte de Richmond"? Porque Richmond foi a capital da Confederação durante a Guerra Civil – uma indicação clara de onde residem as simpatias políticas de Anthony. Por que fudge rounds? Porque esse termo tem um duplo sentido: (1) biscoitos redondos de chocolate, ensanduichados com creme de manteiga de chocolate; (2) quando, ao praticar sexo anal, a mulher perde o controle dos seus intestinos, deixando uma marca circular em torno da base da genitália do homem – mais uma vez, uma sugestão da ligação entre os novos ricos e as perversões sexuais. Quem são os homens ricos "obesos" que vivem confortavelmente por meio da sobrecarga tributária dos trabalhadores comuns? São ao mesmo tempo as novas elites corporativas que nos controlam e as minorias (raciais, sexuais...) preguiçosas que

---

310. ANTHONY, O. *Rich men north of richmond*. Disponível em: https://www.azlyrics.com/lyrics/oliveranthony/richmennorthofrichmond.html. Acesso em: 17 jan. 2025.

engordam com as generosas doações providas pelo Estado de bem-estar social.

Deve-se localizar nessa série de protestos direitistas da classe baixa também *Som da Liberdade* (Alejandro Monteverde, 2023), um filme baseado na história real de um ex-agente do governo que se tornou justiceiro e que embarca numa perigosa missão para resgatar centenas de crianças de traficantes sexuais na América Latina. A maior parte da grande mídia liberal rejeitou esse surpreendente sucesso de baixo orçamento (ultrapassou nas bilheterias os novos filmes das franquias *Indiana Jones* e *Missão Impossível*) devido à proximidade do diretor e ator (Jim Caviezel) das teorias da conspiração QAnon. Também é estranho que, no filme, algumas crianças sejam vendidas como escravas sexuais aos líderes do movimento das FARC na Colômbia – a escravatura sexual é assim retratada como uma característica que une a elite corporativa de Hollywood e a extrema esquerda revolucionária... Mas o tráfico de crianças e a escravidão sexual *são* coisas horríveis, e é fácil demais deixar isso para a nova direita populista, enquanto o mainstream de Hollywood é ocupado pelos projetos *woke*, como o remake de *Branca de Neve*, no qual Branca de Neva não é branca, os anões não são anões mas pessoas "diversas", e o final não é o antigo (com o príncipe despertando Branca de Neve com um beijo), mas o empoderamento de Branca de Neve que se tornará uma nova governante legítima... O triste sobre *Som da Liberdade* é que temos um filme modesto produzido fora da grande máquina de Hollywood que lida com crimes sexuais contra crianças de famílias latinas pobres e é um sucesso de bilheteria surpreendente, mas foi *feito por direitistas*.

A nova onda de protestos direitistas da classe trabalhadora e o liberalismo corporativo de "proteção das minorias" não são simplesmente opostos: o que compartilham é que ambos evitam confrontar os antagonismos sociais básicos que caracterizam a nossa era. Embora os protestos direitistas da classe trabalhadora abordem problemas reais que assombram muitos trabalhadores comuns, eles retratam o inimigo como o "rico", as elites corporativas e estatais, em conjunto com os beneficiários preguiçosos da assistência social – a luta contra o racismo e o sexismo é, portanto, rejeitada como a estratégia das elites para controlar os trabalhadores e o capital produtivo. Chegamos aqui à velha ideia fascista de unir os trabalhadores e o capital produtivo contra os extremos parasíticos das elites e dos preguiçosos beneficiários do Estado de bem-estar social... Esses protestos são uma reação ao que é falso na esquerda liberal de hoje, que manipula habilmente a luta contra o sexismo e o racismo e pelos direitos das minorias a fim de evitar o confronto com a lógica pervertida do capitalismo global.

Um protesto pode ser autêntico, mas autenticidade não é em si um sinal de verdade – mesmo a forma mais brutal de racismo e sexismo também pode ser experimentada como um sentimento autêntico. No final de julho de 2023, o meu próprio país – a Eslovênia – esteve por um breve momento nas notícias globais: foi atingida por inundações e deslizamentos de terra, com milhares de casas destruídas e cidades inteiras isoladas. A reação foi uma demonstração inesperada de solidariedade: os eslovenos ofereceram ajuda demais e voluntários demais, de modo que nem tudo pôde ser utilizado, e até a Ucrânia enviou ajuda... Embora essa demonstração de solidariedade tenha sido sincera, não foi ainda o que será necessário nas catástrofes que nos aguardam. Para a grande maioria da Eslovênia, a vida prosseguiu normalmente e a demonstração de solidariedade apenas nos permitiu nos sentirmos bem sem alterar de forma alguma o nosso modo de vida. Por um momento, agimos como se a busca por uma vida diária confortável não fosse tudo, nossos sacrifícios moderados nos fizeram sentir que a vida ganhou sentido. A demonstração de solidariedade foi, portanto, a expressão de um desejo desesperado de NÃO enfrentar a profundidade da nossa crise.

Voltando à canção de Anthony, a primeira simples contraquestão da esquerda às suas palavras deveria ser: OK, os trabalhadores pobres são explorados – então porque é que a canção não menciona a solução padrão: SINDICALIZAR? Velhas canções de protesto da classe trabalhadora, desde "Joe Hill" e "Solidarity Forever" de Pete Seeger até "There is Power in a Union" de Billy Bragg apontam todas nessa direção. Quanto ao patriotismo americano, quão longe está a canção de Anthony da grande canção de protesto da classe trabalhadora de esquerda, "Born in the U.S.A.", de Bruce Springsteen! Eis as suas primeiras linhas: "Nasci na cidade de um homem morto / O primeiro chute que levei foi quando caí no chão / Você acaba como um cachorro que apanhou demais / Até passar metade da sua vida apenas se escondendo" – uma experiência parecida com ser espezinhado, mas com um contexto político totalmente diferente.

Não devemos surpreender-nos se a canção de Anthony for elogiada por multimilionários, de Elon Musk a Donald Trump, o homem rico de Mar-a-Lago que, através de complexos truques legais, durante anos evitou pagar impostos. Warren Buffet, um dos homens mais ricos do mundo, ficou chocado ao descobrir que paga menos impostos do que o seu secretário – não é de admirar que, quando o Presidente Obama foi acusado de introduzir irresponsavelmente a "luta de classes" na vida política, Buffett tenha retrucado: "Existe uma luta de classes, sim, mas é a minha classe, a classe rica, que está fazendo a guerra, e nós estamos vencendo"[311]. E o que obtemos na canção de Anthony é o triunfo final dos ricos na guerra de classes: até mesmo um proletário espezinhado que luta pela justiça social fica do lado deles.

Se realmente quisermos enfrentar essa catástrofe, o primeiro passo a dar é assumir plenamente uma série de insights que, por mais evidentes que sejam, preferimos desprezar. Haverá catástrofes ecológicas inimagináveis, dezenas de milhões de huma-

---

311. STEIN, B. In class warfare, guess which class is winning. *New York Times*, 26 nov. 2006. Disponível em: https://www.nytimes.com/2006/11/26/opinion/in-class-warfare-guess-which-class-is-winning.html. Acesso em: 17 jan. 2025.

nos morrerão. Haverá movimentos massivos de populações que causarão sofrimento e mortes adicionais. A inteligência artificial vai nos dominar de uma forma não transparente, os seus próprios criadores humanos não compreenderão o que se passa. A grande maioria dos seres humanos nunca despertará totalmente para a crise; inventará repetidamente ficções (mesmo ficções de uma catástrofe) que lhes permitirão continuar como sempre. Em suma, não podemos confiar nem na sabedoria espontânea da maioria nem no conhecimento de especialistas científicos que resolverão as nossas grandes crises da mesma forma que neutralizaram a ameaça da AIDS. O modelo político da democracia liberal está obviamente esgotado e existem duas opções alternativas que implicam os seus próprios impasses. Uma é a noção de Estado como uma máquina despolitizada que serve necessidades sociais (pense em países como a Suíça ou Singapura, onde uma grande maioria nem sequer sabe quem é o seu primeiro-ministro ou ministro das relações exteriores) – mas se há uma lição a ser aprendida desde a última década, é que a dimensão política reprimida regressa com força total sob o disfarce dos novos populismos de direita. Depois, há o chamado (por alguns) modelo asiático de uma ditadura benevolente que impõe uma homogeneidade básica e serve aos interesses da maioria melhor do que um poder estatal exposto a conflitos políticos (Cingapura, novamente, e mesmo a China)... Em suma, não há futuro para nós (se, por futuro, entendermos um novo progresso na história humana dentro das coordenadas determinadas pelo nosso passado).

Será que isso significa que toda a humanidade está presa numa estranha pulsão de morte, deslizando involuntariamente para a auto-obliteração? Essa conclusão deve ser evitada por duas razões. Em primeiro lugar, não estamos lidando com um fenômeno psíquico coletivo, mas com um processo social baseado no modo de produção predominante. Em segundo lugar, numa unidade dialética crucial, a noção freudiana de pulsão de morte não designa um impulso mórbido para a auto-obliteração, mas quase o seu oposto, a libido como algo que insiste para além do ciclo de vida e morte. A pulsão de morte é o nome que Freud dá à imortalidade, à desmortalidade. Aí reside a essência da noção hegeliana de "demorar-se com o negativo" que Lacan traduziu na sua ideia da profunda conexão entre pulsão de morte e sublimação criativa: a fim de que a criação (simbólica) aconteça, a pulsão de morte (a absoluta negatividade autorrelativa hegeliana) tem de realizar o seu trabalho de, precisamente, esvaziar o lugar e assim prepará-lo para a criação[312]. O nome cristão para esse esvaziamento é a morte de Deus na Cruz que condena a nós, humanos, a uma liberdade privada de qualquer garantia no grande Outro, e o ato criativo baseado nessa dura liberdade é o Espírito Santo, a primeira figura do que, dentre outros nomes, mais tarde ficou conhecido como Partido Comunista.

A inferência que se impõe é evidente: em contraste com as verdades "evidentes" dos críticos de Freud, só hoje chegou o tempo da psicanálise. As exéquias estão um pouco precipitadas demais, lamentando um paciente que ainda tem uma longa vida pela frente – a psicanálise pode estar morta, mas é um monstruoso morto-vivo do qual não se pode abrir mão. Esta desmortalidade não caracteriza apenas o destino da teoria psicanalítica, é também a sua característica fundamental. A forma como essa desmortalidade penetra e sustenta a luta política é talvez mais bem explicada por *Os doze*, um poema de 1918 de Aleksandr Blok, um dos grandes poetas russos do século XX que o considerou a sua melhor obra.

Com seus sons que criam estados de espírito, ritmos polifônicos e linguagem dura e repleta de gírias, o longo poema (cerca de 1.000 versos) prontamente alienou Blok de uma massa de seus admiradores – as acusações variavam de terrivelmente de

---

312. Tratei dessa noção em detalhes em meu *Less than nothing*. Londres: Verso Books, 2013.

mau gosto a servilismo perante as novas autoridades bolcheviques e traição aos seus antigos ideais. Mas mesmo o lado oposto (em sua maioria bolcheviques) desprezou o misticismo e o ascetismo de Blok e especialmente a menção a Cristo (algumas reimpressões soviéticas até substituíram "Cristo" por "sol"!). O poema descreve a marcha de doze guardas vermelhos (comparados aos doze apóstolos) pelas ruas da Petrogrado revolucionária no inverno nevado de 1918, com uma forte nevasca de inverno os assolando. Os doze não são idealizados, o seu estado de espírito, tal como transmitido pelo poema, oscila entre a agressão vil e mesmo sádica contra tudo o que é percebido como burguês e contrarrevolucionário, e a disciplina rigorosa e o sentido de dever revolucionário[313]. Na (mais controversa) última estrofe do poema, uma figura de Jesus Cristo é vista na tempestade de neve, liderando a marcha dos doze como o invisível e desmorto décimo terceiro passageiro, poderíamos dizer:

> ...E assim mantêm um ritmo marcial, / Atrás deles segue o cão faminto, / À sua frente – com bandeira sangrenta, / Invisível no redemoinho da nevasca, / A salvo de qualquer dano de bala, / Com passo suave, acima da tempestade, / Na neve dispersa e perolada, / Coroado com uma coroa de rosas brancas, / À sua frente vai Jesus Cristo[314].

(Uma tradução alternativa das últimas linhas: "Pés macios no redemoinho da nevasca, / Invulnerável onde as balas cortavam – / Coroado com uma coroa de pérolas de flocos de neve, / Numa coroa de rosas brancas, / À frente deles vai Jesus Cristo"[315]) Vale a pena citar a descrição de John Ellison sobre o seu impacto social:

> O poema apareceu pela primeira vez no início de março de 1918 em um jornal bolchevique. Jack Lindsay escreveu na introdução

313. The Twelve (poem). *Wikipedia*, 2025. Disponível em: https://en.wikipedia.org/wiki/The_Twelve_(poem). Acesso em: 17 jan. 2025.

314. BLOK, A. *Twelve*. Disponível em: https://ruverses.com/twelve/. Acesso em: 17 jan. 2025.

315. Idem. *The Twelve*. Disponível em: https://ruverses.com/the-twelve/. Acesso em: 17 jan. 2025.

> à sua própria tradução que ele teve "um efeito imediato e vasto. Frases dele foram infinitamente repetidas; cartazes e faixas por toda a Rússia traziam extratos". Tornou-se "o folclore da rua revolucionária". Em novembro de 1918, uma edição contendo apenas *Os doze* foi publicada em Petrogrado, adornada com desenhos de Yuri Annenkov. Forsyth afirma simplesmente que o poema "se tornou aceito como a expressão essencial da Revolução, não só na Rússia, onde os leitores ficaram entusiasmados ou enojados com ele, mas também no estrangeiro"[316].

Infelizmente, Blok ficou rapidamente desapontado com a Revolução Bolchevique, e o seu último trabalho antes da sua morte prematura em 1921 foi um poema patriótico "Citas" que defende uma espécie de "pan-mongolismo", um claro precursor do eurasianismo de hoje: a Rússia deveria mediar entre o Oriente e o Ocidente, mas também politicamente entre os Vermelhos e os Brancos. Já em seu estilo, "Citas" retorna a uma linguagem poética mais tradicional, sem sons e expressões vulgares comuns, e sem cortes rítmicos malucos – sem nada do que torna *Os doze* tão único. Em *Os doze*, temos uma série única de sobreposições de opostos: o poema elogia a Revolução de Outubro, mas está o mais longe possível da patética revolucionária habitual, cheia da linguagem e dos gestos vulgares da classe baixa. Cristo à frente do grupo que patrulha o inferno de caos natural e público de Petrogrado – não nos esqueçamos de que o seu objetivo é prevenir o caos social, ou seja, manter a nova lei e ordem. Essa é uma imagem autêntica do curto-circuito teológico-político, uma imagem do que o ateísmo cristão significa como prática política. Cristo não é o seu líder, ele é apenas uma sombra virtual cuja presença sinaliza que os doze não são apenas um grupo de indivíduos que perseguem os seus interesses particulares, mas um grupo de camaradas que atuam em nome de uma Causa. Não há nenhuma promessa ou imagem de felicidade celestial nessa ima-

316. ELLISON, J. Black night, white snow: Alexander Blok's The Twelve. Culture Matters, 2023. Disponível em: https://culturematters.org.uk/index.php/arts/theatre/item/2634-black-night-white-snow-alexander-blok-s-the-twelve. Acesso em: 17 jan. 2025.

gem, é apenas um grupo de camaradas agindo em total emergência, sem nenhuma garantia de qual será o resultado – talvez sejam liquidados pelo inimigo, ou simplesmente morram na nevasca. Mesmo que não tenham consciência disso, eles *agem* com total dedicação, como se Cristo estivesse à frente deles. Mesmo no nosso Ocidente "desenvolvido", encontramos recentemente tais grupos que inspecionavam áreas confinadas em busca de vítimas da pandemia, ou procuravam sobreviventes abandonados de enchentes e ondas de calor, ou – por que não – patrulhavam uma área e procuravam minas russas no front ucraniano. E a lista continua: um grupo de artistas engajados num projeto coletivo, um grupo de programadores trabalhando num algoritmo que pode ajudar na nossa luta pelo meio ambiente... sem pensar, eles estavam e estão apenas cumprindo seu dever.

A postura subjetiva dos membros de tal grupo estava o mais longe possível das preocupações e suspeitas do politicamente correto, eles eram totalmente estranhos ao espírito coletivo que motivou a multidão trumpiana de 6 de janeiro que atacou o prédio do Congresso (uma multidão apenas realizando um espetáculo midiático), abandonaram quaisquer vestígios de individualismo liberal. Estavam no inferno, sem Deus para protegê-los, e Cristo estava lá.

Conecte-se conosco:

facebook.com/editoravozes

@editoravozes

@editora_vozes

youtube.com/editoravozes

+55 24 2233-9033

www.vozes.com.br

Conheça nossas lojas:

www.livrariavozes.com.br

Belo Horizonte – Brasília – Campinas – Cuiabá – Curitiba
Fortaleza – Juiz de Fora – Petrópolis – Recife – São Paulo

EDITORA VOZES LTDA.
Rua Frei Luís, 100 – Centro – Cep 25689-900 – Petrópolis, RJ
Tel.: (24) 2233-9000 – E-mail: vendas@vozes.com.br